赛达破产法丛书

JI MEN PO CHAN CHONG ZU
DUI HUA SHI LU

LAW & BUSINESS
法商图书

蓟门破产重组
对话实录（第一季）

李曙光　主　　编
左北平　副主编
刘　颖　执行主编

法律出版社　LAW PRESS·CHINA
北京

图书在版编目（CIP）数据

"蓟门破产重组"对话实录. 第1～16期／李曙光主编. -- 北京：法律出版社，2025. -- ISBN 978 - 7 - 5244 - 0050 - 9

Ⅰ. D922.291.924

中国国家版本馆 CIP 数据核字第 20252AQ915 号

"蓟门破产重组"对话实录（第1～16期）
"JIMEN POCHAN CHONGZU" DUIHUA SHILU(DI 1～16 QI)

李曙光　主编

策划编辑　田　浩
责任编辑　田　浩
装帧设计　贾丹丹

出版发行	法律出版社	开本	710 毫米×1000 毫米　1/16
编辑统筹	法商出版分社	印张 29.5　字数 472 千	
责任校对	王晓萍　王语童	版本	2025 年 7 月第 1 版
责任印制	胡晓雅	印次	2025 年 7 月第 1 次印刷
经　　销	新华书店	印刷	天津嘉恒印务有限公司

地址：北京市丰台区莲花池西里 7 号（100073）
网址：www.lawpress.com.cn　　　　　　销售电话：010 - 83938349
投稿邮箱：info@lawpress.com.cn　　　　客服电话：010 - 83938350
举报盗版邮箱：jbwq@lawpress.com.cn　　咨询电话：010 - 63939796
版权所有·侵权必究

书号：ISBN 978 - 7 - 5244 - 0050 - 9　　　　定价：118.00 元

凡购买本社图书，如有印装错误，我社负责退换。电话：010 - 83938349

"蓟门破产重组"对话活动剪影

"蓟门破产重组"对话活动剪影

"赛达破产法丛书"总序

李曙光

2012年10月，国际破产协会（INSOL）年会在荷兰海牙召开。我携弟子张钦昱与会，并在会后与当时在荷兰马斯特里赫特大学留学的另一位学生陈夏红会合，仨人结伴同游伊比利亚半岛。当航班在里斯本波尔特拉机场降落，我们一行在机场大厅寻找出口，不期然间看到了一个与英文 exit 并列的葡萄牙语单词：Saída。这是我们认识的第一个葡萄牙语词汇，显而易见，它就是出口的意思。这个葡萄牙语单词，拼写和发音都近乎汉语拼音，我们一下就记住了。我一直在为自2008年5月创建的足球队寻找一个合适的正式队名，随着葡萄牙、西班牙的旅程次第展开，我们一路聊着足球，突来灵感，Saída，配上"赛达"的汉语音译，不就是我们需要的足球队队名吗？真是"踏破铁鞋无觅处，得来全不费工夫"。

足球，作为一种最受人们喜爱的游戏，以其符合人性的天真自由的理念与严谨公平的规则成为最好的市场经济模拟。所有的类足球运动游戏与市场经济，实际上都不能缺了"出口"。市场经济的"出口"就是市场退出，就是"破产"。

Saída，"赛达"的内涵是丰富的：

"赛"——可以理解成比赛、竞赛。市场经济是一套理想的经济交易与选择体系，也是一种竞争性游戏。这种游戏的魅力在于它是一种自由的比赛，一群自由的企业，一群自由的组织，一群自由的个人，可以自由选择参与其中的竞赛，也是一种充斥专业活力与创意冒险的竞争。

"赛"，也可以理解赛道或者规则。自由也有天花板，市场经济自由竞争是在规则支撑下的有序竞争、良性竞争。要实现市场经济自由竞争的理想，公平竞争的规则不可缺位，优胜劣汰的淘汰机制则是游戏吸引力的题中应有之义。

市场经济中任何自由的企业与个人，一方面要努力工作，创新冒险，去赢得竞赛；另一方面，也必须接受失利失败的可能。足球比赛与市场经济的压力与残酷性也表现在这方面。而这一点，恰恰是破产，这个文明社会法治框架下主体退出的商业安排，对这种压力与残酷性能提供一个最好的Saída。

"达"——可以解释成到达、抵达。在足球世界中，球员参与比赛的目的就是去赢得比赛，要赢得比赛，必须要有球技与体能作基础，这是参与一项竞争运动的门槛与前提。在市场经济中，任何市场主体参与竞争，也是有行业门槛与合理目标的，为了抵达这个目标，市场主体需要专业能力，需要卧薪尝胆，需要殚精竭虑。恰当的目标，能够激发每一个市场主体的创造力，能够为市场主体提供绵延不绝的驱动力，能够延续市场主体基业长青的生命力。反之，因各种因素，市场竞争失败，则要及时止损，有序破产清算退出，以待来日东山再起。

"达"，也可以理解成通达、练达。球员在球场上要眼观六路，耳听八方，要有大场意识，球能传递出去。不仅要对自己的位置自负其责，而且要有补位意识。一个失球，虽可能是队友犯错引发的，但能补位而未补，则导致整个球队的失败。市场经济更是充满竞争，危机四伏，危中有机，机中藏危。主体视野开阔，具有大局观与系统思维，不能本位主义，更不能团队如散沙。也需要市场主体具有"世事洞明皆学问、人情练达即文章"的圆润。惟其如此，才能在波诡云谲的市场竞争中，立于不败之地。即便遇到挫折，陷入困境，也可即时重整，采取有效的拯救措施，转危为机。

无论如何，Saída，"赛达"与破产法是非常契合的。破产法作为市场经济的基本法，关注和研究的就是市场主体的"出口"问题。破产法的制度与程序设计，无论是破产清算后彻底退出市场，还是重整与和解后重新焕发活力，无非是为陷入困境的市场主体提供各种各样的"出口"，为充满无限可能的市场主体寻找出路。Saída"赛达"，通过公正公平的竞赛而达到，通过自由开放的出口而到达，这不正是破产法的内在精神吗？

中国破产法的实施恰逢中国传统经济结构性调整以及国际贸易大变局时代。

如何应对这一经济与国际贸易大变局，面对经济结构调整如潮涌来的大挑战，对世界范围内的破产法理论与中国破产重组前沿问题的研究就显得尤为必要。为进一步整合中国破产法理论界与实务界研究力量，法律出版社法商分社社长薛晗提议将国内同行的优秀作品汇集成中国政法大学破产法与企业重组研究中心出品的精品丛书，我欣然同意，并力主将丛书命名为"赛达破产法丛书"。

我希望在不久的将来，"赛达破产法丛书"能够成为破产界同行阅读优质文献、分享顶级作品的平台之一。由此，感谢并期待各位同行的襄助和支持！

是为序。

序　言

　　蓟门桥边，共话破产；小月河畔，咸议重组。中国政法大学自创立以来，便以其深厚的法学底蕴和前瞻的学术视野，不断推动着法学研究的发展。而在此地诞生的破产法与企业重组研究中心，作为学校法学研究的重要组成部分，始终致力于破产法及企业重组相关理论和实务的深入探索。中心在李曙光教授的带领下，不仅在国内破产法领域取得了显著成果，更与国际同行建立了广泛的交流与合作，不断吸收和借鉴国内外的先进经验，以期更好地服务于我国的法治建设。

　　中心主办的"蓟门破产重组"对话活动，已成为法学界、经济学界瞩目的学术盛会。它会聚了中、美、法、日、韩等国的破产法领军人物及经济学家，围绕破产法及企业重组的热点、难点问题展开深入研讨，共同推动着理论的深化、立法的优化以及实务工作的规范化。

　　现在，一份"蓟门破产重组"对话的文字实录总稿呈现在读者面前。这份实录，是对过往对话的回顾与总结，凝聚了与会者的智慧与洞见；同时，它也是对未来的启示与引领，为破产法及企业重组的研究与实践注入新的活力与智慧。这份实录如同一部珍贵的史册，记录着破产法及企业重组领域的发展历程，展示着专家学者们的智慧与风采。它不仅是学术研究的成果，更是推动法治进步的宝贵财富。

　　在此，衷心感谢所有参与对话的专家学者以及为实录整理付出辛勤劳动的同仁们。他们的贡献使这份文字实录得以问世，为破产法及企业重组领域的研究与实践提供了宝贵的资料与参考。愿这份文字实录成为连接过去与未来的桥梁，为破产法及企业重组的研究与实践注入新的活力与智慧。我们期待在未来的日子里，继续见证"蓟门破产重组"对话活动的繁荣与发展，共同书写破产法及企业重组领域的崭新篇章！

中国政法大学破产法与企业重组研究中心

2024 年 5 月

目录 Contents

001 | 中国去杠杆的历史、现状与未来
张晓晶

013 | 国际比较视角下的破产案件和法院
［日］佐藤铁男

029 | 重整内外的债权人协商
许德峰

053 | 上市公司重整实践与问题
刘延岭

081 | 金融债权人视角下破产债权人利益保护的困境与选择
侯太领

101 | 重整程序中的小额债权分组问题
韩长印

125	执转破实践与发展的深圳经验
	慈云西

159	关联企业实质合并破产的相关问题
	左北平

197	破产时的债权交易约束
	[美] 贾维南

225	通过个人破产实现债务豁免
	[美] 伊丽莎白·S.斯通

257	关联企业合并破产中的利益平衡与问题面向
	冯 果

295	出售式重整中的"跟踪马"方式
	[韩] 吴守根

327	法国破产法中的困境企业重组方法
	[法] 弗朗索瓦·泽维尔·卢卡斯

361	美国破产与公司重整的最新发展
	[美] 詹姆士·斯普瑞雷根

405	AMC在企业重整中的角色
	郑成新

433	个人破产制度的域外经验
	[美] 李约翰

第一期

中国去杠杆的历史、现状与未来

张晓晶

发言嘉宾

主讲人：
张晓晶　国家金融与发展实验室副主任、国家资产负债表研究中心主任

点评人：
李曙光　中国政法大学教授、破产法与企业重组研究中心主任
贺力平　北京师范大学经济与工商管理学院教授
左北平　中国注册会计师协会破产管理人业务课题研究组组长、北京中恕重整顾问公司执行董事、利安达会计师事务所（特殊普通合伙）合伙人

主持人：
刘　颖　北京航空航天大学法学院教授

与谈人：（依据发言顺序排列）
刘　燕　北京大学法学院教授
李　康　湘财证券首席经济学家、中国政法大学破产法与企业重组研究中心研究员
邹明宇　合众人寿保险股份有限公司总监
李　蕊　中国政法大学民商经济法学院教授
陈夏红　《中国政法大学学报》编审、编辑部主任
赵天书　中国政法大学中欧法学院讲师、破产法与企业重组研究中心研究员
邹玉玲　北京市海淀区人民法院民事审判三庭（破产审判庭）副庭长

主办方　中国政法大学破产法与企业重组研究中心
协办方　利安达会计师事务所

2017 年 12 月

开　幕

主持人

刘　颖　北京航空航天大学法学院教授

　　"蓟门破产重组"对话活动由知名破产法权威李曙光教授领衔的中国政法大学破产法与企业重组研究中心主办。中心成立于2001年，是我国成立最早的破产法及相关领域的专业研究机构，同时也是国际破产协会在我国的唯一会员协会。目前，团队的核心成员包括在美国、日本、荷兰、德国、澳大利亚、俄罗斯等地从事多年研究、既具有广阔的国际视野又具有扎实的理论功底的中坚学者。中心一直关心与推动破产法以及企业重组的相关理论与实务的发展，也参与了《企业破产法》及相关法律、法规制定的整个过程。

　　本次中国政法大学破产法与企业重组研究中心倾心打造的"蓟门破产重组"对话品牌栏目，希望能够在党中央、国务院全面深化供给侧结构性改革，实施市场化、法治化的破产重组这一新的时代背景下，邀请破产重组业界的领军人物，采用对话这种新的形式，碰撞出新的思想，推动立法政策制定、理论研究及相关实务的发展。该理念也得到了业界的广泛认同，其中，利安达会计师事务所作为"蓟门破产重组"对话活动的协办方，给予了活动大力支持。

　　2015年开始，"供给侧结构性改革"进入了中央政策的话语体系，党的十九大报告又把"深化供给侧结构性改革"作为贯彻新的发展理念、建设现代化经济体系这一重要部署的第一位，提出要坚持去杠杆。在我国去杠杆、防控金融风险的过程中，国家金融与发展实验室副主任、国家资产负债表研究中心主任、国务院积极稳妥降低企业杠杆率工作部际联席会议专家委员会成员张晓晶教授，始终在贡献着自己的智慧。他和他的团队通过编制中国国家资产负债表等研究活动，不仅摸清了中国的"家底"，也奠定了我国在资产负债领域的国际话语权。在这期对话中，张晓晶教授将为听众回顾我国去杠杆的历史，剖析现状并展望未来。

主讲人

张晓晶 国家金融与发展实验室副主任、国家资产负债表研究中心主任

首先，通过数据回顾杠杆的历史、描述全球杠杆率现状。数据显示，危机以来，发达国家实体经济杠杆率持续上升，金融部门杠杆率从先下滑再到趋于稳定；美国的金融"去杠杆"已基本完成，甚至开始加杠杆。而我国与美国等发达经济体金融杠杆率的周期完全错位，由此会产生宏观问题、资本流动等问题。那么，今天"去杠杆"是一个什么样的状况？"去杠杆"是一个长期的过程。回顾中央政策，2015年年底前后，中央经济工作会议提出"去杠杆"，接下来才强调要企业"去杠杆"。我国的杠杆率存在"一高两低"的问题，"一高"是指企业杠杆率高，"两低"是指居民和政府杠杆率都比较低，因此"去杠杆"主要就是去企业的杠杆，其中最大的问题还是国企。如果我们能够真正通过破产重组处理好"僵尸企业"，则能使我国企业部门的杠杆率下降6个百分点左右。

就发达经济体来讲，政府一般是吸纳杠杆最为严重的部门。危机以来，私人部门"去杠杆"，政府部门加杠杆，因此发达经济体私人部门的危机最后都会变成主权债务危机。中国政府部门杠杆率并不算高，"去杠杆"面临最大的问题不在中央，而在地方。应当特别注意PPP制度，这是典型的新型"马甲"，由于其主要还是依赖政府信用担保从银行融资，所以最终还是政府兜底。从这个意义上来说，我们要警惕后融资平台时期各种形式的"融资渠道创新"变成潜在的、或有的地方政府负债。

2016年以来，我国金融"去杠杆"加速，体现了我们金融"去杠杆"的决心。但金融部门的杠杆到底应该去到什么程度？现在很难判断，需要结合国际国内形式来综合分析。国内要打好防控金融风险攻坚战，因此要"强监管"；而国际上，特别是美国修订《多德－弗兰克法案》(Dodd-Frank Wall Street Reform and Consumer Protection Act) 给本国金融松绑，放松金融管制，进一步提升了其金融业的国际竞争力。在这样的背景下，中国一味的强监管不可能是"常态"，谨慎放松管制是必然。面对国际竞争，只讲稳定、加强监管肯定不够，还要讲效率竞争力。中国需要在金融稳定与金融业效率和竞争力之间取得平衡。因此，对于"强监管"，我们一定要视国内外的形势变化进行解读。

长远来看,"去杠杆"将呈现出什么样的变化?从美国百年杠杆率的历史来看,似乎只有遇到大危机,杠杆率才会下降,其他时间杠杆率一直处于上升的状态。我们当然不能由此得出杠杆率只升不降的判断。实际上,之所以出现这样的趋势,与金融在经济中逐步占据主导地位有关。现在"金融周期"的逐渐"时髦",就突出了房地产及信贷周期在整个经济波动中的作用。试想一下,如果将来出现新的科技变化,其中就包括金融科技的变化,金融特别是信贷对经济的影响不再起着如此的决定性作用或起作用的方式出现变革时,杠杆率就可能不再是"只升不降"的态势了。与之相关,金融结构的变化也会改变这一局面,比如更多股权融资的增多、债权融资的减少,也会降低杠杆率。

目前,"去杠杆"是当务之急。但从中国经济长期发展来看,总杠杆率还是会进一步上升。一个发展中国家向成熟市场经济体迈进的过程中,全社会的杠杆率会上升,这点是可以预见的。一般来说,发达经济体的杠杆率都远高于发展中经济体,这就是最好的证明。一个成熟经济体,特别是在金融体系发达、本币国际地位提高的情况下,举债能力大大增强,能够更多地借助债务杠杆推动经济发展。

杠杆率本身并不可怕,可怕的是其错配以及治理能力不足。杠杆本身无所谓好坏之分,金融就是杠杆,没有杠杆,金融也就不存在了。关键问题在于杠杆资源的配置是否合理。如果加杠杆的都是低效率企业,而高效率企业却加不了杠杆,就会产生杠杆率的错配,金融资源也会错配,这将带来巨大风险。另外,治理能力也极其重要。如果治理能力不足,国家将难以应对杠杆率上升的局面;而随着我国治理体系、治理能力的现代化,我们将可以承受更高的杠杆率,而不会同当下一般,产生面对杠杆率风险的紧张感。

其次,"去杠杆"应该分"三步走"。第一步是降低杠杆率增速。杠杆可以加一点,但是不要加那么快,第一步是把速度降下来。第二步是保持杠杆率水平稳定,对结构进行改善,从而降低风险。这一点往往被外界忽视。杠杆结构改善能够降低风险的主要原因在于不同部门、不同主体承担风险的能力不同。比如,政府部门掌握的资源多,负债能力强,杠杆率向政府转移可以适度减弱风险;同样,居民目前的杠杆水平较低,负债空间较大,适度加杠杆也能降低总体杠杆率风险。另外,外债少、内债多也会使风险降低。所以,某些国际评级机构、投行,忽略了我国杠杆率结构改善而计较于杠杆率水平的做法,有失偏颇。第三步是实现杠杆率的整体下降,这除了各方面政策的协调配合,比如管控信贷、发展直接融资、硬化预算约束、减少政府隐性担保等外,还需要通过破产重组的推进、"僵尸企业"的处理以及杠杆错位的纠正来实现。

最后,党的十九大淡化 GDP 目标,带来了"去杠杆"的利好预期。我们不必为了保持经济增长而进行大幅信贷扩张。不过,能否真正做到这一点,还要看各方面的决心和努力。

点评人

李曙光 中国政法大学教授、破产法与企业重组研究中心主任

首先感谢张晓晶教授来参与破产法与企业重组研究中心的"对话"活动,张教授做了一个学术和政策兼具、研究方法科学严谨的报告,我谈四点意见。

第一,为什么中央要提"去杠杆",并放到这两年工作"重中之重"的位置?这是因为:首先,中国的中央政府兼具央行最后贷款人、地方政府最后债务人以及产业政策制定者的角色,中国经济处于转型过程中,市场还一下发挥不了决定性作用,政府仍是经济增长的主导者与把控者,这决定了目前的中央政府要管降杠杆率的事。其次,我国有非常庞大的国有企业群体,这些国企是高杠杆率的主要承载者,只有中央能去他们的杠杆。最后,中央政府本身具有市场干预职能,在市场可能失灵或发展苗头不对时,政府应该出手。

第二,如何判断一个部门杠杆率的高和低?有什么标准?张晓晶教授主要从国家资产负债表角度分析这一问题,而且是以 GDP 做分母,分子是负债。但从破产法的角度,主要看偿付能力,而且从部门资产负债表特别是企业来看,是以资产做分母,除资产负债表方法外,我们看偿付能力,还应当看现金流标准和或有负债标准。这在中国很重要,因为中国的担保负债实践现状特别乱。

第三,如何"去杠杆"?中央这几年提出债转股,主要通过发股换债的方式"去杠杆","去杠杆"不仅靠债转股也要靠兼并重组。从破产法角度来讲,"去杠杆"更强调从制度化角度实现降杠杆率,"制度化去杠杆"主要讲"三化",即有序化、程序化、可预期化。而其中最重要的制度就是破产法以及一些相关法律法规。

第四,如何有效地实施破产法,实现降杠杆和市场出清的目标?我国目前

的破产法仅指《企业破产法》，只能适用于企业，这只是半部破产法，还缺乏个人破产法、事业单位破产法等。目前的工作主要在于把企业的杠杆率降下来。在利用破产法实现市场出清的时候，要特别注意"去杠杆"过程中的社会稳定问题。

目前，在推进破产法有效实施中要注意以下几个问题：一是要有一部好的破产法，《企业破产法》应适时修改并出台相应的司法解释。二是对于杠杆率高的国有企业，是选择清算、重整还是和解程序是一个政策选择问题。我认为应该清算的要坚决清算，而这一轮"去杠杆"过程中，可能考虑到社会稳定问题，地方政府更愿采用重整拯救的方式。三是要解决"去杠杆"的司法难题，包括法院不愿受理破产案件，专业管理人队伍缺乏，对无拯救希望的企业"硬重整"，使战略投资者利益得不到保障，公司注销未妥善解决公司税务及员工安置等问题。

点评人

贺力平　北京师范大学经济与工商管理学院教授

对于宏观的杠杆率和经济周期的关系，在美国这两者没有相关性，在中国是有相关性的。通常，根据经济学理论，杠杆率应该顺周期，而中国正相反，杠杆率是逆周期的，但企业部门的杠杆率为什么也逆周期呢？这是违反市场规律的。另外，资本金的要求与"去杠杆"和破产有关，企业杠杆率上升的一个重要原因是降低资本金要求。应该怎样看待资产价格？从破产重组角度看，更重要的是资产，只要有偿付能力，有多少负债都没有关系；从经济学角度看，资产规模与资产价格相关，这就和GDP、金融信贷的抵押品价格与经济周期相关。因此，当前我国"去杠杆"过程中，资产价格的变动特别重要。

点评人

左北平　中国注册会计师协会破产管理人业务课题研究组组长、北京中恕重整顾问公司执行董事、利安达会计师事务所（特殊普通合伙）合伙人

通过破产方式处理"僵尸企业"、"去杠杆"、盘活资源，在供给侧结构性

改革中扮演着举足轻重的角色。"僵尸企业"是那些长期亏损、效率低下、占用大量资源却无法为经济发展贡献有效动力的企业。它们的存在不仅阻碍了市场的健康发展,还扭曲了资源的合理配置,降低了整个经济体系的效率。通过破产程序,可以有序地清理这些"僵尸企业",释放被占用的资源,为更有活力、更具创新力的企业腾出发展空间。

"去杠杆"则是降低经济体系中的债务风险、优化债务结构的重要手段。在供给侧结构性改革中,"去杠杆"有助于降低企业的财务成本,提高其盈利能力和市场竞争力。通过破产程序,可以对企业债务进行重组或清算,减轻其债务负担,实现"去杠杆"的目标。

盘活资源则是将闲置或低效的资源重新配置到更高效、更有价值的地方。破产程序中的资产处置环节可以实现资源的优化配置,提高资源利用效率。这不仅有助于提升企业的竞争力,还能推动整个经济体系的转型升级。

从会计师和律师的一线实务角度来看,建立破产法职业共同体对于推动破产制度的完善和实施至关重要。会计师和律师作为专业人士,在破产程序中发挥着不可或缺的作用。他们不仅要具备扎实的专业知识和丰富的实践经验,还要具备高度的责任心和使命感。通过建立破产法职业共同体,可以加强会计师和律师之间的交流与合作,共同提升破产程序的专业性和效率性。

同时,通过系列对话形成全社会更多的共识与合力也是推动供给侧结构性改革的重要一环。破产制度作为处理"僵尸企业"、"去杠杆"、盘活资源的重要手段,需要得到全社会的广泛认可和支持。对话与交流可以加深人们对破产制度的理解和认识,消除误解和疑虑,形成推动改革的强大合力。

因此,我们期望通过建立破产法职业共同体和推动全社会共识的形成,共同推动破产制度在供给侧结构性改革中发挥更大的作用,为经济发展注入新的活力。

与谈人

刘　燕　北京大学法学院教授

从资本市场"去杠杆"的角度来看,对"去杠杆"具体问题进行具体分析的重要性显得尤为突出。"去杠杆"不仅是当前经济结构调整的关键环节,更是资本市场健康稳定发展的必要保障。因此，我们必须对"去杠杆"的具体问题进行深入剖析，以确保"去杠杆"工作的精准性和有效性。资本市场上的"去杠杆"涉及多个层面和多个主体，包括企业、金融机构、个人投资者等。不同主体在杠杆使用上有不同的特点，风险承受能力也不同。例如，企业可能因扩大生产规模或进行项目投资而使用杠杆，而金融机构则可能因开展信贷业务或进行金融交易而持有杠杆。因此，对于不同主体，我们需要具体分析其杠杆来源、杠杆水平以及潜在风险，从而制定出有针对性的"去杠杆"策略。

不同行业在资本市场上的杠杆情况也存在差异。一些行业如房地产、基础设施建设等，由于资金需求大、回报周期长，可能更容易形成高杠杆。而一些新兴行业或轻资产行业则可能杠杆水平相对较低。因此，在制定"去杠杆"政策时，我们需要充分考虑不同行业的特点和实际情况，避免"一刀切"，导致某些行业受到过度冲击。"去杠杆"的时机和节奏也是影响"去杠杆"效果的重要因素。在经济上行时期，适当的杠杆水平有助于推动经济增长和市场繁荣；而在经济下行时期，过高的杠杆则可能加剧市场波动和风险。因此，我们需要根据经济周期和市场环境的变化，灵活调整"去杠杆"的节奏和力度，确保"去杠杆"工作与经济发展相协调。

与谈人

李　康　湘财证券首席经济学家、中国政法大学破产法与企业重组研究中心研究员

"去杠杆"，这一经济领域的重要任务，首先要从理解杠杆的定义开始。杠杆，在金融领域，通常是指通过借款或发行债券等方式，以较小的自有资金撬动更大规模的资本进行投资或经营活动的现象。这种以小博大的操作模式，虽然能在一定程度上放大收益，但同样会放大风险。因此，对杠杆的理解，不仅关乎对资本运营的认识，更关乎对风险管理的把握。

然而，对于杠杆的惧怕，往往源于对其本质和运作规律的不了解，以及缺乏有效掌握杠杆的能力。这种惧怕可能导致对杠杆的过度避讳，甚至完全排斥，从而错失利用杠杆优化资本配置的机会。因此，"去杠杆"的前提，是深入理解和掌握杠杆的运作机制，以及与之相关的风险管理技巧。那谁来判断杠杆的高

低呢？这并非一个简单的问题。杠杆的高低，往往需要根据具体的市场环境、行业特点、企业运营状况等多个因素进行综合分析。这既需要宏观经济政策的引导，也需要市场主体的自我判断和调整。政策制定者需要通过数据分析和市场调研，制定出合理的杠杆率标准；而市场主体则需要根据自身实际情况，合理把握杠杆的使用。

当"去杠杆"和保增长发生矛盾时，我们又该如何应对呢？这是一个更为复杂的问题。"去杠杆"的目的是降低经济体系中的风险，而保增长则是为了维持经济的稳定和发展。两者既有对立的一面，也有统一的一面。在实践中，我们需要根据具体的经济环境和政策目标，找到两者的平衡点。这可能需要在短期内牺牲一定的增长速度，以换取长期的经济稳定和健康。但同样，我们也不能因为过度追求"去杠杆"而忽视了经济增长的需要。

与谈人

邹明宇　合众人寿保险股份有限公司总监

从司法部门的业务特点出发，我们不难发现，法律人在处理破产案件及相关衍生诉讼时，对资产负债表和宏观经济的深入理解至关重要。这是因为，资产负债表和宏观经济是商业活动的基石，它们不仅反映了企业的财务状况和经营成果，还揭示了整个经济体系的运行规律和趋势。资产负债表是企业财务状况的"晴雨表"，它详细记录了企业的资产、负债和所有者权益，反映了企业在某一特定日期的财务状况。法律人在审理破产案件时，需要通过对资产负债表的深入分析，了解企业的资产构成、债务结构以及偿债能力，从而判断企业是否具备破产条件，以及破产后的资产处置和债务清偿方案是否合理。

宏观经济环境对企业经营和破产案件审理具有重要影响。宏观经济指标如GDP增长率、通货膨胀率、利率水平等，都会对企业的经营状况和破产风险产生直接或间接的影响。法律人在审理破产案件时，需要密切关注宏观经济环境的变化，分析其对破产企业的影响程度，以便在案件审理中充分考虑这些外部因素，确保审理结果的公正性和合理性。同时，还应了解商业逻辑，这是法律人更好地处理破产案件及相关衍生诉讼的关键。商业逻辑涉及企业的经营模式、市场竞争状况、行业发展趋势等多个方面。法律人在审理破产案件时，需要运用商业逻辑去分析企业的破产原因、经营失败的教训以及企业未来的发展前景，从而为案件的公正审理提供有力的支持。

与谈人互动：

中国政法大学民商经济法学院教授李蕊，《中国政法大学学报》编审、编辑部主任陈夏红，中国政法大学中欧法学院讲师、破产法与企业重组研究中心研究员赵天书，北京市海淀区人民法院民事审判三庭（破产审判庭）副庭长邹玉玲也参与了本环节的互动。

观众提问：

宋全胜　中欣重组顾问公司总经理

在听众提问环节中，中欣重组顾问公司总经理宋全胜提出了一些破产实务工作中遇到的问题。

最后，第一期"蓟门破产重组"对话在热烈、友好且意犹未尽的讨论中落下帷幕。

整理人：中国政法大学破产法与企业重组研究中心
扈芳琼　陈雨萌　陈扬方　刘奕辰　贾润乔

参会时与会嘉宾信息

主讲人：
张晓晶　国家金融与发展实验室副主任、国家资产负债表研究中心主任

点评人：
李曙光　中国政法大学研究生院院长、教授，破产法与企业重组研究中心主任
贺力平　北京师范大学经济与工商管理学院金融系主任、教授
左北平　中国注册会计师协会破产管理人业务课题研究组组长、北京中恕重整顾问公司执行董事、利安达会计师事务所（特殊普通合伙）合伙人

主持人：
刘　颖　北京航空航天大学法学院副教授

与谈人：（依据发言顺序排列）
刘　燕　北京大学法学院教授
李　康　湘财证券首席经济学家、中国政法大学破产法与企业重组研究中心研究员
邹明宇　北京市第一中级人民法院清算与破产审判庭副庭长
李　蕊　中国政法大学民商经济法学院教授、破产法与企业重组研究中心研究员
陈夏红　《中国政法大学学报》副编审、中国政法大学破产法与企业重组研究中心研究员
赵天书　中国政法大学中欧法学院讲师、破产法与企业重组研究中心研究员
邹玉玲　北京市海淀区人民法院金融与清算庭副庭长

第二期

国际比较视角下的破产案件和法院

［日］佐藤铁男

发言嘉宾

主讲人：
佐藤铁男　日本中央大学法科大学院教授

点评人：
李曙光　中国政法大学教授、破产法与企业重组研究中心主任
左北平　中国注册会计师协会破产管理人业务课题研究组组长、北京中恕重整顾问公司执行董事、利安达会计师事务所（特殊普通合伙）合伙人

主持人：
刘　颖　北京航空航天大学法学院教授

与谈人：（依据发言顺序排列）
许德峰　北京大学法学院教授
宋　宽　德安华集团执行董事
郁　琳　最高人民法院民事审判第二庭法官
范利亚　北京德恒律师事务所合伙人
贺　丹　北京师范大学法学院副院长、教授
慈云西　深圳前海合作区人民法院副院长
邹明宇　合众人寿保险股份有限公司总监
张钦昱　中国政法大学民商经济法学院教授、中国政法大学破产法与企业重组研究中心秘书长
邹玉玲　北京市海淀区人民法院民事审判三庭（破产审判庭）副庭长

主办方　中国政法大学破产法与企业重组研究中心
协办方　利安达会计师事务所

2018 年 3 月

开 幕

主持人

刘　颖　北京航空航天大学法学院教授

本期"蓟门破产重组"对话邀请到日本破产法权威佐藤铁男教授担任主讲人。佐藤教授历任北海道大学法学院副教授，同志社大学法学院副教授、教授、法学院院长，现为日本中央大学法科大学院教授。本期对话，佐藤教授发挥精通日、英、德、法等语言的优势，对法院在破产案件中的作用进行了剖析。

主讲人

佐藤铁男　日本中央大学法科大学院教授

一、绪言

非常荣幸今天能有一个发表见解的机会。2018年1月时，李曙光教授访问了日本，在中央大学进行演讲，回顾中国破产法历史并展望未来。从李曙光教授的演讲中，我了解了中国破产法院与行政的关系以及具体案件中的管理人制度，因此，我选择了这一主题作为今天的题目，如能对大家有所启发，不胜荣幸。

破产原本只是经济现象，但是现在破产案件却由法院处理。这种现象在学术上有较高的可研究性。破产作为一种经济现象，其中很多法律问题需由法院处理，但是法院应如何处理值得研究。关于破产法，特别是破产法中的法院，我考察了各国的立法例，今天报告给大家，希望对大家有借鉴意义。

二、日本的破产法院

日本法院实行四级三审制，破产案件由地方裁判所，即第三级别的法院负责，其地位相当于中国的基层法院。在这些法院中，法官职务不断变化，每年有3~4名法官具体负责破产案件。

地方法院在日本全国各地都有，大概有50个破产法院本庭以及250个派出法庭或支部。破产案件基本由破产债务人所在地的法院进行管辖，但规模较大的破产案件可能由更大的地方法院管辖，例如全国较大的8个地方法院，或者其他较大法院。如果债权人超过 500 人，由较大的 8 个地方法院管辖，如果债权人超过 1000 人，则由东京法院或大阪地方法院管辖。

从 2016 年日本全国破产案件的受理数量来看，东京有 1 万件，横滨有 5000 多件。法院是具体审理某个破产案件的组织，但并不是破产案件中的所有问题都由该法院审理。有可能破产法院仅审理破产案件而将其他问题外包给其他法院。到底是由具体负责破产案件审理的裁判庭，还是由受理破产案件的大阪法院即破产法院中的其他部门来审理破产案件中的其他问题，每个国家都在探索，在我看来，每个国家都会采取最适合其本国的体制。

在日本，由一般的法院审理破产案件，法官也是一般法官，三四年后就可能被换到其他庭。日本是一个特别善于移植法律的国家，日本破产法借鉴了各个国家的立法例。现在，我们回顾一下日本借鉴的主要国家破产法院的做法。

三、日本借鉴的主要国家的破产法院

（一）法国

在法国法中，破产法是商法的一部分。破产是商界事务，破产案件由商事法院审理。法国采用商人破产主义，审理破产案件的法官是商事法院法官，其本身也是商人。商事法院的法官不是职业法官，而是名誉法官。破产案件由这种法官审理是否合适？这个问题我也在考虑。但由于破产是商界事物，由商人审理也有其合理性。当然，商事法院的法官，虽不是职业法官，但也受过一定职业训练。由法律外行人员来审理破产案件，这在法国本土也产生了很大争议。

他们的破产管理人采取分业的体制，有管理人也有清算人，相关主体具有一定资质后进行一定分工，实施或推进破产案件。他们的管理人制度分得较细，例如依据个人专业背景选任管理人或清算人。

（二）德国

无论是在破产法领域还是在其他法律领域，日本法受德国法影响最深。德国一般由初级法院的职业法官处理破产案件，日本做法一样。但德国法与日本法不同的是，德国法中破产案件由最初级的法院管辖，日本是由地方法院即倒数第二级的法院管辖。

需注意的是，在德国，不是所有初级法院都有管辖破产案件的资格，只有

州法院所在的初级法院才有审理破产案件的资格。但问题在于，初级法院一般管辖标的在 5000 欧元以下的案件，让管理小额标的的法院管理大额标的的破产案件是否合适也有争议。换句话说，这些法院的法官长期处理小额案件，在小额案件方面有丰富的知识，但其处理大额案件的能力让人担忧。这样一来，管理人等角色就应起到更重要的作用。正因如此，一些大企业不愿意由长期处理小额案件的法官处理其破产案件，转而去英国申请破产，导致原本应由德国管辖的案件流失。

（三）英国

英国与法国和德国的主要不同点在于，破产案件的行政机关介入非常强，或者说破产管理署的介入非常强。英国的地域管辖比较复杂，在此不做详细介绍。以伦敦为例，主要由高等法院中的专门法庭管辖破产案件，处理争讼性较强的问题，例如破产债权是否需要撤销、破产债权的金额的确定等问题。而程序性问题主要由行政机关即破产管理署负责。

英国的破产管理人制度也在不断变化，现在与其说是律师主导，不如说是会计师占主流。而中国是由律师或者会计师单独担任管理人，不似英国和日本，独具特色。

（四）美国

日本的重整法即《民事再生法》等，受美国影响较大，但在破产法院这一部分，日本法受美国法影响较小。

美国设有破产法庭和破产法官，破产法庭和破产法官具有独立地位，这一点极具特色。因为破产案件按照美国法规定属于联邦管辖事项，因而破产法庭也是隶属于联邦地区法院的部门，联邦地区法院中有专门审理破产案件的法官。但是，很多破产法庭是独立建筑。例如，联邦地区法院在政府街，破产法庭却在商业街的某栋商业建筑中。

按照美国法律的规定，联邦地区法院法官受到宪法保护，没有任期限制，但是破产法院的法官受到任期 14 年的限制。既然破产案件如此重要，让没有宪法保障的破产法官管理这些案件是否合适，得到了美国学界的反复争论，也受到很多非议。目前，争论主要集中于让没有得到宪法终身保护的法官处理破产案件是否合适、是否违宪等问题。

现在产生的新体制是由联邦托管人负责破产案件中的管理业务,破产法官则专注于破产案件中的法律判断或审判业务。那么法官可以决定哪些法律事项,以及决定哪些事项违宪、哪些事项不违宪,这是目前困扰美国学界的问题。

总之,破产法官审理的破产案件程序分为核心程序和非核心程序,但二者界限在哪,这个问题一直困扰着学者们。主流观点是核心程序处理抵押权、担保权等与破产相关的问题;非核心程序处理以州法为依据产生的合同关系诉讼等,而没有宪法保障的法官不能触碰非核心程序。

四、日本的破产管辖法院

日本由地方法院(倒数第二级的法院)管理破产案件,一般分为民事部和刑事部。破产案件会被分到专业庭,以东京地方法院为例,可能会由第20庭审理破产案件。民事方面的专业庭主要包括知识产权庭、劳动争议庭、医疗诉讼庭、民事执行庭等,破产清算与重整庭也在其中。

注意,专业庭的架构方式并不是在全国地方法院都采用,而只会在大的法院采用。其中东京地方法院第20庭和大阪地方法院第6庭经验丰富,对共享有效信息贡献大,影响力大。东京地方法院有50个庭,破产庭是民事第20庭,其中有十几位法官、十几位书记员,按重整或清算的分类负责破产案件的审理。具体体制为,由几位法官负责法人破产案件,几位法官负责个人破产案件,还有几位法官负责有国际因素的或者跨国破产案件。由这样的专业庭开总结经验再共享,对日本破产实务的发展非常重要。然而长此以往,日本破产法就分为东京方式和大阪方式,人们面临着采用哪个方式的问题。在中国是否也存在不同地区的法院在处理破产案件时采用不同做法的情况,例如,北京法院与上海法院在破产案件的处理上是否会存在不同?

上述介绍了日本破产法院中的专业庭情况,但并非所有地方法院均是如此。在破产中可能出现这种情况,即东京企业在东京申请破产,但案件涉及的不动产争议必须去北海道地方法院起诉,所以并不是破产案件中的所有问题都由破产法院审理。

21世纪初期,日本学界的主流观点是涉及破产债务人的所有问题均由破产法院审理,但现在的基本观点却发生了变化,即涉及破产债务人的主要法律问题由破产法院处理，其他问题外包给其他法院处理。其中选任管理人、高管责任追究等管理方面的问题，原则上还是交由破产法院审理。但如果把涉及商业法方面的问题外包给其他法院，那破产法官是否也并不一定要由专业人士担任，像法国法院那样由商人担任是不是也可以呢？

现在日本出现了一种新趋势：在民事执行领域（强制执行领域）实现某个担保权时，法官做的业务和普通公司做的业务一样，都是看不动产到底可以卖多少钱。日本在法院外设立了一些法院的民事执行中心，这是一种新的形式。另外，10年前日本在刑事领域引入陪审团制，在劳动争议案件中也采用了陪审制，由两个法官和两个陪审员审理，这也是新的趋势。目前，日本有的法院从本部搬出，在商业街设立派出机构，这样一来由商人担任法官职务可能也是站得住脚的。

由商人担任破产法官的理由主要有两个：一是日本破产法的前身，即《1890年破产法》或《1890年商法》中的破产编是以法国法为母法的。法国是由商事法院管理破产案件，由商人担任破产法官，这种做法值得借鉴。二是日本也有商人担任破产法官的土壤，日本有很多商人团体，可以由他们处理一些工商方面的争议案件，因此，由商人担任破产法官也是有现实依据的。

中国现行破产法制定才十几年，破产案件的数量已有很大增长，实务方面也取得了较大进展。中国目前已经有90多家破产审判庭，实践和立法过程中必定要借鉴外国的经验或体制，而到底借鉴哪个国家，不仅对中国很重要，外国学者也很关注。不管怎样，应当选择最适合自己国家的法律进行借鉴。

五、结语

虽然研究和实施破产法是一件非常困难的事，但我认为这极有意义，所以在未来，大家以及我个人都应当继续努力深化破产法的研究。

谢谢大家！

点评人

李曙光 中国政法大学教授、破产法与企业重组研究中心主任

中国法律原来受日本法影响较大。第一，中国的法院体系与日本相似，

都分四级。第二，日本的破产案件分三大类，第一类债权人在500人以下，第二类债权人在500人到1000人，第三类债权人在1000人以上。这三档分类很有趣，与我国对比有其独特性。另外，日本破产案件在不同法院有不同的审理特点。第三，要引进商人担任破产法官。佐藤教授讲到了法院、法庭和法官三者的关系，这三个与破产相关的主体在破产案件中都有不同的地位，各有特点。

首先，破产案件是非常专业的案件，特别强调法院、法庭和法官的专业化。最高院刚刚召开的全国破产审判工作会议讲到了破产审判的专业化建设，中国强调"四个化"：审判机构队伍专业化、审判程序规范化、审判规则标准化、考评机制科学化。所以，中国法院已经开始注意法院、法庭、法官和破产案件审理的密切关系。因此，中国与日本可以互相取长补短。

其次，专业化的延伸。引进商人担任破产法官是一个大胆的设想，这就是专业化的延伸。破产实际上是经济现象，跟经济与商业交易关系密切。把专业化延伸一下，即大量破产案件涉及破产法院、法庭、法官与商业判断的关系。破产程序涉及大量商业判断，如选任管理人等。特别是在重整程序中，法官到底应当在多大程度上卷入商业判断，怎样处理法院、管理人等的权力边界关系是一个问题。使法官保持中立与破产案件特别是困境企业救治中涉及的大量商业决策存在矛盾。虽然在中国引进商人作法官不太可能，但法官要不要有商业头脑、应当在多大程度上卷入商业判断等问题是亟待解决的。

最后，对法院除了专业化的要求，还应有权威性和独立性的要求。怎样保证破产法院法官和法庭的权威性，这一问题非常重要。即在产生利益纠葛时，特别是涉及地方政府利益时，怎样协调各个政府部门的工作，怎么协调各种规章、法律等各种正式与非正式制度，需要法院作出权威性的判断。另外，法院还应有独立性，该独立性在于如何破除破产审判过程中的地方保护主义。佐藤教授也讲到了日本破产审判有很强的地方性。在中国，破产法院也应站在一个非常公允的立场对待本地与外地的债权人和债务人。

中国法院应当强调"三化"，即专业化、权威化、独立化，这对提高破产案件审理质量、促进破产案件审理与经济关系融洽具有重要意义。

点评人

左北平　中国注册会计师协会破产管理人业务课题研究组组长、北京中恕重整顾问公司执行董事、利安达会计师事务所（特殊普通合伙）合伙人

尽管世界各国在办理案件时的方式和程序存在明显的差异，但在管理人选任这一环节上，呈现出越来越强调专业化和精细化的趋势。特别是在危机企业拯救程序中，对管理人的专业能力要求达到了前所未有的高度。这是因为，在企业陷入困境时，如何有效地整合资源、优化管理、制订并执行拯救方案，往往取决于管理人的专业能力和决策水平。

我国最高人民法院发布的《全国法院破产审判工作会议纪要》，正是基于这样的背景，结合我国的实际情况，对管理人队伍建设提出了更高的标准和要求。这不仅体现了我国在法治建设上的不断进步，也反映了对破产审判工作专业化、规范化的重视。

随着实务的不断发展和推动，未来在管理人的选任上，除了传统的会计师和律师能够发挥重要作用外，那些具备企业管理经验和规则的商业人士也将被更多地吸收到管理人队伍中。这样的安排可以使管理人的专业能力得到进一步提升，同时也能够更好地适应我国未来重整案件的多样化需求。

此外，管理人的分工也将更加细化。从企业的资产评估、债务清算，到重整方案的制订与执行，每一个环节都需要有专业的管理人员来负责。这样的分工不仅可以提高工作效率，也可以确保每一步操作的专业性和准确性，从而为企业成功重整提供有力的保障。因此，我们可以预见，在未来的破产审判工作中，管理人的专业化和精细化将是一个不可逆转的趋势。只有不断提高管理人的专业能力，优化管理人的分工和协作，才能更好地服务于我国的法治建设和经济发展。

与谈人

许德峰　北京大学法学院教授

我有三个问题想请教佐藤教授。

一是日本的破产法院的工作量怎样？东京有 9000 件个人破产案件、1700 件企业破产案件，每位人员的工作量其实挺大的。

二是法院有时会以债权人数量确定管辖法院，但是在法院受理案件之前，如何确定债权人数量，是根据申请预估还是事先判断？

三是日本再生程序总量少的原因是什么？每年只有 1700 件企业破产案件，是否有特别背景或原因？

佐藤铁男教授回应：

第一，破产法庭和法官的工作量问题，这个问题也与第二、第三个问题相关。日本破产案件存在波峰波谷现象，2005 年破产案件最多，当时的破产清算案件数量是现在的 4 倍。法官数量也会随着案件数量变化。所以，现在东京破产法院法官数量是近二三十年来最少的。

既然法官数量随案件数量而增减，则法官的工作量基本不变。与中国不同的是，日本由管理人具体负责推进案件，法官不会进入破产案件现场。虽然看起来一个法官负责很多案件，但是实际工作量没那么大。

第二，关于怎样在申报之前把握债权人数量的问题。在日本，破产案件绝大多数是由债务人提出申请，这样法院就可以根据申请大致得知债权人数量。当然在实务中也有人提出，那些大案件为什么要由东京法院或大阪法院管辖，由当地法院管辖是不是更好？但是法律就是这样规定的，因此，现在赞成与反对的声音都有。

第三，关于民事再生案件的数量问题。现在日本民事再生案件数量已减少到 2000 年通过《民事再生法》之后的 1/10，随着破产案件减少，最严峻的问题是适用公司更生法的案件在整个 2016 年只有一件。这样下去，大家认为整个公司更生程序会被民事再生程序吸收，那这个法律就没用了。美国法中，申请的时候可以提出请求，申请之后再转移到下一个程序。而根据日本法，要么申请清算要么申请再生，只能选其一。实际上，对我们这种专业人士来说，151 件并不是很少。因为很多案件都被法庭外清理公司的 ADR（Alternative Dispute Resolution）（《中小企业资源再生法》《产业资源再生法》）处理，所以民事再生案件的数量会减少。在 2000 年《民事再生法》制定颁布实施的热潮过后，案件数量在减少，因而学界也出现了活用民事再生法的观点。

与谈人

宋　宽　德安华集团执行董事

《企业破产法》关于跨境破产的规定不够具体，在处理境外公司的清盘人或管理人及涉及境内子公司时会比较尴尬。希望借此机会请教佐藤教授，如果一个跨国日本企业，在境外和境内同时进入破产程序时，日本法律和实践如何处理？如果日本企业不涉及境外因素，母公司与子公司同时涉及破产时，如何处理？

佐藤铁男教授回应：

关于国际破产问题，日本专门制定了一个单行法《外国破产程序承认与协助法》。实际上，可能在江户时代就存在跨境破产问题，那个时候由武社处理，并有了要进行国际破产处理或法律准备的萌芽与声音。从那时起就确定了跨境破产的基本原则，即依据破产债务人总部所在地的法律处理，如果企业是在日本设立，则由日本法院请求外国法院配合日本法律；如果企业是在外国设立，日本法院也会配合外国的司法程序。

关于母子公司破产问题，基本原则是按主体或法人分别进行破产程序，例外情况是如果母子公司存在关联关系或相互担保，则一体处理。另外，如果债权人明显不平衡，明显对某一方不公平，这时就作为财产混合处理，但不是将两个程序合并为一个程序。

与谈人

郁　琳　最高人民法院民事审判第二庭法官

最高人民法院发布的《全国法院破产审判工作会议纪要》中提到关联企业破产的问题，规定较为原则，但也是建立在长期调研和对该问题密切关注的基础之上的。我们已注意到企业破产问题的复杂性，并且在实务中，可能因为关联者之间有不正当的关联关系而对债权的公平清偿造成不良影响，因而有必要对其进行研究。该研究也借鉴了美国案例法和联合国集团破产的实务和经验。

最高人民法院接下来的工作是起草专门的司法解释，对关联企业破产进行更完善的规定，也非常希望能够有机会跟日本学界和实务界作进一步探讨和交流。

与谈人
范利亚　北京德恒律师事务所合伙人

英国和美国有托管人这一角色，但在中国只有管理人。管理人不负责经营，也没有经营托管人。在商务企业破产程序中，应该有这样一个经营托管人，不知日本是否有这样的制度？

另外，现在破产实践中存在相当于庭外和解的预重整制度，即通过地方政府协调，组织债权人、债务人与投资方协商，达成相关一系列协议后再提交法院处理。日本是不是存在类似制度，如调停制度？想请佐藤教授介绍一些经验。

佐藤铁男教授回应：

对于管理人是不是负责企业经营的问题。日本采取的是DIP（Debtor-in-Possession Financing）形式，由债务人自己经营，因此不存在管理人经营这个问题。涉及公司更生程序的一般是大公司，往往由管理人团队进行管理，其中一半是法律管理人，另一半是经营管理人。

关于特定调停的问题。特定调停案件数量已经减少到了以前的1%，主要就是多重债的调停程序。因为有破产程序，所以这一程序的使用会少一些。这一程序主要是在调停委员的调停之下，债务人和债权人进行协商的程序。且特定调停一般限定为个人，法人很少使用，这对中国制定个人破产法可能有借鉴意义。

与谈人
贺　丹　北京师范大学法学院副院长、教授

佐藤教授和其他专家都提到，破产程序结合了商业判断、法律判断和行政判断等其他判断程序。那么在分析破产案件的时候，如何把这些判断分开，就面临是否由法院处理的选择，即选择庭内还是庭外解决。例如可以通过ADR在法庭外解决，也可以采用法庭外程序与法院程序相结合的程序。

破产案件进入法院后，仍然面临商业判断、法律判断和行政判断等判断的结合。世界范围内有几种不同的考虑框架。

一种可能是这些事务全部由法院处理，这种情况不常见。另一种可能是由法院和管理人分别处理或者由法院和行政机关（如破产管理署）分别处理。

这样，很多破产事务，例如破产管理人的选任，落实到法院时又有三个问题：一是法院层级如何确定，二是由专业法庭还是非专业法庭审理，三是由专业法官还是非专业法官审理。

我认为，佐藤教授揭示了这样一个框架，即不同国家选择不同的配比形成了不同的制度，这是值得我们中国思考借鉴的。

与谈人

慈云西　深圳前海合作区人民法院副院长

关于佐藤教授提到的审判专业化问题，深圳法院起步非常早，在1993年时就由民七庭专门审理企业破产案件。现在该庭叫公司清算和破产审判庭，主要管理三类案件，第一类是破产清算案件，第二类是与破产有关的一审诉讼案件，第三类是公司强制清算案件。

我国《企业破产法》规定，进入破产程序后，与债务人有关的诉讼统一由破产法院管辖。所以佐藤教授提到的不动产问题在日本可能由其他法院管辖，但是在中国，统一由破产法院管辖。这主要是因为破产程序包括立、审、执三个程序，这样做有利于推进破产案件的审理工作。

当然，佐藤教授刚才讲的分别管辖可能亦有所长，但我们倾向于破产法院集中管辖，因为集中管辖的实际效果较好。

我们审判庭管辖的另外一类案件是强制清算案件，指的是当公司解散或公司经营期限届满以后，股东清算或陷入僵局无法清算时，法院根据申请介入的案件。这与刚刚讲的日本法院管辖案件范围有所不同。

作为破产专业化进行得比较早的法院，我们也遇到了一些困惑。我国现行《企业破产法》只规定了破产的程序和实体问题，没有规定行政实施部门。这使得实施过程中所有与破产有关的事务都由法院来做，包括管理人的编制、选定、考核、报酬、决定等。同时，由破产产生的一系列社会问题也集中到法院，如职工安置、社会稳定、企业信用修复等都由法院处理，法院与法官的负担很重。因而想请教佐藤教授，日本法对法官破产案件审判权和破产事务管理权是如何划分的，分别由哪些人、哪些机构承担？

另外，破产管理人的法律地位目前还不够高，实践中实施的行为得不到相关部门的认可，不得不请求法院解决。在日本，处理管理人地位事务的是哪些人？

佐藤铁男教授回应：

破产法设计的初衷是破产法官能处理尽可能多的问题，但是慢慢发现破产法官无法处理这么多问题。在中国，破产法官权限大，管理人地位弱。但是在日本，法官与管理人权限有明确划分，也不可避免地出现了破产法院的垄断问题等。在日本，破产管理人一般会受到严格训练，例如资深律师作为破产管理人时应到现场实习。日本的破产管理人是一支非常专业的队伍，甚至有当过破产管理人的大律师去当大法官的情况出现。日本律师协会和法院之间会频繁召开研讨会或作研修，也建立了全国破产律师处理网络，实际也是研讨会，探讨怎样建立破产处理科学化机制。

与谈人
邹明宇　合众人寿保险股份有限公司总监

我有两个问题想请教佐藤教授。

第一，目前中国破产管理人包括律师、会计师和其他的专业人士，实践中由律师担任管理人的情形居多。日本破产管理人的构成是怎样的？法官与管理人的职责如何划分？

第二，关于破产案件的管辖，哪些案件可以外包，哪些案件由破产法院审理？

佐藤铁男教授回应：

在日本，完全没有只有律师或会计师等具有某种资格的人才能担任破产管理人的规定。当然，在很多案件中也会找一些业余的外行人担任破产管理人。既然破产管理人解决的是破产法问题，那就需要由破产法专业的人担任，因而日本管理人有90%多都由律师担任。

关于法院、破产法官与管理人的职责划分，接触利害关系人的事务由管理人处理，涉及法律的事务由法院处理。如果让法院频繁接触利害关系人，则法院的中立性会受到损害。因而由管理人作为中间人，有拿不准的问题可以问法院，以此保障法官的中立性。关于破产法院的法官或破产法院对哪些问题进行判断，日本民事更生程序采取裁定的形式，如果对实体程序进行判断则是违宪的，在中国可能也有类似情况。

与谈人

张钦昱　中国政法大学民商经济法学院教授、中国政法大学破产法与企业重组研究中心秘书长

公司经营困难会引得很多人争夺财产，而破产法以集体受偿机制解决这些问题，使所有人放下争议参与集体分配。但是进入法院的案件也存在一些问题。就受理期限而言，由债权人提出申请的案件，法院决定受理的期限长达67日，在此基础上还可以延长15日。

解决破产程序弊端的方法有两个：

一是对破产法进行改革。例如，日本旧破产法叫"倒产民法"，效果不明显，因而制定了《民事再生法》，这是合议法，适用于中小型企业。所以也叫合议法或会社更生法。这部法律适用更有效率，因而民事更生程序案件比其他案件多。又如，美国有中小企业重整制度安排。再如我国已经有了简易注销程序，也有学者提出要建立简易破产程序，未来可能要在这方面进行改革。

二是要建立法庭外机制，即破产程序替代机制。日本也有相似机制，美国有ADR，英国有公司自愿安排程序。我国《全国法院破产审判工作会议纪要》只是提到了预重整机制，未来还应全面推广法庭外机制。

与谈人

邹玉玲　北京市海淀区人民法院民事审判三庭（破产审判庭）副庭长

专业化审判离不开专业化法官，特别是中国司法改革后要对法官进行考核，其应与一般法官有所区别。在中国，一件破产案件会折算成几件普通案件，在

日本是否也有此制度？

佐藤铁男教授回应：

这是一个非常困难的问题。日本是这样处理的：在日本，一个法官在一个破产庭可能会待 3~4 年，在此期间一个破产案件不可能换算为几个案件。因而可能把考查时间延长到 10 年，通过整体换算来进行工作量平摊。

观众提问：

黄中梓　安徽天贵律师事务所律师、安徽省律师协会破产与重整专业委员会主任

如果破产管理人不勤勉尽责，会受到处罚，如果给当事人造成损失要赔偿。那么，日本对管理人追究责任的形式等有没有规定，对管理人有没有豁免的规定？

佐藤铁男教授回应：

日本法规定了善良管理人的注意义务。如果破产管理人违反了善良管理人的注意义务会产生民事赔偿责任的问题。但管理人责任不是那么重，如果由于失误给当事人造成损失不会受到严重处罚，而应看是否违反了善良管理人的注意义务。但需要注意的是，日本也是"一半判例法"国家，10 年前有判例确立了管理人的注意义务，这一义务要比一般律师的注意义务更高一些，因此加重了管理人的责任，这在日本学界也有争论。另外，管理人除了承担民事责任外还可能承担刑事责任，即使这种案件在日本每年只有几件。

结　语

最后，佐藤教授总结了演讲主旨和交流的收获，感谢了中国政法大学破产法与企业重组研究中心的邀请，并表达了对今后更多交流的期待。李曙光教授和主持人刘颖对本次对话作了总结，再次感谢了远道而来的佐藤铁男教授的精彩演讲，感谢各行各业与会嘉宾的到来。

整理人：中国政法大学破产法与企业重组研究中心
扈芳琼　陈雨萌　陈扬方　刘奕辰　贾润乔

第二期

参会时与会嘉宾信息

主讲人：

佐藤铁男　日本中央大学法科大学院教授

点评人：

李曙光　中国政法大学研究生院院长、教授，破产法与企业重组研究中心主任

左北平　中国注册会计师协会破产管理人业务课题研究组组长、北京中恕重整顾问公司执行董事、利安达会计师事务所（特殊普通合伙）合伙人

主持人：

刘　颖　北京航空航天大学法学院副教授

与谈人：（依据发言顺序排列）

许德峰　北京大学法学院教授

宋　宽　保华顾问有限公司董事

郁　琳　最高人民法院民事审判第二庭法官

范利亚　北京德恒律师事务所合伙人、破产专业委员会主任

贺　丹　北京师范大学法学院副教授、中国政法大学破产法与企业重组研究中心研究员

慈云西　深圳市中级人民法院公司清算和破产审判庭庭长

邹明宇　北京市第一中级人民法院清算与破产审判庭副庭长

张钦昱　中国政法大学民商经济法学院副教授、破产法与企业重组研究中心秘书长

邹玉玲　北京市海淀区人民法院金融与清算庭副庭长

第三期

重整内外的债权人协商

许德峰

发言嘉宾

主讲人：
许德峰　北京大学法学院教授

点评人：
李曙光　中国政法大学教授、破产法与企业重组研究中心主任
朱慈蕴　清华大学法学院教授、中国法学会商法学研究会常务副会长
邹海林　中国社会科学院研究生院教授、法学研究所研究员
左北平　中国注册会计师协会破产管理人业务课题研究组组长、北京中恕重整顾问公司执行董事、利安达会计师事务所（特殊普通合伙）合伙人

主持人：
刘　颖　北京航空航天大学法学院教授

与谈人：（依据发言顺序排列）
陈景善　中国政法大学民商经济法学院教授
张世君　首都经济贸易大学法学院院长、教授
邹明宇　合众人寿保险股份有限公司总监
张艳丽　北京理工大学法学院教授
宋　宽　德安华集团执行董事
项　红　合肥高新技术产业开发区人民法院副院长
范利亚　北京德恒律师事务所合伙人
邹玉玲　北京市海淀区人民法院民事审判三庭（破产审判庭）副庭长
贺　丹　北京师范大学法学院副院长、教授

主办方　中国政法大学破产法与企业重组研究中心
协办方　利安达会计师事务所

2018 年 4 月

开　幕

主持人
刘　颖　北京航空航天大学法学院教授

我们非常荣幸地请到了国内破产法学界的翘楚来演讲，第一期邀请到张晓晶教授为我们讲解我国"去杠杆"的历史和现状等问题，第二期邀请到了日本破产法权威佐藤铁男教授为我们剖析了法院在破产案件中的作用。

本期我们邀请到北京大学法学院的许德峰教授担纲主讲，相信大家都读过许老师的《破产法论：解释与功能比较的视角》等作品。今天机会更是难得，许德峰教授会为我们介绍破产法的前沿问题：重整内外的债权人协商。

主讲人
许德峰　北京大学法学院教授

重整内外的债权人协商是围绕不同利益相关者在重整后的公司中的权利展开的。公司重整时，在公司价值/经营前景具有不确定性的前提下，不同利益相关者在重整后的公司中应当拥有怎样的权利份额，股东是否可以保留其在公司中的股份？这些问题是中国特色的问题，还是具有普遍性？如果是普遍性问题，其能否通过市场化手段解决？这些问题都是值得研究的问题。

在讨论重整中的债权人协商时，首先需要分析破产财团的法律属性。

我认为，破产财团"公地（common property）—私人财产（private property）—反公地财产（anti-common property）"的理论框架可以用来分析破产财团的法律属性。具体而言，破产法通过中止个别执行遏制了公地悲剧（过度使用进而损害整体价值和可持续性），将原有的公地财产变为全体债权人的私人财产，作为所有人，全体债权人无须再担心外部人与自己争抢债务人财产。在这种情况下，人们往往期待债权人会着眼于破产财团价值最大化而使用或处分有关财产。然而，鉴于债权人的异质性，债权人之间的复杂利益冲突又使债务人相互阻挠羁绊，从而使财产由私人财产变为反公地财产，进而导致债务人财产无法得到充分利用（underuse）。在这一背景下，破产法中的关键问题便不再仅仅是限制债务人无序攫夺破产财产，而是如何限制债权人之间的相互制约，提升债务人企业的营运价值。在这一背景下，在破产中强制批准重整计划便是避免利害关系人之间相互制约或相互阻挡的重要制度之一，而重整中的债权人协商与债权交易则是另外一项服务于此项目的制度安排。

关于债权人协商与债权交易，可以从以下几个方面讨论。

第一，现行法是否允许债权交易？对此，《企业破产法》虽无明文规定，但存在允许交易的空间，例如，小额债权组的存在以及其可享有的特别清偿待遇，可能暗示了法律对债权交易的许可。事实上，在比较法上，也存在大债权人以收购小债权人债权为对价，要求取得小债权人对重整计划草案的投票权授权的案例。

第二，为什么存在债权交易？主要有两个原因。其一，债权人有权通过让渡自己的权利换取程序上的便利。其二，重整项目的前景往往存在不确定性，债权人们有不同的认识和风险偏好。

第三，如何进行债权交易？方案不尽相同，关键在于对股权和债权的理解。简言之，股权相对于债权在本质上就是一个买入期权，即股东有权以清偿债权为条件购买对公司的权益。

上述债权交易理论或许是丰富多彩的破产重整实践背后的原理，在解决诸如给予供应商更多清偿份额的合法性问题、为出资人保留股份以及向重整投资人发行股份等方面，均有应用空间。

点评人

李曙光 中国政法大学教授、破产法与企业重组研究中心主任

首先，非常感谢许德峰教授分享最新的学术成果。

我与许德峰教授认识很早，记得我们第一次见面是在15年前，我与一个全国人大破产法考察团去德国访问。他当时在德国慕尼黑读博士，为我们代表团作德语翻译。有意思的是，我们从科隆坐火车去慕尼黑，要经过莱茵河，一公里一个古堡。按照许德锋教授刚才的说法，是当时被贵族们阻碍了莱茵河使用。后来为了避免这些古堡成为公地悲剧，政府将古堡低价出售，但是有前提条件，就是这些古堡必须在特定的时间开放，最后这些古堡成为公共胜地，这是一个

有意识的避免了公地悲剧的例子。

今天许德峰教授演讲的这个题目非常有意思，学术性很强，大家估计都有不同的理解，但这确实是破产理论界和实务界一个非常重要的问题。

就我理解，他今天主要谈了三个重要问题。

一是为什么要界定"破产财团"？我觉得这里的"破产财团"一词可以替换一下，改为"为什么要界定债务人财产"？因为我国《企业破产法》没有使用"破产财团"的概念，而用了债务人财产的表述。《企业破产法》第30条规定，债务人财产是破产申请受理时属于债务人的全部财产，以及破产申请受理后至破产程序终结前债务人取得的财产。这里要注意，债务人财产与破产财产是有区别的，破产财产根据该法第107条规定指的是破产宣告后用于债权人之间分配的财产。今天许德峰教授的讨论正好涉及了这样一个概念，他使用了"破产财团"的概念，看上去没有细分债务人财产和破产财产，但仔细想还是有细分的。他今天讨论的内容避开了"清算"这个概念，进入"重整"这个概念里，这样就不涉及《企业破产法》第107条的问题了。这是我的理解。

我们接着讨论第一个问题，为什么要界定债务人财产？

破产法会设置一系列的制度性手段，我国《企业破产法》第18、19、20条规定的"三中止"类似于美国的自动中止，就是要确保这些财产不会被债权人哄抢。有些破产案件涉及的债权人很多，例如，山东的一个破产案件有6000多名债权人，合肥的破产案也有上千债权人，为了避免债权人对破产财产的哄抢，法律上一定要对债务人财产作一个清晰的界定。这里的界定就是指界定资产池和资金池，这个财产池越大对债权人越有利，扩大财产池是法律上很重要的一个目标。《企业破产法》第20条规定的自动中止的手段，以及破产法中的程序性手段都是让资金池变大，这样就有利于债权人对破产财产的分配。这是破产法的原始出发点，保护债权人合法权益是一个原问题，因而，第一个问题解决的是债务人财产界定与边界划分的问题。

二是债权人权益在界定的债务人财产项下如何实现利益最大化，而且是每个债权人利益的最大化，这样就导致类别债权人在破产司法程序下，在一定的法律框架下，也可能发生哄抢行为。每个债权人都想要实现自己的目标，因此会出现如何减少债权人之间争斗的问题，如何减少债权人之间打架、目标不一致的问题。所以会出现新的公地，或者说公地悲剧。

许德峰老师回答了这个问题，认为必须有交易。债权人之间必须有交易才能解决这样的问题。实务中确实每天都在发生这样的交易。在座很多搞实务的如左北平、宋宽等专家都在作为管理人与债权人进行交易。

比如，现在实务中出现了一个很有意思的词，即具有中国特色的债权人类别组，就是在担保债权人组、税收债权人组、职工债权人组、普通债权人组、小额债权人组之外，还有敏感债权人组。所谓敏感债权人，就是这些债权人得不到充分清偿的话可能会闹事，逼迫其他债权人，甚至管理人、法院、政府满足他们的要求，也就是说与他们进行交易，这可能超出了债权人之间交易的范畴。所以，当大小债权人利益不一致的时候，或互相有阻挡的时候会出现这种交易。

为什么债权人之间或债权人与破产程序的其他参与方会进行交易？刚才许德峰老师的解释是因为存在不确定性。因为不知道破产企业的未来会怎样，清算价值和重整价值哪个更高，债权人的所得具有不确定性。我有个解释供大家参考，我认为这是一种帕累托改进。所谓帕累托改进，是指在没有使任何人的境况变坏的前提下，使至少一个人变得更好。如果说改变到没法再改进了，就达到了帕累托最优，这时候，只要有改变，必然会损害另一方的利益。所以，我的解释算是给许德峰老师做一个注解，之所以会出现这样的债权交易，除了侵权人的所得存在不确定性之外，还因为存在帕累托改进。做这种债权交易不损害别人的利益，同时可能会使债权人得到更多。

另外还有一个相关的理论，就是哈贝马斯的法律（公共）商谈理论，现在法理学上讨论的也比较多。哈贝马斯的法律商谈理论讲到了融贯性的概念，把法律规则、法律原则和政策结合起来进行判断，其位阶高低由个案决定，由适当性的规范确定。哈贝马斯的研究中已经提到，不管在实践中怎么操作，法院作制度性判决也好，作确定性的个案判决也好，实际上都有合理性，这个"合理性"跟法律的位阶没有关系。我想可以用法律商谈理论来解释为什么债权人之间可以交易，哈贝马斯的理论也可以作为一个依据。

三是债权可否交易，如何交易？我前几天在深圳的演讲也谈到了，无论是在法律上还是实务中，债权都可以进行交易，有许多分类的债权市场。对这种交易，法律上没有明确的禁止性规定，可能有潜在的规定，这可以作为一个课题来研究，即债权交易在现行法中存在何种制度障碍？在实务当中，尤其是在破产重整实践中，债权的交易性非常强。债权交易最好的理论解释还是交易成本理论。

债权为什么能够交易？实际上科斯在《社会成本问题》一书中已经回答了这个问题，就是交易费用与交易效率的问题。债权人为什么同意重整，或者法院为什么强裁，都可以在其中找到合理的解释。《全国法院破产审判工作会议纪要》形成过程中，参会人也讨论过，强裁的存在，一个原因是公共利益需要，另一个原因是债权人之间存在分歧，没法形成合意，因而需要公权力介入。但其中最重要的原因还是交易费用的原理。刚才许德峰教授也讲到了，股东之所以要保留股份，就是保留一种期权。我们现在很多案件都将股东权益清零，但也有很多案件保留了股东的部分权利，而且使债权人不得不让渡一些权利。许德峰教授认为这是一种期权的保留，但是在我看来，这也是减少交易费用的途径。实际上，每一方都在参与交易成本的计算，各方都对破产重整有一个预期价值，在预期价值的目标下，大家能够达成协议，这就是市场的规则在起作用。

点评人

朱慈蕴　清华大学法学院教授、中国法学会商法学研究会常务副会长

感谢李曙光教授的邀请。今天听了许德峰老师的介绍，我真是受益匪浅，也产生一些新的想法。我更多会从公司法角度解读。

如果是一个正常法人，不会出现清算或重整的情况。当然，债权人是个个体。每个债权人只能针对特定合同对正常的法人主张权利。公司作为正常法人，股东是其决策人。但是凡是决策人，一定有一个决策机制。例如，股东会的规则是少数服从多数。当一个团体进行决策时，一定会有一个机制。所以在正常法人的状态下，债权人的决策地位是不存在的。但是当一个法人破产，公司财产不足以清偿所有债权人时，债权人地位就上升了，甚至会取代股东会。这个时候，债权人单独行使权利的机会就不存在了，需要结合成一个团体来做决策。因此，《企业破产法》规定了债权人会议，债权人会议有债权人会议表决机制，这个机制不仅考虑人数，甚至还会考虑债权的比例。这种安排与股东会表决机制有所不同，但是基本的规则还是少数服从多数。

当债权人地位上升后，先是不得单独行使权利。破产财产和债务人财产不同，可以理解为债务人财产是毛收入，没有扣除所有的费用；破产财产是最后

一部分，可以用于赔偿分配的一部分。所以，债权人在破产当中的地位其实也是要有团体意志的。那么现在的问题就在于，如果公司进入重整，任何公司重整一定要有重新投入。原来破产时的"蛋糕"，不管怎么清算，拿到的就是那一块，按照不同规则在全体债权人之间进行分配。如果是重整，一定会有新投入。当有新投入时，破产法人又要向正常法人回归。重整其实就是回归的过程。这个过程中，股东或股东地位就又要拿到桌面上来讨论。那么我们就会注意到重整计划当中一定会有出资人组。从这个意义上讲，新人一定要成为未来重组成功的公司的股东，这会把原来股东的股权稀释掉，否则新人无法进入。在这种情况下，既不排除债权是否要交易的问题，也不排除重整人与债权人的交易。后一种情形是破产法在重整程序中要特别关注的。

刚才许德峰老师提到的债权人的各种交易模式，大债权人可否购买小债权人的债权，普通债权人可否买断担保债权人的债权，其中也有一些可以思考的问题。比如，债权人会议在重整等过程中都有决策性，如果承认其是决策主体，为了使其更好地体现不同债权人的利益，我们才把债权人会议进行分类。这类似于某些股东会也会搞类别股东会，就是为了使不同股东有所区别。类似地，债权人会议也是类别债权人会议。如果正常分配，甚至有时分配方案可能会向特别小额的债权人倾斜。就像银行会对个人存款有一些特别规定，对其进行基本的法律保护。在破产中，分配是不是要向小债权人倾斜，也需要有政策考量。区分债权人会议的不同组别，目的是尽可能解决实质公平，而不是形式公平的问题。如果允许不同债权人之间进行交易，以股东与债权人交易为例，比如我购买了刘颖老师的债权，但不购买李主任的债权，这样单独的交易可不可以？要不要执行股东会中的要约收购的规则？或者在这些交易中有没有授信义务的问题，以及大债权人对小债权人有没有授信义务的问题？因为债权人会议的表决机制类似于股东会的表决机制，二者肯定有所不同，但这种债权交易要不要考虑类似的问题。

当然，对于许德峰老师的数据我是非常赞同的。比如说，我给债权人交易的报价肯定会比清算得到的清偿要高一些，但是也不会过高。否则按照成本理论，投资负担太重，就不划算了。我考虑的问题是在这个债权交易的过程中，我对某些债权人好，对某些债权人不好，这样的区别对待是否可以。这在将来交易的过程中可能是个大问题。

点评人

邹海林　中国社会科学院研究生院教授、法学研究所研究员

首先谢谢本次活动给我这样一个机会。

我比较熟悉许德峰教授在理论上的探究。我认识他的时间没有李曙光教授长，也不是在特定场合认识的，是通过书本和文章认识的。

许德峰教授说这是他近期研究的问题，还没有成文。他能在正式成果发表之前，把自己研究中如此深刻的东西跟大家共享，这种精神太可嘉了，也说明他对研究中心支持力度非常大。

另外，这个演讲使我第一次听了这么多法经济学的名词。我平时不关注法经济学这个学科。从法学的角度来看，这个学科有些旁门左道。它只是一种认识路径，用它来解释所有法学问题难免会有差错。所以，今天许德峰教授讲的内容把我打蒙了。我理解我们国家企业破产法整体的结构，重整程序的团体性、债权人个别权利禁止行使，但是怎么会出现重整内外的债权人协商的问题呢？"内"是协商没问题，"外"是什么我不理解，今天这一讲，我听懂了，是交易，交易的重点是重整程序开始之后，在债权人不能独立或者个别行使权利的情况下，形成了一个"公地"，但在有公地的情况下，债权人之间的相互制约不利于重整程序的进行。这个时候要想办法打破这个相互制约。所以从这个角度讲到了交易，为什么要交易，法律上有没有交易基础，以及如何交易。从法经济学角度可以找到一些未解问题的答案。这是第一个感触。

但我还是没想明白，法经济学路径究竟能否解决当前实务重整程序中的债权人协商问题。这个问题许德峰教授没说，我估计是时间太短来不及进入这个话题，朱教授说了，更重要的是债权人与出资人之间的交易，尤其是在中国，大家耳熟能详的债转股就是此类交易。这样的实践在中国已有10年之久。但人们是如何认识（这种现象）的呢？是不是从法经济学的角度考虑它可不可以交易、为什么要交易、如何交易呢？我们很少去思考。我们现在思考的是它能做，所以就这样做了。甚至《企业破产法》规定了强制批准，人民法院基于这种逻辑就批准了。这种批准的逻辑是什么？这些东西是可以交易的，既然（由于公地悲剧）无法达成一致交易，那法院就强制介入，实际上法院在替别人作决定。

这里面还有一个问题，可能许德峰教授没有时间说，就是如何交易。这是关键。至于如何交易，许德峰教授讲的例子里并未涉及，例子中讲的是交易条件，是商业判断。现在要考虑的是交易的是什么。如果是债权人之间交易，优先债权人与普通债权人之间的交易、优先债权人之间的交易、普通债权人之间的交易，都不影响重整程序，因为交易的当事人是债权人本身，甚至债权人与股东之间的交易也一样，因为股东不是债务人。

所以，现在需要考虑一个问题，债权人与债务人交易，能不能和债务人交易，有没有和债务人交易？许德峰教授讲了供应商的例子，来讨论个别债权人可否得到更大比例的清偿，供应商的存在对未来企业重整发展至关重要，供应链断了未来重整肯定没希望，这时候要给它优惠，问题是这个优惠清偿费用由谁支付。如果是由债权人支付，那不会影响重整，按照法经济学，交易可以进行下去。债权人与股东和出资人之间交易也可以。作为供应商，要获得比别的供应商多 10% 或 20% 的清偿，谁来承担这一费用。如果是债务人承担费用，就是重整程序中的债权人个别权利行使，如果是债权人之间相互交易，就不叫债权人的行使，如果是债权人和股东之间的交易，也不叫债权人的行使，这个交易与重整没关系。怎么交易是当事人之间的事情。债权人会议也无权管这些事情。这是整个司法过程即破产重整过程中，人民法院强裁都没有考虑的事情。债权人究竟是在与谁交易？如果是与债权人、出资人交易，人民法院可否通过重整的方式进行裁决？可能不能，这不受重整程序的约束。受重整程序约束的是清偿。如果债权人交易涉及清偿，就涉及许德峰教授一开始说的债务人财产。如果没有债务人财产的参与，人民法院在重整过程中就无法约束债权人所进行的交易，因为这个交易没有障碍。

所以说许德峰教授讲的内外的债权人协商，下一步研究重点在哪，以及对于现在破产重整中的交易模式该做什么评价都是值得讨论的问题，期待他的下一步研究成果。

点评人

左北平 中国注册会计师协会破产管理人业务课题研究组组长、北京中恕重整顾问公司执行董事、利安达会计师事务所（特殊普通合伙）合伙人

非常感谢许德峰老师的精彩演讲。今天的主题非常新颖，我们在破产实务

中也经常遇到这方面问题。许德峰老师从债权交易的可能性、理论基础、法律规范、操作方式，层层递进分析论证，对我启发很大。

李曙光老师也在最近召开的不良资产论坛上提到了债权市场问题，并提出了一系列观点，我觉得这对下一步推动实务探索很有价值。例如，在重整中分组别表决是有一些相关门槛的，包括人数、金额、组别等规定，而债权人不同组别、不同诉求的考量可能影响整体重整目标的实现。这也隐含了债权人为达到重整目标而进行债权交易和利益让渡的空间，为此迫切需要建立债权交易规则。目前，尽管实务中有一些惯用的操作方式，如设置小额债权人组，给予其较高比例甚至是全额的清偿，还有对一些敏感债权人的让步，但是债权交易的体系化规则还没有建立。

对于强裁，《全国法院破产审判工作会议纪要》强调要慎用，但法院现在往往不敢用。我认为，当债权人协商出现了僵局，影响重整目标实现时，强裁机制还是有必要的。只不过现在的规定过于原则，缺乏具体的配套规则。

关于债权交易，其实，实务中已大量运用。债权人为了推动重整目标实现，往往会私下妥协，通过不同形式的约定来保障交易的实现，当然方法与程序也是多样的。各位老师的发言让我受益匪浅，也对我们实务探索具有积极意义。

许德峰教授回应：

谢谢四位老师的点评，点评都切中要害。首先需要承认的是，这是个完全脱离实践的研究，某种程度上没有考虑实践中的做法。一方面要重点研究，另一方面对实践了解少，是一个纯理论探讨，还需要补充实践经验。我自己的研究也慢慢向这方面转型，也在思考自己在研究什么样的问题。其实比如朋友圈中转发的各种裁判经验总结，已经不再是我们研究中要关注的对象了。因为那是机器可以做的事情，我们希望做一些背后原理的探索，但有时候还是需要对实务经验有所了解。另外，它不是一个法经济学的问题，因为研究中不涉及经济学，就是一些数字的计算，也有些假设，但未必完全成立。就具体的问题而言，刚才两位老师讲到的，还是要考虑一些现实的问题，包括一些奇怪的债权人组。破产财团值得认真对待，不是仅因为其在破产法中是分配对象，而是要看到其整体性及其背后的制度基础。这种制度基础不是说它不能被侵犯就结束了，而是要看它为什么客观上存在这种整体性，以及它和企业财产的关系。

其他的细节问题，比如供应商问题，表面上看是债务人与供应商交易，或者是破产管理人主导的债权人会议与供应商的交易、重整企业与供应商的交易，但是就其本质而言，还是债权人在与供应商交易。债权人让渡了一部分权益给供应商，或者说企业的蛋糕大了，一部分可以分给供应商。希望聆听各位老师的意见。

与谈人

陈景善 中国政法大学民商经济法学院教授

非常感谢李曙光老师和刘颖老师给我们提供的交流平台。我一年前见过许德峰教授，中国政法大学和《中国社会科学》杂志举办的研讨会上我给他做了点评。但我今天不是点评人而是与谈人，希望能就这个机会与您交流。这个题目我非常感兴趣，一个是重整内外的"外"字，还有一个是协商。"外"字，本来以为您会谈到法庭外重组的部分，但是您谈的都是法定重整程序，"外"这个部分感觉内容比较少。还有协商部分与交易部分存在密切联系，我觉得您讲的内容就是从破产法的债权人公平公正原则倒向效率原则。

您的演讲中提到了供应商得到更多清偿的部分。我今天就韩国法有关于此的部分做一个交流。

关于供应商得到更多清偿，韩国用的是庭外重组程序中的债权人协商模式。债权可分为供应商债权和金融机构债权。供应商债权会得到全额清偿，前提是企业可持续性价值的保持。所以得到全额清偿是其重组的前提条件。这里必然要牺牲其他债权人的利益，也就是金融机构债权人的利益。这里要探讨的问题是，应遵从债权人多数决原则，还是债权人全部一致同意原则？按照伦敦模式或日本模式，应遵从债权人一致同意的原则，但这样会有失效率。所以韩国采取的是多数决原则，如有75%债权人同意，金融机构债权人的利益是可以被牺牲的，或者减免一部分，或者延缓支付一部分，总之会有各种方式。那么剩下的25%的债权人利益怎么保护？可以用公司法中异议股东回购请求权的原理。韩国采用的是异议债权人请求回购的方式，这里最重要的是，75%的债权人和25%的债权人之间怎么协商价格。这是一个协商交易，价格由他们自己协商，没有客观标准。所以在韩国庭外重整中，供应商债权人得到全额保护，金融机构债权人遵循多数决原则，目前可以说是一个导向，但是这只是庭外重组的指引，没有法律效力。事实上，韩国近10年一直在用临时性立法的方式解决这个问题。《企业结构调整促进法》原来的旧条文和最新的条文我都翻译成了中文。其中这些内容都会涉及。临时性立法的原因是要解决债权人约定的效力问题。为什么采用临时性立法的方式？因为会存在违宪的问题，有部分债权人利益被牺牲的问题。所以我觉得关于供应商债权清偿的问题可以借鉴韩国的做法。

还有许德峰老师提到的股份期权问题。这个部分可以进一步计算一下，看哪个时期行权可以实现最大价值。

至于债权人利益怎么平衡的问题，这是我听了您演讲后暂时想到的，希望这个问题能得到进一步解读。

与谈人
张世君 首都经济贸易大学法学院院长、教授

感谢李曙光教授的邀请，感谢刘颖教授的邀请。是否可以将这个题目理解为，债务人进入破产重整后，它的财产有限，而债权人的利益和诉求不一样，为了避免他们相互争吵，相互牵扯，因而通过某种机制，让其达成一个共识，从而实现利益最大化？

我觉得许德峰教授从公地悲剧出发，达成破解之道，就是债权人交易。这些我都认可。对于这个问题，我还有三个感想。

一是除了公地悲剧外，还有其他理论能讨论这个问题吗？从民法中的决议行为的研究角度看，其实刚才朱慈蕴教授已经提到了这个问题，大小利益不确定的债权人如何形成一致决议？这在决议机制中才能讨论。值得反思的是，在破产法中，关于决议行为的研究是不是不够，决议中意思表示形成机制也需要进一步完善。

二是通过债权交易解决问题这个建议，我同意。但是还有没有其他办法能更好地实现债权人的协商。我国破产法没有规定债权人可否作为重整计划的提出和拟订主体，这个制度是缺失的。如果债权人可以提出重整计划，将在制度上程序上极大地保障债权人的协商。这是大家共同的协商。美国破产法中，债

权人在特定的情况下可以提出重整计划。这是推动重整中债权人协商的有效的制度安排。

三是可以进一步研究内外的债权人协商。我个人感到，通过学习，我们应该构建更加结构化的破产程序，把谈判和破产程序相区分。我前段时间看到韩长印老师翻译的美国破产报告，报告中说在会议下协商的效率远远大于法庭主持下的协商效率。有专家提出预先重整程序，其实是一个协商机制。先与大部分债权人协商，再大范围协商。这个与其叫预先重整程序，不如叫谈判程序。在谈判过程中，可能有某些利益交换，可以拟订交易方案。如果可以构建专门的谈判程序，类似于诉前调解，那么是不是可以推动协商的进展呢？

与谈人

邹明宇　合众人寿保险股份有限公司总监

每次参加对话都让我受益匪浅。对话提供了一个非常好的学习平台，不能说交流，因为更多的是学习。今天更要感谢许老师。许德峰老师对北京市第一中级人民法院的帮助非常大，今天为我们带来了一场特别精彩的讲演。

我谈一下自己的感受。第一感觉是很多问题没太听懂，带着疑惑，之前看提纲就没太看懂，而今天听到演讲有些新的想法。按照通常所说的重整当中的绝对优先原则，在没有债权人保护的情况下，股东应该是没有权利的。但是实践中有很多股东保留了大量的股份和种种权利，债权人并没有得到全部清偿的情况。这也是我的疑惑。今天许老师的讲授启发了我思考的方式，让我想到这是不是债权交易的结果。在不违法的情况下，我们允许进行这种交易。

但是，这种交易是不是要予以限制呢？这种交易还是应该受到限制。刚才李曙光老师点评时的一些用词，比如"合理性""不损害他人利益"等，似乎也在给这些交易作一些限定。公平利益原则、最大利益原则也是对这些交易的限制。但是这种限制并不是要把交易的门槛抬得特别高。而且，刚才邹海林老师也提到交易主体问题，即交易主体可以与谁交易，包括债权人与债务人的交易是否应允许。实践中，投资人与股东交易的，如不损害债权人利益应当允许。解决方式可以参照上市公司要约收购这个思路。

参加对话的最大收获是主讲老师精湛的学术造诣，另外就是与谈人的观点，特别能启发思考。感谢研究中心这一平台，感谢各位老师和同仁精彩的点评。

与谈人

张艳丽　北京理工大学法学院教授

感谢对话活动提供的平台，这是我第二次参加对话活动，两次都是抱着学习的态度来的。

首先，我对许德峰教授的题目很感兴趣。这个题目，讲的是重整内外的债权人协商。这个题目非常重要。无论是从理论、立法还是从实践的角度来看，对重整制度的运行都有重要的意义。尤其是许德峰教授的论点给我很大启发。

实际上，重整本身就是个协商机制。联合国国际贸易法委员会《破产法立法指南》的第一部分指出，重整就是一个协商机制。就如许德峰教授讲的，在破产法语境下，你不知道交易与协商有多大差别，债权人协商和交易是交叉还是混用。

通过许德峰教授的"讲"以及专家们的"说"，可以得出两个结论。

一是，关于债权人能否进行交易？答案是可以。二是，如何交易？也就是说在破产法语境下如何进行交易。评议人也都是围绕如何交易发表个人看法的。我从程序法的角度提几点感想。

第一，破产作为一个程序法律制度，从程序的角度出发，本身就是处理债权债务关系的。其本身就以意思自治为基础。只不过现在资不抵债，才形成了特定的债务人财产的范围，或者破产财产的范围。处理债权人债务人破产的机制，与相应的诉讼是一样的。所以，诉讼可以协商，破产制度下解决债权债务人的关系当然也可以协商。

第二，我们现有的重整程序制度中，实际上已经存在这种债权人的协商机制。例如，美国的绝对优先原则，发展为目前的相对优先原则。许德峰教授今天没讲，但是这种机制实际上已经贯彻了，协商实际上是相对优先原则的贯彻。这是其一。其二，重整计划的分组实际上也是协商，体现了不同的利益。不同的利益怎么通过协商调解，不能通过的应该怎样审定。分组机制也是协商机制。其三，实践目前突破了破产法的规定。债转股就是协商的结果，是一种特有的协商机制。其四，协商实际上是有限制的。而且重整程序中的所有机制，包括重整计划的制订、审批，以及协商的目的不能突破重整价值的最大化原则或影响重整目的的实现，这都是关于重整问题协商的兜底规定。目前，破产重整协商机制已经存在。

第三，如何进行交易。一是关于多元化的重整谈判机制问题。无论是国外重整 ADR 还是我国预重整，实际上都是谈判机制，谈判平台。接下来破产法修订要注意，破产法要建立多元化协商机制平台。二是要解决谁与谁交易的问题。债权人的协商，是不是如刚才其他几位教授所提到的，除了债权人与债权人的交易外，还包括债权人与投资人或股东的协商，以及债权人与债务人的协商。我认为存在。例如，债权人在有些情况下可以提出重整计划，在重整计划实现不了的时候如何对计划进行修订，由于修订过程实际上也是协商机制，故可以将协商理念调整进去。三是协商的内容是否需要审查。我认为是需要审查的。像重整计划需要法院审查或强制批准这个机制。协商是自由意志，但是要经过重整机制的审查。

第四，如何修订破产法的问题。如何借着破产制度改革，将今天晚上讨论的经典意见提供给实务部门，提高破产重整的效率，建立起破产协商的机制。

第五，协商归协商，但是毕竟在破产法的语境之下。这种协商与当事人私下的协商以及诉讼中的协商是不一样的。所以，协商是建立在重整机制的框架下的。跟重整的法律目的协调起来，与重整的法律目标协调起来，这是重整的底限。但清算不存在这个问题。

朱慈蕴教授回应：

听了各位与谈人的想法，我非常赞同张艳丽老师最后这句话，提到债权人协商、交易，一定是在重整的情形下。重整之外，清算之中，债权人协议交易能否成立暂且不论，重整之中这是必须强调的。

另外，债权人可否与债权人协商交易。债权人自始是与债务人对应的。因为债权是针对债务人的。问题是谁来替债务人作决策。正常法人与非正常法人由不同代表人代为决策，正常情况下是董事会，非正常情况下是管理人。如果债权人成为股东，这种身份就要发生变化，债转股后，实际上债权人已经变成股东。现在公司资不抵债，要进入破产程序，无非就是解决不破产的后果。这只有两种途径，要么把"蛋糕"做大，要么把债减下来。债转股实际上是在转债务。这是现在普遍使用的方法。这种债转股可能也有一些政策考量。比如有些股东，现在想投入，要做大蛋糕，投资要重组时，其实都是以新的股东身份加入。增加的投资其实是给公司、给债务人，所以债务人用这些钱解决债权人的债权问题。

至于新投入的人用多少钱去投入，这取决于很多因素，如这个公司有没有救的价值，将来的发展会不会恢复。不然，投入的这些钱全部用来还债，还是得不到回报。

刚才还提到，债权人能不能提出重整方案。重整方案应可以由债务人提出或者在债务人认同的情况下由重整人提出，因为重组是要由债务人自己负责的。如果债务人没有这个愿望，重组就没有意义。愿意重组的人一定转换了身份，不是以债权人身份，而是以投资人身份参与重组。让渡的财产越多，重整的希望就越大。

许德峰教授回应：

谢谢前面几位老师的评议。确实是触及了研究的核心问题。

首先，是跟谁协商的问题。

债权人协商在形式上很多时候体现为跟债务人交易，尤其是当企业进行重整的时候。因为债务人人格不消灭。很多时候，交易发生在债权人与债务人之间。如债权人可能自愿降低清偿比例等，体现为债权人债务人法律上的交易形式。

所有这些都可归结到这些债务人由谁控制。很多人会认为债务人由债权人控制，所以在这个意义上，交易形式会体现在债权人与债务人之间，但是背后的经济形式可能发生在股东与债权人之间。

债转股的问题，本质是债权人愿意某一债权转成股份。或是股东投入，股东继续保留股东资格，股东同意把一些股份换掉或者稀释，也是债转股，将债权换成股，或发行成新股。这本质上是债权人的协商问题。甚至本质上，股东与债权人是一样的，都可以用期权的理念来解释，所以债权人协商也包括跟出资人、债权人股东的协商。

刚才两位老师提到了绝对优先原则的问题。破产制度对这些协商的安排很大程度上与诉讼是一样的。诉讼中，协商者会放弃一些权利，或在调解中放弃一些权利。作出这一规定有很多考虑，但至少有两点。一是防止程序遭遇阻碍。

我愿意给他一些赔偿，这是为了避免程序上纠缠而作的让步。破产中体现为大债权人对小债权人的让步。二是基于不确定性的让渡。一部分债权人之所以愿意向另一部分债权人让渡权利，也是因为没有准确预期，不知道法官会把这一刀切在哪。这体现出债权人与债务人对企业未来前途的判断。所以在美国法上，这是受到限制的。原来的裁判判例确立了绝对优先权原则，后来的裁判很少突破这一点。学者在论述时也会受到这个制度体系的限制。中国法上可能没有这个问题。因为这原本可能就是一个相对优先的安排。因而，现在要研究的是如何让这种相对优先更优。在这个意义上，确实要进一步完善这一制度，但中美两国完善的方向估计是一致的。

与谈人
宋　宽　德安华集团执行董事

刚才听了各位老师的分析，受益良多。我是从事破产实践的，今天我从经验出发谈一下体会，欢迎各位指正。

今天讨论问题的核心就是在破产重整的过程中，如何实现利益最大化。许老师给出的方法是协商和交易。我个人认为协商和交易应该是分开的，不完全是一回事。

正是由于经营存在不确定性，重整过程中要考虑很多不确定因素。在这个过程中实现利益最大化才是重要的。

我们的业务涉及很多跨境重组，在境外也会担任清盘官或重组官。大的协商模式会非常灵活，跟国内不一样。重组时，重组方案一定是清盘官、重组官提出来的。在国内，我们要接管一家企业，把所有财务数据分析完后，不仅要监管财产，而且要做大量金融分析、运营分析工作，预测未来的经营状况。所以才用数字说话，实施破产重整计划比现在就破产债权人可以获得更多。

这里就存在大量协商。比如，我们在境外，也有中国的银行明确拒绝接受债转股。这个选项不适用于中国国有银行，还有伊斯兰国家，它们不接受本金打折。或者把它们的还款期限拉长到30年，这样变相打折。然后再根据特色设立一些重整方案，这些都是协商出来的，只能一家一家谈，这是我们协商的经验。

再说交易，债权人之间的交易是事实存在的。我遇到过一个真实案例，某个公司已经进入重整程序，债务人从债权人手里买回来很多债权。这个份额刚好可以控制债权人委员会，而且回购的钱又少于其要偿还的所有债务。也就是说，债务人花的钱比较少。这个交易占某种优势。另外，要不要所谓的要约收购，以及为什么不收购其他债权人的债权，有个人原因，也有财务方面的考虑。个人原因可能是拿到贷款时交恶，债务人也想出口气，不收购其他人的债权也能满足重整需要，因而从这个交易中可以寻求对自己比较有利的方式。

还有一种考虑完全出于程序上的原因。开曼公司清盘人要在中国香港行权非常受限，因而在香港进行承认和执行。这要满足一些要求。不满足的话，可以把债权转到香港的企业，这样香港的企业也成了债权人。这就是我们在处理域外的交易和协商中的经验分享。

对于境内问题，我也很感兴趣，在处理一些敏感债权时，一些小的债权可能全部偿付。这里面很有趣的是，如果允许交易会怎样？假设20万元以下的债权可以全额受偿，但某债权人有60万元债权。如果把60万元债权分别转给别人，就可能百分百受偿。而且转让的话，转让在什么时间节点有效？进入重整申报之后，还能转吗？这都是现实中面临的问题。

许德峰教授回应：

我们的做法是重整计划中明确50万元以下的会全额受偿，50万元以上的部分受偿。所以还是有操作空间的，理论上亿元可以拆成无数个50万元以下。

与谈人

项　红　合肥高新技术产业开发区人民法院副院长

我是合肥市中级人民法院破产庭副庭长，恰逢在北京培训，今天有机会参加重组对话，聆听各位法学大家的观点，实是幸运之极，非常感谢李曙光老师给我们提供重组对话的平台，以及许老师精彩的演讲。当我看到本次对话主题"重整内外的债权人协商"的时候，我在困惑什么是重整内外的债权人协商，听了许德峰教授的讲座后豁然开朗。以下是我的所思所想：

对于"重整内外的债权人协商"，法官在破产审判过程中，往往不进行法学理论的研究，而是注重实务操作方面的探讨，关注理论的实际价值。所谓实际价值就是探讨其合理性与合法性，其中法官更关注合法性问题。破产重整的过程实际上是利益平衡的过程，每个债权人都在追求自己利益的最大化。现实中已经出现了多种类型的"债权人协商"，例如政府基于维稳的原因收购债权，管理人在重整计划表决不通过的情况下与债权人进行协商或收购。

由于尚未有体系化的制度规则来规制重整过程中的债权人协商，其引发了一系列问题。例如，一个债权人有70万元债权时，该债权人与其他债权人进行协商，将70万元债权拆分为20万元和50万元，目的是获得百分之百清偿。此时，债权人之间的协商实质上已经损害了其他债权人的利益，法院应通过何种程序、如何判定该种协商是否合法成为当下破产审判中的难点，因此，今后我们需要构建一个评判债权人协商是否合法的制度框架。

除了许德峰教授演讲中涉及的庭内重整的债权人协商，实践中也存在很多庭外重整的债权人协商。首先，在庭外重整过程中，债权人可能已经对一部分债权进行了协商并达成协议。当庭外重整无法继续推进时，庭外重整又转入了庭内重整。进入庭内重整后，法院如何认定和评价债权人在庭外重整时所达成的协议，这是一个应该考虑的问题。其次，关于股东出资人的权利。一方面，公司破产后，公司账户可能已被查封，不能通过股权转让使出资人提前介入破产重整。另一方面，当债权人认为企业未来具有营运价值时，可能会在进入庭内重整之前与出资人进行协商，通过收购出资人权益的方式将自己的身份转化为出资人。当进入庭内重整时，此类债权人可能会影响重整计划的制订和债权人之间的利益平衡。实践中法官对此类债权人协商持十分谨慎的态度，避免通过庭外的私下协商，影响和干涉此后重整计划的制订，甚至损害其他债权人利益。

关于法院强裁制度。在破产重整中协商到一定程度的时候，后期法院可能运用强裁机制来通过重整计划，但是目前现实中法院几乎不会进行强裁。在重整程序中，重整方案质量如何，债权人协商达到何种程度，重整计划是否能够保证企业未来的营利，都具有不确定性。因此，在没有全部表决通过重整计划、存在诸多不确定因素的情况下，让法院强裁通过重整计划并判断债权人协商是有利于重整企业的，这既不合理也不现实。最终往往导致重整流产，进入清算程序。因而，构建对债权人协商的合理性和合法性进行评价的机制十分重要，以保障法院敢于强裁。

与谈人
范利亚 北京德恒律师事务所合伙人

感谢李曙光老师、许德峰老师。

我从破产实务角度理解债权交易，其包含分配权交易和控制权交易两个维度。在债务人财产特定的情况下，所有的债权人基于此进行分配权交易，其中又交叉着控制权交易。在这两种交易下，还需要考虑五个维度：

第一是债权人的强制地位，包括供应商、特别大的担保债权人、工程债权人、勘探类债权人等。后两种债权人的债权本是普通债权，但若不优先清偿，该类债权人可能通过拒绝出具报告等形式致使重整程序无法推进。

第二是法律上规定的特殊债权要优先清偿。

第三是重整程序中的信息不对称问题。重整程序中的信息不对称是永远存在的，其对分配权的交易有非常大的影响。例如，债务人财产的范围永远是一个"秘密"，一般情况下管理人知道秘密的全部，法院仅知道一部分，政府也可能知道秘密的全部。

第四是债权交易的时间价值。债权交易的时间价值在重整程序中特别重要，即对哪一类债权进行特殊清偿或作特殊的时间安排。按照《企业破产法》的规定，担保债权优先于职工债权和税款清偿，但是根据实务经验，现实往往采相反的顺位。例如在3年的重整计划中，第一年清偿职工债权，第二年清偿民间借贷，税款的偿还时间可能被拉至25年后，而担保债权被放在最后的顺位。因此，债权交易的时间价值是一个非常重要的问题。

第五是债权的分配利益。债权交易与重整项目的控制者有很大的关系。例如，律师可能拥有对方案的控制力，政府可能对债权交易有绝对的控制力。

总之，控制力的不同会导致交易方式发生变化。交易主体包含债权人、股东和投资人三方，上述的五种维度会对债权交易产生极大的影响。

与谈人
邹玉玲 北京市海淀区人民法院民事审判三庭（破产审判庭）副庭长

特别感谢李曙光老师和许德峰老师提供这次学习的机会，我受益匪浅、深受启发。

协商是重整程序的一个特点，也是重整程序机制运行的核心。协商的过程到处都是，参与的主体也特别多。今天许老师提出的理论分析框架为我打开了一个新的思考维度。在判断债权人协商是否损害其他债权人的利益时，或者债权人协商是否应该受到法院强制干预时，我们应该思考其背后的法学原理。

首先，协商是重整程序运行的核心，贯穿重整程序始终。虽然《企业破产法》没有规定预重整制度，但是实务界已经充分贯彻了预重整的理念，尤其是在重整之前和重整方案的制订过程中。例如，虽然根据法律规定债权人没有提出重整计划的权利，但是实践中，比较重要的债权人一般会提前介入重整计划的制订过程中，他们可以充分表达自己的意见，甚至很多时候，战略投资人是由债权人引进和推动行动的。

其次，在重整过程中，债权人之间、债务人和债权人之间、重整投资人和债权人之间都存在协商。由于在其他诉讼、清算中也存在协商，我认为应对协商进行分类，明确哪种协商是在破产重整这个特有的语境下进行的。纳入重整语境下的协商，必须是影响到清偿率及其他债权人权益的协商。之所以对重整语境下的债权人协商进行特殊调整是因为存在利益冲突：债务人破产后，有限的资产无法清偿全部债权，债权人之间必然会对有限的财产产生利益冲突。另外，在重整的情况下，债务人对自己企业的控制力非常微弱，此时协商更多地体现为管理人尤其是投资人与债权人之间的协商，这甚至是重整程序中协商机制的核心。

再次，协商是一个集体决定程序，反对者的意见不能被完全忽视。目前，实务界通常应用债转股的方式，对于债转股持反对意见的债权人可以用现金清偿，即通过现金清偿和债转股并用的方式达到利益平衡。

最后，关于债务人财产的保全方式，其包括自动中止程序和货币分配两种方式。在实务中相对实物分配而言，货币分配更易衡量，更有效率，也更有利于公平。在分配方式中，协商机制也发挥了很大作用。例如，一个实物可能对债权人而言意义非凡、更有价值，变现反而会增加债务人的成本，这种情形下具体是采用货币分配还是实物分配都是可以协商的。

以上是我的一点感想。

与谈人

贺　丹　北京师范大学法学院副院长、教授

非常高兴今天有众多的专家来参与我们的对话活动，你们的参与使我们的对话变得非常精彩和高端。关于"重整内外的债权人协商"这个主题，各位专家的讨论展现了债权交易虽然看似是一个技术性问题，但是其不仅涉及精深的法经济学理论，还涉及实务中的计算和考量，重整中控制权的分配与争夺，重整中的债权分组，以及重整中的债权交易是否要进入法院的裁判考量视野，例如法院是否有权力对不公正的债权交易进行裁断。可能各位专家在对话中提出了很多问题，现在也没有一个终结性答案，而是引起了更多思考，我想这也是我们"蓟门破产重组"对话具有吸引力的原因。谢谢。

结　语

主持人

刘　颖　北京航空航天大学法学院教授

本期对话中，许德峰老师首先明确了债权的含义，尤其是它与股权的区别；其次进入了破产法的视野，介绍了其在破产重整语境下的特殊性，包括其带来的重整程序内外的债权人协商问题；最后提出了建立破产重整的债权交易所的设想。许老师不仅让我们领略到了民法学者推崇的解释论和法教义学的魅力，许老师的问题意识和广阔视野也为我们所钦佩。可以说，许德峰老师为"蓟门破产重组"对话的国际性、前沿性、开放性的定位作了完美的脚注。

李曙光老师从为什么要界定破产财产即债务人财产、每一名债权人的权益在债务人财产项下如何实现最大化以及债权可否交易三个角度，朱慈蕴老师从公司法的经济结构和破产法下的公司治理角度，邹海林老师从协商引发的债权可否交易、如何交易的角度，经济法、民法、商法的各位研究者从多个角度进行了点评，相信大家可以从各位嘉宾的发言中获益良多。另外，左北平会计师从实务的角度进一步拓宽了大家的视野。最后，陈景善教授、邹明宇庭长及各

位与谈人也从不同的角度讲述了自己的观点,将今晚的讨论推向了纵深。

在经历了不同学科领域、不同国别的专家的演讲后,下一期我们将会邀请实务中的领军人物。敬请各位继续关注。再次感谢,下期再会!

整理人:中国政法大学破产法与企业重组研究中心
扈芳琼　陈雨萌　陈扬方　陈泽杰　廖　鹄　向姝瑾
廖天骄　刘奕辰　贾润乔

第三期

参会时与会嘉宾信息

主讲人：
许德峰　北京大学法学院教授

点评人：
李曙光　中国政法大学研究生院院长、教授，破产法与企业重组研究中心主任
朱慈蕴　清华大学法学院教授、中国法学会商法学研究会常务副会长
邹海林　中国社会科学院法学研究所研究员、法学研究所商法研究室主任
左北平　中国注册会计师协会破产管理人业务课题研究组组长、北京中恕重整顾问公司执行董事、利安达会计师事务所（特殊普通合伙）合伙人

主持人：
刘　颖　北京航空航天大学法学院副教授

与谈人：（依据发言顺序排列）
陈景善　中国政法大学民商经济法学院教授
张世君　首都经济贸易大学法学院教授
邹明宇　北京市第一中级人民法院清算与破产审判庭副庭长
张艳丽　北京理工大学法学院教授
宋　宽　保华顾问有限公司董事
项　红　合肥市中级人民法院破产庭副庭长
范利亚　北京德恒律师事务所合伙人、破产专业委员会主任
邹玉玲　北京市海淀区人民法院金融与清算庭副庭长
贺　丹　北京师范大学法学院副教授、中国政法大学破产法与企业重组研究中心研究员

第四期

上市公司重整实践与问题

刘延岭

发言嘉宾

主讲人：
刘延岭　北京市金杜律师事务所合伙人

点评人：
李曙光　中国政法大学教授、破产法与企业重组研究中心主任
李永军　中国政法大学教授、中国法学会民法学研究会副会长
许美征　北京中和应泰财务顾问公司执行董事
左北平　中国注册会计师协会破产管理人业务课题研究组组长、北京中恕重整顾问
　　　　公司执行董事、利安达会计师事务所（特殊普通合伙）合伙人

主持人：
刘　颖　北京航空航天大学法学院教授

与谈人：（依据发言顺序排列）
张艳丽　北京理工大学法学院教授
陈夏红　《中国政法大学学报》编审、编辑部主任
宋　宽　德安华集团执行董事
高丝敏　清华大学法学院副院长、长聘副教授
范利亚　北京德恒律师事务所合伙人
韩传华　北京市中咨律师事务所合伙人
邹明宇　合众人寿保险股份有限公司总监

主办方　中国政法大学破产法与企业重组研究中心
协办方　利安达会计师事务所

2018 年 5 月

开 幕

主持人

刘　颖　北京航空航天大学法学院教授

前三期的活动我们邀请了不同学科和国别的三位顶尖学者——我国著名经济学家、社会科学院的张晓晶教授，日本破产法权威、中央大学的佐藤铁男教授，以及北京大学的许德峰教授做客对话活动，通过前几期对话我们获得了很高的声望，从今天现场的热烈气氛以及报名的情况就可以看得出来。并且从第一期开始，就不断有朋友要求我们开放网络直播，但目前我们还没有此项打算，这是对我们的鼓励，我们一定会精益求精，将此品牌打造好。

国际性、开放性、前沿性一直是对话所秉持的方向，在经历了理论界三位顶尖学者的来访后，我们今天终于邀请到了实务界的领军人物，他就是北京市金杜律师事务所合伙人刘延岭律师。

刘延岭律师曾经参与《企业破产法》起草，同时也是《企业破产法》实施后率先将破产程序运用于上市公司重组的实践者，今天刘延岭律师将给我们分享他关于上市公司重整实践问题的最新思考。另外，《企业破产法》的起草小组成员、破产法与企业重组研究中心主任李曙光教授，起草小组成员、中国法学会民法学研究会副会长、中国政法大学民商经济法学院李永军教授，以及我国上市公司重整较早的实践者许美征老师，还有破产业界的左北平会计师等专家将担当点评人。之后，各位理论界和实务界的专家会参与讨论，受时间所限，在此不做一一介绍，请参考嘉宾名单。

接下来介绍对话的规则，首先由主讲人主讲一个小时，之后每位点评人点评15分钟，剩余时间自由讨论，与谈人自由发言，但是每次的发言时间控制在7分钟以内，最后留些时间给现场观众提问。

接下来，让我们用最热烈的掌声欢迎刘延岭律师开启今天的对话。

主讲人

刘延岭　北京市金杜律师事务所合伙人

各位老师、各位同仁，大家晚上好，非常荣幸今天来参加"蓟门破产重组"

对话活动，也感谢李曙光教授邀请我来参与今晚的活动。我是做破产实务的律师，《企业破产法》实施后一直在一线工作，2007年《企业破产法》实施后，将近11年的时间，我和我的团队一直致力于破产业务，一直坚持只做破产业务，所以在一线会有一些破产业务的体会。今天我就上市公司重整实践中遇到的问题向各位老师、各位同仁做个汇报，同时也希望得到大家的指点。

第一部分，上市公司目前的重整现状。

首先是上市公司重整案件数量。从2007年到2018年11年的时间，全国共有53家上市公司进行了重整。2007年、2008年分别有8家上市公司进行重整，2009年、2010年分别有7家上市公司进行重整，2011年有6家，以后逐年下降，近4年每年2家左右，从2014年到2018年有10家。53家公司中有51家已经完成重整，有2家还在重整程序之中。由此可以看出，上市公司重整的数量不多。

同时，我还统计了全国法院受理的破产案件，但数据可能不是很准确。2008年到2017年，全国法院受理破产案件35000多件，其中2016年，受理5600多件；2017年，受理破产案件9000多件，公司重整案件1770件。而2017年全国上市公司重整只有2件，从这个数量上看完全不匹配。这不是因为上市公司数量少。截至2018年5月，深沪上市公司有3500多家，2007年不到1500家，增加了2000家，上市公司增加了，但是上市公司重整的数量没有增加，反而在逐年减少。

其次是上市公司重整业务市场情况。上市公司债务的规模不断增加。早期的债务规模通常在50亿元以下，2006年突破50亿元，现在超过了200亿元，资产和债务规模在增加，并且可以预测未来资产规模仍会增加。但是同时，非上市公司的资产和债务规模增加的速度也非常快。比如东北特钢有700亿元债务，还有一家目前我们正在参与的集团公司，金融债务也有1500亿元，目前债务规模在逐渐增加，资产量也在增加，但资产质量不太好。针对单个银行，这样的债务规模非常大。

关于上市公司重整债务规模、地域分布。根据53家上市公司的地域分布情况，广东最多，有8家，这是因为广东的上市公司比较多，并且深交所在广东。辽宁、陕西、四川是4家，其余大部分省份在2家以下。

最后是上市公司重整的效果情况。重整的效果总体上还不错。目前已经完成的上市公司重整案件，还没有出现过清算的情形。当然，一些公司重整完之后出现了新的问题，又二次陷入困境需要再重整。

上市公司的重整和其他公司的重整区别在于，一是上市公司比非上市公司的资源多，因为上市公司的股票可以流通，实践中主要利用上市公司股票来解决债务问题，比如华源发展的案子。二是在实践中重整程序有创新。将公司资本公积金转增成股票，股票不发给原股东，直接分配给债权人用于清偿债务。到目前为止，将资本公积金转增成股票已经成为一种通用的做法。起初，原资本金转增股票还要证监会批准，现在转增已经不需批准程序，凭借法院的协助执行通知书即可办理股份转增和过户。三是上市公司可以剥离处置不良资产。上市公司处置不良资产时，如果是在非破产程序中，按照证监会的要求很多会构成重大资产重组，程序会较为麻烦，在重整程序中，可以按照破产程序直接处置无须证监会批准。四是上市公司重整期间可对债权人停止计息。停止计息对一般公司重整意义不大，但是对上市公司意义大，因为上市公司有财务要求。停止计息甚至适当的债务豁免可以解决上市公司的收益问题。

总体而言，上市公司重整的空间比非上市公司重整空间大。就总体效果来说是比较好的，对保护股东和债权人权利都是比较好的安排。

第二部分，上市公司重整的变化和特点。

经过11年的发展，大家对《企业破产法》的理解在发生变化。总体来说，各方的接受度都逐渐在提高。政府、法院、债权人、投资人、企业的员工整体的接受度都在提高。近年来，上市公司重整发生了如下变化：

一是证监会和最高院的前置审批，由原来的形式审查过渡到实质审查。上市公司重整审批程序要经省级政府报给证监会，证监会复函省政府；地方法院通过省高院报给最高院，最高院复批，中级法院才能受理。早期审批程序比较简单，证监会和最高院都是形式审查，主要判断是否具备法律规定的重整条件；现在进入实质审查阶段，重整方案需要详细，证监会和最高院都密切关注。另外，在实质审查的环境下，净壳式的重整、有过违法行为的上市公司的重整都很难获得批准。

二是债务的清偿比例不断提高，强裁案件越来越少，逐渐销声匿迹。据统计，上市公司在2014年以后就没有适用过强裁，从统计可以看出，早期上市公司重整时的债权清偿比率并不高。早期清偿率都很低的原因，一个是上市公司质量低，另一个是解决问题能力不够。至于现在的清偿率，2015年以来上市公司的清偿率普遍在50%以上，甚至有的到了100%。比如舜天船舶，是重整加资产重组，最后清偿率是100%。实践中，与债权人的沟通越来越充分，债权人在重整中发挥的作用越来越大，重整对债权人越来越有利。正是由于这样的变化，强裁越来越少，或者说近几年针对上市公司的强裁基本没有了。据统计，在上述53家上市公司中，有12家经历过强裁，2014年以后没有一家被强裁，都是表决通过。这说明债权人对重整方案的接受度越来越高，这是好的变化。

三是在出资人权益调整方面主要使用资本公积金转增股票的形式，几乎没有了全体股东让渡股票的形式。早期有让渡股权、缩股、资本公积金转增并用，现在基本上仅采用资本公积金转增股票，这是目前各种因素促成的结果。

四是出现了重整和重大资产重组同步操作的案例，但未来的可复制性存疑。舜天船舶是目前唯一一例，比较复杂，但总体做成了。这样一个重整与重组同步完成得比较好的案例，虽然操作上复杂，但有效率。目前的问题是，证监会还是不会积极把重整程序的资产问题解决掉。

五是出现了真正意义上的产业投资基金参与重组。《企业破产法》实施以来的11年，市场缺乏真正的产业投资人，专注于不良资产的投资人没有。四元合是唯一一家专门做不良资产投资的基金，信达、华融等也在做但是没有成型。过去的11年，重整项目的收购方基本都是产业投资人，没有专门的财务投资人。个别以财务投资人身份来做，但不是专注于这个领域的财务投资人。下一步我期待会有更多的财务投资人参与。

六是上市公司作为重组方参与收购其他重整的企业。之前有过几次尝试，例如易成新能收购赛维，虽然未成功但作为先例说明此方向可行。我们目前也在做一家上市公司重整，收购方也是上市公司，有较大成功的希望。

上市公司重整的趋势，总体来说是越来越难，做了这么多年，感觉操作越来越难，上市公司重整的难度在不断加大，这是上市公司重整案例比较少的原因之一。

第三部分，未来上市公司重整的发展。

第一，未来上市公司重整案件的受理数量会有合理增长，但短期内难有爆发式增长。审批会越来越严，会有部分公司不被允许重整，它们将会退市。

第二，上市公司重整会向退市公司重整继续延伸。退市后还要重整，原因一是股票还有一定流动性，还能交易；二是按现在的规则，退市以后，若三年营利满足上市要求，还可以重新上市。目前重整完了具备上市条件的，我知道的有两家公司，长航油运和创智科技。两家公司都满足证监会重新上市的规定，但是都没有重新上市，因为深交所不接收材料。这两家都是满足重新上市条件的。尤其是长航油运，这是一家国企，利润很好，一年六七亿元，但是现在还没有重新上市。证监会对此没有给出理由。

第三，未来重整会越来越多地以经营业务为基础。这是好事。前些年重整可进可退。现在基本上是以主业为重点进行重整，重整以减少债务，剥离不良资产、调整机构两种方式进行。另外，对于净壳重整，证监会、最高院有不同理解。证监会在实践中不支持。我认为没有必要对其进行限制。因为市场是有需求的，净壳做完后会有人将资产装进去，这样债权人权益还可以得到保护。如果不让做，就直接退市了，那公司就没有任何希望了，债权人的权益就彻底丧失，小股东的股票也基本变成废纸。

第四，上市公司不仅能成为重整的对象，还能够作为重组方参与其他企业的重整，即把重整公司作为收购对象，通过重整实现对目标公司的收购。这种收购可以通过发行股票或者现金购买来实现。我相信此类的收购会逐步增多。

第四部分，目前上市公司重整应该关注的几个问题。

第一，上市公司重整立案难、启动难的问题。

上市公司重整最难的就在于立案和启动，其难度已经超过重整本身。由于上市公司是公众公司，股东众多、敏感、涉及社会稳定问题，这一特点使上市公司重整立案要比非上市公司复杂了许多。上市公司重整立案涉及的相关各方积极性普遍存在问题。

关于政府。政府不发文，上市公司就无法进入重整程序。目前政府对重整持较为消极的态度。破产涉及员工就业、金融环境问题。政府担心重整后债权人受到损失，可能破坏当地金融环境。政府认为拖着没事，没有风险，处理不好会有风险，因此对上市公司重整常常不积极主动，特别是民营上市公司重整，政府审批方面的困难会凸显。国企可能相对好些，有的地方政府也不理解上市公司重整为何要地方政府出具文件。

关于企业即债务人。企业本身也不积极。国企认为不是自己的企业，不愿主动重整；民营企业觉得不重整还能掌控企业，一旦重整就失去了对上市的控制权，目前我国没有促使企业自行发起重整的强制机制。所以，民营企业的控制人能拖就拖，除非感觉到自身有危险才会主动启动重整。

关于证监会。证监会作为前置审批机关（事实上的审批），从形式审查过渡到实质审查。其审查没有标准，无章可循，不同经手人理解不同、要求不同、审查关注的内容不同，审查关注点越来越多，审批事项会越来越多，审批难度越来越大。

关于法院。地方法院对上市公司的重整普遍经验不够，深圳法院法官审理上市公司重整的经验在全国可能是最多的，但是法官也经常轮换，经验不能有效延续衔接。证监会、交易所亦是如此。新人需要重新开始，积累经验，加上法官的工作负荷本来就很高，对受理上市公司重整积极性不高，也是可以理解的。而按照最高人民法院的要求，在受理上市公司重整前要进行实质审查，审查其重整的价值和可能性，关注其经营方案，这进一步增加了上市公司立案的难度。

针对法院的审查我有下面几点思考：

一是法院在受理破产案件时，应该做哪些审查？看了最高人民法院2018年3月发布的《全国法院破产审判工作会议纪要》，审查主要分两个方面，一个是对"僵尸企业"要破产清算，另一个是对有重整价值且有重整可能的企业要进行重整，即最高人民法院的会议纪要对法院受理破产案件设置了前置审查条件：法院在受理破产案件时要对是否是"僵尸企业"、是否有重整价值、是否有重整可能进行审查。我认为，首先，这个前置条件对《企业破产法》有了突破。《企业破产法》第2条规定了重整条件，具备了这个条件就可以重整，至于是否成功是另外的事。我认为这是对《企业破产法》实质性的突破。其次，客观上谁有能力去做这个判断？谁有能力判断是不是"僵尸企业"、判断是否具有重整价值、判断能不能重整成功？更何况"僵尸企业"不见得就不能重整。关于有没有重整价值的问题。早期做重整的时候，跟政府、企业的人沟通，他们都认为企业没有盈利能力，没有重整价值，因此当时我们很紧张，非常担心找不到投资人，但是事实上这些重整的上市公司都有了投资人，重整后的公司普遍具有了盈利能力。因此，对有没有重整价值，不同的人会有不同的标准和尺度，法院很难在立案的时候进行识别和判断。有没有重整成功的可能性也难判断。因此，是不是"僵尸企业"、是否具有重整价值以及重整是否能够成功或是否有拯救可能，均应交给市场，由债务人、债权人、投资人去判断，在这些方面，法官不会比他们更明白。再次，事前审查是为上市公司设置了一个"重整必须成功"的前置条件，经审查认为重整可能不成功的（可能是没有重整价值，也可能是没有拯救可能），就不予受理。这个"重整必须成功"的前置条件与《企业破产法》本意是不完全吻合的，因为重整本身就可能失败也可能成功。重整失败进行清算和重整成功都是实现市场主体退出的方式，清算说明企业没有重整价值，通过破产程序实现了市场出清，重整成功说明企业具有重整价值实现了再生，两种结果都应该是破产制度所追求的结果。重整一定要成功，这是违背《企业破产法》本意的。最后，从实际效果来看，因担心重整失败不允许其重整，结果一定会比准许其重整好吗？不一定，重整还有机会，不让其重整就完全丧失了再生的机会。因此我认为，上市公司重整，以及非上市公司重整，法院还是不做实质性审查为好，可以法律规定的要件为前提，具备法律规定的条件就应该受理。

二是单纯的债务重整是否应该允许？在实践中有些法院的法官也谈到，不主张纯粹债务式的重整，一定要有可行的经营方案，这个大概率是对的，但是客观情况不完全是这样。因为有些企业其经营本身没有大的问题，陷入困境的原因就是债务负担过重。债务负担过重可能是经营不善的问题，也可能是整个行业的周期波动问题。例如之前的钢铁、煤炭、造船、航运，曾经一度很困难，但现在已经好起来了，现在钢铁已经很挣钱。所以，这也说明未见得只解决债务就不行，有时候解决了债务问题公司就活了。

关于债权人。债权人主要是银行，目前银行坏账率高、压力大，重整债权通常会有损失，不重整还可以拖一拖。也有银行把重整理解为逃债，在这种情况下，银行对重整就不积极。我们了解到，2017年年底到2018年几大银行在面对不良资产处理的问题时，已进入相对放松的状态，目前对重整的态度比以前显得积极了。

立案难的结果就是企业丧失了重整的最佳机会，有的上市公司失去了重整机会，最后退市，债权人和股东都遭受了很大的损失。有些公司长时间非正常运营，其业务萎缩，失去客户，生产经营再无机会恢复正常。每个公司都有一个重整的窗口期，失去就不会再来。

第二，重整中股东权益的调整问题。

到目前为止，非上市公司重整中，股东权益基本上被削减为零；但上市公司做不到，调整幅度越来越小，削减股权不敢做了，因为削减了之后股东可能到证监会去闹事上访。现在的情况是，上市公司重整中，对股东权利的保护普遍优于债权人。所有的上市公司重整，债权人通常都会承受损失，甚至损失会比较大，但股东的损失通常会比较小。

出现这种状况的原因，一是《企业破产法》中没有明确绝对优先原则，股东权利劣后于债权人并未获得广泛认同，特别是在证券监管机关，并不认同债权人的权利优先于股东，它们执着地将股东的权利置于债权人之上。二是上市公司重整程序的启动要经过证监会同意，重整程序要受证监会、交易所的监管，重组程序涉及重大资产重组时要经过证监会的审批。证监会、交易所不同意，重整程序就无法进行。所以，为了顺利推进项目，只好由债权人让步，否则做不下去，上市公司退市后债权人的损失会更大。

第三，以股抵债后担保债权的行使问题。

早期上市公司重整中会用股票冲抵债务，没有明确一股多少钱，因此面临抵债之后追偿的问题。比如，在华源股份重整中，债权人每16元分得股票1股，每股价值没有明确，债权人不知道该如何向担保债务人进行追索。现在的重整案件多直接标明每股股票的抵债价格。但通常的抵债价格都远高于股票当时的实际价格，由此引出的一个问题是，债权人能否就虚增的部分向担保人追索，实践中我们认为无法追索。在非上市公司重整中，以股抵债或债转股后，这一问题更为突出。我个人的观点是，不能因为重整削弱了债权人向担保债务人追索的权利，应以转股对应的资产评估值作为认定清偿金额的依据。实践中已经出现了这样的争议，目前还没有见到这样的司法判决。

第四，破产程序如何与监管机关的行政审批程序衔接的问题。

前面讲到，证券监管机关在上市公司重整程序中，一是进行前置审批，二是对重整程序中资产重组部分进行审批，三是对证监会、交易所在破产程序过程中的监管。这些审批和监管都没有明确的标准和规则，随意性很强，应尽快明确审查内容和原则，减少随意性。

第五，监管机构的角色和权利的问题。

非上市公司不存在这样的问题，上市公司监管机关和交易所在上市公司重整程序中应如何定位一直是一个问题。

一是重整案件中，监管机构立场与破产法的利益取向是天然对立冲突的。监管机关保护的是股东利益，破产法以债权人利益优先。所以在重整中管理人很容易与监管机关发生争执。监管机构是公众股东、小股东的代言人；管理人是中立的，但是《企业破产法》优先保护债权人利益，这就必然发生冲突，并且这种冲突随处可见。

二是监管机关对上市公司重整的强势介入，可能导致重整中利益安排有失公平。为什么会出现债权人利益弱于股东利益的情形？因为在角色的权利制衡之中，律所和会计师事务所作为管理人，它们都在监管机关的监管范围内，是被监管者、被管理者，在面对具有公权力的强势监管机关时，管理人只能选择妥协。

三是监管机关应该如何进行角色定位。监管机关是利益方的代表，应该是代表股东的，其行使公权力介入重整程序，势必会造成有失公允的结果。所以我的个人观点是，监管机关应该维护重整的独立性，作为一方代表，不能过多干预重整程序。除非涉及股票增发事项，处置存量的股票和调整现有股权，处置现有资产，都应该是重整程序范围内的事项而不受监管机关制约。

点评人

李曙光　中国政法大学教授、破产法与企业重组研究中心主任

非常感谢刘延岭律师关于重整问题做的研究与讨论。重整是破产法非常重要的一个内容，也可以说是我们2007年《企业破产法》最重要的突破，是制度上和程序上全新的法律安排。所以，对于这部法律的实施，业界十分关注。而刘延岭律师在这方面目前在国内处于领先地位。国内重整一大半案子是他们团队（金杜）在做。这个讲座中，他从四个方面即重整的现状、特点、展望和关注的问题，给学界、实务界、政策立法界提出了很多好的问题。要进行讨论的东西太多了，我这里只做简单的点评。我谈五个问题。

一是重整实际上是目前我国供给侧改结构性改革的重点。供给侧改革至今已经3年了，进入新的阶段。供给侧改革提出了三个概念："破立降"，即破产、创新、降杠杆。重整和重组成为我国目前降杠杆的主要途径和手段。无论是历次中央经济工作会议出台的各种政策，还是国内外经济贸易形式变化，实际上我们处置"僵尸企业"和降企业杠杆是这些工作的重中之重，也是"牵牛鼻子"的工作。在这样的阶段，重整和重组成为降杠杆率或者去杠杆化的重要途径与

手段。这里讲的"降杠杆"实际上是指金融杠杆。现在政府的杠杆率高,家庭(个人)的杠杆率也高。城市里很多人的房产都是借贷购买的。但是最重要的,我们今天更关注的是企业杠杆率。如果市场全部出清,政府不会同意,社会难以接受,一个较好的途径就是重整和重组。因此,我判断,降杠杆下一步的核心就是社会杠杆率的重整和重组。从目前我国经济发展的状态和改革面临的困境来看,我认为今天这个题目是很重要的课题。这里讲的"降杠杆",实际上是金融工具的重整。金融杠杆就是用小成本获得高收益,这中间一定会用到债务工具。而债务工具的使用如果达到"债务超过"的程度,或者说有很高的杠杆率,会带来很多金融风险。这也是中央最担心的,"党的十九大"提到三大任务,第一个任务就是防止系统性风险特别是金融风险,而金融风险主要是高杠杆率和债务工具使用过多。

二是如何看待现在的重整现状。刚才刘延岭律师讲得非常好,用详细的数据展示了目前的状况。《企业破产法》自 2007 年实施以来,上市公司的重整案件才有 53 件,如果跟市场经济发展比较完善的国家相比,我国的重整、破产案件太少了。美国 2016 年全年公司重整案件数量达 7292 件,这是美国整个社会性的债务工具的重组,当然这 7000 多件重组不完全是上市公司重组,但上市公司居多,适用的是《美国破产法》第 11 章。更重要的是,我国破产界忽视了《美国破产法》第 13 章——个人债务的重整,美国现在适用第 13 章的重整案件越来越多,2016 年达到了 29 万多件,接近 30 万件。对比这个数据,我国十年来上市公司重整案件只有 53 件,重整这个破产法的制度工具用得太少了。这也说明我国市场经济体制处于初期、不完善的阶段,没有让《企业破产法》充分发挥作用。上市公司重整本身影响非常大,影响股民的利益。刚才刘延岭律师讲了 16 个难点,虽然没有完全展开,我们从中也已经能看出很多内容。现在社会对上市公司重整十分关注是因为上市公司对整个社会经济影响面非常大。

三是刘延岭律师提到了最高院的破产会议纪要,它在各级法院审理破产案件中具有指南的作用,虽然不是司法解释,但比司法解释还厉害。《全国法院破产审判工作会议纪要》中关于重整的内容有九条,我称之为"重九条",其中有很多突破,例如听证制度、识别制度、强裁制度、预重整制度,都是《企业破产法》中没有的。"重九条"重点解决目前各级法院在受理破产重整案件中遇到的难点问题。

刚才刘延岭律师提到了几点，我觉得值得讨论。其一，识别审查机制。从大的角度来看，我比较同意刘延岭律师的意见。但其中有个小的概念问题，他刚才提到，最高院对"僵尸企业"不予重整，"僵尸企业"确实是政治性概念，没有法律来源，是中央经济工作会议文件等中央文件中提到的。我觉得要把"僵尸企业"与"危困企业"分开。刘延岭律师讲到的"僵尸企业"中有一部分是"危困企业"，我个人觉得"僵尸企业"要出清，对"危困企业"要拯救，这里要进行区别。但是《全国法院破产审判工作会议纪要》中对这些概念并没有界分，而是混合使用。其二，最高院在《全国法院破产审判工作会议纪要》中有突破，增加了听证程序。这在某种程度上是为了帮助法院判明一个案件应不应受理、应不应进入重整程序的制度设计，目前没有法律依据。该纪要对听证如何进行也没有具体规定，只规定了哪些人可以参加。但是听证实际上是非常重要的程序。其三，该纪要中法院的角色，这一点我非常同意刘延岭律师的观点。《全国法院破产审判工作会议纪要》赋予法院太多的权力。值得肯定的是，最高院在出台《全国法院破产审判工作会议纪要》和推动新《企业破产法》整个十年的工作，特别是近几年供给侧改革中，发挥了很好的作用。但是最高院稍微背离了一些基本点，它更多地希望作为拯救企业的"医院"。法院要不要更多地转入商业判断？例如，"重九条"中谈到法院要帮助管理人或债务人解决重整计划草案制订中的困难和问题，这应该是市场的问题，法院、法官怎么能去解决？另外，"重九条"还提到除合法性审查外，法院还应审查其中的经营方案是否有可行性。难道法院和法官比市场更了解经营方案的可行性与可操作性吗？所以这还是值得商榷的。当然，也不是说最高院没有一点道理，美国的部分法院也有这样的身份，如纽约南区破产法庭更多地转入了商业判断，但是如果按照《全国法院破产审判工作会议纪要》，我们的法院、法官是否应普遍性扮演商业角色，还是可以继续讨论的。

四是最高院在《全国法院破产审判工作会议纪要》的重整部分特别提到了强裁，我觉得比以前进步了。当至少有一组债权人表决组通过，同时重整价值不低于清算价值时，法院可以强裁。第二点多少是个成本很高的制度安排，实践中很难做到，很难判断重整方案的结果是否一定比清算价值高。我认为这在操作中难以做到，要作很多法经济学分析。

五是《全国法院破产审判工作会议纪要》中提到鼓励预重整，预重整是庭外重组与庭内重整的衔接。这一点是很大的突破，目前没有法律依据。对于"重九条"其实有很多是可以讨论的，时间关系，这里不多说了。

下一步我也作五个预测：

一是上市重整中的债权交易会越来越多，特别是违约债市场的流动性会越来越强。最近债券市场违约的情况严重，一天内接连出现4家，而且后面还有很多，非常可怕。其中有一家就400多亿元债务。将来这一块的债权交易一定越来越多。另外，实践中的几个案例，如中成的案例、云煤化工的案例中，债务或者债券平移都是债权交易。

二是上市公司"重整"转退市的会比较多。因为现在证监会强调，证券市场退市常态化。

三是上市公司强裁会减少，这个判断我跟刘延岭律师是一样的。早期强裁多，主要是为了保壳，是地方政府为了面子和政绩而保壳。现在强裁没有用，因为现在证监会对于买壳式重整规制很多，这一路径成本很高，把路封住了。

四是预重整将来会成为重整的主要方式。为什么会这样呢？因为法院现在首先要求把重整方案制订好，一般重整其不受理。这一方面较为高明，另一方面增加了重整案件受理难度。这是一把"双刃剑"，要两看。这与现在法院的定位有关。如果将法院定位为中立的仲裁者，其就应该大量受理重整案件；现在它要当一个拯救的医生，那就要把所有的医疗方案，甚至成功的可能性都要说出来。

五是重整采用债转股的方式会越来越多。

最后，我提几条立法建议：一是《企业破产法》要与证券法联动修改。二是要把《全国法院破产审判工作会议纪要》的部分内容纳入《企业破产法》，包括听证、预重整和强裁。三是法院管辖范围和角色定位要修改。重整一定要由中级法院受理，商业判断的问题要解决。四是《企业破产法》第74条要修改，该条只讲管理人可以聘请债务人的经营管理者来负责营业事务，没有说可以聘请债务人以外的经营管理人。五是要更加重视DIP融资，这是很重大的一个问题，但今天没有时间展开了。

点评人

李永军　中国政法大学教授、中国法学会民法学研究会副会长

很高兴参加今天的对话。今天看到了很多实务界和学界的老朋友，也看到很多新朋友。2007年以来，在重整这一领域涌现了很多优秀的人，刘延岭律师就是其中的代表。像金杜、大成还有很多律师事务所，以及左北平主任的会计师事务所等在这方面都做得很好，所以今天这个对话对大家都是有利的。中国现在发展趋势非常好，理论与实践的结合越来越紧迫。李曙光院长组织的这个对话非常有意义，是非常好的理论与实践结合的范例。今天刘延岭律师的讲座对我也很有启发。我想讲这么几点：

一是上市公司在中国能重整本身就是奇迹。当时《企业破产法》起草的时候我就主张要增加上市公司重整，像美国破产法就针对上市公司规定了重整程序。为什么这样？因为我国对于上市公司包括它的融资、新的债券的发行等都有特别的规定，一个公司到了破产边缘的时候，这些工具不能用了。很多国家的破产法对上市公司有特别规定，例如具备破产原因后不能融资融券，不能发行新债券，因为它显然不具备条件。因而我主张专门增加一章规定上市公司重整。在没有这样特别的规定的情况下，有53家上市公司进行重整很不容易了。当时《企业破产法》对上市公司考虑比较少。而且实践中遇到的很多问题实际上完全突破了《企业破产法》的规定。我一直强调一个问题，《企业破产法》虽然不完善，但它是在座诸位共同体的基础，我们要维护它。如果突破它，未来这个团体就要出问题。虽然法律要完善，但是不是我们自己去完善，我们是呼吁通过正当程序去解决。

例如，法院强裁是有条件的。《企业破产法》第87条规定得非常清楚，"部分表决组未通过重整计划草案的……"什么意思？我认为是如果有10个组，一定是少于5个不同意，即很少一部分不同意才可以。如果大部分都不同意法院凭什么强裁？你能算出清算比例低于重整比例吗？那种算法没有太大道理，谁能把未来的市场、盈利的能力算得那么准呢？这种强裁本身就仅在特别情况下才有可能。所以，减少强裁是对的，符合当时立法预测和现在需要。

二是合并重整的问题。现在大家都在讨论这个问题，我始终特别怀疑。为

什么？合并重整类似于"刺破公司面纱"的问题，然后才有债务追讨问题。现在，实体法中没有规定，通过一个裁定就可以把两个企业的债务合在一起进行重整，这从实体法上是说不通的。但我们都在搞这东西，而且实践中滥用严重。几十个企业，有的企业还非常好就被合并重整了。我们这个团体存在的基础如果被突破了，我们这个共同体就崩塌了。

三是关于出资人的调整问题。按照《企业破产法》第 85 条的规定，要调整出资人的话，必须设个组，不设组的话，只能列席债权人会议，没有表决权。削减股权没有问题，但是怎么让战略投资人进来呢？比如说我有 100 万股，你削减到 10 万股，可以，但是怎么转到投资人那里去呢，转化的根据在哪里？你可以削减，但是你转让了吗？转让的依据在哪里？不仅是上市公司重整，一般公司重整也一样，股权转给新的投资人没有根据，不管是实体法还是程序法。这跟削减债权人一样，1000 万元债权削减到 50% 可以，没问题，但是转让就不行。而且上市公司增资扩股，该怎么扩？资本公积金转成股权然后赠给投资人，这种方式从实体法上讲，衔接有障碍。所以法律程序就是法律程序，预重整跟重整没有关系。

总结一下，就这么几点：一是我们要注意尊重法律的规定，这是共同体的基础；二是可以有创新，但是创新必须有衔接。比如说"执转破"，《企业破产法》没有相关规定，那为什么要执转破呢？必须坚持不告不理的原则，这不是《企业破产法》的问题，民诉法也是这样。法律就是法律，程序就是程序，必须遵守和坚持，我认为这是底线。对于这些问题，可以坐下来，在一个时间更合适的范围内更深入地讨论实践中出现的具体问题，这对于实务界和理论界可能更好。我说得不一定对，左北平主任、法院的一些同仁们，我们理论界、实务界可以作进一步研究。

点评人
许美征　北京中和应泰财务顾问公司执行董事

我算是外行，我是搞金融的。搞金融的做破产是因为银行成立了资产管理公司剥离不良资产。搞金融的需要去考察各个国家是怎么做的，我考察回来以后第一个重整就是这么做的——重整中有股权还债。关于股权还债，新华社发了两次文说这违法。采取明示反对、默示同意的做法，对不同的人进行回购，100%同意就不违法了。但财政部说这不行。

我不同意。明示反对、默示同意在当时是权宜之计，可以去研究。但是当时提出一个问题，股权还债为什么在国外可以，在中国就不可以？我当时专门看了美国破产法，为什么他们用股权还债，可以"举手表决"？《企业破产法》中出资人组的内容，就是我这个课题组以财政部的名义，为修改中的破产法提出的两条意见之一。一是破产法里要设出资人组，对调整出资人权益可以举手表决；二是小债权人组。当时40个上市公司重整20个是金杜做的，20个是我们做的，当然我们之间有重叠。中国真正按照《美国破产法》实行DIP制度做的，就是深圳的3个项目。DIP制度现在已经写进了《企业破产法》第73条、第80条第1款，但是到现在，最高院也没有对此作司法解释，还是按照大陆法系的指定管理人执行。我现在反对这个做法。

下面我要讲两个问题。

第一个是强裁。我认为《企业破产法》第83条的强裁制度中关于出资人组的规定是错误的。《美国破产法》第1129条关于法院批准重整计划有两种情况，A是正常批准，其中一条要求是不能低于清算条件；B是强裁批准，实行绝对优先原则。我们把正常批准下要求的清算条件适用于强裁普通债权，这是我们滥用强裁的根本原因。法律本身就错了。强裁制度我认真研究了，美国杜克大学的施瓦茨教授也说赛维集团依清算条件强裁普通债权完全错误。

不知道大家认真看了《美国破产法》第1129条没有，我认真研究过。我们老说不要滥用强裁，这是没用的，因为根源在于法律本身就错了，在中国强裁是符合破产法规定的。美国说赛维集团强裁不合法，中国人说合法，因为《企业破产法》规定可以在清算条件下强裁。所以今天强裁少了，主要是因为上市公司。我做的20个上市公司只有1个强裁，上市公司本来不应强裁。为什么呢？因为可以沟通。不行的话，可以股权还债。我们要求送出20%甚至40%的股权，有人说我砍他们砍得太厉害了，但是没办法，所以他们提出一定要给他们找好的重组方，通过股价上升来弥补损失。所以，我千方百计找好的投资方。因此只要工作做到家，可以减少强裁。

你说现在强裁少了，但实际上现在的强裁可太多了，赛维就是典型的强裁。

我都给他们设计了方案，他们就是不用。现在管理人包括官员和当地律师，这不就是行政减债吗。这就涉及第二个问题。

第二个是管理人。复杂的上市公司项目仅依靠律师会计师不行，必须有投资银行法律顾问。最高院领导可能已经感觉到了只有律师、会计师不行，现在提出了应该增加技术人员以及经营管理人员。学法律的不懂金融，技术人员、管理人员也不懂，必须是投资银行的财务顾问才行。重整是在法律程序下的重整并购业务，这是投资银行的业务，必须有投资银行专业人员参与，他们既懂技术又懂经营，也懂资本市场。管理人找技术人员能搞并购吗？这个不能怪最高院的领导，他们不懂金融，但是他们可能已经意识到这个问题了，因而说到了技术人员。我希望专家们可以写清楚这个问题，因为我明白，从计划经济过渡到市场经济要做很多事情。《企业破产法》关于重整的那两条是不够清楚的。

点评人

左北平　中国注册会计师协会破产管理人业务课题研究组组长、北京中恕重整顾问公司执行董事、利安达会计师事务所（特殊普通合伙）合伙人

刚才几位资深专家作了很好的点评，特别感谢刘延岭律师的分享交流。我想就今天的主题——上市公司重整，谈三点体会。我与刘延岭律师看法相似。

一是早期的上市公司重整实践中多由股东作部分权益让渡，现在已逐步发展成为股东权益不削减，只用资本公积金转增股本的股票用于偿债安排。这个趋势与国情是相关的，跟监管部门保护中小投资者权益、社会公众股东和社会稳定的考量有关。上市公司主体壳资源稀缺，有些上市公司资产严重缩水，有庞大的债务，所有者权益已经为零，虽然表面上还有股本和资本公积金，但亏损已经大于股本和公积金。这种做法在目前法律对此未作明确规定的情况下尚有操作空间，但这与我国《企业破产法》立法本意中的破产债权人的权利优先于股东权利的绝对优先原则的精神是相悖的。未来相关法律修改的过程应对这一问题有所回应。

二是重整过程中涉及债务豁免所得以及新资产注入重组。上市公司破产程序下的资产注入和债务豁免，涉及相关的程序条件和标准，以及税收豁免的优

惠政策，都应考虑与国际惯例、标准接轨，应与正常企业条件下的资产重组和债务豁免有所区分。这涉及李曙光老师说的《证券法》、《税收征收管理法》与《企业破产法》相关立法如何衔接的问题。

三是立案难和启动难往往会导致上市公司错失最佳窗口期，现行政策对上市公司启动破产程序的特殊规定导致了上市公司破产重整启动难、立案难，这是现实困境。尽管中央强调供给侧改革，但具体落实到各个职能部门，各方利益可能会有一个漫长的博弈过程。如何打通这个通道，政府和监管部门需要合力研究。

与谈人

张艳丽 北京理工大学法学院教授

感谢对话，感谢能有这个发言机会。听了三次对话，今天是讨论最激烈的一次。尤其是刚刚许老师的谈话，针对性比较强。李永军教授提到的几点是破产制度创新的地方，但被他这么一说，似乎还真的要反思反思，有的东西不是那么简单。虽然我国破产审判制度、破产法律制度，在国情的推动下大踏步往前走，但有时候还是要从另外的角度反思。

今天晚上听了刘延岭律师的讲座深受启发，有的地方也让人脑洞大开。我简单谈这么几点：

首先，我们国家的重整制度运行越来越好。虽然有些观点在刘延岭律师的角度看是消极的，但我认为这恰好说明我们改变了行政重整、强制重整的局面，回归到重整的本来含义上去了。比如实质审查，刘延岭律师不同意，但我认为这正好说明了我国对重整可行性的认识。比方说，债权人利益保护问题，他的用语是"对债权人越来越好"，我觉得这是个好趋势。因为无论是上市重整还是清算抑或是其他重整，都应该以债权人利益保护为基础，否则破产立法就失去生命力了。再比方说强裁问题，我觉得强裁要有，但是不能滥用。刚才许美征老师提到了要特别重视《美国破产法》第1129条，我觉得要重视。刘延岭律师说2014年后没有强裁了，我觉得这是个好现象，因为这就是谈判协商的问题，谈判好了才有可行性，重整才能成功。所以，绝大部分重整计划都应该正常通过，而不是强裁通过。但是我们没有前者，只有后者，这是不合理的。以后在实践中一定要强调协商的问题。

再者就是刘延岭律师谈到的，现在有一个趋势，真正意义上的业务重整开始了，这也是好的现象。因为重整本来就应该是业务重整，而不是空壳重整，这说明上市公司重整回归到本来意义上去了。对空壳的限制也有一定的积极意义。所以第一个感觉就是，我们国家上市公司重整越来越好，越来越科学规范。

其次，针对交锋比较多的问题，我说一下我的观点。

一是是否应该实质重整。我认为最高院的纪要说得对，要实质重整，但是这不等于对商业标准的判断。要强调实质重整，因为它有意义。但实质重整不是刘延岭律师讲的商业标准问题。商业问题可以进入识别程序，进入识别程序后可以通过重整方案解决可行性问题。我国法院、当事人包括管理人，对于重整方案都是不重视的。因为存在强裁，他们对于重整方案是否科学也无须关心。所以商业标准的问题应该放在重整方案中去解决。

二是股权与债权的关系问题。股权会侵犯债权的利益。股权优先了，债权的利益就没有实际保证。我认为这是不合法的。怎么解决呢？一个是立法上，投资人或股东可以分组，但是立法要明确债权人组和股权组哪个组优先。在此基础上，再按照绝对优先原则处理就没有问题了。这就能保证股权和债权的平衡。

三是关于重整中各个角色怎么界定。法院、证监会、管理人是什么角色，包括债权人债务人自己是什么角色，这应当随着破产重整的实践慢慢摸索，各归其位。我认为重整中还是应当以债权人和债务人为主体，管理人只进行管理，法院也只是掌控。证监会不在重整司法的考虑范围之内。既然司法重整主体是债权人和债务人，那重整的本质就是协商谈判。

四是想要改变很多不良现象，有两个方面要加强：其一，要加强重整过程中的协商、听证等机制；其二，要加强关注预重整问题。

与谈人
陈夏红 《中国政法大学学报》编审、编辑部主任

各位前辈、各位老师大家好。今晚对话非常精彩，我简单说三点。

一是上市公司股东问题。将来如果修改《企业破产法》，可以依照我国台湾

地区 2015 年修改的台湾"公司法"第 302 条规定，企业重整如果资不抵债，股东不具有表决权。这个条款可以减少股东组阻力。

二是最高院的纪要。纪要中也有很多问题，如对《企业破产法》的突破等，很多发言人都提到了强裁，我更关注二次重整。《企业破产法》第 93 条规定，如果不能重整，就宣告破产，这就涉及赛维的二次重整。最恶劣的先例是二次重整，其导致重整程序没有可预期性。但是世界范围内，最核心的原则是给投资债权人可预期性。比如 2016 年印度修改破产法，它为了增强投资人能力，一下子将期限修改到了一年多，设置了很多简易程序。这是让债权更有可预期性。如果过分纵容或多次允许企业重整，那破产的可预期性就完全降低为零了。所以我认为如果将来修改法律，可以在此多做文章。

三是关于转接管理的问题。许美征老师提到了让财务人员更多介入。转接管理也提倡让财务人员介入，这都是为了商业上的判断。其实上市公司重整中是不是可以吸收更多的人，类似商务上的专家参与到重整进程中呢？所有的问题归结到一点，即如何面对一个立法和司法的反差。在座几位老师都参与了破产法立法。但是十多年过去了，新一届全国人大立法计划中没有相关动向，所以只能最高院想办法。我认为大家应共同推动破产法评估。比如韩国的破产法，当时韩进海运破产，韩进海运破产前一天韩国破产法就修改了，而且它们每隔半年或一年就修改一次。它们可以通过立法推动实践发展，但是我国立法没法推动。

与谈人
宋　宽　德安华集团执行董事

非常高兴今天听到了刘延岭律师的经验分享。我分享一个最新消息，昨晚中国香港证监会说上市规则 2018 年 8 月 1 日要调整，处理在香港上市的"钉子户"，它们长期停牌但是又没有采取任何举措。大家很难想象，在香港上市的公司最长停牌了 3000 多日。现在很多停牌的企业可能都很危险。

我们保华更多关注跨境的清盘等。以香港为例，很多企业即使进入停牌程序也可能再进入清盘状态，我们作为清盘人再帮其复牌，这个规则跟内地差别很大。我理解刘延岭律师讲的，内地上市公司的重整遇到各种困难，包括中大股东和小股东等各方面困难。其实跟非上市公司有很大不同，就是上市公司至少有壳资源在，有股票在，有流通可能在，有变现能力，还有利润空间。但很多非上市企业就是没利润空间，从业者尴尬，做下去赔钱，不做下去也赔钱。

另一个角度，重整是不是要在业务上重整，以及实际操作中该怎么做。几年前我们处理了印尼最大航运集团 BRT 的重整，它是在多地上市的公司。跟国内不同的是，在印尼，重整除了规则不一样外，管理人身份也不一样。管理人在上市公司重整中做什么工作，开展什么业务在境外可以宽泛，在国内可能很难达到。例如，在 BRT 的案子中，我们每天经手批出去的资金都在百万美元左右。国内恐怕可能难有这个金额。甚至我们需要决定是否要砍掉哪个运营不良的航线，在国内也难以这样操作。此外，还有金融方面、运营管理等方面的人参与到案子中。

与谈人

高丝敏　清华大学法学院副院长、长聘副教授

首先非常感谢刘老师的邀请，在座两位包括李曙光老师都是我的老师。我谈两点看法。

一是《全国法院破产审判工作会议纪要》中的实质性审查，审批是否要看可行性的问题。很多人认为这违背了商业判断的原则，因为法官不是专业人士，但是《企业破产法》第 8 条对此作出规定，这至少是宣示性的东西。但这个可行性不由法官判断，而是你要向法官证明。破产法中的信息披露无法与证券法中相比，怎样让债务人掌握相关信息。因而，这一规定并不是大家理解的从实质审查到形式审查，而是回归法律的基本要求，这也是最高院的立场。

二是强裁的问题。强裁减少是很正常的。强裁的作用是引导当事人谈判，用中国的一句话说叫引而不发。强裁减少恰好是回到立法本意上来了。这个趋势肯定是对的。

另外，关于证监会的地位，证监会在美国曾经也处于很尴尬的地位。20 世纪 30 年代美国证监会权力很大，但后来退出来了。中国学的是美国 1979 年破产法典，但是与美国 30 年代的体制类似。

与谈人

范利亚 北京德恒律师事务所合伙人

很高兴见到了刘延岭律师和各位前辈。重组案件德恒其实也参与了一些。上市公司破产重整肯定很难做。为什么很难做呢？如果进行实质性审查，上市公司要在6个月加3个月的时间内提出重整计划并且取得证监会的行政许可，这很难。前置的话，要假定条件，证监会不会让你这么做。所以，如果进入破产重整程序，要在9个月内取得许可，否则就转入清算，这对未来最高院和证监会的无间隙合作要求太高，会导致退市概率远远高于重整概率。这是我的商业判断。

关于非上市公司重整。上市公司是公众公司，是公众利益集中对抗的公司。上市公司股东，按照绝对优先原则要劣后受偿，但是按照社会对抗性原则要优先。现在大型公司合并重整越来越多，将来还有金融机构合并重整，这对权利义务和程序的挑战，不是我们现在的法律所能完全覆盖的。

另外，我觉得实体价值判断应该是债权人的权利。价值判断如果由债权人决定，在事先、事中什么时间决定加重价值判断的行为是非常重要的。如果管理人的工作未来由管理人协会来做，可能更好、更开放、更大胆。律师、财务顾问，甚至专门的并购顾问、行业顾问都要加入进来。在现在的投标中，律师和会计师事务所可以联合投标。但实际上律师是否可以和会计师事务所、证券公司、评估公司一起投标，未来可能有更大空间。这是我的一些感悟。

李永军教授回应：

立法中确实没有考虑到债权人利益和股东利益冲突这个问题。这里面涉及重整的时候一个投资人怎么进来、进来的途径是什么等内容，破产法确实有很多问题要考虑与反思。

与谈人

韩传华 北京市中咨律师事务所合伙人

刘延岭律师今天作的上市公司重整报告是我听到的最全面的一个报告。各位老师的发言、提出的问题我都同意。在此，我提出三个想法。

一是在上市公司重整中，为什么一开始债权人清偿比例比较低到后来比较高？2007~2009年上市公司壳价值不高，这几年上市公司壳价值很高。也就是说，债权人清偿比例比较高，意味着重整投资人付出的代价比较大，代价大意味着价值高。过去清偿比例低，投资人付出代价很小，付出几亿元就可以了。现在上市公司重整几亿元是不够的，需要更多。上市公司价值高导致了清偿比例高。

二是为什么上市公司过去几年重整数量多，现在重整数量少？我认为是最高人民法院以及证监会要求越来越严。《企业破产法》是2007年6月1日实施的，最早的上市公司重整还无须报告最高人民法院。

例如，浙江一个上市公司，40多天重整就结束了，也无须报告证监会。后来上市公司重整越来越难，可能证监会想制止利用上市公司壳资源操作重整，因此要求越来越严。所以证监会、法律现在看重的是经营计划，如果真的为了经营计划，可以同意重整；如果没有经营计划，或者经营计划没有很大的吸引力，仅依靠壳价值，可能就不同意重整，所以上市公司重整越来越难了。

三是上市公司重整什么时候会比较多？我认为，如果上市放开了，壳的资源价值少或者没有，以后的上市公司重整就会多了。

与谈人

邹明宇　合众人寿保险股份有限公司总监

谢谢李曙光老师与刘颖老师搭建这么好的平台，我们受益匪浅。当然，今天更要谢谢刘延岭律师作了这么精彩的演讲。我想借此谈一下自己的几点感受。今天大家的探讨也很充分，我就简单说一下。

一是绝对优先的问题，我有点不成熟的认识。刘延岭律师刚才在演讲过程中也提到了，目前的壳是不够用的。那么既然壳不够用，就说明供给和需求是不匹配的。既然壳有价值，那么其价值就应当有所体现。但是壳的价值怎么界定？它是很虚的一个东西，如果重整成功，它的价值就会很大；如果失败，它的价值就会大打折扣。在这种情况下，只能通过市场来界定。既然有人买，有人去参与重整，就说明壳是有价值的。

在现有的实践中，法院也允许股东在保有股权的情形下削减债权人的受偿比例。这除了社会稳定的考虑外，其中还涉及利益平衡的问题。上市公司重整有窗口期的要求，时间特别紧急。如果几方利益冲突大，无法调和，恐怕不单是"6+3"的问题实现不了，上市公司能否保住壳也是未知。所以，这可能是平衡各方利益情形下的更优的选择。

二是实质审查的问题，我也谈一点不成熟的认识。首先，现实中，破产法实施有很多障碍，主要在于很多配套制度不完善，包括社会保障制度不完善、信用体制不完善，也包括法院系统在国家或社会治理体系中的位置、权限与其必须承担的职责等不匹配、存在错位。所以，我们在制定规则时要考虑很多东西；我们在研究一个问题时，可以无限大胆；我们可以在理想状态下，设计这样或那样的制度。步伐多大都没有问题，因为不管怎么设计，你争论的越多越好，最后有实践兜底，去试错。

但是在实践中，法院就是一个实践部门，没有更多的试错空间。因此，对于每个问题的考量都要非常审慎，否则成本太高，不见得是我们这个社会可以承受的。包括《全国法院破产审判工作会议纪要》，据我了解，也是一稿又一稿，内容经过很多调整，做了很多突破，而且创新也很不容易，经过了综合的考量。

从实践来看，我们没有做过上市公司的重整，但接触过一些有限公司的重整。我们有受理的，也有不受理的。不受理的是什么情况呢？也想跟大家分析一下。例如，不止一个公司，公司没有融资方案，没有陷入困境的原因分析，没有对销售渠道的维护方案，也没有得到主要债权人的支持。什么都没有，就去法院申请重整。我们让其提交可行性方案，提交了一稿后。这个里面有什么？有担保债权人、优先债权人。同时，我们召开听证会，听证会中主要的债权人，包括担保债权人以及普通债权人都表示反对。在这种情况下，我们要求其修改可行方案，因为不符合相关的要求。多次修改后还是没有实质进展，在这样的情形下我们就没有受理。

通过这些例子我们可以看到，进行一定审查是有必要的。因为不仅"僵尸企业"可能会借着重整"借尸还魂"，重整受理有其有利的地方，也有其另一面，债权人的优先权、取回权等很多权利受到限制，并且重整的成本，包括时间成本、财务成本等都是挺高的。如果不是为了重整而重整，可以说是一种权力的滥用。为了防止权力的滥用，基于实践的情况，对其进行一定审查是有必要的。而且我们注意到，《全国法院破产审判工作会议纪要》在识别审查上，措辞是明显不具备重整价值和拯救可能性的，不予受理。"明显不具备"这样的措辞，也给我们提供了一个相对的标准。

最后一点，同样也是一个困惑，也想请教刘延岭律师。刚才刘延岭律师也提到上市公司重整会向退市公司重整延伸。其中流动性是一方面，刘延岭律师也提到了重新上市的可能。关于这方面，我们确实也不太了解。因为刚才各位老师和同仁也提到了，现在壳公司，包括退到新三板以后再上市越来越难。那么在这种情况下，公司退到了新三板，重新上市的可能性有多大？是否有明确的规定？谢谢。

刘延岭律师回应：

重新上市的规则是清楚的，是允许重新上市的，包括证监会层级与交易所层级的规则都非常清楚，只是说实践中没有成功的先例。

非常感谢各位老师精彩的发言。我是在一线工作的，这些问题在某种程度上我已经有了答案，在某种程度上我还需要进一步向各位老师探讨、求教。希望未来还有机会跟各位一起学习、交流。

结　语

主持人

刘　颖　北京航空航天大学法学院教授

今晚的对话已经接近尾声，特别感谢刘延岭律师与现场的嘉宾。

在这一期的对话中，极少参加类似活动的刘延岭律师亲力加盟，在上市公司重整实践与问题这一题目下，首先展示了上市公司重整的现状，其次剖析了上市公司重整的变化与特点，最后展望了上市公司重整的未来，并揭示了其中的问题。今晚的报告不但让我们领略到了刘延岭律师的个人魅力，也让我们看到实务及理论中存在的很多问题，为我们对话开放性和前沿性的定位做了完美的脚注。

繁荣学术，引领实务，一直是我们中心秉持的方向。下一期对话，我们会继续邀请业界的领军人物来访，希望大家继续支持"蓟门破产重组"对话，支持中国政法大学破产法与企业重组研究中心，感谢大家！

整理人：中国政法大学破产法与企业重组研究中心
扈芳琼　陈雨萌　陈扬方　陈泽杰　廖　鹄　向姝瑾
索东汇　肖明倩　刘奕辰　贾润乔

参会时与会嘉宾信息

主讲人：

刘延岭　北京市金杜律师事务所合伙人

点评人：

李曙光　中国政法大学研究生院院长、教授，破产法与企业重组研究中心主任

李永军　中国政法大学教授、中国法学会民法学研究会副会长

许美征　北京中和应泰财务顾问公司执行董事

左北平　中国注册会计师协会破产管理人业务课题研究组组长、北京中恕重整顾问公司执行董事、利安达会计师事务所（特殊普通合伙）合伙人

主持人：

刘　颖　北京航空航天大学法学院副教授

与谈人：（依据发言顺序排列）

张艳丽　北京理工大学法学院教授

陈夏红　《中国政法大学学报》副编审、中国政法大学破产法与企业重组研究中心研究员

宋　宽　保华顾问有限公司董事

高丝敏　清华大学法学院副教授

范利亚　北京德恒律师事务所合伙人、破产专业委员会主任

韩传华　北京市中咨律师事务所合伙人

邹明宇　北京市第一中级人民法院清算与破产审判庭副庭长

第五期

金融债权人视角下破产债权人利益保护的困境与选择

侯太领

发言嘉宾

主讲人：
侯太领　中国建设银行内控合规部总经理

点评人：
李曙光　中国政法大学教授、破产法与企业重组研究中心主任
施天涛　清华大学法学院教授、清华大学法学院金融与法律研究中心主任
郭卫华　中国华融资产管理股份有限公司原法律事务部总经理
左北平　中国注册会计师协会破产管理人业务课题研究组组长、北京中恕重整顾问公司执行董事、利安达会计师事务所（特殊普通合伙）合伙人

主持人：
刘　颖　北京航空航天大学法学院教授

与谈人：（依据发言顺序排列）
韩传华　北京市中咨律师事务所合伙人
邹玉玲　北京市海淀区人民法院民事审判三庭（破产审判庭）副庭长
邓　庭　中银金融资产投资有限公司风险合规部
张　评　民生金融租赁股份有限公司能源设备租赁部
张世君　首都经济贸易大学法学院院长、教授

主办方　中国政法大学破产法与企业重组研究中心
协办方　利安达会计师事务所

2018 年 6 月

开 幕

主持人

刘　颖　北京航空航天大学法学院教授

前三期的活动我们邀请了不同学科和国别的三位顶尖学者来做客，使我们的对话在很短的时间内就获得很高的声望，第四期我们将目光转向了实务界的领军人物，邀请到了国内知名的破产法专家刘延岭律师，他的到访将我们的活动推向了一个高潮。这一期我们依旧将目光锁定实务界的领军人物，我们非常荣幸地邀请到了中国建设银行内控合规部总经理侯太领先生。

在破产案件不断增多、破产债务人明显增多的新形势下，侯总经理将就破产程序中的债权人，特别是金融债权人的保护问题，分享他在金融机构从业多年的所见所闻和所想。另外，现行破产法起草小组成员，也是我们破产法与企业重组研究中心的主任李曙光教授，我国公司法及金融法的权威、清华大学法学院的施天涛教授，中国华融资产管理股份有限公司的法务总监郭卫华先生，以及著名的破产实务专家左北平会计师将担当点评。之后，各位理论界和实务界的专家将会参与讨论，受时间所限，在此不作一一介绍，请参考嘉宾名单。

最后说一下对话的流程，首先由主讲人主讲一个小时，之后每位点评人点评 15 分钟，之后进入自由讨论时间，与谈人自由发言，每次的发言时间控制在 7 分钟以内。

接下来，让我们用最热烈的掌声欢迎侯总经理开启今天的对话。

主讲人

侯太领　中国建设银行内控合规部总经理

非常荣幸有机会来到"蓟门破产重组"对话活动这一平台。我是中国政法大学的学生，也是李曙光老师的学生，今晚见到很多同门和同行非常高兴。

客观地讲，我对破产法几乎没有研究，接到这个任务时确实心里没底，后来想了想，不懂破产法可以找破产法的相关数据，数据大家都能看懂，我就把这么多年的破产案件数量进行了梳理，了解了从 1989—2017 年我国全国法院系统每年破产案件的立案数量。

第一部分，探究什么因素在主导破产案件。

我国的破产案件数量有过两次高峰，第一次高峰很完整，第二次刚刚开始或者说还没到高峰，从 2002 年、2003 年到 2013 年、2014 年，破产案件数量在逐渐下降，大家都知道，这十几年是我国经济发展的黄金十几年，我国的 GDP 总值从 10 万多亿元增长到现在的 60 多万亿元，其他的经济数据都在增长。奇怪的是，这十几年间破产案件数量在不断下降，我个人认为这很反常，于是我寻找了其他的数据。

一是 2003—2016 年全国法院的收案数量，这是一条往上走的斜线。

二是 12 家上市银行的总资产。债权主要在银行，银行资产的核心也在债权，所以银行的总资产可以反映我国金融资产债权的总量，这也是一条线性向上发展的斜线。

三是我国 2008—2014 年企业的注销数量，虽然斜线没有那么明显但整体上是上升的。

可以得出结论，在我国经济发展的黄金十几年，无论是我国的 GDP、法院收案数总量，还是我国金融债权总量以及我国市场退出的总量，都呈上升趋势。那么就产生一个问题，为什么其他数据都在上升，而破产案件数量在下降呢？为什么破产案件数量在 20 世纪末出现高潮呢？为什么破产案件数量在 2014 年、2015 年、2016 年、2017 年又突然迎来新的高潮呢？破产案件数量背后的主导因素是什么？可以肯定的是，原因肯定不在债权人，不在法院，也不在我国的经济总量。

我对上述数据进行仔细研究后发现，我国破产案件总量最具有政策敏感性，对我国调控政策反应的灵敏度最高。从 1992 年开始，破产收案数量有起色，主要是因为邓小平南方讲话，提倡要加快市场化；1993 年十四届三中全会提出要建立现代企业制度，1993 年 12 月颁布《公司法》，这些新政策和新法律对破产有导向作用；1994 年国务院发布了《关于在若干城市试行国有企业破产有关问题的通知》，这是一个破题性文件，从此之后破产案件数量开始突飞猛进；1998 年，我国提出了国有企业三年脱困计划，1998 年至 2001 年，破产被作为此计划的主要实施手段使用。大家可以看出，我国破产案件数量从 1998 年到 1999 年、2001 年，数量突飞猛进，2001 年达到历史峰值，到 2002 年、2003 年，数量逐渐下降，2004年之后几年几乎没有增长，甚至《企业破产法》的出台也没有使破产案件数量显著上升，2008年金融危机时全球经济遭到极大的冲击，破产案件数量仍然没有增长。

从2002年、2003年开始我国破产案件数量开始下降，发生此经济转向的一大原因是，2002年党的十六大提出要建立国家所有、管资产与管人事相结合的国有资产管理体制；2003年全国人大通过《关于国务院机构改革方案的决定》，决定设立国资委，并建立新的管理体制，这标志着从20世纪90年代开始的企业公司化改制告一段落，标志着我国上一次国有企业三年脱困目标的实现，也标志着我国对国有资产管理新体制的形成，这是一个转折点，并且很快地体现在破产案件的数量上。

2014年之后，破产案件的数量开始新一轮增长。此前十几年，我国货币政策一直是宽松的，我国的政策导向是GDP主义，主张企业不能倒、不能破产，倡导社会和谐，所以这十几年国家是不提倡破产的，破产案件数量在2013年达至最低谷。直到2014年，中央提出"新常态"的概念，2014年年底中央在会议上详细论述了"新常态"，此论述让整个市场接到新信号，整个经济进入新的发展轨道，经济结构要调整意味着企业可以破产，可以退出市场，所以破产案件数量马上就有了增长。2015年的破产案件数量增长明显，中央财经领导小组第十一次会议首次提出"供给侧结构性改革"概念；2016年年初，第十二次中央会议清楚阐述了"供给侧结构性改革"，确定了未来的改革方向和主要手段。因此，2016年、2017年破产案件数量突飞猛进，超出了此前任何一年的案件数量，初步预测本年度的破产案件将会超过2017年。

可以说，主导我国破产案件数量最主要的因素是我国的宏观政策，换言之，是因为我国的破产法一直被顶层设计机构作为贯彻落实产业政策的主要工具和手段，即政府在主导破产案件。

第二部分，探究政府为什么要主导破产案件。

总的来说，政府主导破产案件是为了落实产业政策，实现宏观调控目标。

通过相关研究发现有两次大的"破产潮"，20世纪末是第一次，现在我们正处于第二次破产潮中。在第一次破产潮中，90%的企业都是亏损的，"拨改贷"导致银行负债率很高，政府为解决问题提出三年脱困的目标。在第二次破产潮中，2015年，大型国有企业的亏损面积达到80%，六大过剩行业的产能利用率为 40%~80%，存在产能过剩问题，为解决问题，政府提出了供给侧结构性改革，提出"三去一降一补"，提倡实行产业升级。尤其"降杠杆"的概念被反复提及，因为社会经济杠杆率实在太高，2015 年，总杠杆率已经超过了 250%，达到了高风险的临界点，所以必须降杠杆。降杠杆的方法一是保持 GDP 高速增长，二是减少债务，同时缓解企业亏损，降低企业负债率。减少债务是所有问题的核心，减少债务可以降低金融风险，优化产业结构。此处说的"减少债务"是在不还债的前提下消灭债务，最好的办法是破产和债转股，这两种手段被各方力量认为是解决问题的两大途径。

减少银行债务是最可行的办法。原因一是当时银行债务占据绝对地位，2017 年年末，社会融资规模存量余额为 174.6 万亿元，本外币贷款余额为 125.6 万亿元，因此银行债务是大头；二是个人债务和居民债务的数额小，存在刚兑争议和维稳的压力；三是银行拥有国家信用，不会轻易破产；四是高杠杆率导致企业利润向社会转移的形式主要表现为利息，或概括为以金融资本产生的利润弥补产业利润的亏损。

第三部分，分析金融债权面临的困境。

消灭银行债权的政策导向出台后，国家政策文件紧随其后，其中《国务院关于积极稳妥降低企业杠杆率的意见》对如何降杠杆规定得很清楚，国务院于 2017 年 6 月 20 日和 24 日召开会议讨论降杠杆事宜。此外，最高人民法院也出台文件对"供给侧结构性改革"进行说明。

中央文件、司法文件对此作出规定之后，开始进行实务操作。首先是债转股模式，由社会资金、资产管理公司、银行实施机构、国有资本公司以及保险资管公司出资募集资金，从社会上募集资金是主要方式。这些机构共同出资组成有限合伙，将基金向企业增发，企业再用资金向银行偿债，整个过程由银行来协调。20 世纪 90 年代末，第一次破产潮的债转股是政策性债转股，我们这次破产潮的债转股是市场化、法治化的债转股，但不是真正的市场化、法治化的债转股。

针对破产潮的困境，可以简单总结出三个方面。一是市场出清和"去杠杆"的路径是通过破产程序消灭金融债权。这次破产潮本身就是在中央主导下，将破产、债转股、消灭金融债权作为市场出清、拯救实体企业的手段之一。二是金融资本利润弥补产业资本亏损的周期。我国的发展模式导致金融机构积累了大量的利润，但在产业方面形成了很多亏损，弥补亏损的目的是无条件转移债务，但中央指出的路径是市场化和法治化，相悖的两点必然会在实践中出现很多问题。三是破产法自身的缺陷和实务操作的扭曲。实际上我国2006年《企业破产法》是非常好的，引入了管理人制度、有效表决机制等，但在这样的社会环境下，再好的法律在实施过程中也必然无法完全实现法律中的逻辑。

以金融债权为基点，对两次破产潮进行比较。两次破产潮最大的区别在于，一是当时的债转股和企业破产，国家金融机构会进行补贴，因为当时涉及不良资产的剥离。二是20世纪90年代末的破产潮中，银行的损失最后并非由自己承担，而是由政府承担。三是当时面临着建立融资市场机制、完善间接融资机制的问题，国家一方面通过破产挽救亏损企业，另一方面使企业树立借钱还钱的观念。第一次破产潮中，市场出清非常成功，好的方面是促进了国有企业公司制改革，建立了国资委及新的管理系统，不好的方面是，破产被当作逃债的手段。第二次破产潮中，国家不承诺给补贴，银行的损失由银行自己偿还，没有资产剥离。在这次破产潮中，供给侧结构性改革过程会利用社会资金，企业体制方面涉及不多。

第四部分，探讨解决困境的方案。

一是破产程序博弈结构的均衡化。实践中破产程序是个市场程序，破产的参与主体政府、债务人、债权人、管理人均站在一面，其对立面只有一个，即金融债权人，这样的情形下，金融债权人对抗不过对方，局面肯定会失衡。改变这一局面的方法包括落实债权人平等、债权人最大利益、债权与股权的绝对优先等原则。

二是主导权中立性保障机制。主张由国家成立破产管理局，设立跨区域破产法院，以促进法院审判的独立性。

三是等待周期结束。这是最重要也是最好的措施，等出清的周期结束，等"去杠杆"的周期结束，等债务人在金融资本的利润补贴产业资本的亏损周期结束。中央2018年在第48届达沃斯世界经济论坛上给我们希望，他说这一次的"去杠杆"，时间大概是3年。因此目前，最迫切的事是金融机构破产条例的出台。

我就说这么多，谢谢大家！

点评人

李曙光　中国政法大学教授、破产法与企业重组研究中心主任

从某种程度上来讲，金融债权在我国是很特别的一类债权，具有其特殊性。刚才侯太领主任从实操的角度讲了现在金融债权跟整个产业周期、跟我国现实状况相关的问题。在我看来，金融债权有周期性的问题，也有其常态，也即整个环境各种制度的配套方面的问题。

第一，债权人保护实际上是破产法的元问题、基础性问题。

债权人和债务人之间的关系是人类商业活动中最久远的问题，两者之间到底谁是强者谁是弱者，在不同国家、不同社会、不同时代、不同的制度背景下存在很多争议，这是一个很有意思的话题。有人讲债权人是强者，因为债权人掌握着资本，掌握着很多金融权利；有人讲债权人是弱者，从金融债权人的角度上讲债权人是弱者，因为现在企业破产在某种程度上就意味着债权人倒霉，债权人现在处处被瓜分资源，明里暗里成了被剥夺的对象。再加上债权人和债务人存在着信息不对称，债权人把大量的资金贷给市场主体，而债务人拿着钱用来干什么他不知道。上述两种说法其实都是有道理的，不管债权人是强还是弱，特别是金融债权人在我国往往被认为是强者，因为金融债权人有国有的成分在里面，还有一整套法律体系在保护其权利，应该是个强者，但在目前经济下行的情况下，金融债权在此种浪潮下在某种程度上确实是个弱者。从常态上看，金融债权人是强者，但某种情形下，其又是弱者。在经济萧条背景下，如果债务人都出问题，都不赚钱，连带性的问题就出来了。当然，非金融机构债权人也是社会的重要主体，与金融债权人有所不同，这里我就不再多说。金融债权是有背景的，具有国有成分，大而不能倒，有很大的资本，可以扛一定的风险，但也是船大难调头，其自身经营、管理以及市场环境等也存在很多问题。因此，我认为金融债权人在我国具有特殊性，研究金融债权人在破产中的角色和地位，是一个很重要的学术问题。研究金融债权在目前的经济局势下的表现和权利受保护的状态，是一个非常有价值的课题。

第二，现实中金融债权保护确实存在很多问题。

金融债权在某种程度上风险较高、收益也较高，有高收益就要承担高风险。

现实中，由于市场营商环境和交易习惯的问题，以及地域性力量的存在（如地方政府，地方的国企、民企），这些主体都要用金融债权人的钱，这样就比较容易出问题。目前，很多债务人普遍经营不善，地方政府各种产业面临政策周期，少数债务人通过欺诈等方式进行破产逃债，金融债权人的保护是一个比较紧迫的问题。在早期的破产案件中，地方法院也存在地方保护主义，如使用强裁，这实际上会侵害债权人利益。这一轮的"破产潮"主要用债转股的方式，我现在很担心在某种程度上金融债权人又成为一个新的不良资产的重要来源。这一轮债转股与20世纪90年代相比，其规模巨大。另外，90年代的政策性破产还有计划的味道，很多都在政府的监管和把握中。现在一夜之间冒出众多的资产管理公司，包括银保监会发布《金融资产投资公司管理试行办法（试行）》，某种程度上意味着下一轮金融不良资产处理要进入高潮，我前两年就预测了这几年的高潮就是债转股，现在很多人都准备做这一业务。包括央行在降准，降准产生的大量资金要进入不良资产的处置，进入债转股中来，其中就涉及这批债转股的企业是好企业还是坏企业，是有问题的还是干净的企业，上述办法强调要洁净地转让、真实地出售，也就意味着我们有可能在不良资产的打包、出售，在债转股中的估值估价，对债转股企业的选择，对债转股之后转亏为盈的方案等方面都面临很大挑战，如果做不好，某种程度上就会造成对金融机构的合法伤害，所以我认为在这一轮债转股中，对金融债权人的保护问题会更加突出，我国各方面制度要跟上。

第三，对金融债权进行保护有重大意义。

对债权人的保护是原问题，它是市场的血。如果没有对债权人的保护，市场的流动性就会受到影响，市场就没有活跃度，对债权人的保护尤其是金融债权人的保护对经济的繁荣、商业交易的发展具有意义。另外，对债权人的保护有利于建立市场交易的稳定预期，市场的信用在于对债权人的保护，如果对债权人没有强有力的保护，那这个市场是比较糟糕的。所以，我想现在不管金融债权人相对于其他债权人和债务人是强者还是弱者，从制度和整个环境的变化出发对金融债权人的保护怎么强调都不过分。但反过来说，金融机构自身也是使债权人陷入困境的一个原因，金融机构要加快改革，包括经营方式、治理结构、风险评估等方面，所以要实现外部保护和自身完善这两者的平衡。从对债权人的保护角度来讲，要强化制度保护，改善营商环境，从金融机构自身来说，要大力解决其自身存在的问题。破产法在其中扮演了一种很特殊的角色。现在有很多法律在保护债权人，比如《公司法》中"刺破公司面纱"制度、董监高追究责任的制度、股东诉讼等，《担保法》《票据法》等，都在从另外的角度保护债权人。但《企业破产法》具有特别的意义，它设置了最极端的手段，就是清算。现在最难做的是让那些不可能还债、转亏为盈、重整的企业进入清算程序，我们不能老想着这些企业还有重整的可能。现在最高院基本的意见是在企业出现问题并且有重整方的情况下，先做预重整，先看效果。我觉得我们对于经营不善的、不能清偿到期债务的公司，特别是对于那些上市公司缺乏壮士断腕的决心。如果在目前的经济周期和结构性调整政策下，不能使用清算这样强力的手段，金融债权人保护就永远处于困境中。我们要强化对破产法的正确认识，它既有拯救企业的一面，但对拯救不了的企业要坚决清算，这也会促使和催逼金融债权人早点去发现不良债务人的问题，然后我国司法体系也相应跟进，这样市场化、法制化才能在保护金融债权人的权利上有所作为。

点评人

施天涛　清华大学法学院教授、清华大学法学院金融与法律研究中心主任

今晚的讲座对我很有启发。李曙光老师研究的是中国最难的两个法，一是《国有资产法》，二是《企业破产法》。《企业破产法》的理念很先进，但实际上并没有太大效果。正如侯主任所讲，这里面有很强的政策性，同时也是现实性使然，中国国有企业破产基本上是破不起的。我对侯主任的讲话内容非常感兴趣，从法院审结破产案件的数量统计来看，有一个高潮和一个即将到来的高潮。我非常同意，我觉得下一年确实可能会增长。我基于三点进行分析：

第一，企业资本登记制度改革。我们过去几年搞的去管制化，几乎废除了资本门槛，让人们都能经商，这必然使大量的没太大本钱的企业产生。此举的目的是促进创业、就业，使大学生没有钱也可以创业。我们通常说"宽进宽出"，市场进入很容易，当这样的企业大量出现，必然会面临一个破产的问题，大部分企业是不会成功的，只是给你这样一种机会，也就是说法律面前机会平等。

第二，产业结构问题。过去十几年我国经济快速发展，实现高增长，但实际上存在很多问题，没有技术含量的低级产业产能过剩，需要政府扶持补助。

如现在贸易战一发生,"纸老虎"就破了,"泡沫"也破了,倒不是说问题有多严重,但这里面也确实反映出一些问题。这段时间经济的高增长确实成绩很大,但没有什么技术含量的产业如共享单车、外卖等大量存在,这些重复的产业如果一直维持下去也没问题,但现在中央要进行政策调整,要发展高新技术。因为要实现真正的竞争力,就必须作出调整。

第三,金融债权问题。过去我们讲破产主要是讲普通企业实体企业,主要涉及国有企业破产;但今天确实面临着金融企业破产的问题。《关于规范金融机构资产管理业务的指导意见》提出要"去杠杆""破刚兑""废通道",这里首先受到冲击的就是信托行业以及与信托行业有紧密关系的一些资产。另外,有关互联网平台,事实上有许多已经破产了,我不是说通过法院的破产,而是说事实上那些跑路的,其实就是破产了。

我国现在已经面临金融机构破产问题,我倒不觉得侯主任说的问题是目前我国的金融破产。因为银行系统,不要说国有性质的商业银行,就是民营性质的银行我估计暂时还到不了破产的程度。侯主任可能本身在银行工作,所以重点也是讲银行。我所讲的金融破产问题其实主要还不在这,我认为像非银行金融机构,其中受冲击最大的是信托,以及与信托有关的资产管理公司,如影子银行受影响最大。第二大类就是互联网上搞P2P借贷业务的。金融破产,确实可能存在与普通破产不同的地方,首先利害关系人就很复杂,如互联网平台的存贷关系、公司债券的债权人身份较为复杂。但对于上市公司的公众股东,应把其作为投资人、股东还是债权人看待?像信托计划的受益人、投资基金的持有人、保险受益人等,这些主体是投资人还是债权人?至少从经济的角度,从实际得到好处的角度,从法律地位的强弱角度来看,这些人跟债权人没有太大区别,但在法律上他们身上又有投资性质。第二个方面,从交易结构的角度来看,金融的交易结构较为复杂,涉及破产财产、破产债权的结构,有些东西是混合型产品,对其性质的认定也值得研究。

《企业破产法》对金融机构破产另有规定,说明它确实有一定特殊性,单独立法的话它跟普通的破产法是怎样的关系?像刚刚李曙光老师讲的那样,债权人保护就破产法而言是个原始问题,但在金融破产里面,债权人保护是不是唯一的命题?为什么一般破产很难,金融破产就更难了?是不是其还有另外一层功能,即金融稳定的功能,那么重整就显得更重要了,因为要挽救金融机构。

最后说一下政府的问题，因为经济的高潮是你促成的，也就是说，一些东西是政府认可的，我们那么多投资的案子，没有一个把"刚兑"清楚写在协议里，这是一个事实问题，是监管部门这么多年允许的，现在你突然说不允许了你又不买单，那么受害的就是普通老百姓。

点评人
郭卫华 中国华融资产管理股份有限公司原法律事务部总经理

我在法院工作过20多年，遇到的破产案件非常少。这个问题非常有现实意义，对金融公司来讲是非常现实的并迫切需要解决的。在金融债权保护方面，金融公司确实感到很憋屈，经常被当成冤大头。

第一，关于破产金融债权的抵押担保问题，很多债权往往有抵押担保，抵押担保在破产过程当中的优先权问题目前对银行是不利的。比如，房地产企业的居民拆迁补偿款，它的优先权怎么确定？建筑公司盖楼以后的建筑工程款优先权又该如何确定？普通老百姓已经交了全款或大额购房款，但没办过户手续，购房款该如何保护？这一下子就在金融债权抵押权前多出了三种权利，而且都是我们比较重视的，金融债权在其中往往排在最末尾，这导致金融债权的抵押担保形同虚设。地方也好，最高院的司法解释也好，都倾向于把这三种权利放在金融债权前面，我认为这值得研究，有点"一刀切"了。比如居民的购房款，很多人在炒房子，炒房子的就不应该给优先权保护，不能"一刀切"。

第二，关于金融债权的保护，司法机关一定要考虑给予金融债权同等保护。司法机构往往希望金融债权能多承担些义务，少享受点权利，这对金融债权是不公平的。包括强裁问题，我遇到一个案子，涉及某企业东北分公司的一个债权，后来企业破产了，法院强裁，并剥夺了我们的执行权，异议权也置之不理，最后金融债权全部零清偿，清偿数额暂且不说，程序不透明是关键，这问题还得研究。银行也好，资产管理公司也好，应当得到平等保护。在特定时期，让国有资产管理公司让步是可以的，但今天已经市场化了，情况不一样了，要考虑平等的问题。

第三，设立破产管理局非常有必要。市场经济优胜劣汰，破产作为一种自然的经济现象，在我国从无到有，而我国这方面的立法、司法都不是很成熟，有必要成立破产管理局。但是设立跨地域破产法院很难实现，可行性不高，倒是有必要在全国法院设立专门的破产审判庭。最高院杜万华退休前分管商事审判庭，我们探讨过，认为执转破真的是非常好的东西，但是要把它落到实处就需要人民法院有专门的审判机构和地点，尽管目前法院的破产人员比以前有所增加，但仍然是远远不够的。建议设立专门的破产审判庭，配置专门的破产法官，对破产案件和法官进行专门的考核，因为破产案件的工作量非常大、专业性很强。

第四，金融机构要自己反思一下为什么风控不严，自己的债权为什么会出现这些现象。这是一个客观而严肃的问题，包括不良资产处置公司自己现在也产生了很多不良资产，本身是处置不良资产的公司自己反倒一身不良资产，要反思金融机构内部治理是否到位、风控措施是否到位、尽职调查是否充分完备。这两年金融资产管理公司发展很快，从政策时期的计划转向市场化，在这个过程中累积了大量风险，这些风险正在或正要爆发，金融机构需要反思为什么累积了这么多风险。

感谢大家！

点评人

左北平　中国注册会计师协会破产管理人业务课题研究组组长、北京中恕重整顾问公司执行董事、利安达会计师事务所（特殊普通合伙）合伙人

这次的选题非常及时，也是实务界广泛关注的。侯太领老师回顾近20年新旧破产法实施历程，认为我们即将迎来第二个破产的高潮，也分析了原因和应对策略。我非常认同，作为破产法实施的亲历者，经历了第一轮政策性破产全过程，现在也依然在一线从事破产法实施和专业服务。我想就今晚的专题谈几点体会：

第一，对于金融债权在破产程序中的保护，我们应加强保护机制的构建。2016年银监会出台了《关于做好银行业金融机构债权人委员会有关工作的通知》，这一通知发挥了重要作用，但仅靠这个机制是不够的。我们最近做的几个案子标的额都在百亿元级，且都是关联企业合并重整，其中金融债权又在债权中占很大比重，我们看到金融机构债委会作用明显加强，但我想靠其单一的机制是不够的。对于金融债权人在破产程序中如何获得有效、充分的信息，目前

的制度设计存在缺陷。我们应如何作为呢？债委会可以聘请一些有经验的专业机构，来监督管理人工作和参与债务人财产调查。债务人在陷入危机以后可能会作出一些自保措施，实务中甚至有高达百亿的财产转移、破产欺诈问题，这侵害了债权人尤其是金融机构的利益，需要金融机构主动作为来自我救济。另外，关于债委会与债权人委员会如何对接的问题。政府在这一轮供给侧改革中，也开始主动介入破产程序，但其往往过多保护地方企业的利益，忽略金融机构的利益。通过比较实务中遇到的山东和山西两省的实践经验，我建议金融机构在更高层次上进行沟通，促进地方政府重视地方金融环境的改善，合理均衡地保护金融债权。

第二，债转股问题。银保监会对这一轮"去杠杆"中的债转股作出了相关的安排，但我认为一定要避免债转股成为未来银行不良资产产生的新根据地，债转股不能"一刀切""一阵风"，一定要坚持市场化导向。金融机构债转股要对接产业投资人及社会投资人，分散投资风险，这也有利于后续企业的健康治理和运营。

第三，金融债权维护的具体实务方面。之前郭总谈到房地产开发企业权利清偿顺位的问题，我认为比较有代表性的还有银行债权有特定财产担保时担保财产价值的认定问题，这在实务中存在争议，因为企业合并破产后，担保财产往往与投资人的对价是打包的，一些特定财产是分项设立的担保，如何量化它们，如何在重整计划中合理体现金融债权人应该得到的清偿比例，是未来值得研究的问题。

与谈人
韩传华　北京市中咨律师事务所合伙人

我从律师角度谈几点。

第一，2001 年破产案件出现高峰，为什么后来向下滑，一直到 2017 年以后又接近高峰。我完全赞同侯先生的观点，认为原因是国有资产管理发生了结构性变化。再补充一点，2001 年最高院发布了关于逃废债的规定，防止在破产企业受理过程中逃废债，这一规定非常严厉，所以很多法院对于破产案件都不受理，有的受理之后还驳回了。

现在又出现高峰，估计2018年也有1万多起案件，破产案件数量在100万件以内都不为过。我国现在都不愿破产，不仅是政府和法院，债权人、债务人也不愿申请。

第二，我认为金融债权人目前都得到了应有的保护。金融债权第一个介入企业，所有的资产基本上都抵押给金融机构、银行了，有抵押一定先找金融机构，所以在破产中，金融机构债权分配的金额应该是最大的。至于破产案件中的抵押权问题，确实因为金融债权通常数额巨大且带有抵押权，决定了破产企业的走向，所以法院、政府、管理人等都想"吃一口"，都想侵害金融债权的利益，但我认为很难侵害金融机构的债权，现在金融机构都采取了很多的防控措施。法律规定把债权人放在债务人的前面，那我们怎么利用法律规定主导破产案件，保护自己利益。这需要时间，要靠专业人员盯着。如果债权人派个律师去盯着，管理人一定会听债权人的。

第三，建议债权人不要再续贷也不要通过第三方转贷了。续贷就是放任。如果第一次还不了就破产，就不会发生这些事。以后应严格续贷和第三方转贷，无法清偿的就申请破产。

第四，债转股和市场退出问题。很多企业根本就没有重整价值，对亏本经营的企业可以多清算，不要重整，重整既浪费司法资源，又浪费时间。

与谈人

邹玉玲 北京市海淀区人民法院民事审判三庭（破产审判庭）副庭长

第一，20年来《企业破产法》实施、审判和经济政策的深入联动关系。《企业破产法》的实施为什么和经济政策有这么深的联动关系？要分两面看：一方面，联动性和破产法本身的经济法属性有密切关系，起到决定作用，是公私交融的法，保护的利益有公也有私，它的社会法属性决定了它与政策性密不可分。另一方面，它的政策性和经济性有一个平衡，不能因政策性过于灵活而偏离法治本来的轨道。

第二，金融债权保护。债权保护是破产法的原生问题，也是一个体系性问题，在破产程序内外都会涉及。我们庭在审理案件过程中发现金融债权在放贷审查过程中存在很多不合规的情况，预先审查不严格、追责也不到位。保护措施最主要的还是尽早去申请破产，如果等到亏损多年或债务人迫不得已申请破产的时候，很多的债务已经预先做了处理，里面有很多不诚信或借破产程序逃债的问题。但要发现这种问题就很麻烦。所以尽早启动程序和加强财务监管很重要。债权保护是一个全方位、体系性的工作。

第三，实际上破产审判不一定都是围绕金融债权进行的。如北京地区金融债权问题就没那么突出。

与谈人

邓　庭　中银金融资产投资有限公司风险合规部

我从业务模式出发谈一谈银行和债转股的联系。银行对优质客户采取发股还债的模式，募集资金让企业还贷款；对信用不那么好的客户，以及部分处在潜在不良阶段的客户，银行通常承担了财务顾问的角色，如帮助其协议重组、买债换股、混改等，帮助企业化解财务风险；对不良客户，通过司法重整采取以股抵债的方式，很有名的就是东北特钢的案例。

银行确实受偿率最低、损失惨重，是实实在在的弱势群体。我们应当增强其主动性和话语权，如监督管理人职权行使的过程，最重要的是深入参与重整计划草案的制订；通过法律手段维护合法权益；金融机构债委会要尽快摸清企业的底数，掌握主动权，要真正深入参与到企业破产过程中。

立法预重整制度的启动很重要，依托金融机构债委会金融机构可以发挥资源优势，帮助困境企业重生，实现自身债权清偿最大化。

与谈人

张　评　民生金融租赁股份有限公司能源设备租赁部

从融资租赁行业出发，特别是在破产程序中，我们行业遭遇了法律实操方面的困境和尴尬。

究其原因，融资租赁行业近两年发展迅猛，行业总资产规模达到了4万亿元至5万亿元，但和银行等传统资产规模相比差距很悬殊。从市场营销方面来讲，融资租赁与银行信贷产品存在很大区别，除民航等行业外，大部分人认为我们的产品和银行差不多。但实际上在债务违约和破产中，我们的产品和银行产品还存在较大差距。

第一，债权申报环节，破产管理人提出，自己申报债权视为自己承认债权是一般债权，即放弃了对租赁物的所有权或取回权。但我们对租赁物的所有权实际上更多的是债权不能实现的一种担保形态。

第二，从法律上讲，债务人财产按照法律规定不属于破产财产。实际上，借款人在进入破产程序中时我们是可以单方面取回的，这对我们是有利的。但首先得从法律层面确认我们的财产是非破产财产，但实际上我们的财产会被认定为破产财产，或者说从破产法保护集体清偿利益来看，不允许被作为非破产财产。

第三，融资租赁产品应当定位为共益债权。如果债务人继续履行债务，我就不单方面行使取回权，这也符合所有债权人利益。所以，融资租赁债权应当定位为共益债权优先受偿。

第四，再重申一个问题，就是现在这一轮破产潮中，破产制度越来越成为企业和政府逃废债的工具。破产和重整制度无疑是市场出清的重要路径，但对我们这些金融债权主体，破产制度应当被利用，却不能被滥用。无论是在情理上还是法律上都不应该单方面斩杀金融机构债权的利益。应当最大化平衡保护债权人、债务人的利益。

与谈人

张世君　首都经济贸易大学法学院院长、教授

感谢主持人的邀请，认真听了侯主任的报告，我收获很大。作为高校的理论研究者，我想从三个角度谈一下感想。

第一个角度，个人认为，应将该论题放在历史的长河中，在历史的纵深处去观察。现在债权人的利益保护陷入困境，这是破产法理念转变的必然结果。我们都知道，现在破产法来源于古罗马的债务执行制度，当时，债权人利益保护是放在第一位的，但后来发现单纯、片面地维护债权人利益对处理债权债务纠纷并不是很有利，由此慢慢发展出和解制度，再往后出现了重整。和解是比较消极的，而重整是比较积极的。破产重整对债权人的利益限制很大，因为在

重整中，为了拯救企业，需要保留债务人必要的生产条件，而其生产设备等基本被设置了抵押、质押等担保，因此就需要限制担保债权人行使担保权。由此，重整中担保权人无法行使担保权。而在现代社会中，这个担保权人主要就是银行。所以，重整的出现对银行金融债权的影响很大，特别是《企业破产法》第87条对强裁的规定更是促使重整进行，进而使银行金融债权受限。从清算到和解再到重整反映了破产法功能和保护理念的转变，这是因为现代社会不同于以前，现代社会你中有我，我中有你，利益关系交错复杂，在某种意义上讲是休戚与共的，同时，我们对企业的认识也发生了很大转变，我们把企业视为一些事实关系和法律关系的综合性的连接点，对企业的思考不一样了。所以从以上变化，我认为，债权人利益保护陷入困境是必然的。

第二个角度，我赞同侯主任的观点，认为《企业破产法》更多是一个政策实行的工具。确实是这样，因为中国很多地方还不完善，需要继续深入推进改革。美国认为我们不是市场经济，美国的企业是在市场竞争中发展起来的，会有大量优胜劣汰，有的企业竞争不过我们国有企业，就认为我们不是市场经济，觉得我们要为此付出代价。但我国长期积贫积弱、弯道超车，没办法等到企业自发发展起来，因此需要集中全国力量发展，需要国有企业。国有企业因此很难破产，很多情况下，政府要去主导国企的破产。目前，国家也认识到国有企业出清问题。

第三个角度，怎么解决第二点里的困境呢，我认为要建立一种制度上的激励和约束机制，使企业更快进入破产程序。作为理论研究者，我认为有两点可以考虑。一是我国现在破产程序的发动主要采当事人申请主义，但问题是，当事人不想申请破产。首先，债权人申请债务人企业进入破产程序积极性不高，因为清偿比例不高，那债权人更希望通过其他途径获得清偿。其次，债务人申请破产的积极性也不高，它申请破产动机不足。因此，可以考虑在可行情况下建立破产申请的职权主义，由法院主动推动企业进入破产，当然这可能有点困难。二是可以考虑建立困境企业公司董事的破产申请义务，这个制度在中国没有，有些国家有。很多高管就没有动机尽快申请破产，如果将申请破产作为其义务，也许对金融债权的保护是有利的。

结 语

主持人

刘 颖　北京航空航天大学法学院教授

今天的对话进入尾声，本次对话很有意义，因为它标志着"蓟门破产重组"系列对话第一阶段告一段落，非常感谢各位嘉宾的陪伴与支持。我们将在7月、8月休整，并且接下来已经有新的规划，9月到12月，我们将继续奉献精彩活动。

接下来，由研究中心主任李曙光教授对前五期对话做一个简短的回顾。非常感谢大家对"蓟门破产重组"对话的支持，请大家继续支持我们中国政法大学破产法与企业重组研究中心，谢谢大家！

李曙光　中国政法大学教授、破产法与企业重组研究中心主任

非常感谢大家。今天讨论的气氛很好。今天的"蓟门破产重组"对话，有来自法院的法官，有来自法律服务界的律师，有国内外金融界人士，大家相互探讨与对话，这是我们"蓟门破产重组"对话所追求的。

我们"蓟门破产重组"对话强调四个"性"：第一，战略性。要反映行业和国家关注的战略和趋势。第二，前沿性。我们关注的是整个社会和业界发展中的热点问题。第三，学术性。要言之有物、言之有据，有理论支撑。第四，问题性或实践性。一定要对现实中存在的问题、司法实践、政策、企业破产重组等有实实在在的帮助。

我们的对话，第一期，讨论了国家资产负债表，经济学家张晓晶教授主讲，反映了我国整个降杠杆和资产负债的大趋势；第二期，由日本的顶尖破产法专家从国外的角度谈看法；第三期，北大许德峰教授从破产角度特别是债权交易角度谈了很多思考；第四期，刘延岭律师从实务方面讲上市公司重整的相关问题；第五期，侯太领先生从实务讲角度讨论了银行金融债权方面的问题。五期各有特点，大家可以从我们对话的设计、思考、请来的嘉宾中，看到思想火花的碰撞，我们希望有更多的碰撞、更多的自由思想，有一些不同的观点交锋，

希望业界的每一个不同的群体都能来参与对话。

下半年我们的对话一定会比前面更精彩，我们会请到更多领军和中坚人物做客对话，期待我们的对话更加精彩，谢谢大家对"蓟门破产重组"对话的大力支持！

整理人：中国政法大学破产法与企业重组研究中心

扈芳琼　陈雨萌　陈扬方　陈泽杰　廖　鹄　向姝瑾

李　智　肖明倩　佟东来　刘奕辰

第五期

参会时与会嘉宾信息

主讲人：

侯太领　中国银行业协会法律委员会副主任，中国银行法学研究会常务理事，中国政法大学破产法与企业重组研究中心研究员

点评人：

李曙光　中国政法大学研究生院院长、教授，破产法与企业重组研究中心主任

施天涛　清华大学法学院金融与法律研究中心主任、教授

郭卫华　中国华融资产管理股份有限公司法务总监兼法律合规部总经理

左北平　中国注册会计师协会破产管理人业务课题研究组组长、北京中恕重整顾问公司执行董事、利安达会计师事务所（特殊普通合伙）合伙人

主持人：

刘　颖　北京航空航天大学法学院副教授

与谈人：（依据发言顺序排列）

韩传华　北京市中咨律师事务所合伙人

邹玉玲　北京市海淀区人民法院金融与清算庭副庭长

邓　庭　中银金融资产投资有限公司风险合规部

张　评　民生金融租赁股份有限公司能源设备租赁部

张世君　首都经济贸易大学法学院院长、教授

第六期

重整程序中的小额债权分组问题

韩长印

发言嘉宾

主讲人：
韩长印　上海交通大学凯原法学院教授、上海法学会破产法研究会会长

点评人：
李曙光　中国政法大学教授、破产法与企业重组研究中心主任
朱大旗　中国人民大学法学院教授、经济法教研室主任
左北平　中国注册会计师协会破产管理人业务课题研究组组长、北京中恕重整顾问公司执行董事、利安达会计师事务所（特殊普通合伙）合伙人

主持人：
刘　颖　北京航空航天大学法学院教授

与谈人：（依据发言顺序排列）
郁　琳　最高人民法院民二庭法官
宋　宽　德安华集团执行董事
胡利玲　中国政法大学民商经济法学院教授
刘　艳　成都豪诚企业智库集团法律总顾问
邹明宇　合众人寿保险股份有限公司总监
李　蕊　中国政法大学民商经济法学院教授
高丝敏　清华大学法学院副院长、长聘副教授
陈景善　中国政法大学民商经济法学院教授
刘　静　北京外国语大学法学院副教授
邹玉玲　北京市海淀区人民法院民事审判三庭（破产审判庭）副庭长
范利亚　北京德恒律师事务所合伙人

主办方　中国政法大学破产法与企业重组研究中心

协办方　利安达会计师事务所　北京中恕重整顾问有限公司

2018年9月

开 幕

主持人

刘　颖　北京航空航天大学法学院教授

"蓟门破产重组"对话系列自开办以来受到了破产法理论和实务界的广泛关注，在各方的鼎力支持下，第一季圆满收官。

2018年9月27日，"蓟门破产重组"对话第二季正式启动！第二季首场暨第六期请来了上海交通大学凯原法学院教授、上海法学会破产法研究会会长——韩长印教授。韩长印教授将以破产重整程序中的小额债权分组这一微观视角为切入点，以小见大向我们分享有关债权人分段递减的新观点。

主讲人

韩长印　上海交通大学凯原法学院教授、上海法学会破产法研究会会长

根据《企业破产法》的规定，重整计划的表决需要所有参与表决的利害关系人的人数的过半数且债权额的2/3以上通过。该规则建立在各债权人分组表决的基础上，《企业破产法》同时规定，法院在认为必要时可依职权在法定分组之外的普通债权组内设立小额债权组。

实务中，小额债权单独分组的优惠清偿率通常是100%。正因为小额债权分组清偿有优惠，所以小额债权组很容易获得表决通过，但大额债权人不满意，他们因此会投反对票，导致表决时重整计划无法通过。为了缓解大额债权人与小额债权人之间的尖锐矛盾，实务中越来越多地采用不单独设立小额债权组，而在普通债权组中进行分段清偿的方法。问题在于，小额债权的分组优惠清偿是否违反债的平等性特征？其立法目的何在？实务中流行的分段递减清偿又能否替代单独分组清偿的功能？

第一，小额债权受偿的实务现状。

目前，小额债权的受偿主要有三种方式：第一种是不做特殊对待，即不单独划分小额债权组；第二种是单独分组并且优惠清偿；第三种是分段递减式清偿。

第二，小额债权分组清偿的立法初衷。

法院依职权单独设立小额债权组往往是为了提高重整计划的表决效率，使重整计划早日付诸实践，获得更多期望效益。对此，有两个问题：不同性质的债权能否分为一组？相同性质的债权能否分为不同组？分组表决本身应当贯彻的不同性质和顺位的债权应不同对待以及同质债权应同样对待的标准，在单独分组表决中是否与分组的便利性相悖？通过实务分析可以发现，单独分组未必一定能够使程序更便利。如果仅将分组认为是对中小债权人的特殊保护，这种观点又违背了债的平等性。对此，在组内适用分段递减规则更容易达到最初的立法目的。

第三，小额债权分组清偿渐趋式微的原因。

可以从债的性质、逻辑的完整性以及操作程序三个方面分析小额债权分组方式渐趋式微的原因。

首先，其违背了债的平等性原则。近代以来，债的去人格化就逐渐确立，与此同时，分组的目的是将同样性质的债权同等对待。但是分组之后的结果是不同的债权人得到的清偿数额不尽相同，如果仅以数额来划分小额债权和其他债权，则会陷入前述逻辑悖论。

其次，数额划分逻辑造成荒谬的后果。略高于小额债权分界线的债权人往往会因为其与优惠界限仅有一步之隔而反对重整草案。此外，这些债权人能否通过放弃超出部分的债权以获得小额债权人的身份，在法律上没有反对这种行为的理由。

最后，操作程序效率不高。清偿比例与清偿的方式和期限都由重整计划执行人负责，但小额债权组的设立却是由法院依职权决定。将一件事情分给两个主体，除了产生分组问题究竟属于司法权的范畴，还是管理人的范畴抑或债权人会议的范畴这一问题之外，还会产生程序效率问题。

第四，分段清偿替代分组清偿的正当理由。

分段递减清偿可以从上述三个方面弥补或改善单独分组清偿存在的不足或问题。在立法目的上，分段本身涵盖了对小额债权的优惠，既保证了优惠清偿，同时也具有便捷性；在债的平等性层面，分段强调在分界线下的平等，仅对超出的数额不平等清偿，这种模式相对于单独分组优惠清偿而言对债权人更加平等；在决策层面，正是因为分段清偿有前述优势，也使重整计划获得批准的概率增加,此外,在法院适用强裁的情形下,分段清偿也能保障至少一组同意重整草案这一前提。

第五,体现最佳利益平衡点的次优方案。

在寻找小额债权人和大额债权人的利益最佳平衡点的过程中,以下问题需要在实际操作层面进行思考:首先,对于分组和分段,这两者在同一案件中能否二选一;其次,不受调整的债权,其债权额和人数是否计入表决权基数;最后,如何预防最佳平衡点可能带来的数学陷阱以及可能对债权人表决形成的"技术绑架"。

对于上述问题,在实务中由于很多影响因子难以预先确定,数学陷阱问题或许是多虑的。在适用分段清偿的过程中,还需把握重整计划批准的三个普适性标准:公平性、最低保障性与可行性。分段清偿既需要经验也需要智慧,最终的结果既需要效率也需要公平。对于这项由我国破产管理人探索出来的、经过实践检验既富有效率而又较为公平的小额债权清偿规则而言,立法没有理由不及时作出调整以助推该项规则的施行。

点评人

李曙光 中国政法大学教授、破产法与企业重组研究中心主任

今天非常荣幸将韩长印教授从上海邀请来,韩长印教授在破产法学界知名度是非常高的,在法学界有很大的影响。韩长印教授的学术风格是以小见大,我今天从他的精彩讲演中受到很多启发。今天韩长印教授能将这么小的题目讲得如此活泼如此深入,可见韩长印教授的学术功底非常深厚。我想下面的对话将会有一场非常热烈的讨论。

目前来看,重整实践中普通债权人的权益容易受侵犯确实是一个很大的问题。实际上,小额债权人组在某种程度上是减少对普通债权人权益侵害的一种制度,它将一部分债权人从普通债权人中分离出来,减少对重整方案的反对。《企业破产法》第82条有关小额债权的规定确实值得探讨,但实践中关注的人不多。该法参照了很多国家的破产法,当时考虑到我国整个破产法的立法取向,该部破产法一定是一部重重整、轻清算的法律。重整最关键的是重整方案,重整方案最麻烦的是表决,其中最有可能反对重整方案的是普通债权组,因此当

时在立法上就要将这个最有可能反对的组稀释，韩长印教授也提到了王卫国教授谈到的效率原则，确实有这样的考虑，但最重要的还是考虑将最有可能反对重整方案的普通债权组稀释掉，分一个小额债权人组，以减少方案通过的障碍。

重整程序中最重要的是表决程序，表决程序有三个机制比较重要：第一是平等的机制，即同一性质债权人分为同一组；第二是民主的机制，即协商表决机制；第三是多数决的机制，问题在于世界上所有多数决机制大都把人数作为表决标准，但破产法的特殊性在于它不仅有人数，还有债权额，当时参考了世界各国的破产法，所以定了一个人数过半数和债权额超过2/3两个多数决标准，这是当时立法的考虑。

立法的条文实际上对小额债权人的权利是有限制的，只限制普通债权人这个类别组，另外又把设不设小额债权组的权力给了法院。为什么给法院呢？因为类别组的分组是法定的，如果将设立小额债权组的权力给市场，会偏离债权人分组法定的立法本意。因此，在《企业破产法》第82条加了一个设定，"人民法院在必要时"可以设立小额债权组，这虽然是一个很小的细节，但确实是一个很重要的理论问题。

这个问题实际上涉及三方面影响。第一，涉及破产法对重整制度偏好的价值取向；第二，涉及小额债权人类别组表决对其他债权人类别组的影响；第三，涉及小额债权组对债权人最大化保护原则以及强裁等制度产生的影响。实际上，立法给实践中的小额债权人类别组发挥作用留下了很大的空间。

从我个人角度来看，是否设立小额债权人组，需要考虑如下几个因素。

第一，小额债权如何定义。目前，小额债权没有金额限制，20世纪90年代时，一元二角五分的债权人都去参加债权人会议，而对于渤海钢铁这种大企业，有几十亿元债权的才能叫普通债权人，几百万元债权的只能叫小额债权人，所以我想小额债权应该有个金额范围，"大"和"小"是有相对性的。

第二，是否设立小额债权组应该考虑到效率因素。我把它叫作经济性的考虑，设立小额债权组对民主多数决和对重整计划的通过都有很大影响，是否设立这个分组，更重要的是从效率角度去考虑。

第三，债权人人数与债权额的不同组合是数学问题。二者会产生"化学反应"，小额债权组一定会对其他债权类别组的通过或不通过产生影响。

第四，债权交易的因素。这是我认为最重要的一个因素，债权交易、债权让与现在在很多案例中都有出现，不管是否分组，都有一部分的债权人会出让债权，如果发生普通债权的让与和交易行为，其对小额债权是否分组的影响会很大，因为如果不分组，收购可以使我在普通人债权组获得"控债权"，如果分组，我就有可能在另外一个类别组获得"控债权"，这个"控债权"最后可能会对重整方案的通过产生重要影响。

在立法改进方面，我认为是否应设立小额债权人组以及谁有权设立小额债权小组，应该考虑以下三个原则：

第一，坚持"帕累托最优"或"帕累托改进"原则。帕累托最优是指分组不会影响到各个债权人目前的利益；帕累托改进是指在其他债权人利益不变的情况下，某一类债权人的权益会得到更好的保障。

第二，遵循公共选择理论。债权人表决是集体行动，但是所有的集体行动都是通过集体的表决来实现个人利益。公共选择理论的结果是，所有的集体表决都是个人行为的结果。这个理论告诉我们，无论小额债权是否分组，都要考虑到个人利益，这会遇到一个囚徒困境：个人的选择并非团体的最佳选择。所以，遵循公共选择理论原则，需要克服这样一个囚徒困境，平衡债权人的利益。

第三，考虑小额债权是否分组究竟是一个司法选择还是一个市场选择。这也是目前最大的争议，从目前的立法取向来看，将权力更多给了法院，虽然我不是很赞成，但现在立法实际上做了这么一个选择。刚才韩长印教授提出来，下一步修法时，要将《企业破产法》第82条的"人民法院在必要时"改成"管理人认为必要"，或者不直接对应由管理人还是债权人提出分组作出规定，现实中债权人分组是允许市场化选择的，但立法上把分组的权力给了司法机关。我个人意见是，如果我们审理重整案件的法官水平较高，对于强裁制度、股东表决制度等制度较为慎重，在下一步破产法的修改中，我赞同把小额债权人类别组、金融债权人类别组以及其他债权人类别组的设与不设交给市场选择。

点评人

朱大旗　中国人民大学法学院教授、经济法教研室主任

非常感谢李曙光教授邀请我参加"蓟门破产重组"对话，一方面在这里我学到了很多破产法知识，另一方面今天可以见到韩长印教授，我们是很久不见

的老朋友，当然见到实务界和学界的各位也非常高兴。对于破产法，我是外行，既不了解理论知识，也不懂实务情况，但李曙光老师说不懂更好，可以有不同的角度，那今天我就是在无知的情况下讲一些无知的话，请大家批评指教。

韩长印教授对重整程序中小额债权分组问题的报告非常精彩，就像李曙光教授所言，问题虽小，但探讨得非常深入，论证逻辑清晰，非常值得我学习。我作为点评人，对于一个非常有名的学者，优点不再多谈，可能更多应该谈一些意见，这样更有利于学术的发展和成长。

大纲中的"小额债权分组清偿渐趋式微的原因"，从字眼来看，所谓"式微"是由盛转衰，由于我对破产法不太了解，因为韩长印教授只讲到了2006年和2007年分组清偿的情况，那么之前是不是比较盛行分组，现在情况有所不同了呢？应当是"式微"还是只是"占比较低"？

韩长印教授讲到同等债权同等清偿、不同债权不同清偿。那么对同等债权人采取不同清偿方式是否是公平的？因为公平和正义是一样的，根据德罗斯特的理论，这取决于你从哪个角度看问题，其中最主要的是判断标准的确定，我的理解是即使对同样的债权采取差别清偿，不管是通过分组还是其他方式，这似乎和公平本身没有必然联系，关键在于，小额债权人是否一定是弱者？大额债权人是否一定不是弱者？无非可由债权人和要重整的企业根据交易习惯和交易需要去确定，但数额大小不是评判强弱的标准。因此，这是一个财富和收入究竟如何进行分配的问题，清偿实质上也是一种分配，根据罗尔斯正义论中的差别原则考量，实际上分组也可能是一种公平的方法。现在的关键问题是，在认定弱者时不能仅仅凭借数额的高低判断其是弱者还是强者，因为和破产企业交易的人也许是小债权人，但可能其本身的交易地位和实力是很强的，我们不应该对这类债权人进行更多的清偿。无论是分组清偿，还是分段递减清偿都可能出现这样的现象。

所以我的看法是，《企业破产法》第82条第2款只是讲，法院在认为必要时可以在普通组中再分小额债权组，法律将这个权力给予了法院。而是否分组、分组能不能体现公平的要求，关键在于法院的能力和水平。根据罗尔斯差别分配的原则，财产收入的分配应该对处于最不利地位的人做最有利的分配，而所谓的最不利的人应如何判断，可以看其对财产的期望，期望最小的人基本是地位最差的人。例如，我们有100元，给特别穷的人其会非常高兴，而给在座的各位教授，你们可能不会放在眼里，经济地位差的人对钱的期望是不一样的，他们处于非常弱势的地位。因此法院在考虑是否分组时应考虑小额债权人是否是真正的弱者，是否是真正处于不利地位的人，在这里体现为债权人对债权的清偿期望最小，即实际上是最弱者。应考虑债权人的现实经济情况，如果虽然是小额债权人但经济实力很强，不进行清偿也说得通，他们可能根本不在乎这样小额的债权；反之确实有必要对处于最弱势地位的人进行一定的优惠对待。如果不考虑这一点，即便是分组改为分段，不公平的情况也会同样存在，应该根据罗尔斯的理论做更深入的分析。

因此，要实现公平，法院应根据具体个案的实际情况，考虑不同债权人的情况，例如金融债权，银行破产的时候存在很多小额债权人。总之，这两种方式都有弊病，要想完全克服其实不现实，并不是很简单的问题，二者是否应并行存在还需要思考。

点评人

左北平 中国注册会计师协会破产管理人业务课题研究组组长、北京中恕重整顾问公司执行董事、利安达会计师事务所（特殊普通合伙）合伙人

非常荣幸现场聆听韩长印教授的讲座。这个题目非常好，韩老师从理论高度对题目进行了系统分析，这个问题也是目前实务界广泛关注的热点和难点问题，我谈三点体会。

第一，是否单独分组的问题。在实务中，我们在担任管理人及作为参与的中介机构时，经常接触到这一问题，而且目前从我们的实践来看，实务中确实采取了大量分段递减的方法。但是关于分组，我同意朱大旗教授的观点，分组从某种程度讲也是为解决公平的问题，如果仅有一种单一的标准，可能引起大债权人的反感情绪。通过实务中的探索，这种不单独划分小额组的方式有其存在的合理性，可以缓解小债权人和大债权人的尖锐矛盾，但从本质上并没有解决理论上的同性质债权同等清偿的问题，离"普通债权人同比例清偿"这个原则仍然是有差距的。所以韩老师用了"相对公平"这个词还是比较准确的。

第二，实务中的选择问题。就像李曙光老师和王卫国老师所分析的那样，立法的初衷是解决重整计划表决中的效率问题，而这个标准恰恰在实务中可能

会导致较大的对立情绪。采取不单独分组而分段递减清偿这种方式可以折中地兼顾效率与公平的问题，重整计划也是各方利益博弈的过程，在普通债权组中找到一个相对的利益平衡点，同时兼顾效率的问题。在实务中之所以这么选择，主要还是考虑到弱者的利益。虽然如朱大旗教授所讲，小额债权人不一定绝对是弱者，但实践中大多数小额债权人是弱势群体，他们往往是一些小的供应商，或者个人债权人等，这种情况占比较多，当然不排除其他类型，比如习惯小额交易或者债务余额很小，但这种情况相对较少。

第三，数学陷阱问题。在实务中确实存在操作层面的数学陷阱，因为我们在实务中制订方案时，往往也是根据分段递减的办法，结合具体个案中债权人人数和数额的构成，设计有可能通过的分段标准和比例，所以把小额债权划分标准确定在什么段位是一个问题。根据具体债权额人数和债权人金额构成设定一个段位，在这个段位高额甚至全额清偿有可能使某个组别高票通过重整计划，所以这需要管理人平衡策划，做一些调研和数学分析，但这不是我们关注的重点，因为这本身也是利益平衡的过程，在这个平衡点上天平也可能失衡。

我的结论是，在将来立法改进的时候，应当按照李曙光老师的观点，在立法上可以不作强制性的、绝对性的规定，给各方利益主体、给市场、给具体案情、给管理人选择的空间，这样才能实现重整程序兼顾效率与公平的目标。

与谈人

郁　琳　最高人民法院民二庭法官

很荣幸参加重组对话，韩老师的著作是我初学破产法时的教材。我之所以参加重组对话，是因为我工作之后大多数情况下是给别人做培训，而自己接受培训的机会很少，在座的各位都是我的老师。

就像各位老师说的，这样一个题目是以小见大，非常有意义。我自己曾经也提出过疑问：《企业破产法》第82条虽然规定了进行小额分组，但是小额分组应该怎么分、能不能设置不同的清偿比例等，在具体操作上没有标准。我的第一个反应是，在实务中采取不同数额不同清偿的方式，是不是违反了"同类债权同等清偿"的原则，其实《企业破产法》中没有规定这个原则，只是在第87条第2款第5项规定同一表决组公平清偿。我们应思考，法律规定了不同类别分组，为什么还要进行小额分组？是为了实现对小额债权人利益的保护还是仅仅是程序设计上的便利？我自己思考，如果是为了保护债权人实体权利，如果不违反同类债权的平等原则，那么就算分组也不能设置不同的清偿比例，这样一来分组好像就没有任何的意义，因为如果分组不同但清偿比例相同，那么债权人该不同意还是不同意，因为他的利益没有任何变化。由此，是否可以反推设置不同的清偿比例，唯有如此重新分组才有意义呢？而且从《企业破产法》第87条第2款第5项来看，其也没有禁止设置不同清偿比例，小额债权人可以设置不同的清偿比例，也就是说，如果小额债权人不同意，或者大额债权人不同意，法院强裁时的判断标准不是同组债权人的清偿比例是否一致，而是各组之间是否公平清偿，法院参照的比例和适用的标准是不一样的。因此，小额债权人分组和不同比例清偿不违反法律要求。

我的理解是，分组只是一种表决技术的设计，它的初衷，正如李曙光老师和王卫国老师所分析，只是为了推动重组计划通过。而要给小额债权人一个不同的清偿比例，这是另外一个问题，是实体问题。这两个问题放在一起看，我们就会错位，我们在讨论分组是否合理时，是否还要夹杂着清偿比例的问题，也就是说，我们在否定小额债权分组的时候，到底是认为小额债权表决机制不对还是清偿比例不对，相应地，反对的理由和纠正的方式也就不一样。如果是因为不能给同组债权人以不同的清偿比例，那么法院就应当从批准条件上进行实体处理。

以上两个问题是不同的问题，应该用不同的方式解决。因此，首先应该明确到底是哪方面的问题。如果仅是清偿比例的问题，我对朱老师的发言内容也有同感，因为如果不分组，同一组内分组递减，也不是平等的，这两者的差别，如果仅仅从接近债权人平等清偿比例来看，这两者分组和分段的差别有那么大吗？如果实体上的差别没那么大，那么在程序上架空法院的分组，是否能够解决问题？如果不用小额债权人分组，那么大额债权人还是可能会侵害小额债权人的利益。

所以，我认为这些问题还是应该从两个角度分析，第一个是程序的角度；第二个是从程序问题掺杂了实体问题的角度。从遵从市场选择的角度，我接受不同的清偿比例，但是应当建立在自愿的基础上。大额债权人同意将自己的权利让渡给小额债权人，就是一种协商对话，就是一种市场化的机制。如果当事人不同意，实践中主要是大额债权人不同意，才要返过头来看是否违反了相关的平等原则。法院应从这个角度推动促进当事人在协商的基础上达成一个最优的方案的设计。

以上是我个人不成熟的看法。

与谈人
宋　宽　德安华集团执行董事

很高兴今天能够听到韩长印教授的精彩发言。韩教授对于小额债权分组以及怎样优化清偿这个问题，给了大家很多思考。

今天包括历次的"蓟门破产重组"对话，大多都是从法律角度以及实践角度来谈，刚才听韩长印教授发言之后，我反倒觉得我们可以从另外一个角度，比如博弈论的角度、经济和数学的角度来谈这个问题。我所有的思考都是基于这些角度，还很不成熟，算是抛砖引玉，请大家批评指正。

首先，大家反复在谈小额债权人在破产重整的程序里可能是弱势群体，我们要给予更多的保护，我个人分析，这里不存在所谓的强和弱，这就是在整个司法重整过程中，债权人之间的一个博弈过程。小额债权人并不一定就弱势，大额债权人也并不一定强势，程序往下走，这个强弱是可以发生转移的。

比如说，我们要推动一个破产重整程序审批通过，在同一表决组里同意的人数要超过 1/2，债权额要超过 2/3，这是最基本的排列组合，人数和债权，无非有四种排列结果：人数超过 1/2、债权超过 2/3；人数超过 1/2、债权低于 2/3；人数低于 1/2、债权低于 2/3；债权超过 2/3、人数低于 1/2。在这四种类型中，只有一种类型是可以通过的，就是人数和债权都达到标准，即人数超过 1/2，债权超过 2/3，剩下三种不能通过。

这时候要通过重整方案，就意味着一定得有人让渡一部分的权益来换取平衡，考虑到大额债权人如果同意小额债权的受偿比例提高，那就一定意味着大额债权人的受偿额度和比例是降低的，所以原则上，我们现在讨论的通过重整方案，就意味着大额债权人要让渡自己的权利，那么为什么它要让渡自己的权利？这个时候是不是反而大额债权人的权利是被压迫，而小额债权人反倒是比较强势的，甚至小额债权人可以 100% 受偿。重整方案没有通过的话，那就要走破产清算，清算的额度比较低，对大额债权人比较不利；假设重整方案通过，意味着债权人让渡一部分的权利来换取重整方案通过，如果不让渡权利，走到破产，那么大额债权人的权利可能损失更大。

再回到刚才韩老师提到的一个根本问题，在分组里面有没有博弈的均衡点？到底有没有一个公式可以天下通吃？我认为，大家可以先把破产重整程序里面所有的变量和定量列出来，判断哪些是确定的量、哪些是变量。在某一个重整案子里，能够确定的第一项是债权人的人数；第二项是债权的总额；第三项是每一个债权人申报的债权额；第四项是如果不走破产重整程序而走破产清算，破产清算的比例和受偿额度。对于变量，第一个变量是重整意向方的出价；第二个变量是如果要给小额债权人提供优厚的清偿，小额债权人的底线是多少，这条线是不确定的，同时相应地决定了清偿率和清偿额也是不确定的。但是在这四个不确定的量里面，基本上一旦潜在投资方的这个重整总额出价确定了，那么剩下最核心的就只有一个不定量。也就是小额债权人的这个线一划，基本上所有的清偿率、清偿额度也全都可以确定。

这条线的确定，就是在数学里要如何设置刚才我所说的排列组合的四种分类，使只有一种能通过，剩下三种不通过。如果不分小额债权组只是按照同比例清偿，那么三种不通过的方式要如何设置才能满足重整方案的通过条件，这个里面就牵涉到这条线划在哪边。我个人认为，通过刚才那些分析，在特定的重整案件里，这个比例是可以划出来的。也就是说能够实现小额债权人获得更多的清偿，而大额债权人进行一部分的权利让渡，以达到可以通过重整方案，而且这个方案一定比清算时所有债权人获得清偿的比例高。这样的话大家虽然让渡了一部分权利，但是又达到一种共赢的局面。但是，在经济行为里面没有人是理性的，很多非理性的因素导致即便可以算得出一个公式，现实操作中也不一定可行。

最后一点，我们在跨境破产案件中也会区分同一类债权人，但是这种分组完全由清牌人掌握控制权，这与我国法律规定是不同的。刚才韩老师提出，债权分组到底是司法权，还是管理人的自由裁量权？在境外不存在这个问题，同一个债权组里面的债权人也会分别对待，达成一种单独的博弈状态。说到底，除了法律问题之外，这里还有经济方面的博弈过程。有时候一个重组方案可能要做到五六十稿，各方才能达到一种动态的平衡。这是我结合经验和刚才各位老师的分析，从博弈和数学的角度的分析，是班门弄斧的粗浅想法，供大家参考，谢谢。

与谈人
胡利玲 中国政法大学民商经济法学院教授

今天非常高兴有机会聆听韩长印老师的讲座。通过讲座我们了解到他关于这个问题非常细致的想法。我首先要感慨一下，我觉得这个问题确实是我们常常说的细节里藏着的魔鬼，很多人不会太注意到它，可是韩老师却注意到它。为什么我说很多人不注意它，我搜了一下网上的文章，仅有一篇直接以大额和小额债权分组的问题为标题写文章，还有一篇是比较接近的，但它主要讨论债权人表决机制，决议标准的问题里包含这一部分相关内容。所以除了那一篇直接以此为题的文章，国内的学者没有第二个人写这个问题。可见韩老师确实眼光独到敏锐，发现了这个问题。其次我感慨的是他不仅敏锐，还深邃。因为我觉得这个问题真的像李曙光老师刚才说的，是以小见大的问题，因为它直接指向破产法上的公平对待的问题。这是我必须要感慨的两点，韩老师确实看得到问题的本质，而且我们还可以从问题本身，看到它的结论以及它的源泉。

关于这个问题，我有几点想说。但我觉得很大程度上我跟韩老师的观点还是挺一致的。因为我刚才听了前面发言人，特别是实务部门老师的发言，我发现这个问题在经济上的考量和在法律上的考量是不同的。可能从经济上来讲，我们更强调怎么操作、怎么通过重整计划，我觉得这非常必要。但从法律上来讲，可能我们更多会把重点放在债权的公平性上。

第一，债权分组无论是内部分组还是外部分组，都非常有意义，而且影响非常大。

刚才韩老师的意思就是，如果仅仅是债权分组，它的意义主要在于实现同等情况同等对待、不同情况不同对待的原则，内部分组更多体现它的便利性。我倒是觉得这两个意义同时存在于外部分组和内部分组中。比如说在一般的分组当中，假如他是担保债权人和非担保债权人，那么担保债权人肯定没有重整的动力，所以如果将债权人放在一起不分组，他一定持反对意见。所以我觉得这个分组也有便利性的意义存在，只不过公平对待、同等情况同等对待，可能是更重要的。如果是内部分组，我觉得首先它的便利性体现得更明显一些，但是也不能忽视它的公平对待的问题。这个分组的问题影响实在太大，因为它本身是按照债权人和债务人之间财产权益进行的分组，它影响非常大。另外就是它会影响到这个重整计划通过的比率，还有它也一定会影响到法院批准，特别是强制批准重整计划的情况，尤其是当一定要有一个所谓的最低组别的通过时，这就非常关键。所以我第一个要表达的意思就是债权分组无论是外部分组还是内部分组，都是非常关键非常有意义的，而且影响非常大。它的意义体现在公平对待的问题和便利性的问题，只不过在不同的情况之下强调的点会有所不同。

第二，债权分组应当是实现公平对待权利人的程序性工具。

刚才郁琳法官也特别强调说它就是个程序性的工具，我也觉得应该这么定位，债权分组表决是实现公平对待权利人的一个程序性的工具。它主要就是为了防止表决组以及成员利用多数决的表决机制损害个别成员的利益，因为你不能排除有些债权人会肆意行使权利。

但是如果回到内部表决组来看，关于内部普通债权下面设小额债权这个问题。首先，它是内设表决组，不是外设，它一定是内设。而内设从我们现在的立法规定来看，立法只说你可以在有必要的时候在普通债权组下设债权组，但没有说你设债权组的同时，还可以给不同的待遇。这是我觉得必须强调的。其次，刚才郁琳法官也提到《企业破产法》第87条第2款第5项明确规定，即使强批，你也必须符合同一组的成员必须要同等对待，而且不能够违反《企业破产法》第113条清偿顺位的规定。所以我在普通债权下面区分出一个小额债权组来，它仍然是普通债权，它本身法律地位和法律性质并没变，这一条我觉得是必须坚守的。如果我们从法教义学的角度来考量，那你必须首先符合法律的明确规定，法律没有规定的情况之下，你才可以再作解释，或者进行价值判断。换句话说，小额债权表决组的设立，不应当对重整计划公平对待同一表决组的基本原则产生影响。否则在我看来，就无异于又新设了一个债权类型，又新增加了一个所谓优先于其他普通债权人的优先债权。

可是《企业破产法》第113条已经明确规定了，债权的优先清偿是有顺位的，普通债权尽管也做一些区分，比如劳动债权和税收债权，其实它们都属于普通债权。所以不在法定的优先顺位中的债权，一定是普通债权，只要是普通债权，就是最后被清偿的，内部再怎么分，也应该是公平的。所以我说在内部分组这个问题上，便利性可能是更应该强调的。

第三，是否分组不是问题，问题在于是否不公平对待。

内部设组或者不设组，最后的问题在于组内债权是不是被差别对待。如果本来境遇相同地位相同法律性质相同的债权却被不同对待了，是不可以的。韩老师采取这种分段递减的方式，我觉得不失为一种可选择的方法。但是正像刚才大家说的，你就算是分段递减，分段的时候段位设在哪里，一定是为了能够通过重整计划，所以问题依然是存在的。

第四，反对绝对化的完全不分组。

那么，能不能在坚持公平原则的前提之下，充分考虑重组效率呢？这是必须考虑的。大小债权人一定会在利益上有冲突，甚至同一债权组的组别当中，他们内部之间的需求也是不一样的。所以我想能不能在同一表决组之下允许它细分，首先法律并不禁止，甚至在普通债权下面还允许分组。甚至还可以考虑，能不能把允许债权人通过协商达成合意。比如说，有的债权人要立刻拿钱走人，有的就说我债转股也行，或者说推迟半年分期偿还都行，大家的需求是不一样的。另外，如果有一些大债权人，他愿意购买小债权人的债权，愿意给他100%的清偿，为什么不允许呢？当然还有我刚才讲的，即使都属于普通债权，是次级债权还是一般债权也会有不同。所以，也许可以回到李曙光老师刚才说的，交给市场去做。因为毕竟重整更多的还是当事人之间的协商博弈。为什么债务人或者管理人一定要分组，可能美国破产法中的做法是有益的，我们不能单纯把分组作为操纵重整计划通过，而且仅以此为目的的一种手段，你一定要给法院一个合理的正当的理由，那么这种情况之下分组未尝不可。所以我觉得分不分组没关系，关键是你是否同等对待了同等境遇的债权人。

与谈人

刘　艳　成都豪诚企业智库集团法律总顾问

各位老师好，非常感谢中心邀请我参与这次论坛。我从管理人的角度，以及实务操作的角度说一说我的看法。

第一，关于《企业破产法》中小额债权分组的立法目的。

首先，确保小额债权人的意志得到充分表达。因为即使是同样的方案，也就是我们不对小额债权作区分清偿，那也有可能在这个方案里面，小额债权人会被"绑架"，可能小额债权人人数达到了1/2以上的同意，但是大额债权人不同意，那么在这种情况下，我可以把它分组来充分表达小额债权人的意志，说明小额债权人是同意的，大额债权人是不同意的。这体现了破产程序的公平原则。

其次，确保全体债权人整体利益的最大化。但就像胡利玲教授说的，法律规定没有说要有区别清偿，这是我们在实务操作过程当中，根据经济上的考虑和重整计划通过的考虑进行的创新，因为《企业破产法》没有说区别清偿或优等清偿。那么实际上确实会存在一个矛盾，如果小额债权优等清偿，如果它没通过，不管你分组还是不分组，都不符合法院强裁的底线和标准。因为法院强裁的底线就是你要同一表决组同等对待，而且要符合《企业破产法》第113条的规定，同一个顺位的要平等对待，所以它中间是矛盾的，我们现在的很多案例，如果表决没通过，法院在强裁的时候确实要考虑是否符合强裁的底线和标准。

关于小额债权的优等清偿，韩老师写的《破产法新论》里面有一个介绍，美国破产法设小额债权组是为了管理上的便利和从成本角度的考虑。因为比如说债权人人数比较多，那么管理起来包括沟通、说服他们同意重整计划草案的成本很高，基于这个理由美国破产法对债权人进行区分，作为优先清偿的依据，但是并没有对小额债权进行优等清偿作更多的解释和说明。关于韩老师刚才说的分段清偿和分组清偿，确实是就像刚才胡利玲教授说的，二者没有明显的区别，只是优等清偿的方式跟公平清偿本身是没有直接联系的。那么清偿方式和我们的表决方式一是公平的体现，二是为了让表决程序合法化。

第二，关于法定的清偿顺序。

我认为法定的清偿顺序是不能被突破的，除非经债权人同意，如果不交给市场，在现有法律框架下是没有办法突破的。刚才各位老师提到有个公式，实际上之前我也想了一下这个公式，如何对小额债权进行一个优先清偿，但是又不侵害大额债权人利益，我们在实务中有几个变通的做法。要么给大额债权人做工作，让他进行一个定向的让渡，这对其他的债权人是没有影响的，要么跟投资人沟通，由投资人在偿债资金外，另外拿出一部分钱对小额债权人进行优先清偿。另外就是政府这边，如果小额债权人涉及维稳和民生问题，那政府这边有没有维稳基金，可不可以拿出来帮我解决这个问题。如果要从总的盘子里面来分享，要对大额债权人来做这样一个博弈，中间肯定要有一个平衡点。按照美国破产法的成本管理的说法，也就是大额债权人损失的清偿率乘以现在普通债权能够分配的常态资金总额应该小于或等于小额债权人的管理成本或者沟通成本。但是这个成本我现在还没有办法进行测算。

这就是我的意见和看法，请各位老师批评指正，谢谢。

与谈人
邹明宇　合众人寿保险股份有限公司总监

非常感谢韩老师的授课，也非常感谢李曙光老师提供的这个平台，让我们在北京有机会现场与韩老师进行对话和交流。借此机会，我也想谈一下我对这次授课的几点想法。

第一，韩老师提到的分段递减的合法性判断。这个方法能保证一定金额以内债权的平等、公平清偿。但从整体上来说，同一组的清偿比例可能是不同的：小额债权的清偿可能是100%，大额债权的清偿率可能比例比较低。从《企业破产法》第87条第2款第5项来说，我们必须明确如何判断何为"平等对待"。如果将其解释为清偿比例的相同，那么在同一组内分段清偿可能就违反了法律的规定。从这个角度来讲，设立小额债权组可能解决这样的问题。但反过来说，分段递减的方式可以绕过分组的设定权的问题，让管理人自己对小额债权的处理作出决定。

第二，小额组怎么设定的问题。小额的标准越高，大额债权人得到的清偿率和清偿额就越低。所以，小额标准的设定对大额债权人的影响是很大的。

第三，韩老师提到的数学陷阱的问题。在实践中，我们还没有碰到小额分组的情况，但是在同一组里小额分段的情形很多。这样可以促进重整计划通过，但是实践中的这种分段往往被工具化。它的目的不是保护弱者，而是推动重整计划通过。我们很难对这种工具化的好与坏做道德评价，更多要从法律原则上来把握，比如韩老师提到的最低保障原则、公平对待原则、绝对优先原则等。但这会对司法形成一定的挑战，因为最终还是由法院决定是否批准重整计划。

第四，债权交易问题。有两种交易，一是大债权人吸收小债权人，增加其在表决中的占比；二是中小额债权人把自己的份额拆开受偿，这样其总体的受偿率可能会更高，在重整方案通过之前这样做是否可行，相关的法律依据在哪里，这是一个问题。

第五，路径选择问题。路径选择上，我和韩老师的观点不太一样。我倾向于交给市场选择，让个案去选择。举一个例子：我们现在强批的前提是至少有一组通过，但是如果案件规模比较小，只有一个组，这组就肯定通不过，但是如果分一个小额组就可能通过。

与谈人
李　蕊　中国政法大学民商经济法学院教授

在韩老师讲授分段递减的制度设计过程中，我突然联想到《个人所得税法》中对工资薪金所得的累进税率的设计。《个人所得税法》在设置累进税率的时候考虑了量能赋税的原则，其与我们刚刚探讨的公平原则较为近似。

首先，高收入者作为负担能力强者要多纳税。制度设计里面还有免征额的设定，超过免征额的部分分段对应逐级累进的税率。那么类比来说，分段递减的制度设计是否就是让大额债权人承担不利益的后果呢？

其次，税法中有专项扣除制度，考虑纳税人的子女教育、赡养老人等问题，在破产法的偿付制度中是否也可以设置类似于专项扣除的制度。

与谈人
高丝敏　清华大学法学院副院长、长聘副教授

今天我主要是来学习的，所以我主要谈一下我学习的体会。

首先，《企业破产法》第82条从立法目的来考虑其实很完善，可以避开同一组不同对待的问题。但该条的立法目的到底是不是这样的？我认为这个问题值得我们思考。因为在分组上不同的法院可能有不同的看法，有的法院主要是为了管理上的方便。如果从管理方便角度来说，可能有另外一种解释的方法。还有这条到底有没有考虑优惠对待的问题，以及优惠对待的立法基础在哪里。

其次，《美国破产法》第112条和这个是很类似的，其规定分组必须有实质

相似性，每组因此而减少的受偿数额被法院推定为合理，而且分组必须是为了管理的便利。美国第九巡回法院在处理某一案件的过程中提出，分组绝对不可以出现划分选区操纵重整计划通过的情形，不可给某一组特别的优惠，而且要有实质相似性。所以到底什么是平衡点，这还是要看法院的判断。

最后，有一个特别小的问题：在中国分组时要考虑满足受影响最小的组的要求，那么分段之后，怎么判断这一组是受影响还是不受影响呢？这是我的问题。

与谈人
陈景善　中国政法大学民商经济法学院教授

我主要研究比较法，所以我从比较法的角度分析一下这个问题。

我给大家介绍一下韩国在处理小额债权时的做法。之前我跟韩国大法院的法官探讨过怎么处理小额债权的问题，法官说更多考虑的是重整的价值，即企业今后的可持续发展。从法院角度而言就是怎么迅速终结重整案件。

在韩国，重整计划批准前后债权人都要进行区分，都需要法院的批准。但韩国管理人不参与重整程序，韩国的管理人从清算程序才开始参与，所以重整这个程序基本由法院主导。但韩国既存在债权交易市场的问题，也存在小额债权的回购问题，但它们的市场比我们完善。在小额债权的分类问题上，它们基本上不考虑金融机构债权，从企业的可持续性发展角度，考虑的更多是供应商债权。在同一性质的债权里面又会分大额债权和小额债权。对小额的界定问题也是探讨的关键。这在韩国基本上有定论了：对小额的界定主要看比例，小额是相对于具体案件的债权规模而言的。

与谈人
刘　静　北京外国语大学法学院副教授

非常感谢韩老师给我们带来一个非常有意思的题目，我觉得今天来得特别值，在李曙光教授的所有讲座当中，今天的讲座是我最喜欢的一场。然后我还和其他嘉宾不停地沟通，我们讨论了很多。

第一，关于立法目的的问题。我们的立法目的是不是在立法的时候是合理的，在今天就是合理的，这是不是可以变可以调整呢？也许我觉得当时的平等和正义，在今天看，就不那么重要了。所以我觉得初始的追问当然可以作为我们论述的方式，但是我觉得还是要再反思。

第二，关于是否可以将韩老师的论证反推回去。比如说，韩老师说这样的"一刀切"是不对的，可是您又设了那么多的线，这样对不对？是不是又造成了更多的新的不平等呢？然后像刚才宋总说的，因为重整和清算很不一样，在市场操作下，我们可以按照诉求来分组。这真的就和同一性质扯不上边了，那是不是还要遵循同一性质原则呢？

第三，关于工具化的问题。比如说我们诉讼的收费问题，以及税率的问题，设定了一个标准，是不是说就有一个可以设计的空间。包括像韩老师您今天做的这样一个分段，其实也是给出了一个空间，在这个空间内一定是可以设计的。

第四，关于陈老师刚才说的比较法的趋势问题。破产法上，我觉得它越来越不纯粹是一个法律问题，当然法律人要从法律的角度来看。当然，我不是说趋势是这样的，我们就应该这样，我是说它是不是有一定的合理性，只不过我们在法律上还没有分析出来。不管是在企业破产法的设计上，还是在个人破产法的设计上，会越来越牺牲一些所谓的公平来换取程序的快速推进效率的提高。

与谈人

邹玉玲　北京市海淀区人民法院民事审判三庭（破产审判庭）副庭长

谢谢韩老师给我们带来一个实操性很强又特别有意思的话题。下面谈几点我的感想。

首先，分段递减相较于分组的优势主要体现在减少对不同债权人的差别对待。从这个意义上讲，分段递减是有优势的，在实践当中也有很多适用的先例。但是我觉得它的优势更多体现在跟小额债权组比较之时，并且韩老师将它的优势最终落脚于提高重整计划通过的比率，但是在实践当中，它是否真正能起到促进重整计划通过的作用，或者能起多大的作用是个问题。因为我觉得在实践当中，重整计划一般包含两个部分，一是债权债务的清偿，二是经营方案。大家选择要不要通过这个重整方案也是基于这两方面的考虑。而刚才讲到分组其实是一种工具，更多的是用它来提高重整计划通过的可能性。要么提高债权清偿的比例，要么平衡各方的利益。但是重整计划还有另外一个重要的方面，就是它有没有重整的价值。我在想我们为什么要促成重整计划通过，如果各方当事人都选择不通过重整计划，大额债权和小额债权都可以通过债权交易的方式在一定程度上去操纵结果，那这种操纵的结果我们有时候会去人为阻止它，但它在很多情况下也代表了一种市场的选择。如果市场的选择就是这样的，为什么我们还要去人为阻止它呢？

其次，关于小额债权分组的问题。其实在现在要求必须至少有一组要通过重整计划的情况下，这种时候小额债权组存在的价值就更为凸显。当然，一项制度有好的方面，也有坏的方面。它还有可能被反向操纵，用来不通过这个重整计划。就是我们刚才说的还是交由市场来作判断。虽然法律规定是否进行小额债权分组由法院来决定，但实践当中法院也很少主动设小额债权组，更多的是掌握情况之后，要么给管理人提建议，要么管理人提出方案之后看方案合不合适。基本上管理人征求各方当事人意见之后，法院再来作判断。法院基本不会抛开实际情况，非要去做决定。谢谢各位！

与谈人

范利亚　北京德恒律师事务所合伙人

谢谢！韩老师的演讲给我们指明了方向，其实韩老师的思路，也是我们现在设计重整计划的一个方向。这里面涉及程序问题，今天在座的有法院的，实际上我们很少让法院决定，但是我们把重整计划中小额债权组的精神融入重整计划中。其实韩老师已经分析了，人民法院并未赋予管理人或者债务人决定要不要设小额组的权力。人民法院都规避了这个问题，还规避了重整计划的报酬。但在实务操作当中，我们经常会设立小额债权组。

虽然我们没有用小额债权组，但是我们在普通债权里设了小额债权。实际上在实务中，我们也按照韩老师说的，开始做分段，做一些设计，因为小额债权的认定涉及公平问题，是一个困境。破产法是解决困境的，职工实际上是一个弱势群体，小额的集资债权人是一个弱势群体，小额的供销客户债权人是一个弱势群体，建筑优先权里涉及的民工是一个弱势群体，还有劳务派遣中涉及的保安,也是小额债权人,按照韩老师的说法,他们分布在不同的表决组里。

在未来,我觉得小额债权最大的影响在于对破产案件的决定力。因为这个群体对社会稳定影响大,实际上地方政府、法院、管理人和银行,基本能解决好小额债权人的问题,对于作为大额债权人的银行,政府也有很多种办法。

观众提问:

韩老师好!各位老师好!既然有这个机会,我就向韩老师请教一下。李曙光老师刚才说了,韩老师的文章风格就是以小见大。其实韩老师十多年前还说过一句话,就是以小见大做文章的前提是得以大见小,你得先用一个大的格局去看一个小的问题。今天听完各位老师的发言,我总体的感觉是,我的观点可能更接近于胡利玲老师刚才说的一句话,就是分组和分段本身都不是问题,问题是是否存在差别对待。我觉得胡老师说的话是有道理的。我觉得分段就像刚才邹明宇总监所说的,分段是不是形式上不分组,但实质上是分组的呢?分组和分段,是不是殊途同归,二者追求的都是三性,公平性、最低保障性和可行性。如果是这样,那咱们就回到刚才朱大旗老师说的,不同的债权人对债权的期望是不一样的。下面我简单举一个例子,不管是分段还是分组都有一个标准,比如同等性质的债权怎么认定。例如,一个票据返还的不当得利和一个个人存款的个人债权人的不当得利,从性质上都是不当得利之债,但是债权人不同,如果仅仅以数额分组,因为不同债权人的期待不同,就没法实现胡利玲老师说的差别对待。那接下来的问题就是,究竟交给司法来选择,还是交给市场来选择。其实我觉得应该交给司法来选择,因为司法职权的发挥正好能够守住国家的政策性和司法的公平性的保障的底线。

结 语

李曙光　中国政法大学教授、破产法与企业重组研究中心主任

首先感谢韩长印教授,韩长印教授今天的话题引发了对话参与者们非常热烈的讨论,给大家非常多的启发。所以到现在,我们还有很多想说的话。韩长印教授给我们"蓟门破产重组"对话注入了很重的学术元素,给予了重组对话大力支持,再次表示感谢!

我们的"蓟门破产重组"对话，随着韩长印教授这样一位破产法大家的到来，第二季就正式被推动起来了。之后我们还有一系列的对话设计，今天特别感谢破产共同体的同仁，有点小遗憾是没有请到金融债权人来。今天在座的有最高法院的，有中院的，还有基层法院的，实务操作的也来了不少，还有很多博士、硕士。我们每次活动限制参与50人，但每次报名都会有好几百人，所以特别感谢诸位参与者，下一期希望我们精彩继续，也希望韩老师在上海也办一个对话讲座，这样北京和上海可以互相呼应，共同推动中国破产法事业的繁荣。我们今天就到这里，谢谢大家！

整理人：中国政法大学破产法与企业重组研究中心
黄健栓　肖明倩　韩焕雨　王艳　朱天宇　乔筠
孙经纬　刘奕辰　佟东来

第六期

参会时与会嘉宾信息

主讲人：
韩长印　上海交通大学凯原法学院教授、上海法学会破产法研究会会长

点评人：
李曙光　中国政法大学研究生院院长、教授，破产法与企业重组研究中心主任
朱大旗　中国人民大学法学院教授、经济法教研室主任
左北平　中国注册会计师协会破产管理人业务课题研究组组长、北京中恕重整顾问公司执行董事、利安达会计师事务所（特殊普通合伙）合伙人

主持人：
刘　颖　北京航空航天大学法学院副教授、中国政法大学破产法与企业重组中心研究员

与谈人：（依据发言顺序排列）
郁　琳　最高人民法院民事审判第二庭法官
宋　宽　保华顾问有限公司董事
胡利玲　中国政法大学民商经济法学院教授
刘　艳　成都豪诚企业智库集团法律总顾问
邹明宇　北京市第一中级人民法院清算与破产审判庭副庭长
李　蕊　中国政法大学民商经济法学院教授、破产法与企业重组研究中心研究员
高丝敏　清华大学法学院副教授
陈景善　中国政法大学民商经济法学院教授
刘　静　北京外国语大学法学院副教授
邹玉玲　北京市海淀区人民法院金融与清算庭副庭长
范利亚　北京德恒律师事务所合伙人、破产专业委员会主任

第七期

执转破实践与发展的深圳经验

慈云西

发言嘉宾

主讲人：
慈云西　深圳市中级人民法院公司清算和破产审判庭庭长（现深圳前海合作区人民法院副院长）

点评人：
李曙光　中国政法大学教授、破产法与企业重组研究中心主任
肖建国　中国人民大学法学院教授、中国法学会民事诉讼法学研究会副会长
葛洪涛　最高人民法院民二庭主审法官
左北平　中国注册会计师协会破产管理人业务课题研究组组长、北京中恕重整顾问公司执行董事、利安达会计师事务所（特殊普通合伙）合伙人

主持人：
刘　颖　北京航空航天大学法学院教授

与谈人：（依据发言顺序排列）
谭秋桂　中国政法大学诉讼法学研究院教授
王　静　南京市中级人民法院清算与破产审判庭庭长（现南京破产法庭庭长）
张艳丽　北京理工大学法学院教授
容　红　北京市高级人民法院民二庭审判长
刘哲玮　北京大学法学院副教授
邹明宇　合众人寿保险股份有限公司总监
崔立斌　北京市朝阳区人民法院民四庭副庭长
李　萍　天津市第二中级人民法院清算与破产审判庭庭长
贺　丹　北京师范大学法学院副院长、教授
韩传华　北京市中咨律师事务所合伙人
苏晓勇　华融前海财富管理股份有限公司副总经理

主办方　中国政法大学破产法与企业重组研究中心
协办方　中国注册会计师协会破产管理人业务课题研究组　利安达会计师事务所

2018年10月

开 幕

主持人

刘　颖　北京航空航天大学法学院教授

　　各位嘉宾晚上好，现在我们开始第七期"蓟门破产重组"对话活动。在前六期的活动中，国内破产法研究的翘楚、日本的破产法权威、顶尖的破产实务家等先后来访，再加上各位点评人和与谈人的鼎力支持，我们的对话活动在短期内就获得了很高的声望。特别是上一期上海市破产法协会会长韩长印教授来访，更是把我们的活动推向了一个新的高度。

　　今天我们将目光由理论界转向实务界。我们邀请到了深圳市中级人民法院审判委员会委员、公司清算和破产审判庭庭长慈云西法官。慈云西法官长期从事民商事审判和理论研究，先后主审了汉唐证券案、大鹏证券案等多个全国范围内的大案要案，并且首创了多个破产审判中的改革举措，其中就包括当今受到理论界和实务界共同关注，引起了破产圈和民诉圈广泛兴趣的执行转破产问题，这也是我们今天"对话"的主题，慈法官将为我们独家剖析执转破的实然与应然。

　　我们也组建了强大的点评和与谈阵容，包括破产法小组起草成员、破产法与企业重组研究中心的主任李曙光教授，中国强制执行法研究权威、中国人民大学法学院肖建国教授，以及精通执行实务、长期从事商事审判并执笔过多个执行领域的司法解释的最高院民二庭葛洪涛法官，还有我国知名破产实务家左北平会计师。时间所限，在座嘉宾在此不做一一介绍，大家可以参考嘉宾名单。

　　最后说一下对话的流程，首先由主讲人主讲一个小时，之后每位点评人点评15分钟，之后进入自由讨论时间，与谈人自由发言，每次的发言时间控制在8分钟以内，最后我们会留一点时间给观众进行提问。接下来，让我们用最热烈的掌声欢迎慈法官！

主讲人

慈云西　深圳市中级人民法院公司清算和破产审判庭庭长（现深圳前海合作
　　　　区人民法院副院长）

　　首先非常感谢中国政法大学给我这样一个机会，与众位一起探讨和分享目前破产审判中的难点：执行怎样转破产。深圳在这方面做了不少努力，但是还有很多不完备、有争议的地方。今天借这个机会与大家交流，希望大家在我讲完后批评指正。今天我想先对概况做一个介绍，讲一下实务中的做法，剩下的时间与各位交流与探讨。

今天围绕执转破，我主要讲五个方面。

第一个方面，"执转破"的概念与理论。

"执转破"即执行案件移送破产审查，是指执行法院发现被执行企业法人符合破产条件，经有关当事人同意后应当及时将企业移送破产程序，通过破产来化解相关矛盾纠纷。理论状态下的"执破"关系是债权实现体系的两翼：一方面，通过强制执行使债权人的利益得到保障；另一方面，没有履行能力的债务人则被迫进入破产程序，以此保护全体债权人的利益。"执转破"的长期制度目标应该是建立成熟高效的债权债务实现体系，充分平衡企业生存发展、投资者权益和社会公共利益，营造良好的法治营商环境。

第二个方面，"执转破"制度的现实状态。

"执转破"制度目前处于执行难和破产难的两难状态，其原因很多，但从二者关系的角度来看，导致执行难的因素可以归结为不合理的参与分配制度、不终局的"终本"制度和不明晰的程序定位三个方面。而破产难情况的出现则可以归结为破产在市场经济中的调节功能被低估、社会公众对破产保护的认识严重不足、破产审判在司法流程中的地位被低估和破产法的先天不足四个方面。

第三个方面，"执转破"的顶层制度设计。

2016年开始，最高人民法院开始确立和完善"执转破"的有关机制。其中《最高人民法院关于适用〈中华人民共和国民事诉讼法〉的解释》《最高人民法院关于执行案件移送破产审查若干问题的指导意见》《最高人民法院关于进一步做好"执转破"有关工作的通知》《全国法院破产审判工作会议纪要》中的相关条款基本构成了这一制度的规范框架。就执转破的主体而言，目前还是企业法人，非企业法人和其他组织没有被纳入这一范围。同时在申报原则上，以申请为原则，以执转为补充。

第四个方面，"执转破"的深圳实践。

深圳早在10年前就开始进行执行权改革，后来为了解决执行不能案件，深圳市中级人民法院发布了《关于执行不能案件移送破产程序的若干意见》，为执行不能案件提供了绿色通道。之后，为了与《最高人民法院关于适用〈中华人民共和国民事诉讼法〉的解释》相配套，我们对前述意见做了修订，进一步完善了相关机制。

深圳在"执转破"这一问题上的破与立可以总结为如下几个方面。

首先，破解"执转破"启动难的问题，建立常态化启动机制，通过向当事人释明与征询以及建立法院内部激励机制，解决当事人申请意愿不强与执行法官动力不足的问题，使之从"移不出"到"进得来"。

其次，破解执破衔接不畅的问题，从管辖、相关事件节点的设立等方面明晰科学合理的衔接规则，使之从"立不上"到"接得住"。

最后，破解审理周期过长的问题，使已受理的案件从"破不了"到"出得去"。主要包括：第一，建立法院内部繁简分流机制和开展法院信息化建设，提高审判效率；第二，建立管理人市场化运作机制，为破产案件提供专业支持；第三，针对破产费用匮乏，扩大援助资金规模，通过政府专项拨付与管理人报酬提留建立援助资金池，保障破产费用顺利支付；第四，针对审判资源不足，完善绩效考核与案件管辖机制，通过建立系统的执转破案件管辖体系和完善破产案件评估体系，充分调动和利用现有的审判资源。

第五个方面，"执转破"的不足与前瞻。

未来完善"执转破"制度设计的思路，主要包括以下五个方面：一是构建一套包含立、审、执、破在内的司法全流程系统；二是进一步完善破产责任体系；三是建立简易破产机制，提高破产程序效率；四是建立个人破产制度；五是建立破产法市场化实施的保障制度，包括破产责任体系的构建和完善等制度。

点评人

李曙光　中国政法大学教授、破产法与企业重组研究中心主任

首先非常感谢慈云西庭长接受中心的邀请，就执转破的问题作了非常精彩的深圳经验的介绍。同时也感谢今天来自全国各级法院，包括最高院、高院、中院一直到基层法院的各位法官，来参与我们今天的讨论。我觉得慈云西庭长刚才讲得非常好，讲到执转破的难点、焦点、重点等问题，特别介绍了深圳经

验,最后也提出了他的一些解决之道。

对以上内容我从三个角度进行点评。

第一个角度,执转破的问题实际上是一个非常具有中国特色的问题。严格说来,执转破问题不是一个很规范的理论问题,这个问题还藏着一个执行难的问题。目前来看,世界上有执行难的国家不多,因此说这个问题是一个非常有中国特色的问题。

如果用市场经济的理论来解释,执行难很大程度上是由信息不对称造成的。市场经济的初期存在严重的信息不对称,在广泛存在信息不对称的社会里,无论是债务人和债权人,还是政府和市场的各个主体,无论是监管、被监管者,还是市场的各种参与者,都存在信息的强者和弱者。信息的弱者可能在市场经济初期就陷入不诚信的状态,理性人都是有限的理性,债务人可能利用这种市场制度的空缺为自己谋利。政府监管部门和司法部门、执法部门和司法部门也存在信息不对称,某种程度上,在存在大量制度空缺和市场要素不成熟的社会条件下,实际上执行者也是一个信息弱者。运用信息不对称的理论很容易解释目前中国面临的执行难这一问题。

对于执行难的解决,最近这两年在供给侧结构性改革的大背景下,执转破成为公权力解决这个问题的非常重要的工具。当然,这个公权力不仅仅指司法,我也一直认为破产法不是解决这个问题的唯一工具,实际上有很多工具。目前在执行难问题的解决中,破产机制扮演着最重要的角色,其实我认为它还可以扮演更重要的角色。

第二个角度,执转破实际在某种程度上既有政策的问题,也有实践操作的问题,但在我看来更多的是技术层面的问题。中国市场经济转型过程中的大量难题、社会问题实际上都是技术问题。因为这些问题在理论上的探讨都不是特别深入,或者说都没有一个很精深需要特别去探讨的地方,因此更多的是技术性问题。很多技术问题在转型过程中演变成为非常重要的、很有价值的、可以讨论的问题,或者说成为社会文明向前进步的一个很大的障碍。

对执转破的解读,我个人认为主要有三个障碍:一是某种程度上执转破的法律依据不足。无论是破产法还是民诉法,都没有给执转破这样一种中国式的特殊现象提供一个充足的法律依据。二是执行与破产的衔接涉及很多社会问题。例如,破产专门审判机构的移交,既涉及法院内部两大部门即执行部门和民事审判部门之间的关系，也涉及大量的司法内部的一些程序性问题，包括法院的级别和不同地域的法院之间的关系。同时还涉及信息不畅的问题，包括现在审判系统和执行系统是两个信息系统等。三是刚才特别强调的社会配套制度，整个执转破的社会配套制度是不健全的。

我想进一步解读执转破，我认为实际上执转破存在以下三种情况：第一种情况是无产可破；第二种情况是有执行财产，但情况很复杂，虽有执行财产，但是执行财产不足以清偿所有债权人；第三种情况是有资金财产，但是想转移财产。我个人认为，执转破难在对这三类企业要有不同的对策，以及不同的解决之道，难在法律上如何将有冲突的程序统一起来，但是目前我们都采取破产程序。对于这三种情况，实际上我们也看到了，第一种属于"僵尸企业"；第二种属于经营中的企业，这些经营中的企业或者难以注销，或者想延续经营，或者想在市场上进行欺诈。

对于不同的执转破，我们应采取什么样的措施？最近的政策信息有很多，包括去年召开的全国破产审判工作会议，会议纪要专门拿出一节来写执转破，但重点讲的是法院之间怎么处理这个问题，法院内部怎么处理这个问题。我觉得刚才慈云西庭长讲得非常好，把法院内部的情况说得非常清楚。纪要出来以后，我们专门召开全国执转破的推进工作会议。前天，周强院长又向全国人大做报告，报告怎么去解决执转破难题。这些举措都是站在法院的角度，如果站在更广的角度上看，执转破难题还有很多社会性的原因，还真不是法院一家的事。但是即便从法院内部来讲，我想也有三个原则要坚持。

第一，把好启动执转破的关。我个人认为执转破还是要让当事人自愿选择，要尊重当事人的意思自治，我们要用市场化的方式解决这个问题。

第二，在执转破的过程当中法院应该中立，我不是特别赞成法院依职权启动执转破。

第三，要重点解决执转破难的基础和前提即债权人激励机制的问题。

第三个角度，执转破中比较重要的有四个方面。

第一，是刚才慈云西庭长讲到的，执转破涉及的司法机关的一些相应的制度，包括程序衔接问题的制度。

第二，注销制度，注销制度更为重要。中国的企业注销是非常困难的，现在注销也难。一般的注销和简易注销都难。这也是我们最近在帮助国家市场监管总局解决的问题，执转破的难点在哪里呢？就是我们不仅要执转破，还要"执转清"，即强制清算执行转强制清算。下一步更应该让市场监管部门扮演主要角色，而不是法院，在现在的执转清过程中，特别是注销过程中，难点是完税证明，现在企业注销的完税证明就足以让他们跑断腿，这里还有刚才慈云西庭长讲到的，法院能不能依职权介入一些特别的情况，我还是不赞成司法介入这个程序，而主张由行政部门通过公告告示的方式介入。特别是现在全国每年有300多万家企业进入企业异常名录，这个数字不小。进入企业异常名录的企业当中，有相当一批是"休眠企业"和"僵尸企业"，这应该更多地让市场监管部门介入。

第三，我非常赞同现在推进个人破产法的立法。执转破过程当中，特别需要人道主义关怀，对于那些健康正常、执转破做不了的案件，要对债务人的债务进行豁免。

第四，执转破过程中要特别注意保护债权人的利益，使在执转破过程中以及执转破之后，债权人利益能够得到持续有效的各方面制度的保护。

执转破这个讨论既有利于解决执行难的问题，也有利于助推破产法的修改与完善。

我就点评到这里，谢谢。

点评人

肖建国　中国人民大学法学院教授、中国法学会民事诉讼法学研究会副会长

非常感谢中国政法大学的邀请，特别感谢慈云西庭长的精彩演讲。慈云西庭长的演讲对我们国家执破分离下的执行难和破产难的问题作了非常专业的分析，同时对深圳执转破情况也进行了专业解析。深圳经验对于全国法院执转破的实践都具有普遍意义。

非常巧合，2018年10月24日，最高人民法院院长周强在全国人大常委会上作了关于执行难的专题报告，2018年10月25日又接受了询问。在报告和询问中，代表、委员都对执转破表达了非常强烈的兴趣，与今天主题非常契合。我想从三个方面谈一谈我的体会。

第一，执行与破产功能的分化和配合。理论上，执行和破产的确有各自的

定位，有各自的价值取向和功能追求。执行更多是通过国家公权力，通过实施强制执行权，对特别债权进行清偿；破产则针对债务人的总括性财产进行一揽子平等的清偿。两种制度之间联系非常紧密。但是其实，各个国家的执行法与破产法之间关系非常微妙。执行制度涉及债权人如何进行保护的原则问题，可能要遵循平等原则，也可能遵循优先原则，理论上有基本的执行或破产功能的分化配置。如果国家实行一般破产主义，即破产适用于所有的民商主体，包括法人、自然人和其他组织，就要奉行先到先得即优先原则，但并不是所有国家都采用一般破产主义。有的国家采用有限破产主义，或破产程序仅仅适用于商人等特殊主体，那么不适用破产程序的其他主体只能通过执行程序实现债权。

我国恰恰是后者，因此强制执行法面临着两难选择。在有限破产主义中，保护债权人究竟应遵循平等原则还是优先原则，我国采用的是二元做法。如果被执行人是可以适用破产程序的企业法人，那么执行程序中遵循先到先得的优先原则；如果被执行人不能适用破产法，在强制执行中只能适用参与分配程序，平等清偿。这样一来，从改革开放到现在，只有过去全民所有制企业和现在的企业法人能够适用破产程序，也就是说，自然人和其他组织在我国目前无法通过破产程序实现债权的概括受偿，只能走执行程序。因此在实践中，执行程序中的自然人和其他组织是通过参与分配制度得到清偿。不管债权人有多少人，针对同一个被执行人，我们都应通过参与分配来保护其合法权益。

参与分配程序中的一个主导性原则与破产法非常相似，即普通债权平等受偿。在我国破产法实施过程中，有说法表示破产法自颁布之日起就已经"破产"。破产法严重失灵，这是我国多年以来的一个明显现象，也是刚才慈云西庭长反复强调的执破分离中破产难的一个现象，这意味着相当多的企业法人基于这种选择也不愿意提起破产程序。因此《最高人民法院关于人民法院执行工作若干问题的规定（试行）》第96条规定，当企业法人出现停业歇业等情况时也参照参与分配程序进行平等受偿。因此，我国出现了一种类似破产程序的参与分配制度。我国的参与分配制度在过去发挥了非常强大的功能，其类似一个小型的破产程序。这一方面在很大程度上架空了破产法的实施，另一方面让强制执行法背上了沉重的包袱，拖垮了强制执行制度。

参与分配制度利弊各半，其在带来贡献的同时问题显著。因此，如何有效实现执行与破产的功能分化和配合，在立法层面我赞成李曙光老师的见解。在强制执行法中如果要坚持优先原则，就要适用一般破产主义，即把破产范围扩展到所有民商事主体。否则强制执行法就是二元化的制度，运行肯定不顺畅，执行难和破产难的问题将会永远存在。从这个意义上讲，要真正解决执破分离下的执行难和破产难问题必须坚持一般破产主义，否则在现有框架内小修小补在任何程度上都无法真正解决问题。

其实执转破不仅是执行难的出口，它也为破产法实施提供了强大动力。这种安排能够同时发挥强制执行法和破产法的各自功能和优势。在有关功能的分化方面，中国的框架非常有限，当前的实践也是非常有限的探索，不能从更高层面解决执行破产法的问题。

第二，破产法实施的三大机制。如果我们按照目前制度框架的破产申请主义原则解决执转破难题，刚才慈云西庭长提到的三大机制是不可或缺的：动力机制、衔接机制、保障机制。即使是小修小补，这三大机制也非常重要。

首先，动力机制方面。我们国家目前执转破的动力不够充分。深圳法院在这方面的探索非常有效。从执行法官的工作绩效角度采用激励机制，使执行法官有动力执转破。同时在制度方面对执行法官实行一些约束，例如必要的征询和释明，这要贯彻到执行立案、执行财产的调查以及后续的程序中，包括作出公正的裁定，征询和释明程序是必经程序，要将其作为法官的义务，这样的实践是非常有效的。虽然现在也强调法官要释明，但是没有将释明作为一个必须的操作，也没有作为进入下一个程序结点的前提条件，但深圳法院在规则方面已经做到了。

当时的动力机制是什么，我很怀疑这些动力机制在执转破的情况下，跟传统的破产申请主义没有根本区别。过去债权人和债务人为什么不愿意执行转破产？因为没有动力。债权人希望通过执行程序实现债权，因为通过执行程序实现债权的概率和可能性要远远高于破产程序。执行程序的成本由国家、法院承担，包括财产调查、处分、分配、变价等。但是破产程序采用市场机制，羊毛出在羊身上，所有费用都从破产财产中支付。从这样的角度来看，执行程序可能是债权人更愿意选择的程序。而对于债务人，债务人申请破产很可能是有猫腻的，很可能是为了达到非法目的。这种情况下，动力机制不存在，执转破如何前行、究竟能走多远，还没从根本上解决。

其次，衔接机制方面。从法院作出移送破产决定之日起，破产程序就涉及大量财产方面的衔接，包括查询、查封和续封，移交、移送财产，也包括后续财产拍卖等。我担心现在是仿照网络司法拍卖进行破产财产拍卖，但这两者是有区别的。因为管理人拍卖属于民法上的任意拍卖，依据物权法中基于法律行为产生的物权变更原则进行，这与法院基于强制执行产生的物权变更是不一样的，这可能影响到破产法的有效实施。

最后，保障机制，包括费用、管理人队伍市场化、繁简分流等问题都非常重要。

第三，关于强制破产的可能性问题。李曙光老师反对强制破产，我认为强制破产还是有必要存在的。虽然强调破产自愿主义，但是还是要结合国情，包括比较法上的经验，一些国家、地区的法律都有相关规定。如在我国台湾地区，执行法官可以直接宣告破产。台湾地区这种规定对大陆有很大的参考价值。2014年8月，最高院起草了一个关于债权人参与分配以及执转破的衔接质量的司法解释。这个司法解释中有方案提出由法院依职权移送破产，但经过讨论最后没有通过，因为民二庭强烈反对，这种做法与破产申请主义相悖，这在《最高人民法院关于适用〈中华人民共和国民事诉讼法〉的解释》中有提及，但我认为强制破产在我国有存在的必要性。

除慈云西庭长刚提到的建议外，我国以企业类型确定自愿破产的例外情形可能也是一种方案。我的想法是强制破产程序和终结本次执行程序有效对接。现在最高院有终结本次执行程序库，把法院的执行不能案件纳入终结本次执行程序库中，5年内每半年通过系统自动查询债务人有无财产，债务人若有财产则立即执行，但5年后怎么办最高院未说明。每年有大量案件进入终结本次执行程序库，我担心将来有几千万件上亿件时怎么办？所以应该为此找到出口。如果5年自动查询系统都查不到债务人的财产，这个企业应该就是真正的"僵尸企业"，应该出清。所以终结本次执行程序库中达到5年的企业，基本不能恢复执行，甚至可以依职权宣告破产。我的基本想法是为终结本次执行程序案件寻找一个出口，为破产申请主义设置一个例外，使破产制度与执行制度能够更好衔接。

点评人
葛洪涛　最高人民法院民二庭主审法官

　　感谢中国政法大学破产法与企业重组研究中心的邀请，感谢慈云西庭长的精彩演讲，听完演讲我非常高兴。如果对最高院推进的工作，全国法院都像深圳做得这样好，那就好了。但是现实是只有有限的几个省份执转破的工作做得比较好，其他地方普遍很差，这也是我们一直推进这项工作的原因。

　　先回答两个问题。一是慈云西庭长说移送破产要向最高院请示。其实这个指示最高院也不敢做，要问全国人大。之前我在执行庭工作了10年，去年调到民二庭，执行局和民二庭都觉得这个制度好，如果全国人大同意，做职权执转破其实可以。但事实是他们不同意，全国人大认为立法就是立法，司法就是司法。执转破只能根据现行破产法在破产申请主义下进行，所以最高院也做不了主。

　　二是对肖老师的观点提出询问。在吉林的时候，我们提出双轨制，因为没有个人破产法，我们建议保留参与分配制度，因为我们首先应该坚持债权公平受偿原则。但是我记得当时您说破产归破产，执行归执行，就应该采用优先主义。刚才您说有一般破产主义，参与分配便可以退出，您的观念有点变化。不知道我理解的对不对。

　　第一，制度的由来和现状。制度的由来主要是三个文件，第一个是2015年《最高人民法院关于适用〈中华人民共和国民事诉讼法〉的解释》第513~516条，第二个是2017年《最高人民法院关于执行案件移送破产审查若干问题的指导意见》，第三个是2018年《全国法院破产审判工作会议纪要》。关于第一个文件，文件的第513~515条是民二庭起草的，第516条是执行局起草的。实践中的问题是破产进不去，执行解决不了。债权人本来有最终平均受偿的权利，但是因为制度不协调，其权利在两个程序中都无法实现，这不符合法治的公正原则。这三个文件在当事人申请主义下纯粹由法院推进，赋予执行法官一定责任，法官征求当事人意见，以符合破产法的申请主义从而达到执行转破产的目的。

　　目前的现状是深圳做得很好，其他地方做得很差。执行局最近做了一个统计，统计在终结本次执行程序库10年以上的，加上2016年、2017年终结本次执行程序库涉及同一企业被执行人10件以上的案件数量。把这些案件全部移送破产，目前有一大部分已经反馈不受理，还有很大部分在等待，所以说进入破产的情况不乐观。

第二，原因分析。慈云西庭长其实是从破产的角度来讲，肖老师是从执行角度讲。我做了10年执行工作转到破产，在做执行工作时我有时提反对意见，认为执行不能有本位主义，程序法需要符合实体法；到了破产庭之后，我有不同观点的原因。执行有执行的理由，执行法官解决案件，要承担更宏大的道义上的义务不太现实，让一个学者去做细枝末节的工作也不可能，大家都有角色意识。从执行的角度看，一方面是我给你，你可以要也可以不要；另一方面给的基本都是复杂案件。反过来，从破产角度看，一方面要考虑这样的案子都是包袱能不能要；另一方面想要也不敢要。这又涉及破产法官不愿意受理的问题，法院有法院的障碍，政府有政府的障碍。

三个文件其实除了政策上的呼吁之外，府院联动、执行保障、立法、信息化等都是大而空的，硬性的都是技术层面的。慈云西庭长刚才提到说要做工作，要说服。但我认为说服是很可怕的，说服是告诉他你去破产吧，你会得到很多钱，这种情况有可能成功，但更多的是不成功。有些是不可预见的因素，不好判断。所以我们只是说应该征询意见，如果对方同意移过去便移送，如果不同意就抓紧执行。

第三，制度的局限性和现实意义。制度的局限性在于解释论下的功能局限。制度的现实意义旨在解决执行难，解决破产启动难，解决"僵尸企业"，解决供给侧改革的问题。最高院在整个法治建设中要起到按钮的作用，需要解决执转破问题按钮。

大家对执转破的想法不同，执行想的是执行，破产想的是破产，学者可能想用个人破产，以及整个市场制度完善这些问题。执转破一方面确实能解决这些问题，另一方面可以促进执行和破产越来越规范。大家在思考对策时，其实就通过这个制度让我们重构和反思两边的制度，这种完善有双面性。以前我遇到过一个案件，因为执行没有在规定的时间中将钱分到当事人手中，导致执转破，结果有人的权利直接变为零，因此他要求国家赔偿。我们有个制度是30日必须将钱分到手中，下次执行局就必须在规定的时间里分下去，破产方面如果谁不接受破产案件便采取全国通报的方式。我们希望通过执转破制度完善执行和破产两个制度。

另外，希望通过这个做法促进大家对破产法的讨论、重视、思考，推进立法进程。包括肖老师讲的职权破产，这个问题我没有倾向性意见，我觉得有没有至少可以讨论。最后，再回应肖老师讲的终结本次执行程序差5年就不管了的问题。我们还是有信心的。前几天，在民法典的讨论会上杜专委还在说，过度担保的问题和有限责任无限化的问题很严重。企业向银行借款，银行说企业可能利用有限责任逃债，银行现在是强势主体，在连带责任保证中，若担保一个亿，担保人可能一辈子都翻不了身，因此个人破产制度真有必要存在。话说回来，我们的机制是否足以支撑个人破产法，仍值得思考。

点评人
左北平　中国注册会计师协会破产管理人业务课题研究组组长、北京中恕重整顾问公司执行董事、利安达会计师事务所（特殊普通合伙）合伙人

非常荣幸，也非常高兴能听到慈云西庭长的精彩演讲。深圳在执转破方面是先行者，在最高院出台的系列制度中也作出了巨大的贡献，特别是执转破制度构建后取得了明显的实施效果。我作为一线的实务工作者，今天的收获非常大。最近两天的热点，最高院向全国人大报告了执转破这三年的执行情况。2015年、2016年到现在，有43%执行不能，其中民商事的案件占18%，而在这之中企业法人又占到30%~40%。这组数据告诉我们，在执行不能的案件中，存在大量"僵尸企业"的出清问题，由此衍生了《企业破产法》颁布10年来以来没有得到有效实施的问题。其中存在社会认知与制度构建等全方位、深层次的问题。在当下的转型关键时期，2015年供给侧结构性改革后，国内破产法实施进入了高峰期。我们做的案件大多是大型企业的破产案件，我执行转破产的实践不多，但是实践中也遇到了类似问题。

在全国，除深圳和少数省市、地区的法院之外，执转破在推进过程中困难重重，一个是移不出去，一个是进不来。由于审判队伍人员缺乏、审判力量不足，很多案件得不到受理。加上府院联动机制和社会配套制度不完善，一边不敢接，另一边又涉及立法层面的问题。同时法官要做好当事人的工作有难度，特别是在优先债权人拿到判决以后，进入破产程序他的权利会受到损害，当事

人申请的意愿和动力明显不足。深圳法院在两个方面着手构建了一系列可适用、可操作的机制，为全国法院树立了一个好的榜样。

我在实务中遇到的执行的案件以及已经执行查封的案件，涉及高院中院的，执行协调难度都很大。执行法院考虑到案件涉及众多债权人或者民间融资，从维稳角度不愿意解封，从而导致受理法院的破产程序无法推进，特别是在房地产开发公司的破产中。

对于如何从法院内部解决这个问题，我有两个建议。个人认为，我们至少要从内和外做好以下两方面的工作。

一是在内部要加强法院内部考核机制、监督机制的建立，参照深圳法院的成功经验。在执转破过程中既要有激励机制，又要有约束机制。

二是在外部不能单靠法院自弹自唱，执转破过程中涉及深层次的社会问题的案件需要政府支持。关于最高院的府院联动机制我们内部有很多文件，构建出对应的各级政府配套制度，执转破带来的案件交织矛盾才能妥善解决。要从内部、外部两个方面深层次、完整地构建相关制度，仅仅前述三个文件的规定远远不够。

与谈人

谭秋桂　中国政法大学诉讼法学研究院教授

感谢刘老师的邀请。刚才听了慈云西庭长的报告和四位老师的点评，我深受启发。对于执转破的问题，个人觉得，这个制度可能天生不足，我对它的未来并不看好，我认为它有四个矛盾或悖论无法自圆其说。

第一是制度的目的和破产功能的矛盾。我们开始设立执转破制度的目的主要是为执行局解决僵尸企业退出的问题寻求一个机制。但是破产制度的基本功能是债权人的公平受偿、责任财产的合理分配、人道关怀等价值追求。我觉得这是不可调和的。

第二是启动者和执行当事人在启动破产程序的积极性上的矛盾。执转破无论是破产庭还是执行庭都想启动，唯独没有当事人想启动。当事人想的话根本不用执转破，直接申请就可以了。执行机构想快点结案，破产机构想多点案件，唯有当事人还在想有没有苟延残喘的可能性，毕竟经济有周期。这也没有办法调和。

第三是最高院对于执行不能原因的分析和解决办法的建议的矛盾。我们说执行率低是因为执行不能，执行不能是市场风险，跟我们没有关系。认可这点后又要通过执转破解决执行案件的结案问题，这不矛盾吗？如果认为是市场风险就让其自己解决，干吗非要结案呢。为什么说要3个月、6个月或者5年必须结案呢？最高院强调执行不能是市场风险是在甩包袱，又想通过执转破解决案件是要增政绩。这也是不能调和的。

第四是执转破的基本做法和破产法的基本理念的矛盾。我认为破产法还是要尊重当事人的意愿，而执转破就是一个强制机制，我个人认为强制破产是不能接受的。这样，一个是要强制破产，另一个是破产法本身的理念不接受强制破产，怎么办？这个矛盾可能也没办法调和。尽管有老师主张说我国台湾地区有，其他国家（地区）也有强制破产的问题，但我个人认为还有待考虑。我们对此要做好充分的研究。

所以，我的结论是执行归执行，破产归破产。这中间有没有调和的余地呢？我非常同意李曙光老师讲的中间加个强制清算程序。强制清算后让清算组申请破产，由此解决强制破产和自愿破产的矛盾，解决二者间张力的问题。

肖建国教授：反对强制破产又赞成强制清算，是什么道理？

葛洪涛法官：我插一句，有些国家（地区）不是强制清算，就是给清算义务人附加一个义务。

谭秋桂教授：清算不是破产，是股东法定的责任，跟破产是不同的。

肖建国教授：如果是股东法定责任，也不是法院依职权强制清算，应由当事人启动清算程序，即由权利人来申请。强制清算能不能成立，还是要遵循清算申请主义。

与谈人
王　静　南京市中级人民法院清算与破产审判庭庭长（现南京破产法庭庭长）

谢谢大家，我来介绍一下江苏的情况。因为相比于深圳作为全国执转破的先行者，江苏作为后来者，像之前葛法官所言，在操作层面上与深圳有一些区别。我主要从以下八个方面进行介绍。

第一,相关文件与规范。

从相关的规范性文件来看,除了最高院的文件外,江苏有两个文件:一是江苏高院《关于规范执行案件移送破产的若干规定》。这个文件于2016年出台,今年刚刚做了一个修订。二是江苏高院《关于"执转破"案件简化审理的指导意见》。

江苏还有一个特点,从省院的层面来讲,执转破工作主要由执行局和执行裁判庭负责;相对来说,省院的民二庭只是参与。

第二,遵循的原则。

因为主管体系上的特色,所以江苏执转破工作的特点就体现为三个原则:一是以基层法院管辖为主,二是以本院移送为主,三是以简化审理为主。

第三,管辖与审判组织。

在三个原则当中,江苏在管辖上可能与最高院指导意见的要求有非常大的区别。江苏的执行实施案件在三级法院体系里,把大量具体的执行实施案件交由基层法院负责,中级以上法院的执行部门更多承担协调的角色。当涉及跨区执行人,或者涉及分散的需要统筹协调的事务时,它更多承担的是资金指挥中心的作用,相当于作战指挥部。相对而言,它的实施主战场在基层法院。

所以基于这样的考虑,为了更好发挥执转破的功能,包括后面将谈及的基于这种特别性,江苏在执转破合议庭审判组织的组成上也有特别之处。它首先强调基层法院管辖为主的原则。这一点事实上是在江苏高院2018年修订《关于规范执行案件移送破产的若干规定》时明确提出的,而在此之前2016年的该规定没有明确提及。最高院提出要以基层法院管辖为主,后来省院以统一概括授权的方式解决了这个问题。对于明确规定执转破的案件,中级法院根据情况、根据基层法院的破产审判力量等情况,可以直接指定、不用报批,这是一个概括授权。与之相关的,我们在地域管辖上也进一步明确,执转破案件由债务人住所地管辖。债务人住所地主要指主要办事机构所在地。在实践中,主要办事机构原则上还是依据角色认定。比如决策机构所在地一般认为是主要办事机构所在地,同时考虑到执转破当中很多时候涉及具体房产、设备等资产的处置上,所以辅助的标准是主要资产、主要财产的所在地。

这方面曾经有个比较典型的案件,按照这种管辖原则,案件当事人的登记注册地是一个区的工商所,但事实上其办事机构、资产早就迁移至深圳。

另外在审判组织上，基于前面所谈及的江苏执行实施的特别模式，它强调执转破合议庭由破产法官和执行实施法官组成，称为混合合议庭，有时还会再加一位作执行裁决的法官。这种模式主要的作用在于，执行实施的法官对于前期的执行案件，特别是财产的情况、关联的所有执行涉诉案件的情况更为清楚。加入合议庭一方面可以使他更好发挥作用，相对后面接手的法官而言更能够摸清家底；另一方面参加合议庭以后，原则上涉及资产的保全、处置、变价，都由执行法官负责。如果只涉及所在地法院而不涉及跨区的执行案件，在执行移送过程中的解封等手续可以简便很多，也会减少过程中的时间成本和风险。包括如果要去协调其他的执行法院，可能相对而言也更加便利。

正是基于这一点，要发挥执行法官在执转破合议庭中的优势，他首先要熟悉情况。那为什么要把大量的案件消化在基层法院呢？

首先，因为如果把它提到中级法院组成合议庭，像我前面所讲，中级法院的执行法官往往不是具体的执行实施的法官。那么他对于债务企业的资产情况，可能跟破产法官一样，也要有一个熟悉和了解的过程，而不如具体的执行法官更清楚情况。

其次，在这种模式下，江苏在中院一级于2017年4月设立了有独立编制的清算与破产审判庭。就基层法院而言，只有江宁区这个南京案件量最大的基层法院有专门的审理破产案件的机构，大部分区是没有的。

但省法院这种执转破的要求，其实对于我们呼吁多年的破产审判机构的人员专业化是有益的。因为我们的体会是，如果集中由某些法官办理此类案件，他们会越来越专业；不会的人会产生一种抵触情绪，不再接触破产案件，也就更不会办理破产案件。像我们刚刚成立之时，2017年破产包括清算类的二审上诉不受理案件数量比较多。也就是基层法院因为不想收而找各种理由。因为其认为中院有专门的机构，应该让他们去想办法。但是在省院统一要求下，还有一个简化式原则，即先通过简易的破产案件来锻炼破产审判队伍。今年非常明显的一个变化是到现在为止，我们可能只有两件存在不予受理的上诉案件。可见，大家至少开始办理并感受案子，这点非常有利。因为案件越来越集中以后，考虑到法官的人员流动，包括各种原因的调动辞职、退休等，如果案件审理只集中在三五个人身上，表面上看是专业化的，但随着时间的推移，其实这个群体很有可能消亡，破产法官将越来越少。所以这种模式，我们觉得有利于破产审判力量的培养。

最后，前面也提到，它有助于增强财产查控惩治的力度。执行有很多措施，有很多的平台和信息。其实相对来说，在破产阶段，包括管理人、法院能够运用手段的其实没有执行丰富，这也是吸收执行法官加入执转破合议庭的优势。另外是考核激励机制的问题。因为启动执转变可能缺乏激励机制，但是法官参加了破产合议庭，其在执转破案件的考核上能够分享到折算等好处，那么执行法官也有移送的动力。这是这个模式的一个特点。

第四，移送审查模式。

在这种模式下，我们的移送模式也有改变。原来比较复杂，如果想移送，移送的法院先要向中院的执行局请示，中院的执行局跟破产庭有一个会商机制，在认为符合受理条件之后，移送的执行法院再到中院的立案庭去立案，然后进行受理审查，最后转入实体的破产清算程序。

但现在如果涉及本院，本院的执行局到本院的立案庭立案，相关执转破程序可以直接进行受理审查。这其实省略了两个环节。至少一上一下中间两个环节都去掉了，可以极大地提高效率。

第五，执行与破产的衔接。

在执行和破产相衔接的项目中，我们比较强调执行对于破产的协助和延续。这一方面是查控信息的问题，另一方面是如何解决信息方面的问题。我们原来执行的平台由执行法官使用，之前因为全院的财产保全案件也已经借助这个平台的功能集中给执行局，借助这种模式，如果在破产受理审查、财产调查的过程当中，需要利用这个查控平台，那么在破产案件合议庭合议之后，也可以专门立一个类似的案号移送给执行局，由执行局来查控，到时反馈给我们一个全覆盖的，至少包括几项核心主要资产的清单。

现在省院的规定是省里的执行系统，破产法官也可以使用。但是总对总系统可能还是要通过执行局来操作。另外，执行程序当中的评估和鉴定，如果在有效期范围内，只要客观条件没有发生变化，我们认为在后续的破产清算程序当中是可以延用的。

另外，还要强调一些特殊财产，这也是我们省院提出的要求。对于难以处置的财产，尽量地在执行程序中处置完毕，因为这时分钱相对来说简单一点。这点主要是考虑到破产程序的时间冗长，我们也分析了长期未结的破产案件的原因，其中很重要的一点是财产处置问题。这里涉及各种情况，如权属有争议、资产比较复杂等。所以执行把这些障碍都消除，速度就能上来。这点从效率的角度而言可能是一个比较好的想法，但是也有问题。比如执行中拍卖财产的定价规则，可能跟破产中的规则不一样。执行一开始打折力度大，这往往是因为债权人很有意见，所以对于评估报告等债权人容易提出异议，也都是由于定价、评估方式以及拍卖底价等比较容易产生争议。

江苏高院专门出台一个通知，要求在执行阶段刚接触企业时特别要加大调查的力度，可简单归纳为控人、控物、控印章、控账。因为如果拖到破产阶段，人去楼空，账册也没有，印章也没有，就变成了"三无"。那么就要强调在执行刚接触案件时，尽量把跟破产清算相关的核心要素先控制住，加强调查的力度和措施。这对于后面破产程序的顺利推进是有利的。

第六，"执转破"简化审理程序。

在简化审理的阶段，我们也强调以简化审理为主，跟深圳法院一样，我们也规定了正向和反向的范围。正向的范围主要还是沿用了民事诉讼法简易程序的基本判断标准：事实清楚，案件事实简单，没有争议。不像以前刚开始推行破产案件简化审理时，更多强调债权人的户数、企业资产的金额等。破产案件审理多了，我们发现有时债权人多，却不一定复杂；有时债权人少，不一定简单。包括资产的债务金额，这不是一个绝对的标准，所以相对而言，我们认为沿用民诉法上的简易程序的标准更有包容性和概括性。我们也明确规定了反向的指标，如涉及关联合并的案件往往非常复杂，涉及职工安置且矛盾特别大的案件肯定不好适用简化审理，重整也没有纳入执转破中。可能有学者提出，为什么执转破不能适用重整？这主要是指重整不能适用执转破的简化程序，但并没有把它彻底排除出执转破的范围。另外实务中近来特别突出的一个新交叉问题，即涉重刑的刑事犯罪跟破产程序之间如何衔接的问题，也是一个非常复杂、争议很大的问题。

另外，在简化审理的过程当中，管理人通过随机摇号的方式产生，各地可能也跟深圳差不多，我们也强调案件分类、程序分流、管理人分级。期限上能够缩短的依法缩短，基本上采用的是最低标准。还有像审限强调了3个月的标准。另外在报酬上，南京做了一些尝试，可将其归纳为南京破产管理人的两会模式，即同时成立南京破产管理人行业协会与经营破产管理人援助基金会。管理人报酬补偿方面各地有各种模式，有的是由法院管理财政拨付的资金，有的是法院和行业协会共管，即法院财政部管理拨款这笔钱，然后由行业协会管理按规定标准提成自愿捐赠的那部分钱。事实上是把这两部分来源的资金专门在民政部成立了一个有字号的基金会。

民法总则上有明确非营利法人一系列法律责任，包括审计等。法律地位明确，法律责任清晰，而且更重要的是审理流程，我们通过成立时会员资质审核的章程来确定。这样法院相对超脱。最核心的是在申领的时候有一个核心的材料，即对于审结的案件，合议庭会提供一份履职评价报告，法院主要从这个方面来把控。履职评价报告重点规范两个方面——管理人履职的规范性和高效性。因为特别针对"三无"的情况，不得没有正当理由而超过一定期限。

第七，"执转破"的主要案件类型。

刚才几位老师提到债权人没有动力申请破产，或者申请执转破。从我们受理的情况来看，申请人大概归纳为三类。

第一类，就是"三无"企业，即什么都没有，是彻底的"僵尸企业"，这类最符合执转破的初衷。但有一个问题，前面也有老师提到，我们仅有"半部"企业破产法，没有个人破产制度，但是我们的执行案件往往都会通过担保链条挂上一堆的个人。把企业清理掉，从执行法官的角度，那个案子只能算结一半，其实是没有结。这一类其实我觉得应该大量引入执转破程序。但基于这个前提，这类案件执行法官移送的积极性其实不高。

第二类，也是执行法官觉得很困难的，不想去碰的。是什么呢？就是企业有财产，但是财产上往往查封、扣押、冻结一轮又一轮，涉及很多执行法院，有的是同一个法院，有的是跨区法院。还有的如清场很困难，特别是房地产案件中比较明显，对于这类案件法官就不想麻烦，希望你送到破产程序。

第三类，是认缴制下产生的问题，即认缴制加速到期的问题。目前我们认为只有在破产强制清算程序里面才可以加速到期，我们也收了几个这样的案子。还有可能当事人从债权人的角度分析，他的顺位在后，所以他想通过申请来加入共同财产的分配。还有一种是职工债权，这种遇到的相对比较少，按照破产法的规定，他有法定优先的债权，他想加入。

第八，执转破启动的问题：缺乏动力。

执转破程序的启动其实还是缺乏动力，除了不能彻底结案之外，还有一个原因是破产的周期太长。遇上复杂的案件，两三年结不了，要宣告破产以后执行案件才能彻底终结，这对执行法官来说不太划算。如果严格按照江苏高院的要求，事实上要做的准备工作有很多。

还有一点就是对法官的激励确实不够。我们也考虑过怎样折算工作量。之前当破产合议庭在民二庭时，相对来说算得复杂一点，但是需要通过民二庭的法官会议讨论，并发挥法官的意思自治，大家都认可结果才行。

现在我们进行了一些修改，主要是为跟去年建立的破产案件繁简分流机制相配合。我们基本上按照申请类案件和高院提出的简易破产结算，有一些特别考虑的因素再往上加，我个人觉得这一类的折算不能够搞得太复杂。因为有一些法院可能会会分别划分召开第一次债权人会议的时间，第一次财产分配的时间、宣布的时间。

简单跟大家分享这些。谢谢大家。

与谈人

张艳丽　北京理工大学法学院教授

听了两方的讨论意见，我从一个更公正中立的角度来谈这个问题，不偏向执行法也不偏向破产法。

第一，执转破的历史使命是短暂的。

执转破实际上是一个补丁，就像俗语中的"拉郎配"。法院为了解决执行难和破产难的问题，采取这种临时性措施，强行通过执转破机制来进一步处理。但是我们应该看到，这种做法其实并不能解决问题。在运行过程中，执行与破产二者呈现出不同的法律机制，其法律目的、法律理念以及采取的解决措施都不一样。我认为，执转破是法院的一种暂时性的工作机制，而不是一个法律制度。

第二，不能绝对地通过执转破来解决执行难的问题。

执转破不能完全解决执行难案件的堆积问题。事实上，只有一小部分案件属于应该进入破产程序的案件，大部分案件执行难主要归咎于社会原因。例如终结本次执行程序案件不属于破产案件的范围，如何转入破产程序？此外，执转破也不能完全解决破产难的问题。破产启动难的关键在于破产法的机制对于债权人和债务人的激励问题，而不是在于法院或强制执行难的问题。这是两个方面的问题,需要分别予以解决。刚刚慈云西庭长介绍了深圳的情况,深圳已经是做得很好的地区,但真正采取执转破的案件在解决执行难的案件之中仍然只占很少的比重,依靠执转破来解决执行难的问题仍然不行。

第三,如何走出上述两难困境。

我认为,还是要在符合现行立法科学性的情况下,在执和转分离的情况下,从强制执行法和破产法两部法律入手解决问题。这就需要明确强制执行法怎样去做、破产法怎样去做这两个问题。比如,在立法过程中,强制执行法中的参与分配制度是否要取消?这一点必须与破产法相协调,破产法要实行一般破产主义才谈得上取消。另外,关于强制执行难的问题,应更多地集中于改变市场当中的信用机制以及强制措施的运用问题。强制执行法应当解决的问题,包括终结执行能够存活几年的问题,所涉及的都是临时性措施,国外都不存在这些问题。强制执行法应当怎样立法,怎样改变我们的执行环境,需要予以关注。

第四,破产法如何强化自我功能。

一是实现一般破产主义,对个人破产进行立法。二是解决清算问题。清算是解决两难问题的重要途径。解决了清算问题也就解决了两难问题。三是构建破产责任。破产责任需要破产法和刑法加以规定,而且必须在《刑法》中加以规定。并且结合公司法,应当破产而不破产的应当承担责任,明确申请破产的义务。在建立个人破产制度、加强破产责任之后,破产机制比现在的执转破更能解决破产难的问题。

与谈人

容　红　北京市高级人民法院民二庭审判长

我特别赞同刚才几位老师的观点,执转破不是一个关于制度的问题,而是一个工作机制和技术层面上的问题,是一种暂时性、过渡性的机制。

第一,关于执行不能案件的形成原因。

从实践角度来看,执转破是把执行不能转到破产程序以寻求解决出路。进一步而言,执行不能究竟是什么原因造成的?有人说是因为市场风险。实际上,从我们接触的案件来看,现实情况是很多不诚信行为造成了执行不能。在实践中，公司丧失了偿付能力，又不及时申请破产，任由股东转移资产乃至掏空资产，最后等到真正进入破产程序的时候，已经是人去楼空。执行中很可能出现找不到账册、找不到人的状况，这种现象比比皆是。我认为这并不是市场风险的问题，看似是"天灾"，实际上是"人祸"。

第二，关于执行不能案件转入破产的现实情况。

由于破产费用的保障机制不健全，这些案件能转入破产，其实是因为公司没有一点财产，或财产不足以支付破产费用。债权人进行垫付的情况十分少见，可以说几乎没有。有时管理人会垫付一部分费用，但是到后期也不会进行雷锋式奉献。最终结果就是没有破产费用，也无法查清财产状况。根据规定，破产财产不足以清偿破产费用的，管理人可以提请终结程序。但实际上，对于不诚信的经营者而言，这是一种逃债的路径，存在很大的漏洞。要想解决这个问题，我认为，对于诚信的经营者，姑且还能通过转入破产来解决所谓的现实问题；对于不诚信的经营者，仍然允许其转入破产，其中是否存在问题？我认为，还是要对个人责任进行立法，进而加强约束。

第三，关于加强破产责任。

近段时间，北京高院的一个重点工作就是应对世界银行国家营商环境评估。关于这项评估，北京、上海是重点城市，虽然年年都评价，但我国从今年才开始重视。今年的评估对我国营商环境的改革建议第一条，即是强调加强董事的破产责任。我很赞同这一点。从我国香港以及国外立法来看，关于这方面的制度都非常完善，值得我们借鉴。例如，香港在其《公司（清盘及杂项条文）条例》中规定，在公司无力偿债的情况下，董事没有拟备财务报表、没有呈交资产负债状况说明书、没有妥存账目，都构成犯罪；董事挪用公司的金钱或财产，没有拟备财务报表或者存备妥善的账目、拒绝与清盘人合作，法庭可以取消其董事资格，限定其不能出任任何公司的董事、清盘人、接管人以及公司高管的职位，禁令最长达到15年。如前所述，其他经济体的立法实际上值得我们学习与借鉴。

同时，我们也向立法机关提出了相应的立法建议。建议在公司法、破产法、刑法中都要增加规定公司董事在破产申请方面的民事责任和刑事责任，特别是刑事责任，进而有效地避免破产逃债。具体而言，可以对董事或实际控制人加以实质性的义务约束，确保企业账册完备；定期举行董事会以对公司财务状况进行监测；进行专业的破产咨询；召集股东会议讨论破产事项、变更管理方法以保护债权人及其他利害关系人的利益、保护公司资产，避免关键资产损失；自知道或应当知道企业具有破产原因之日起一定期限内，向法院申请破产重整或破产清算；等等。如果董事或实际控制人违反义务，应当承担赔偿责任，乃至于承担破产欺诈的刑事责任。刚才葛法官也提到，执转破机制的出生就是为了消亡。我特别期待我们国家能够尽快完善破产责任的相关机制，并期待执转破能早日"寿终正寝"。

与谈人
刘哲玮　北京大学法学院副教授

感谢各位。非常高兴来到这里向各位法官学习。刚才刘颖教授说与谈人一部分是理论界的一部分是实务界的，但我觉得其实今天不应该这样安排，而应该邀请一些全国人大的人来，因为我发现其实两边与谈人的观点是一致的，法官和学者没有什么太大的意见，都觉得这个机制是临时性的，可能更多的是要推动立法来解决这个问题。

第一，我们发现规范执转破最高位阶的文本是《最高人民法院关于适用〈中华人民共和国民事诉讼法〉的解释》，而没有法律层面的文件。这个解释也是很简单的，更多的是靠高院的各种会议纪要，这就会产生一个问题，即法律不统一。其实各个地方的做法是不一致的。这对实务工作者来说会产生非常大的风险，因为虽然有南京、深圳这样搞得好的地方，还有大量搞得不好的地方。我们知道执转破涉及"分钱"，这是最核心的一个问题。但推不推动执转破，向谁申请执转破，什么时候申请执转破都会决定这个钱我到底拿得多还是拿得少，以及能不能拿到的问题。而在这么关键的一个制度上，如果没有一个全国统一的规范，我觉得是比较危险的。所以我的观点和各位的观点是一致的，我觉得这个机制应该要尽快结束，用一个更高位阶的东西来规范它。就像刚才各位与谈人介绍的，不管什么制度都肯定有弊端，个人破产法出台或者不出台都有问题。但是无论如何得有一个规范，让所有的实务操作者，也包括我们研究者知道我们研究什么样的对象。

第二，理解一个制度的时候，其实是要从基本的功能或者原则上去定位它。正如各位老师们介绍的，执行有执行的功能，破产有破产的功能。就像张老师所说的"拉郎配"，把两个完全不一样的制度搭在一起一定会出现问题。我想再往前推一下，在本质上，执转破其实是一个程序。我们目前把它作为一个机制，一个程序性的机制。那么程序有什么样的功能？我们其实可能要考虑一下这些问题，比如说程序要规范。我们讲程序的控制，其实是在要件控制不够的情况之下，通过程序的控制来确保它一定的正当性的问题。程序可能要追求一些价值，比如说程序的安定或者程序的效率，这些都是我们要考虑的功能。但是我看到的却是，我们现在其实可能给程序的空间较少，给的裁量的空间，或者包括释明的空间是比较多的，反而使执转破本来应该是一个程序性的机制，变成了一个裁量性的机制。各种各样的说法又让它更不统一了。这个法官多说一点，那个法官少说一点；这个案子我多说一点那个案子我少说一点，可能就解决这个问题。那就使程序的意义没有了，也解决不了真正的问题。没有绩效，大家就推着不干，将来如果借鉴江苏和深圳的经验，把绩效推上来，很多人就巴不得转。这种事情我们以前有过教训的，执行和解就是典型。执行为什么还要搞和解？各个国家都没有。但是从绩效去考核能够解决这个问题，所以法官都在推执行和解。那未来的话，这种执转破的问题，如果把绩效鼓励起来，会不会也产生类似的问题？我还是比较担心的。在这个制度上，我们更多地学习了法院的各种做法，我们也很理解。最高院有推执转破的苦衷，各地的法院要落实，这些我们都能理解。但是，学者毕竟要说学者的话，所以我们发表一些"谬论"，还请各位指正，谢谢！

张艳丽教授回应：

执转破的历史使命是短暂的，是暂时的，但是我自己目前写的文章还是在说执转破如何有效运转的问题。所以说，这个制度对目前我们国家来说，有它的积极性的一面或者说实际性的一面，这个也是不可否认的。就是说该有效运行的还得有效运行，慈云西庭长回去，该推动的案子还得推动，因为我们现在的法律没有办法解决这个问题。所以说，虽然执转破的案件量很少，但是它从某种意义上来说，还是没有能够推动法律向前走。

与谈人

邹明宇　合众人寿保险股份有限公司总监

  非常感谢慈云西庭长的精彩分享。一中院破产庭成立比较晚，到现在刚刚满两年，但是我们的生日恰恰离执转破的风口比较近，所以我们庭一经成立就对执转破问题比较关注。最高院在 2017 年 2 月出台执转破的指导意见之后，我们庭在 3 月初就推出了自己的操作规程，然后我们梳理了一些办案的要点，也推出了一个执转破方面的办案规范，该规范对我们自己主观上也是一个指引，同时在高院的帮助下，我们也推出一些机制。

  第一，我们在最高院的指导意见下人为地抬高了一些门槛。人为地设置一些门槛，实际上也是为了提高执转破移送的成功率。就是说在移送之前，先沟通一下。因为毕竟不管是屁股决定脑袋还是个人角色的问题，我们肯定要考虑案子收进来之后到底能不能结得出去，如果我们收进来大量案子却结出不去，那么我们的法官也是承受不了的。我想这是一个比较普遍的，也是每一个办案法官都要考虑的问题，是个现实的问题。

  第二，我们需要"借用"执行部门的查控系统。这些问题在高院的推动下得到了有效解决。但是我们在办理案件的过程中确实发现了一些问题，这些问题大家刚才也都提到了，包括积极性不足的问题，以及衔接方面存在的一些问题。还有，我们遇到了"包袱"的问题，这个"包袱"要打引号，但是从法院系统的整体角度出发也不存在"包袱"的问题，因为法院包括不同法院，法院也面临考核，也分北京的法院和上海的法院。所以这是一个现实的问题。虽然存在问题，但是通过执转破的实践，我们也应该看到它带来的一些红利，虽然大家都在批评执转破，虽然都在说它是一个短命的制度，但就像刚才张老师提到的，我们也要看到它的一些优点。比如，大家都提到了化解执行难的问题。虽然执行难问题的合理性需要我们去探讨，在理论上我们怎么探讨都行，但是在实践当中如果有既定的要求，那我们只能在既定的要求下尽力去做，现在我们只能探讨怎么把它做好，所以在这种情况下，执转破对于化解执行难确实发挥了一定的作用。

  从认识层面上讲，破产法在整个法律体系中毕竟是一个小众的领域，在相关文件的指导下，我们现在也发现了近期确实很多的市场主体，在用执转破的方式来实现自己的目的。这些目的，我们不去探讨它合理不合理，像刚才王静提到的，有些债务人会主动提出破产申请，他可能有自己的目的，这些目的合不合理我们暂且放在一边，但是起码它产生一个最直接的效果，就是很多人开始关注破产法。一个法律只有在被广泛运用时才能彰显生命力，这是它最直接的效果，所以我想我们也要看到它的好处。

第三，我想提几个我们现在碰到的比较头疼的问题。其实这些问题可能也是老生常谈，但为什么我在这里还要提，因为这确实很重要，主要指一些配套机制，包括内部机制也包括外部机制。比如说，外部的配套如援助基金问题，深圳早就有了，但是现在可能也面临基金数量不足的问题。对于这一点，我们是非常羡慕的，因为我们现在连基金都没有，虽然高院有法官一再呼吁一再打报告，但是即便在营商环境评估这种有利好环境下，实现起来也是比较艰难的。再如，简易注销和维稳方面需要的一些配套和机制，单凭法院绝对是做不到的。内部的一些问题，比如考核的问题，几乎每位发言的法官都提到考核的问题了，虽然这个很俗，但它是必须的，每个法官都要看自己的考核结果，才能决定自己工作的导向。可能各个地方对考核不一样，我们院领导对破产非常支持，也同意交给我们做。但是因为北京的特点，它有好多个层面，不同的中院之间也有一个比较。最直接的影响就是执转破案件是要算在我们院的结案率上的。案子收进来之后，结不出去的话，意味着案件收得越多，我们院在全市所有中院当中越处于竞争的劣势。这是一个非常现实的问题。但这个问题可能也不是北京能解决的，因为这涉及全国一盘棋的问题，或者全国考核系统的问题。但这个问题确实是一线法官非常头疼的问题，也是阻碍我们工作的一个比较现实的问题。时间关系，我就不多说了，谢谢。

与谈人

崔立斌　北京市朝阳区人民法院民四庭副庭长

我先说一下朝阳法院，朝阳法院是基层法院中受案量最大的法院。上周四，我们全院开会时提到，朝阳法院已经受案133000多件。但是很遗憾，我们的破产案件数量并没有很多，我们今年到现在为止收了130多件破产案件。其中执转破案件只有一件，我不知道这一件是不是北京市唯一由中院指定给基层法院的执转破案件。从整体上来讲，说实话，我们也感觉到自己的工作还有很多需要完善的地方，需要向深圳法院和南京法院学习，所以今天我也是抱着学习的态度来听各位的分享。对于我们法庭的具体做法，听完两位庭长的分享之后，我真觉得我们的做法可能还比较简单，还有很多要提高的地方。我就说这么几句，还想着向大家学习。

与谈人
李　萍　天津市第二中级人民法院清算与破产审判庭庭长

　　今天我来，确确实实是抱着向大家学习的态度。刚刚听完慈云西庭长的分享和各位学者的发言，我受到很大启发。自始至终我确实没有向各位学者一样从执转破制度的角度做更多的考虑，而是从我自己的感觉和自己的体会来思考。执转破案件有一个特殊点。和普通的破产案件相比，它在启动机制上可能多了法院的引导。在法院引导的过程当中，要重点解决它的启动问题，也即启动的动力问题。另外就是执行和破产部门的衔接问题。刚才我也非常认真地听了王静庭长的介绍，其实我也暗暗地对比了一下各位庭长所讲的这些制度，包括激励制度和衔接上的配合制度，我们院先后出台的规范性文件中也都有。我们院在2016年12月成立了清算与破产庭，其实对于执转破工作，我感觉天津二中院应该是非常重视的。天津高院曾有一个动员会，刘瑞祥院长参与之后就在天津二中院部署这件事情，由一把手院长亲自抓。

　　执行其实要解决的第一大难点就是执行和破产的衔接，或者说某种程度的扯皮问题。在一把手的强力推动之下，对于执转破工作，在天津我们是走在前面的，当然和全国各地法院和兄弟法院相比，还是有很大差距。共同的制度我就不再讲了，其实我感觉执转破也好，征询也好，如果我们完全把它放在市场化的环境中，不存在法院的引导，法院不会释明或者做工作。因为当事人是自己权利的最好的行使者和决定者，他要不要破产，他愿不愿意选择这种程序，完全由他自己根据市场决定，或者基于他自己的种种考虑，无须法官的引导。另外，如何建立激励制度和衔接制度、如何进行破产审判，这些问题不仅出现在执转破过程中，因此，它只是破产案件的一个特殊点。在这个动力上，其实就像刚才肖建国教授所讲的，实践当中表现出的动力是不足的。执行法官的动力也不足，在实践上，执行法官案多人少，法官的执行压力非常大。

最高院在强力推行各种执行规范的时候，要求也比较多。法官们觉得这个东西给他们增添了额外的工作。所以我个人认为，下一步我们能不能考虑，从执行的规范上来讲，按照最高院规定和破产材料相匹配。这样的话就不需要破产法官专门为了推动执转破程序再准备一套材料，只需提交在破产案件执行过程中准备的材料，你只需通过这种文字化的程序把它固定下来。我们这种规范化破产审判应减少执行法官额外的工作量。动力不足还体现为后顺位的债权人动力不足。企业破产了，债权从呆账变成了坏账，后顺位债权人没有动力申请破产。要从公司法角度对清算和破产作出责任追究的设计。

执行和破产部门可能在一定程度上都有一种甩包袱的想法。那么在这种情况下，执行不能的普通案件转到破产对破产法官的压力是非常大的，因为破产案件是实践性、综合性、复杂性特别强的案件类型，在一个案件中我们可能要处理很多的问题。从现在的实践来讲，我觉得如果破产制度，包括破产审判能够长期发展下去，可能目前首先要解决的是社会配套的问题。首先我们要解决破产基金问题，解决无产可破的企业必要的清算破产费用问题。如果没有这些东西支持，我觉得可能不只是执转破，可能我们的破产审判能不能长期开展下去都是一个非常现实的问题。所以我也想借这个机会，请各位学者拜托各位学者，能够为我们实务界这些朋友做一些呼吁。因为我个人感觉这其实是我们当前开展的执转破工作中所面临的最需要解决的问题。从法院内部来讲，我们法院内部的所有开支，我觉得应该说已经尽全力了。破产审判的长期发展还是要依靠完善的社会配套机制。我就讲这点感想，谢谢！

与谈人

贺　丹　北京师范大学法学院副院长、教授

对于执转破这个问题我研究不够，也缺乏实践经验，但是今天听了在座各位理论和实务专家的介绍和研讨以后，我产生一个想法，所以也想就刚才李萍庭长所说，从社会的更广泛的角度提出一个解决的方案，我试图提供一个想法。我感觉执转破现在的这些困难和难题可能彰显了这样一种现象，就是大量的执行案件是需要一个结论的。不管是不能执行还是可以执行,都需要一个结论,这是一个现实的需求。然后从经济法角度,李曙光老师也提到,在这个市场中,有很多的企业是需要退出的,其中可能有一个问题,就是我们过去的制度设计希望当事人自己去提出注销,但现实中有大量的,比如跑路的企业,应当注销而没有注销的企业,应年报未年报的企业,以及已经不再经营了的企业没有退出市场,很多执行程序也不能结束,那么可能就存在一个需求,就是大家需要一个出口或者一个结论。接下来就是当需要这个出口和结论的时候,这个问题应该由什么部门来解决,比如说是由行政机关来解决,正如李曙光老师提出的意见,还是说通过执行转破产的方式来解决。二者哪一个更适当?是应该产生一个新的权力来解决这个问题,还是由法律设定责任促使当事人自己主动去申请?

与谈人
韩传华　北京市中咨律师事务所合伙人

第一,我认为执转破的问题讨论了很久,我对它的重要性认识没有那么足。我认为执转破的问题可以解决个案中间一些复杂的问题。比如说 P2P 的问题,有 1000 个债权人,可能 100 多人起诉了,如果你要把这部分财产,根据谁查封谁分配的规则进行分配,没有申请执行程序的人可能会不接受,从而引起新的问题。这个时候如果进入破产程序,就可以公平地解决这个问题。但是,整体上解决不了执行难的问题。刚才慈云西庭长也给我们介绍了一些数据,整个终结本次执行的案件一年有 300 多万件,如果 10%~20% 转到破产,那就是 30 万件、50 万件。但是我们的法院目前能接受的就是 1 万多件,所以说不管怎么转,技术问题先不说,数量接受不了。我认为现有的法官体系接受不了!有破产庭的毕竟少,即使有破产庭也不是大庭,人员没有民二庭多。所以说,我认为法官接不了,这是根本问题。其他都是皮毛问题。

第二,我认为要解决执行难的问题,或者说破产难的问题,可以考虑以下几方面。刚才李曙光教授说了,执行比例这么大,执行案件这么多,本身不正常。一是立法问题,就个人破产法这个事,周强院长已经提出来,需要立法。二是司法解释可能要加强。三是破产庭可能要真正做大,甚至破产局或者破产法院都要做大才好。

第三，最高院执行局同司法部以及全国律师协会起草了律师怎样介入执行的工作意见。全国律协就执转破征求我的意见时，我问他们是这一条是怎么规定的。他说律师在执行过程中发现债务人资产不能清偿到期债务，资产不足，难以清偿全部债权的，应当引导当事人执转破。我说这个条款是错的，要修改。首先，在执行程序中，不能用资不抵债之类的表达，只要不能履行到期债务，不能履行生效判决，就可以引导，就有权引导。其次，也不能用"应当"一词，因为律师有的时候代表第一查封人，可以说"可以"或者"有权"。所以针对这个事情，我就把自己的意见给律协提上去了，一是"应当"，二是"可以"。最后，不要给律师分配那么重的审查义务，让律师去审查"资不抵债"。我认为不能履行到期判决，就是申请破产的完全充分条件。这都不充分，还有什么可以破产审查的。所以只要拿着判决书申请破产就可以，甚至拿个债务借条都可以申请破产。

观众提问：

各位法官和慈云西庭长好，我是来自大成律师事务所的律师，我有两个比较具体的实操问题。

第一个问题是，在破产债权确认过程中我们也学习了深圳中院的确认指南，里面对于每日 1.75‰ 的司法罚息是不确认的，比如说赢了一个案子，但该案没有被执行，最后进入破产程序，这部分的罚息不能作为破产债权被确认。那么我能不能认为这是负向激励，也就是执行不能的申请破产越早越好，早打官司早拿判决，因为拖得越久损失越大。

第二个问题是，如果在执行过程中不能执行，但是在破产程序中发现债务人确实存在运营或经营行为，能不能以此作为依据主张适用深石原则，要求债务人的实际控制人的关联债权劣后清偿？

慈云西副院长回应：

对于第一个问题即债权认定，这跟刺激当事人申请破产是两个问题。债权认定主要是为了规范因管理人之间标准不一致而造成债权起诉案件过多、破产程序效力不高的问题。所以要确立一个破产债权的规则，这个规则贯穿的思想是大家一视同仁。破产债权不同于基础债权，在破产债权中，我们不认可惩罚性。原来有对劣后债权的规定，我们一开始想引入劣后债权，但是后来考虑到这一规定可能会让立法机关不满。而且如果引入劣后债权，还会产生与重整表决相关的一些问题，所以我们后来就放弃了劣后债权。

第二个问题与破产可能没关系。深石原则在破产案件中的适用是有限制的，破产跟执行过程中不停止经营是两回事。执行过程中公司股东的负债，或者股东通过不适当的方式或其他方式对公司的负债，可能影响其他债权人的选择的，这个时候可能会引入深石原则，这跟你讲的劣后原则是没有关系的。

结 语

主讲人

慈云西 深圳市中级人民法院公司清算和破产审判庭庭长（现深圳前海合作区人民法院副院长）

首先要感谢中国政法大学破产法与企业重组研究中心对法院工作中的一个重点予以重视，而且提高到理论层次，与理论界共同研讨。我觉得这是非常好的做法，也体现了破产法的实践性非常强。

其次要感谢四位点评嘉宾对我的演讲做的全面的点评，更感谢理论界和实务界的讨论。我想这个讨论对我们今后的工作改进非常有好处。

最后，对于今天这个题目的整体想法，我分了三个层次。

一是执转破由立法问题产生。一个人负债要么自愿清偿，如果不自愿清偿，法院判决后要履行，如果有财产不履行是犯罪，如果不能履行要有退出机制。企业法人有退出机制，个人破产还是没有退出机制。

二是清算责任体系不完备也会造成执转破。如果规定了清算的义务，不履行义务相应的一系列责任都跟上，那么法律规定的义务会得到履行，也无须法院来做执转破的工作。另外，在法律缺位的情况下，法院也还是在做。执转破是一个补丁。我们也好，南京法院也好，做这个工作部分解决了问题。法院应该推进这个工作。

三是执转破受其他许多因素影响。这些影响因素可能不来自破产法本身，我们可能没有关注到。实际上我们很苦恼。"八项规定"出台后每年都对法院工作进行审计，去年有幸被省级财政审计，为了回答资金问题，我们费了很大劲，工作做起来有时很困难。

各位同仁今天给了我们热情的肯定和鼓励，也增强了我们以后做好这个工作的信心。我希望法院和学界共同推动立法完善和司法进步。

李曙光　中国政法大学教授、破产法与企业重组研究中心主任

非常感谢慈云西庭长，专程从深圳过来参加对话。今天也特别感谢点评人和与谈人。今天创下了三个纪录，一是第一次由法官主讲；二是第一次四级法院都发言，特别是王静庭长还有对南京经验的补充发言；三是今天是对话活动创办以来时间最长的一期，所以特别感谢大家。

整理人：中国政法大学破产法与企业重组研究中心
谢　琳　肖明倩　乔　筠　孙经纬　朱天宇　于志明
刘紫钰　胡玉洁　李彦兵　李鹏健　刘奕辰　佟东来

第七期

参会时与会嘉宾信息

主讲人：

慈云西　深圳市中级人民法院公司清算和破产审判庭庭长

点评人：

李曙光　中国政法大学研究生院院长、教授，破产法与企业重组研究中心主任
肖建国　中国人民大学法学院教授、中国法学会民事诉讼法学研究会副会长
葛洪涛　最高人民法院民二庭法官
左北平　中国注册会计师协会破产管理人业务课题研究组组长、北京中恕重整顾问公司执行董事、利安达会计师事务所（特殊普通合伙）合伙人

主持人：

刘　颖　北京航空航天大学法学院副教授、中国政法大学破产法与企业重组中心研究员

与谈人：（依据发言顺序排列）

谭秋桂　中国政法大学诉讼法学研究院教授
王　静　南京市中级人民法院清算与破产审判庭庭长
张艳丽　北京理工大学法学院教授
容　红　北京市高级人民法院民二庭审判员
刘哲玮　北京大学法学院副教授
邹明宇　北京市第一中级人民法院清算与破产审判庭副庭长
崔立斌　北京市朝阳区人民法院民四庭副庭长
李　萍　天津市第二中级人民法院清算与破产审判庭庭长
贺　丹　北京师范大学法学院副教授、中国政法大学破产法与企业重组研究中心研究员
韩传华　北京市中咨律师事务所合伙人

第八期

关联企业实质合并破产的相关问题

左北平

发言嘉宾

主讲人：

左北平　中国注册会计师协会破产管理人业务课题研究组组长、北京中恕重整顾问公司执行董事、利安达会计师事务所（特殊普通合伙）合伙人

点评人：

李曙光　中国政法大学教授、破产法与企业重组研究中心主任

刘凯湘　北京大学法学院教授、中国法学会商法学研究会副会长

齐　明　吉林大学法学院教授、吉林省法学会破产法学研究会会长

郑志斌　北京大成律师事务所高级合伙人

主持人：

刘　颖　北京航空航天大学法学院教授

与谈人：（依据发言顺序排列）

张艳丽　北京理工大学法学院教授

范利亚　北京德恒律师事务所合伙人

邹玉玲　北京市海淀区人民法院民事审判三庭（破产审判庭）副庭长

宋　宽　德安华集团执行董事

惠春安　北京中恕重整顾问公司副总经理

贺　丹　北京师范大学法学院副院长、教授

高丝敏　清华大学法学院副院长、长聘副教授

郁　林　最高人民法院民二庭法官

张泽华　北京市怀柔区人民法院法官

主办方　中国政法大学破产法与企业重组研究中心

协办方　中国注册会计师协会破产管理人业务课题研究组　利安达会计师事务所

2018 年 12 月

开 幕

主持人

刘　颖　北京航空航天大学法学院教授

各位嘉宾晚上好，第八期的"蓟门破产重组"对话现在开始。"蓟门破产重组"对话至今已是第八期了，此活动是由国内外知名的破产法权威李曙光教授所领衔的中国政法大学破产法与企业重组研究中心于2017年12月创办，我们创办这个品牌栏目，希望能够邀请国内破产重组业界的领军人物，汇聚理论界和实务界的贤达，通过对话这种形式碰撞出新的思想，从而在党中央、国务院深化供给侧结构性改革，推行市场化法制化的破产重组这一新的时代背景下，促进立法政策的制定与完善、司法实务的发展以及理论的深化。

从过去一年对话活动所取得的效果来看，我们的这一理念已经获得了业界的广泛的认同。众所周知，2018年3月，最高院公布了破产领域一个极为重要的指导性文件，就是《全国法院破产审判工作会议纪要》，在长达50项内容中有多达8项是直接指向了关联企业破产问题，可见这一问题极为重要。今天的主讲嘉宾在破产的会计和审计业界扎根多年，可以说是精通破产财务问题，他就是中国注册会计师协会破产管理人业务课题研究组组长、利安达会计师事务所合伙人以及北京中恕重整顾问有限公司执行董事左北平先生，左会计师将利用其专业优势，为我们独家分享他关于关联企业实质合并破产的最新的心得。

今天除了左会计师之外，我们也组建了豪华的点评阵容，其中包括破产法起草专家小组成员、破产法与企业重组研究中心的主任李曙光教授，我国民商法权威、北京大学法学院的刘凯湘教授，以及吉林大学法学院的齐明教授和北京大成律师事务所的高级合伙人郑志斌律师，其余嘉宾我在此就不一一介绍了，大家可以参阅手上的嘉宾名单。

接着说一下对话的流程和规则：首先由主讲人作报告，时间控制在1小时以内，然后由4位点评人点评，点评时间在15分钟以内，之后进入自由讨论的环节，与谈人可以自由发言，但是每次请限定在8分钟以内，最后留一点时间给观众由观众提问。

让我们以热烈的掌声有请今天的报告人左北平先生！

主讲人

左北平 中国注册会计师协会破产管理人业务课题研究组组长、北京中恕重整顾问公司执行董事、利安达会计师事务所（特殊普通合伙）合伙人

非常感谢主持人的介绍，首先很荣幸今天有机会在"蓟门破产重组"对话这个平台上跟大家作一个报告；其次非常期待今天到场的各位专家学者及实务界的专家对我的报告进行评议。

今天的主题是"关联企业实质合并破产的相关问题"。刚才主持人也讲了，最高院在今年3月4日发布了《全国法院破产审判工作会议纪要》，其中有8项是关于关联企业合并破产的问题。这也说明了这个问题是当前实务界普遍关注的一个热点、难点问题，也是争议比较大的一个问题。尽管纪要对合并破产作了相关的规定，2018年4月8日，我在陈夏红主编的"破产法快讯"公众号上发表了我的观点，对纪要所提的关联企业合并破产提出了我的一些不同的观点。今天我想借这个机会侧重结合我们在实务操作层面的实践体会，再结合我个人的一些研究来系统梳理一下关联企业合并破产的一些相关问题，不妥当之处希望能够得到各位的指点和指正。

我的报告分五个方面。

第一个方面：关联企业的定义问题。

2015年，做完山西联盛的项目后，我根据案件的实际情况，第一次就关联企业合并破产写了一篇探索性的文章，这几年随着实践的深入，有了一些新的体会。关于关联企业的定义问题，我国目前的法律没有一个完整的概念，会计师和审计接触的更早一些，《税收征收管理法实施细则》以及《外商投资企业和外国企业所得税法实施细则》(已失效)中提到过关联企业的概念，这两个文件对关联企业作了几个方面的规定，根据文件，关联企业是指如下关系的公司企业和其他法人组织：一是在资金和经营购销等方面存在直接和间接拥有和控制的关系；二是直接和间接地同为第三者拥有和控制；三是在其他利益上有关联关系，这是对关联企业做的概括性的规定。

另外，我国的会计准则对关联方有规定，当然规定跟关联企业的概念是有

所区别的，关联方的概念可能涵盖得更广泛一些，包括10个方面：（1）该企业的母公司；（2）该企业的子公司；（3）与该企业受同一家母公司控制的其他企业；（4）对该企业实施共同控制的投资方；（5）对该企业施加重大影响的投资方；（6）合营企业；（7）联营企业；（8）投资者和与其关系密切的家庭成员；（9）该企业母公司的关键管理人员以及与其关系密切的人员；（10）该企业主要投资者的个人和关键管理人控制的其他企业。

目前学术界对关联企业也有一些研究，比较有代表性的是施天涛教授，他认为关联企业是指企业之间为达到特定的经济目的，通过特定的手段形成的企业之间的联合。特定的经济目的是指企业之间为了追求更大的规模效益而形成的控制关系和特定的控制手段，通过股权参与和资本渗透合同机制或其他手段，比如特定的人士联合或者表决权协议等方式达成控制。

综合现行法规和专家的观点，我认为关联企业大概有这么几方面，从实质方面来看，强调关联企业之间有控制或者拥有的关系，或者是共同控制，或者是重大影响——会计准则里面对重大影响也是有定义的。综合上述观点，从方式上看，它指的是投资和资本的关系，也就是投资和被投资的关系，另外还包括通过合同和协议的方式，比如联营、合营；通过特定的人士，比如国外公司也存在一个内部人控制关键的管理人员，通过人事安排达到控制和影响。我想这两个归类，一个是从方式和手段上归类，另一个是从实质达到的效果，即需要达到控制和拥有共同控制或重大影响，从而在方式和手段上归于这三大类，我认为应该结合立法、域外经验、中国的具体国情，对关联企业进行归类，未来法律界如何对关联企业作一个比较科学比较贴合中国实际的定义，我认为很重要。

现在谈到关联企业，很多时候我们在实务中把不该是关联企业的企业列进来，或者说后期将不该达到实质合并的企业列进来了，我认为立法应该对其下一个比较科学完整的定义。关于关联企业的定义，我个人认为要点如下：一是相互之间有投资的关系；二是两个或两个以上的企业为同一方所控制；三是通过其他因素归类，通过其他的关联人士安排或者其他控制影响手段，这个其他控制影响手段可能包括合同协议、表决权协议或者联营、合营等。

会计准则中谈到的10个关联方里有其缺陷，比如在山东齐星案件中，就存在通过老板的亲信设立一个公司的情形，会计准则的关联方和其他的法律规定都无法适用这一情形，在形式上它可能用另外一种更为隐蔽的手段。所以这个定义我认为应该确定下来，这是目前法律的一个缺失，我相信最高院合并重整的司法解释会下一个定义，之前的征集意见稿对这块好像没有表述。

第二个方面：关于关联企业实际合并破产的适用条件和判断标准。

在座的很多教授都是研究关联企业合并破产的，像贺丹老师是研究关联企业合并破产的，我们知道关联企业合并破产最早是美国法官基于衡平理论创造出来的一个适应判例法的格式。关联企业集团的破产由于涉及实质合并而需采取公平救济的措施，它的核心要义在于否认了各关联企业的独立人格，消灭了所有关联企业之间的求偿要求，各关联企业之间的财产合并成为一个整体，以使全部关联企业的债权人公平清偿。

美国法院在司法审判的实践中通过一系列的案件，逐渐确立了关联企业实施合并的具体适用条件和判断标准。但判例法也没有写入成文法，联合国贸法委的《破产立法指南》谈到了破产企业集团的对待办法，对各国在关联企业实质合并破产的立法和司法方面的经验进行了一个梳理和总结。示范法里面提出了适用关联企业实质合并破产的四种情形，国内王欣新教授把它归为四类：一是法人人格混同；二是涉及破产欺诈或滥用控制；三是债权人的受益标准损害了债权人的公平受偿；四是重整需要，当然这里指合并重整。

我国现行《企业破产法》对关联企业实质合并破产是没有规定的，在司法实践中，最早的太子奶案件就适用了实质合并破产的程序，但是一直是在摸索也没有规则，我觉得早期的操作方式很不规范，但确实是基于实践的需求，不得已而采用的，这也说明了中国破产实务界同人的创造性。

最高院出台的《全国法院破产审判工作会议纪要》第32条，对以往的司法实践做了一次全面的总结和梳理，我们前期的实践主要是基于公司法里的人格否认制度，很多学者包括贺丹老师也谈了一些观点，现行的法律完全对沿用法人人格否认制度还是有一些争议的，因为目前立法上没有依据，最高院《全国法院破产审判工作会议纪要》的出台，及时回应了实务的需求。《全国法院破产审判工作会议纪要》第32条谈到了关联企业合并破产的适用条件和判断标准，当关联企业成员之间法人人格高度混同时，区分各关联企业成员之间财产的成本过高。严重损害了债权人公平清偿利益时，可例外适用实质合并的方式来审理。《全国法院破产审判工作会议纪要》第33条又规定，人民法院在审理实质合并破产的过程中，可以综合考虑关联企业之间的资产的混同程度及其持续的时间，各企业之间的利益关系、债权人整体清偿利益，增加企业重整的可能性等因素。该条从四个维度给出了关联企业实质合并的准入条件和考量因素。下面我就围绕着这四个因素谈一下我的观点。

首先是法人人格混同的因素。这也是目前实践中最有利的一个武器，《全国法院破产审判工作会议纪要》在合并破产的适用条件中将关联企业成员之间存在法人人格的高度混同放在最前面，成为判断是否进行实质合并的首要条件或者基本条件。实务操作中，我们一般从两个方面判断法人人格混同，一是法人财产的混同，二是法人意志的混同。实务操作中的管理人团队主要侧重调查债务人法人人格混同的相关证据，包括它的股权架构、治理机制、决策机制、控制流程等方面。会计师侧重从财务的混同、财产的混同、债务的混同方面去寻找证据。这两个方面都丧失独立性，我们才能够证明它达到实质合并破产的要件。人格及法人意志混同往往是从定性的角度而言。我认为法人财产的混同应该定量分析，但是目前在实务中，对于律师团队或者管理人提交的证明办公场所、治理结构、股权等方面的混同，法官还是不敢裁判，因为没有损害债权人利益的证据。

财务混同最后在实务裁判中成了关键证据，但是财产混同目前恰恰又没有证据标准。我们在出具财产混同报告的时候，很多机构可能没有这个概念，没有规范的标准，有的是列举式的，不足以证明财产混同的事实，往往流于形式，接下来我会进一步展开。

法人意志混同主要表现在，通过特定的人事安排及管理决策机制内部审批流程等方式，进而在集团法人内部各关联企业之间达到集中控制的目标，完全漠视了法人主体的独立性。纪要中提到实质合并申请审查要求时，先强调要考虑关联企业之间资产的混同程度以及持续的时间。这说明最高院在讨论的时候也关注了这个重要性。混同程度的持续时间，实际上从法律上归纳，就是要证明混同的持续性、广泛性和显著性。那么如何证明它的持续性、广泛性和显著性呢？我认为，更多需要专业机构从企业的财务分析入手，这也是今天我的报告的一个主要观点。

接下来我想讲如何通过财务分析收集财产混同的证据，这是进行实质合并的最关键的理由，也是最核心的证据。其中，我认为法人意志的独立性和财产的独立，两者是不可或缺的，这两者之间在法律上是互为因果的关系。正因为法人丧失了意志的独立性，才可能导致最终的财产混同。如果没有财产，资产也就无法随意调配，债务也就无法随意让渡。我们既要把它的因挖掘出来，也就是收集法人意志丧失独立性的证据，也要把财产混同的证据梳理出来。我认为这两者之间的关系是由因导致果，最终使企业之间的资产和负债混同，从而损害了债权的公平清偿原则，这也是破产法的立法精神、核心要义。

其次是区分关联企业财产的成本过高的因素。联合国示范法里面有类似于区分成本过高的观点，我国可能也是借鉴过来的，但这与我国国情有关系，我们的关联企业往往在进入破产程序时，已经严重资不抵债，错过了挽救的时机，很多关联企业已经到达死亡的边缘。财产分离得清楚与否，对下一步的程序走向已经没有太大意义了。其中的主要原因还是中国国情的特殊性。可以理解为程序成本、时间成本过高，但我认为，将来可能对此作适当修改，修改为"难以区分"或"难以恢复原状"，这样描述更为恰当一些。理由是，举例而言，在实务中，很多案例中民营企业都实行家族式管理，随意控制导致企业混同，多个百亿以上体量的民营企业集团法人破产都存在一个共性问题：核心控制平台往往是一个举债的主体，而其资产则被安排到下面的一些实体经营的企业里面，上面负债的企业是个空壳。举个例子，在银行融资100亿元用在某一个企业身上，融资变成了土地或者房产，而这些土地房产已经抵押给第三人，即使分清楚了也无法收回来。所以，应结合我们的国情，改变一个描述方式，财产难以区分，或者你中有我我中有你的，即认定为财产混同。

再次是利益损害因素。管理人在提供法院裁量的关键证据方面，应该拿出有说服力的证据。从理论上讲，法人人格混同并不绝对妨碍债权人得到公平清偿，这是我的观点。比如，可能五个企业都是老板一人说了算，但是我把它分得很清楚，桥归桥路归路，尽管各个法人的意志丧失了独立性，但从理论上来讲，没有损害各个企业之间的利益，只是便于企业提高决策效率，各自的分工、法人各自财产的利益没有受到损害。关键要看它的资产和财务最终有没有混同，有没有损害各自的法律主体的利益，这是最关键的因素。我认为，未来在适用实质合并破产的时候，这个"果"要梳理出来，让主要债权人和利益双方知道，在这种情况下不实施合并是不行的。这个"果"怎么来？后面我会从财务的角度分析。

最后是企业重生的因素。合并重整，当然是关联企业的合并重整，国内很多关联企业在产业链上有不同分工，有的是负责供应的，有的是负责生产制造的，有的是负责投融资的，有的是负责销售的。集团法人里面按照各公司各自的分工，如果单一就某一个主体进行重整，可能影响整个集团的财产，集团的整体利益会缩小，会影响利益价值的最大化，也不利于重整企业后续的运作。从重整的角度合并有利于实现集团财产价值的最大化，提高盈利能力，保持核心资产，保持经营特色。从这个角度来判断，我们提出了增加企业重整的可能性，《全国法院破产审判工作会议纪要》里也谈到这个问题，即在合并中，申请人要再结合个案里关联企业的产业分工，核心资产分布、盈利能力具体情况进行专业判断，而且要做论证分析，提出支持合并重整更有利于财产价值最大化的分析意见。现在专业机构的履职能力还达不到这个要求，可能下一步会计划就管理人的多元化、管理人主体知识结构的多元化进行立法。

第三个方面：财务分析在关联企业实质合并重整申请中应用的问题。

刚才既然讲了管理学上的实质合并，是从法人人格否认，以及法人意志的独立性和法人财产的独立性丧失的角度谈论因果关系。要证明这个"果"，就要证明关联企业严重损害了债权人的利益，就需要运用财务分析的手段，为未来的裁判审理提供关键的支撑。那么关联企业法人人格高度混同为因，债权人无法得到公平清偿、利益严重损失为果，共同构成了申请的必要条件，从定量的角度来看，法人人格混同的后果主要体现为财务的混同。

财务的混同是个大概念，从静态上来讲，涉及资产负债表，资产负债所有者权益；从动态上来讲，企业在混同的过程中还涉及其他的会计要素，比如收入、成本、费用，有的企业为了把某个关联企业的业绩做好看，便于融资，可能把一些利益不当转移，让这个企业代收一些收入，让另外一个企业为它承担利息费用，承担一些成本等。对会计要素要做定量分析，我们要测算不同程序下受偿率的差异，在实践中两种数据的定量分析的测算，均高度依赖于财务工具，需要专业机构进行尽调分析和专业判断。如何来做，从会计学的角度，企业经济活动的过程和成果均反映在各会计要素中，企业的主要会计要素包括资产、负债、所有者权益、收入、成本、利润六个方面。进一步简化分析，企业法人财务混同最终体现为资产负债、所有者权益的混同。

如果说混同了就无法反映各关联企业主体之间真实的资产和负债状况，从而导致债权人无法得到公平清偿，实务中发现，长期滥用不当控制的企业，往往会通过随意的财产调拨，债务的转移，代收、代付费用，交叉担保等控制手段，导致企业资产、负债、收入、成本、费用等会计要素核算严重失真，因此财务混同主要是查找相关的证据和线索，分析关联企业之间会计要素的混同。具体来说，会计要素之间相互关联，可以结合收入、成本、费用、利润等来分析原因和轨迹。

从混同的后果方面来看，企业的财务状况涉及资产和负债、所有者权益等要素。首先，资产方面。关联企业运转中的资产，除正常经营取得以外，往往来源于核心控制企业的借款或者投资，我们跟范利亚律师合作了山西联盛32家关联企业合并重整案件，经统计，核心控制平台的两家主要公司就负责对外融资，这也符合破产法的显著特点，它70%的负债在平台公司，资产都在下面的实体公司，通过大量无实质商业交易的行为，集中调配各企业资产到各个关联企业或者调配资金在内部调节使用。通过关联企业之间的代收代付款项、代付费用等方式，导致关联企业的资产混同。另外，我们做的山东齐星，也是一家大型民营企业，它下面二十几家关联公司也与集团公司通过大量没有实质商业交易的资金调拨，调整各关联主体之间的利益关系；在负债方面，关联企业的运转中往往存在核心控制企业，这个企业被金融机构债权人作为一个集团整体的信用代表来对待，信贷资金的取得以集团的信用为依据，核心控制企业是整个企业集团的主要融资平台，根据需要将随意地投入各关联企业。另外，各关联企业之间运用财产互相提供担保。以联盛案为例，山西联盛上面有两家平台公司，一家叫能源公司，一家叫投资公司。这两家公司主要负责对外借款，融资主要投给下面的煤矿或者房地产或者其他的实体公司。对外举债的580多亿元里，将近400多亿元是由这两家公司对外筹集的。100多亿元的债权里将近100亿元由平台公司、集团公司核心控制平台取得。

其次，所有者权益方面。我们通过对股权架构的分析可以看出，在关联企业的运转中，实际控制人往往通过交叉持股、代持股份等方式，间接或直接地持有关联企业的股份，达到绝对控股，通过核心高管的任命控制来控制企业的决策。在山西联盛案里，实际控制人是邢某斌和他的老婆李某晓，两个人共同持有最上面平台100%的股份，然后通过这个核心控制平台，再持有二级公司，再通过二级公司控制下面的实体煤矿。另外通过在境外设立离岸群岛注册公司，控制国内的一个投资平台，再对下面的一些相关的实体进行投资，我们通过穿透的分析，可以看出，最终实际控制人就是他们夫妻两个。我们也看出，齐星集团的核心控制人是赵某水——全国人大代表，也是一个知名企业家。这个企业是改制而成的，部分高管是它的股东，改制时的高管是形式上的股东，这个企业可能还是由一个人控制，它也是通过类似的集团公司的架构分别持有下面实体公司的股权，再通过关联公司的交叉持股，达到最后实际控制人的实质控制的目标。

从对会计要素中的分析中可以得出一个结论，如果从动态的和静态的角度，企业的财务部是高度混同的，那么我们接下来就要定量的分析，这些混同是否损害了债权人的公平受偿。债权人的利益严重受损，从定量的角度来看就是多数债权人在关联企业分别破产的情况下，普通债权的受偿率低。测算实质合并破产下的普通债权的受偿率时，如果我们能够利用以上的财务工具进行分析测算，得出这两种情况对债权人受偿的影响，这会使法院接下来的裁判更有依据，我们在说服这些利害关系人，包括债权人的时候，也更容易得到支持和认可。

在实务中，由于在规则、流程、证据标准上还没有统一，导致出现了五花八门的实务操作。在形式上仅有"混同的证据"可能没有说服力，财务混同可能是列举式的，如某年某月有一笔资金存在某种问题，某年某月在资产方面又有某一个问题，无法从整体上印证它。或者说在人、财、物、股权架构的定性上或法人意志混同上的证据非常充分，但最后损害结果方面证据是薄弱的。所以，今天的主题就是我们如何给法院提供一个有效的、有说服力的、能够证明它不实质合并就会严重损害债权人的共性原则。以刚才的两个案子为例，联盛案中，32家公司合并后总债权是581亿元。由于其在民营企业里面体量比较大，所以即使到今天为止还算有影响。2015年供给侧改革的目标刚刚提出时，山西这个案子曝出来，中央在全国防范金融风险的座谈会上对这个案子作了批示，山西省政府也高度重视，我们通过公开选聘进入项目，也觉得这个企业具有代表性，特别是在实质合并方面具有典型意义。联合国贸法会列举的情形中，所谓滥用、控制、欺诈等十几种情形在本案中都有体现。它的两家核心平台——能源公司和投资公司，其债务在580亿元总债务里面就占了400多亿元，达到了总债务的75%。如果合并，普通债权人的清偿率不到10%，但是如果单体破产，由于它的长投基本上是对关联企业的长投，而管理企业已经都资不抵债，按照长投来算，基本上没有实体资产，如果把集团公司单独拿出来处理，它的普通债权人的受偿率不到2%，会严重损害债权人的利益。比如刚才讲到的齐星，167亿元的负债中，集团核心控制平台负债就接近100亿元，超过了60%。如果把所有的关联公司合并破产，总体的普通债权受偿率接近25%。如果单体破产，普通债权清偿率不到15%，差了10个百分点。通过这两个案子，我们可以得出结论：财产的混同最终会导致债权人利益损害的结果，提供这样的证据可以为法院的裁判提供一个有力的支撑，在听证会上也能得到大多数债权人的认可。

第四个方面，关联企业实质合并破产的启动程序。

从国内的司法实践看，最有可能提出实质合并的主体是管理人。管理人在履职的过程中有足够的经验、足够的专业能力，能够非常敏锐、非常有效地发现达到实质合并的条件的相关证据。这涉及债务人自身的利益，债务人不愿意提，即使债务人有证据，它也不会提出。

就债权人而言，债权人授信给企业集团，债权人的资产都在集团企业下面，单独让集团破产，严重损害了债权人的利益，所以债权人就算有意愿提出合并破产也提供不了相关的证据。因此，提起主体是管理人，那么接下来就衍生出几个问题。

如何保证管理人有效地履职？未来对管理人的选任制度、管理人的构成、管理上的责任，在制度架构上是否要做一些设计和安排？

正如前述关联企业合并破产，除破产主体应该达到破产的基本条件以外，还须考虑是否存在关联企业人格混同，调查分析是否对多数债权人造成损害，判断损害程度，还须从市场和财务的专业角度分析是否存在挽救价值等。因此，需要管理人委托的相关专业机构进行系统的深入的调查分析。受理法院只有掌握了上述证据和信息，才能作出相应的判断，同时也为实现全体债权人的知情权提供依据，对合并破产的利害关系人作出相应的回应，所以调查认证是非常必要也非常关键的。因此，管理人调查认证的工作对于合并重整来讲至关重要，法院在适用实质合并规则时，应结合是否有助于债权人整体清偿水平的提升、增加重整的成功可能性等因素进行专业判断。管理人在调查分析认证方面的专业性和科学性体现在，整体实质合并以后企业整体的价值会更有利于企业重整成功，或者有更有利于企业重整以后的发展。

从目前国内的司法实践看，决定是否合并破产时基本有以下几种情形。其一，采取异议听证的方式。主要是为债权人中的利害关系人和破产参与人代表举行听证会，为法院裁判提供决策依据。此类方式国内的司法实践也有，应将重整的事由及时通知申请合并的关联企业及出资人、已知债权人等利害关系人，并应发布公告，该关联企业和利害关系人有权提出异议，法院应组织有关人员进行听证，由申请人和异议人就是否适用实质合并提供证据，并各自陈述，法院在此基础上对是否适用实质合并规则进行实质性审查并作出裁定。上述规定在实务中有可能会有一些争议，即公告了以后，没有人提出异议怎么办？这个听证会是不是还必须开？

其二，参与的对象问题，除了异议申请人，是否还有一些必须参与的主体？这可能需要进一步明确。

其三，异议方和申请人的证据存在缺陷时，法院进行裁量的标准。比如，我们先要求合并重整，异议人、申请人双方陈述都不是很完整，都有一些缺陷，或者证据都不完整时，法院在裁判的时候有没有一个标准？就像在强裁重整计划时，至少要有一个表决组通过，这里的标准是不是在未来有必要做指导性的研究？是否必须依据该债权清偿的损害的量化分析证据？这也是今天我报告的一个主要观点，我们必须要求申请人或者相关的人进行举证，要证明如果不实质合并，就损害了公平清偿原则。要有定量分析的证据，从而减少主观裁判导致的风险。现在国内有很多实质合并案审理过于快速，过于简单，明明达不到实质合并的条件就实质合并了，这里面可能存在异议申请人，因为申请人缺乏知情权，得不到相关的一些信息。比如，如果债务人要求法院提供量化分析的证据，没有相关法律规则法院就无法提供。将来如果能明确相关规则，法院必须给债务人提供导致债权人利益受损的量化分析证据，将来如果有相关规则，我相信法院裁判的风险和争议会减少很多，减少不必要的误判。

第五个方面：关联企业实质合并审理中的一些争议问题。

目前，我国《企业破产法》和《公司法》等法律规定都是以单个企业作为调整对象，立法时没有考虑集团法人，当然其中也可能存在一些历史原因。然而，这几年大量的关联企业合并破产，实务的需求便出现了，但是立法的原则是以企业之间相互独立为原型来设计的。所以当法院裁定关联企业实质合并破产的时候，势必会在一些问题的理解和适用上产生偏差，导致很多争议。我列举以下几个问题。

其一，止息日。单个企业破产止息日没有争议，即受理日。但是当多个企业破产时，关联企业破产往往不是同时进入破产程序，而是随着管理人的深入调查举证陆续进入破产程序，这时在实务中止息日相关问题就容易产生争议。有的法官为了不出错，就把债权算到关联企业进入破产程序的时候。从关联企业实质合并的原理来讲，企业的法人人格已经被打破了，进入这个程序的时间早晚是调查取证延迟导致的。举个例子，同一个债权人将钱借给企业集团，这笔钱是给整个企业集团用的，债权可能分布在若干个关联企业，在实质合并的时候，某一笔债权的计息都不一样，这就没有跟实质合并的理念相吻合。在实务操作中，有的法院是以受理日或者各关联企业成员之间破产申请日作为止息日，有的是以法院受理的第一批关联企业成员的破产受理日作为止息日，还有的以最后一批成员破产受理日作为止息日，有的取第一批和最后一批的中间日作为止息日。我认为，关联企业虽然在不同的时点进入程序，但是实质合并裁定导致将各个关联企业的资产归结为一个主体进行统一清偿，因此应将止息日统一为一个时点，不能用不同的时间，也不能机械地适用现在《企业破产法》中单个主体的止息日规定。

其二，审计评估的基准日。在实践中，通常以破产案件受理日作为审计评估基准日界定债务人财产的范围，但是在关联集团实质合并中，由于主体众多，进入破产程序的时间不一，基准日如何确定？

基准日的确定在实务中的做法是多样的，我建议以法院实质合并裁定日作为审计评估的基准日，但是也不能"一刀切"。有的实质合并程序过于漫长，债务人财产已经发生了很大的变化，有的还在持续经营中，不能"一刀切"。比如，在个案中管理人出于效益的考量，虽然各公司进入程序的时间不一样，但是债务人的经营财产变化不大，这种情况下，从便于提高工作的效率出发或者科学地界定出发，可以选择一个合适的日期作为财产的基准日。因此，财产变化不大的时候，债权人和债务人可以协商沟通，在破产申请受理日与法院实质合并裁定日之间选择一个合适的时点作为基准日。

点评人

李曙光　中国政法大学教授、破产法与企业重组研究中心主任

刚才左北平先生作了非常好的演讲。他从实务角度来考虑关联企业合并破产的问题，特别是从会计师角度看待关联企业破产中的种种问题。我对他提到的财务分析在关联企业合并破产中如何运用特别感兴趣，这是一个很有意思的角度。

关联企业合并破产问题很复杂。尤其在中国，对于关联企业合并破产的讨论有两个前提或曰讨论背景。一是中国的文化，尤其是企业群相关的文化。如果一个企业的股权结构比较集中，那么控股股东往往会借助公司的形式外壳去建立一个企业群。此举的目的可能是调剂资金、相互担保、经营业务往来等，也可能是"狡兔三窟"，在中国办企业，要搞一个关联企业群、要多个企业保护自己，实际上是一个文化问题，我们的企业不像西方国家的企业那样具有高度的独立性和自我性，这也与我们的集体主义、父债子还、家族企业等文化传统相关。在市场交易中，由于混杂的相互关系，很多企业的关联交易非常多。二是法院体系。在某种程度上，我国的法院体系存在地方利益化。当债务人企业的地域归属导致法院之间出现管辖权争议时，债务人企业的利益问题可能会演变成法院管辖的利益冲突。这是讨论关联企业合并破产时特别重要的两个前提。

我国《公司法》在2005年作了一个非常重大的修改——第20条把实践中广泛存在的法人人格混同现象纳入法律的监管中。这个制度本来产生于英美法系，当然大陆法系也有，但主要是从英美法系的判例中出来的。该条规定了如何处理滥用公司形式谋利的情况。第20条规定，不得滥用公司法人独立地位、股东有限责任损害公司债权人的利益；如果损害了，公司的控股股东或相关股东（虽然没有控股股东概念，但暗示的就是控股股东或大股东）应当承担连带责任。这条规定突破了公司法最重要的基石，即通过公司的有限责任对股东权益进行保护，第20条在某种程度上是反公司法的。在实践中，保护公司责任的有限性，进而保护股东创业创新的激情和冒险精神，应该是公司法的原义。公司法给所有股东一个预期——创业创新的冒险代价是有天花板的，划定了股东冒险的边界，进而激励股东去创业、创新、投资和注册公司。由于存在第20条

的规定，再加上中国的文化以及任何市场都存在的欺诈行为，关联企业之间进行交易进而损害公司债权人的行为就出现了。严格来说，关联企业合并破产不应该在中国这样大面积地出现。在中国的这轮破产潮中，关联企业合并破产大面积出现的主要原因是没有对股东交易中的欺诈行为进行反欺诈制衡。所以当一个公司破产时，有欺诈嫌疑的关联交易就大量存在。

关联企业合并破产首先涉及两个问题。

一是如何认定关联企业法人人格的高度混同。我一直在思考一个问题，大陆法系和英美法系中的法人人格混同与"刺破公司面纱"是一样的吗？我个人认为，"刺破公司面纱"主要是美国法律实践中的规则，与法人人格混同还是有差异的。法人人格混同更加强调法定标准和规范认识，而"刺破公司面纱"更强调实践中的行为判断。但是法学院教材并没有对此进行区分。这是比较重要的一个区别。这个区别使我们产生了很多疑问，在关联企业破产时要不要把关联企业的交易纳入进来？怎么纳入？有什么标准？这种侵害债权人的交易广泛存在，外加我们没有特别准确的标准，导致现在大量关联企业合并破产案件存在争议。

我个人认为认定关联企业人格是否混同或者要不要"刺破公司面纱"，是目前我们破产审判面临的最核心的问题。我更赞同通过"刺破公司面纱"进行判断，适用这种标准对法官要求比较高。以美国的标准来说，什么叫滥用公司有限责任的形式，什么叫滥用外壳，一个很重要的机制就是它是非常难以判断的，非常有弹性和模糊性的。现在美国案例实践中主要采用两个标准：其一，整体判断标准，其二，主要基于实践的一些标准。具体包括两点：第一，有限责任公司作为独立实体的地位是否存在。或者股东利用公司形式逃避现存义务，将公司视为独立实体会不会造成其他不公正的后果。也可以此判断关联交易是不是会对债权人利益造成直接或间接损害。这是一个整体的判断标准。主要是从公司法的实质来说，如何保护公司的形式。第二，工具性的判断标准。公司是否为该公司股东的工具，股东是否借用这个公司外壳作出有利于自己同时损害其他股东或者债权人利益的行为。所以我觉得如果用行为标准就可以作出行为具有欺诈性的判断，公司股东利用公司外壳做欺诈性交易，这种交易肯定是欺诈行为。一些过失行为不能被认定为欺诈，但是也可能对债权人造成损害。

二是法院管辖问题。最高院的司法解释,主要解决在关联企业合并破产中进行认定的基本标准与前提。但是这个前提很值得讨论。目前《全国法院破产审判工作会议纪要》第32条的规定是公允的。但是后面再出台司法解释就很复杂。主要解决各个法院抢管辖权的问题。当然也有多个关联企业破产案件的协调审理问题,最高院的解决办法主要是强调要由关联企业中的核心控制企业的住所地法院来管辖,核心住所地不明确的,由关联企业的主要财产所在地法院管辖。这引进了跨境破产中利益中心地的概念,借用了跨境破产的一些原则。

考虑到中国的现实,我主张关联企业合并破产应该由独立的法院系统审理,而不是由地域法院审理。《全国法院破产审判工作会议纪要》规定在多个法院抢管辖权时,由它们共同的上级法院确定一家法院集中管辖。这可能导致很多案件要由最高院审理或指定审理。比如山东的一个中院和江苏的一个中院抢管辖权,这个案件要么由最高院审理,要么最高院指定其他的高院审理,我觉得这都不是最好的方法,最好的方法是有一个独立的地方破产法院体系。目前在巡回法庭下可以设立破产法院。这样就没有必要考虑谁受理的问题,以及多个破产案件之间的协调审理问题,考虑这些问题成本非常高。

当然,关联企业合并破产还有其他问题,如清算与重整程序的差异等问题,时间所限,我主要说以上这两点。谢谢。

点评人

刘凯湘 北京大学法学院教授、中国法学会商法学研究会副会长

谢谢主持人,也谢谢李曙光教授邀请我参加对话。我平时对破产法的关注不多,只是从公司法的角度对破产法的问题有所涉及。那么接下来,我谈谈个人的几点感受。

第一,关于怎么看待法人人格否认(法人人格混同)与关联企业合并破产之间的关系。换言之,在关联企业合并破产过程中,如何运用公司法人格理论和规则。2005年修改《公司法》时,第20条首次引入了公司法人格否认的理论和规则。2017年的《民法总则》在民事主体的法人构筑之中,也把第20条的公司法人格否认制度引入其中,这是民商法学界很有争议的问题。事实上,《民法总则》将"营利法人"和"非营利法人"作为法人的基本分类,本身也具有争

议。公司法人人格否认尽管被放在《公司法》的一般规定之中，在适用时实际上会有例外情形。股东的有限责任是公司法的基石和核心规则，在极端情形下才会"刺破公司面纱"，交出债务人背后的股东。刚刚李曙光教授谈到英美法和大陆法关于"刺破公司面纱"理论，这两者有所差别，但是从其制度价值以及适用规则上来看，基本上大同小异。在公司法人格否认的规则适用和案例中，针对个案，债权人进行举证证明，也主要在公司股东层次，可能是控股股东、参股股东等，实践中以大股东或控股股东为主，没有扩大到其他责任主体范围。如果涉及关联企业，范围则扩大许多，但仅限于债务人股东滥用公司法人人格或是滥用股东有限责任，使被控制的公司人格形骸化，成为空壳的情况。因此，实际通过对具体债务或对具体债权的保护，来否认公司的法人人格，让股东对公司债务承担连带责任。但这种连带责任也是有限度的，并不完全是无限的，但究竟刺破到什么程度是另一个问题。例如，如果股东出资没到位，进行虚假出资、抽逃出资，可能也仅在出资不到位或抽逃出资的范围内对公司债务承担责任，不是有多少就承担多少。当然，如果是其他滥用方式，不仅是出资不到位或抽逃出资的问题，完全掏空公司资产，刺破的程度可能会不一样。

我的基本观点是，公司法人格否认是在个案中，针对特定债权人债权的保障，当有足够证据证明股东滥用公司人格，有限度地让其承担公司债务。在关联企业合并破产中，首先必须运用法人格否认，但又不仅是法人人格否认，尤其是涉及关联企业集团企业特别多的时候，如有十几个乃至二三十个企业，其实实际控制人也好，控股股东也罢，对于各个关联企业的控制程度、人格混同程度、资产调配程度，可能会大有不同。有的可能是用来进行关联交易，实现利益输送与移转；有的则是相对独立地进行自己的业务，股东可能对公司并没有太多控制。但是，只要你属于集团控股，或仅控股（是不是参股可能是另一个更细节的问题），就有可能把整个企业集团中的所有关联企业都拉进来。我个人理解，关联企业合并破产问题，已经更大范围、更深层次地运用了公司法人格否认的规则。像我们在前面谈到的，公司人格否认不只是在个案中实现特定债权人权利就足够，而且关涉进入破产从而实现众多债权人债权的问题。有可能发生这种情况，例如有些企业属于一个企业集团，但是可能并未形骸化也并未被滥用，但是仍有可能被拉进来。所以关联企业合并破产不能受制于公司法人格否认的理论和规则，否则恐怕很难实现关联企业合并破产的目的。

第二，关于关联企业合并破产与公司合并的关系。对于公司分类、公司组织形态变化而言，公司法本身也有实体和程序要求。但合并是公司本身的一种行为，不管是新设合并还是分类合并，都有相应规则。在合并破产时，已经基本类似于强制合并。原本企业合并是一种自愿行为，但是涉及关联企业合并破产时，就会强制性地让整个利益集团里所有关联企业进行合并。合并的目的是对所有债权人进行清偿，在这个过程中，其一，无法严格适用公司法合并的程序和要求，甚至可能会背离得更远。其二，一方面，要保护债权人利益，使关联企业破产能够实现公平保护所有债权人利益的目的；另一方面，关联企业合并破产仍然是破产法中的一种特殊方式。破产规则最终还是要尽量通过和解、重整使企业再生，通过交易秩序，增加其责任财产，以此增加对债务的清偿。在这个过程中，正如我们前面提到的，确实不能因为有了关联企业合并破产制度就不考虑整个企业集团中每个企业的不同情形，仍然尽量要让能够存续、有希望存续的企业继续存续，不要捆绑式地"一棍干掉"。这与人格否认的理念是互补的。在关联企业合并破产中，要尽量考虑和解重整规则下有可能起死回生的企业，尽量不要一起捆绑处理。

第三，关于企业的财务状况（资产状况）对关联企业合并破产的重要性。研究法律的人一般不太懂财务会计。但是因为破产和单个的公司法人格否认有所不同，判断是否要合并破产的实质标准，是以财务资产是否高度混同作为重要的判断依据。所以，在关联企业合并破产之中，对于管理人职责专业化确实有新要求。不能泛泛地像一般的法人人格否认案件，而要有更扎实的财务证据，来证明整个企业集团的关联企业存在财务混同。只有真正的财务混同才可能实行利益输送，损害债权利益，导致个别债权人偿债能力不正当地减弱。企业的财务评价报告以及资产状况等，是我们在启动或具体处理关联企业合并破产问题中要考虑的重要因素。

第四，关于关联企业合并破产程序启动问题。刚才左北平会计师阐述了很多观点，李曙光教授也谈到了管辖问题。在实务中，关联企业合并破产可能更多由管理人启动。对于某一个或两个企业破产，在确定管理人之后，随着管理人工作逐步深入，发现其中存在很多关联企业的利益成员，进而发现有更多的控股公司或控股股东进行大量关联交易与利益输送，再作进一步挖掘。在程序启动中，我同意主要由管理人启动这一观点。但是在债务人自己申请破产的情形之下，由他来启动关联企业合并破产几乎不可能，公司控股股东不可能让他这样做，其意志本就受到控制。当债权人申请破产时，数个债权人可能发现他们争夺的同一个单个债务人确实与企业集团存在众多关联交易，也应该允许由这部分主体提出关联企业合并破产，但是他们肯定要借助于管理人及其相关工作。总之，在启动关联企业合并破产程序时，尽管我赞同以管理人为主，但是同时也建议放开启动权限或鼓励相关债权人启动合并破产程序。

点评人

齐　明　吉林大学法学院教授、吉林省法学会破产法学研究会会长

感谢李曙光老师邀请及两位点评人的精彩发言。在破产法实务中，关联企业合并破产是当前不得不面对和解决的课题，具有重大意义。以下我从八个方面谈一下自己的看法。

第一，关于企业和实质合并破产之间的关系。在实质合并破产的关联企业之间，是否要求所有关联企业都满足破产界限？我认为，首先要厘清实质合并破产存在的目的。针对一些典型的破产法问题，比如假破产真逃债，我们分离优良资产，然后对不良资产的空壳公司进行破产处理，这是实质合并破产的目的。但是在这种情况下被分离出去的优良资产，本身不具备破产条件。对于实质合并破产的目的，《全国法院破产审判工作会议纪要》中确定的目的是债权人之间的公平清偿利益。公平是指债权人和债权人之间的公平，那么是否还应加上公平公正地清偿？也就是说需要追回债务人财产，追回表面上不属于破产企业的债务人财产范围中的债务人财产，以增强清偿率。而会议纪要当中提到的债权人公平清偿，因为引入了另外的一些关联企业，所以会议纪要中的债权人是指哪些？

关于关联企业和实质破产问题之间的关系，我同意李曙光老师提出的"反公司法"概念。我对这个问题有较深感触。近年来的一系列公司法实践，似乎都在做"反公司法"的事情。把表面上人格独立的关联企业进行实质合并之后，归结资产，并让其承担全部负债，这种情况似乎也"反公司法"。对于实质合并破产的问题，可以把它区分成两个关键词，一个是"实质合并"，这是一个公

司法的概念；另一个是"破产"，这是一个破产法的概念。如果把"实质合并"作为一个公司法概念，我们用公司法的认定标准来看，首先这些关联企业之间是不是已经达到了实质合并的程度，之后再把它们合并在一起进行破产，这是以公司法作为切入点的一个思路。另外，如果单纯从纯粹的破产法角度来解决关联企业实际合并破产的问题，我认为可以将资产和负债作为切入点。从资产的角度，实际上之前作的财务分析和破产管理人律师作的资产归集、债务人财产汇集是相同的。通过财务分析，把不在公司名下的一些资产（这个资产可能构成了另外一个关联企业的全部）推进来，形式上似乎把这些资产与这个公司并进来，但我们如果仍然从破产法的角度上看，实际上是将其推进了有效资产，同时形成有效覆盖，因为他们之间实在难以划清界限。对于"反公司法"，如果实质合并破产一定要"反公司法"，接下来这件事由谁来做？是由公司法来做，还是由破产法来做？

第二，关于穷尽现有法律法规资源。在考虑适用实质合并破产的规则及实践时，我认为首先应当穷尽现有法律法规等资源。在穷尽之后，仍不能解决这个问题时，才去考虑重新制定规则。现有规则在破产法当中实际上是存在的。比如对于连带债务人，债权人可以在每一个连带债务人破产案件当中，以其债权的总数分别申请破产，如果进行实质合并破产，就不再具有这项优势。在这种情况下，似乎应反对破产法。现行破产立法当中的一个基本思路是保护守法之人，他们懂法律并会寻找保证人。一旦连带债务人分别破产，他可以在每一个案件中获得不同清偿，加总作为清偿优势，而一旦合并破产，就没有这项优势了。同时，我们看《全国法院破产审判工作会议纪要》的处置规则下第36条实质合并的法律后果。例如一个集团有36个公司，合并结束之后，原则上保留1个。如果是重整，会不会出现补充申报的问题？因为其他36个公司可能之后只剩1个公司，那么补充申报人由于不知道该情况，所以在程序中未申报，而是在重整结束后补充申报会不会出现障碍？这些问题也需要考虑。在穷尽现有规则的情形下，可以通过财务审计，例如可以请非常专业的财务人员查清关联企业之间的债权债务关系。通过确定债权债务关系，不对关联企业作实质合并，而进行分别审理，相互申报债权，关联企业的债权（同时也是债务人财产）在归集的时候可以获得清偿。如果我们能清楚界定及处理，那么就无须进行实质合并。

第三，关于会议纪要中与实体合并有关的规定。我认为在技术上可能欠缺一些可操作性，这个不再展开阐述。

第四，关于实质合并认定的问题。这个问题具体涉及两方面。一是实质要件，我们讨论的基本都属于实质要件。二是程序要件，程序要件在某种程度上也同样重要。是否要经过诉讼或司法认定，来对几家公司人格混同作出认定？如果不经认定就把几家关联企业实质合并破产，事后可能仍绕不过诉讼。比如，把 A、B、C、D 四家公司合并破产，可能 C、D 这两家公司没有达到破产界限，现在进行实质破产，之后可能会产生取回权之诉或不当得利之诉。如此而言，如果我们一定避免不了法律文书的确定或司法程序的认定，是否应把它设置在前？

第五，关于实质合并破产适用的司法态度。我非常认同会议纪要中的司法态度。对于一些企业而言，毋庸置疑，确实需要合并。比如，三家公司在同一个厂址，且分工明确，一家公司负责运营，一家公司保有财产，另外一家公司作为贷款主体，有资产的公司则给贷款主体提供担保。在这种情况下，三家公司表面上似乎是三个独立法人，但实质上可能就是一家公司的三个部门。在这种情况下，把它实质合并在一起没有任何争议，但对于一些企业而言就有争议。例如，一个集团公司有 100 家企业，达到实质合并的，即人格完全、高度混同的可能仅有 10 家，而具备破产原因的有 30 家，摆在我们面前的问题是把这 30 家一起合并，还是只合并 10 家，剩下的 20 家进行协同审理？这些问题都需要去认真研究。我的倾向是按照会议纪要的态度，严格审慎地进行实质合并。

第六，关于对人格混同的考虑。考虑人格混同的时候，是否要考虑人格混同的持续时间，以及产生的结果是否可以区分？例如，甲公司一直无偿地使用乙公司的钱，如果可以确定单向、持续使用的笔数与金额，是否一定要进行实质合并？进行分开审理、分开破产的最终效果，与实质合并没有太大区别。在这种情况下，我们是否仍然要采取这种方式解决？

第七，关于严格损害债权人公平清偿利益和导致债权人利益损害。我认为这种提法值得商榷。导致债权人利益损害，是一个非常抽象难以在实践当中界定的问题，没有标准可以界定。在追加其他的公司之际，是否损害了原本清偿率高的债权人的合法利益？最后实质合并之后，如果把一家清偿率 14% 的公司和一家清偿率 56% 的公司放在一起，实现了 40% 的清偿率，这种情况下是不是导致了债权人的利益损害？我认为这种提法值得商榷。

第八，我提出以下基本思路。一个思路是，考虑实质合并是一个公司法问题，需要公司法来回应。在这种情况下，确定实质合并破产，我认为第一种思路是以人格混同的诉讼或者司法认定作为依据。可能之前债权人发现他在转移资产，那么你就提前确认人格混同。在破产实践中，普遍会遇到这样一种情形，一家濒临破产的企业，当它濒临破产、违约之际，其账户被查封，在这种情况下，为了持续经营，只能在财务上体外循环。把好的订单给新设的第三方公司，然后用第三方公司的借款维持自己的日常经营。如果不追回这个公司的订单和资产，重整结束后它们可能假戏真做，直接独立出去。将这类公司追回进行合并破产也没有意义。另一个思路是，坚持从资产和负债两个角度解决人格混同，尽力尝试解决该问题。在理解现行破产法规定的债务人财产时，我们应直达债务人财产范围归集的实质，而不是流于形式审查。我们追回应当追回的资产，包括应收账款在内的债务人财产，以及对债务人所负担的债务进行严格审查，是否可以在实践中达到近似于实质合并破产所追求的效果？如果能达到，就没有必要进行实质合并破产。如果实在无法达到，我认为可按照会议纪要的规定，在实在难以查清的情况下不进行实质合并。

点评人

郑志斌　北京大成律师事务所高级合伙人

谢谢曙光老师的邀请。虽然平时接触实质合并也挺多，但是今天还是系统学习了一下，之前老师们梳理得非常好，对我很有启发，特别是刘老师和左北平老师从公司法角度解读，对破产法的意义非常大。所以我也建议"蓟门破产重组"对话多邀请其他领域的专家，比如说经济学等领域，这样可能收获会更大一些。下面我谈几点看法。

一是关于如何认识实质合并破产的问题。最早是浙江华伦，后来是太子奶，这些企业的合并重整引起了很大反响。我们还专门召集专家开了一次听证会，讨论关于太子奶合并重整的问题。当时破产界基本上接受，觉得实务中有这个需求。商法界也觉得有道理，但是民法界极为反对，认为是对民法的基本原则的严重侵犯。不过这几年发展非常快，这样的案件数量也在不断增加。当然，我觉得这是一种滥用，值得我们思考。我们看这两年强裁基本上少了，但是一开始强裁的案件非常多，因为它很有效率。实质合并也是这样，由繁化简，无论是从法院管理还是从其他的方面来讲都比较简单，当然也比较粗暴。所以，对于这个问题破产法实务界确实要反思。因为破产法是一个事后法，会对事前的交易产生极大的影响。比如破产法当中停息的理论、合同调减理论、强裁、实质合并，对于正常交易的影响是非常大的。这样下去，接下来正常交易中的交易成本可能会逐渐增加了，这可是大事。我今年在处理大连机床案，有88家企业，最终有29家企业进入了重整程序，其中27家就是实质合并，另外两家单独重整，剩下的基本都在庭外做。所以这个问题我觉得还是要反思的。

二是关于合并标准的问题。这个问题目前学界观点不一。我觉得如果构成实质合并，应该有一个公司法上的标准，即混同。不管是人格否认也好，"刺破公司面纱"也好，就这一个标准。那么基于混同程度和案件情况的不同，需要考量一些因素。这里我想借用一下张夏老师关于法律价值的理论，比如成本、效率、公平和秩序四个价值，根据混同的不同，考虑到每个案件当中这四个因素的不同作出判断。但前提只有一个，就是混同。我不同意为了降低合并成本、为了重整成功，反过来推出合并重整合理，这是缺乏理论基础的。当然我们要反思，为什么现在混同这么多，而且基本都是民营企业。这里除了自身管理问题，还需要我们社会反思。其实民营企业大量混同是迫不得已，虽然很畸形但没办法。所以我们破产法实践需要为这个问题提供一个思路。这是合并标准的问题。

三是关于合并管辖的问题。我觉得现在最高院的想法非常好，基本上参考了跨境破产这个管辖中心主义。按照这个想法来做，合并很有效率，各地争议也不大。

四是关于合并后的后果的问题。这可能会涉及前面的合并标准的问题，如果高度混同导致"刺破公司面纱"，根据公司法合并主体肯定会发生变化。否则合并重整就是一种滥用。

五是关于合并破产的采用问题。既然合并重整符合大部分债权人的利益，但是毕竟对少数人有损害，而且违反了公司法，因而要有责任追究机制。合并破产要强调后果，不能轻易采用。

与谈人

张艳丽 北京理工大学法学院教授

之前觉得这个问题挺简单的，合并能提高效率。但是今天听左北平会计师、刘凯湘教授从公司法的角度这么一讲，觉得公司法上的混同以及公司法上的实质合并，与目前语境之下的破产企业的实质合并，还是有一定的区别的，不能根据公司法中的混同或者实质合并的条件来判断，无论是"刺破公司面纱"还是人格否定。

由此产生了很多问题。第一个问题，目前为什么要实行企业实质合并？2008年我针对破产欺诈的法律规制写过一本书，那本书从预防、规制、法律责任三个角度谈法律欺诈的问题。在规制这一章节中，我是从规制破产欺诈的角度考虑公司法人格否认。我认为，实质合并的主要目的可能还是因为有欺诈行为，主要还是从预防或规制破产欺诈的角度考虑。目前最高院的纪要虽然说要慎用，但是更多是为了解决破产难和债权的公平清偿问题。如果赋予这个目的过多意义，会出现问题。比如不管实质合并合法与否、规范与否，都可能出现滥用的现象。所以还是那个问题：究竟为什么要合并？是不是所有的关联公司都要实质合并？破产中的实质合并必然产生一个结果：破产清算合并了，企业就消灭了。齐明教授也提出，是不是所有被合并的企业都达到了破产界限？实践中可能不是。虽然混同了，但混同不一定导致实质合并。混同了就破产，合理吗？

第二个问题，如何看待这种混同。为什么有的情况下混同了，但是不去实质合并？实际上纪要中也体现了这个意思。为什么规定要进行实体上的合并破产和重整，而后边两条又规定关联企业没有达到实质合并条件的，需要协调审理。意思就是说并不是所有的混同和关联，我们都要去合并破产或者合并重整。纪要中规定的条件应该是统一的，必须同时具备。而不能说只要混同或人格上虚无了就合并。最关键的一个条件就是债权人的利益是不是因为这种高度的混同受到了损失。如果没有这一条，是不能够实质合并的。

第三个问题，如何在程序上处理好《全国法院破产审判工作会议纪要》中实质合并与程序合并的关系。《全国法院破产审判工作会议纪要》中规定了有些情况是需要实质合并清算、实质合并重整的,有一些需要协调审理。应当怎么区分从而协调处理?在调查中要考虑,如果很多企业都有混同,混同的程度如何确定?什么程度应合并破产、什么程度应协调审理?虽然都是合并重整,但是也要分情况对待。

与谈人
范利亚 北京德恒律师事务所合伙人

制订重整计划,尤其合并重整非常困难。在程序实体方面如何区分、如何设计非常考量重整律师的能力和经验。我们做的联盛、昌华、顺光、半山半岛等案件都涉及是否要排除个体的问题。

合并重整应该从多个维度来考量。从商业角度,为什么会发生合并这种现象?商业上把企业单体归为一个整体,实际上说明这个企业在公司治理,以及商业安排上可能非理性、反公司法。因此,要合并重整就要回到公司法企业规制和企业正常的公司治理路径上,这实际上特别难。比如现在联盛的重整计划还没成功,债权人要债转股又不想消灭企业。即使有合并的形式,合并规范如何实现,这是我们现在面临的问题。因为行政许可、行业规范、各方面的债权主体都对此持反对意见。例如,有些法院抵抗执行破产法,到了执行期还不解封。在这种情况下,合并重整的配置和法律规制非常缺乏。左老师讲的主要是财务标准,但从企业的规制上来讲还有很多配套的东西要解决。实质合并有一个特别大的受害方,就是少数股东,他们没有滥用公司控制权或主体资格损害债权人利益。那么,少数股东是否要承担被合并后股权清零以及权益受损的责任?如果少数股东是有限合伙企业有限合伙人,连公司管理权都没有,将其混同进来还是要严格把有限合伙人留在外面保护他的权利。但实践中有限合伙企业的资产被合并实际上这对人家也造成了损害。现在因为这种破产没有可诉性,所以实际上很多少数股东选择了沉默。

再一个问题,合并规模越来越大意味着破产法的审限会一直被突破。山东已经突破了"6+3"的审限。只要债权人不告状,我们就拖着。或者先通过一个重整计划,总之是一直突破审限。

最后，涉及管理人的权益。地方法院管理人将所有资产加起来算，本来担保财产的报酬已经剔除了，越合并管理人赚得越少。

与谈人

邹玉玲　北京市海淀区人民法院民事审判三庭（破产审判庭）副庭长

关联企业实质合并在程序和实体上都困难重重，实践中非常难把握。怎么都难以周全，很难做到无懈可击。

实践中，关联企业实质合并以下面模式居多，各个企业先后进入破产程序中，这种模式是争议最小的一种，刚才也有老师提到是不是各个企业都要达到破产标准的问题。但是这种模式也有问题，把能否合并的控制权交给了法院。各个企业的最高权力机构是债权人会议，目的是保护债权人的利益最大化，这应由各企业判断，还是由法院判断？如果由各企业债权人会议判断，严格按照这个标准执行，这项制度会被架空。

但是如果完全交给法院判断，法院也会有困惑。可能部分企业进入了破产程序，还有部分在外面，如果管理人在审理资产负债的过程中，发现其他企业也符合条件，就会想有的企业还在正常经营中，如果有利益输送将其他企业纳入进来，那其标准是什么？某些企业表面上可能不符合破产条件，纠正没有正当商业目的交易之后可能符合，但可能纠正后还是不符合破产标准，怎么办？有时候将这些企业纳入进来更符合运营体系的完整性，因为市场会作出判断。

另一个标准，即整体债权人利益的提升标准，这个标准如何把握。不能纳入进来以后标准高的变低了，低的变高了，这没有什么说服力。是根据用于清偿的总的资产标准来判断还是什么？另外，判断标准中普遍用到的是人格混同。有老师提到这可能比"刺破公司面纱"走得更远。破产法的价值目标与公司法毕竟不一样。人格混同与资产债务分离又是什么关系。人格混同达到一定程度是否采用难以分离的标准判断，与有利于债权人标准等不同标准是什么关系？是满足一个就可以，还是都要满足？所以实践中适用起来也很难。不同情况满足不同标准，但适用起来总会有人有异议。

另外，如果已经进入破产程序中，管理人才发现这些人格混同情况的存在。但是如果有一部分企业在程序中，另一部分在正常经营中，如果让管理人提起申请，其依据在哪里？这个法律依据是缺失的，也会遇到其他债权人等反对的问题。我有很多问题没想明白，希望得到回应。

与谈人

宋　宽　德安华集团执行董事

刚才各位老师进行了深入探讨。我这些年主要做跨境破产重整的案子。所以我从实务角度和大家分享我的个人感受。

关联企业的概念如何界定不明确。最主要的关联企业是母子公司关系。如果是母子公司关系，如果他们处在不同法域怎么办？如果在不同司法领域内，那就没办法合并破产了。因为不同司法领域适用的法律不同。但是其他手段还是可以用的。例如，保华在开曼法院拿到一个管理人的任命，它的直接子公司在美国，可以直接在美国申请承认管理人的身份，并将权利延伸到美国大陆。假如美国公司的子公司在中国，事情就比较难办。所以这种结构难以纳入统一的破产重整中。

大概 1989 年，我们处理太子奶集团的案子，在境外做清盘人。这个案子管辖最后放在湖南，因为株洲是"发家地"。刚才李曙光老师也提到，要么在中国境内有控股公司，这样好确定管辖；要么由中心利益所在地管辖。假设这两种情况都不符合怎么办？再举一个例子，如果一家公司由中国香港公司控股，如果这家公司在内地的 5 个省份有 5 家子公司，全部是同一级别的。5 家公司在几乎同一时间都进入了破产重整程序，每个子公司管理人可能都不清楚另外一个与之相关联的子公司在其他省份也进入了破产程序。实践中存在的问题是，假设几家不同省份的同一级别的子公司同时进入破产程序，假如有一个债权人给 5 家公司同时作担保，5 家几乎同一时间进入重整。理论上存在这种极端情况。5 家公司全部全额清偿，如果单个受偿率是 25%，债权人可能获得超过 100% 的受偿。

境外架构处理可能复杂更多。例如香港司法体系与内地不一样，这个结构也很难打破。目前，我们在处理的一个案例是辉山乳业，其实它在三个层面都进入了破产程序中。在辽宁，中伦和普华永道做管理人；香港是德恒做管理人；保华在开曼做管理人。三个层次都进入了破产程序，三个完全不同的法域难以合并到一起。但是其实有实质合并的价值。境外的债权人在境外的实体资产不同,境外的壳也有价值。境内的实体资产多一些,债权人也多一些。那么这里涉及境外、境内债权人的利益平衡问题。如果纳入统一重整方案中,可能会较为公平,侵权人也可各取所需。例如,境外债权人可以多分一些境内债权人的实体资产,境内债权人可以通过境外的上市公司的壳增加退出途径。特别是在统一的重整中,增加新的投资方会更有利。乳业产业要引入财务投资者考虑怎么退出的问题。如果保留了上市公司的壳,就有一个更好退出的渠道。这是境内境外一起重整合并的价值所在。由于涉及不同法域、不同程序,涉及上百家关联公司,实际的合并重整可以说是困难重重,几乎是不可能完成的任务。

例如,时间问题。境内对破产重整有时间的严格限制。尽管如郑志斌律师所言,如果企业太多可以往后延迟,但是也不能一直延迟。境外的司法重整,特别是在香港,原则上没有严格时间限制。这就意味着跨境重整要迁就境内的重整时间。辉山乳业境外上市的壳已经面临退市风险。如果一年半之后这个公司无法上市复牌,那么香港这个壳也会有风险。现在的实践还不太完善,有待进一步完善。

与谈人

惠春安 北京中恕重整顾问公司副总经理

一是关联企业合并破产可能存在被滥用的问题。我从另外一个角度谈谈不同感受。我接触过不同关联企业合并破产案件,可能存在结果预设式的工作导向。只要涉及关联企业破产往往就要合并破产,可能出于成本、效率、时间等考虑,或从协调利害关系人利益的角度,从实用角度出发,向这个标准靠拢并刻意进行收集证据。但是中间的论证,实践中很粗糙。有的关联企业合并破产的裁判文书仅依据会计师事务所的财务混同报告就裁判了,我认为这是不妥当的。财务混同报告只显示在资产负债等要素上的混同,要上升为法院裁判的依据还要从人员业务等持续性、广泛性、显著性等角度去分析,仅从财务角度不妥当。所以,关联企业合并破产在很多地方的滥用是结果导向所致。

二是债权人利益严重受损,在技术上分析是否行得通的问题。对于这一点我有疑问。很多关联企业进入程序时，资产已经难以分离。应如何界定资产权属，如何计算各个单体企业的清偿率，是值得研究的问题。

与谈人
贺 丹 北京师范大学法学院副院长、教授

今天的题目是我一直以来特别感兴趣的，这个问题非常复杂，由于缺乏实践经验，对于很多问题我没有很好地思考和完成。今天的讲座特别好，希望大家以后可以给我提供更多案例。

第一，关于实质合并是不是反公司法的问题。这点我有不同的考虑。首先实质合并是破产法问题，我认为它不是公司法问题，甚至不是反公司法问题。我认为实质合并是破产法不得不对公司法发展所产生的现象的一种回应。而这种现象的核心不是关联方、关联交易，而是控制。当企业之间存在由各种情形产生的控制关系时，就会产生破产法中的不公平现象。这种不公平现象会体现在两个角度上。一是不同企业债权人受偿率不同，而且不是正常市场交易导致，是企业集团内部控制导致。二是有些关联企业之间相互有债权债务关系，而这些关系未必是市场交易的结果，可能是控制的结果。这个不公平未必都是市场交易产生。不同集团企业之间的不公平，和公司集团内部控制人和外部控制人之间的不公平，是破产法所要纠正的。另外，关于人格混同、关于欺诈，有些是在公司法中出现的，有些是合同法中出现的。有些欺诈交易只有在破产的背景下才会提出。这种情况下，不能说实质合并破产必须只是基于混同或只是基于欺诈。如果只能基于这些原因，用这些原则就可以解决，就不用产生新的原则了。

第二，关于如何在其中使用定量分析的问题。这个确实很重要，因为财务分析很重要。我与惠经理有一样的想法，可以设一个标准，计算合并清偿的清偿率和分别清偿的清偿率，如果后者更低，就要合并清偿。但这只是一个企业。实际上还有很多其他公司，这个企业清偿率高可能对其他公司而言清偿率就低了，这可能会影响量化标准的适用。

第三，关于标准的问题。我写过探讨这一方面问题的论文。我在论文中没有说清楚的是，在合并重整的过程中必须考虑债权人的利益，包括债权人是把

集团作为整体看待还是作为独立的个体看待。现在的合并重整没有考虑到有疑义的债权人、有疑义的股东的权利如何保护的问题。在合并重整、破产的过程中可以有很多种配比，有很多种不同的做法。这个问题很难解决，一个思路是在债权人自治和法院裁定之间求得一个平衡。澳大利亚公司法中有个很有意思的做法，法院可以裁定合并，债权人也可以自治合并，确保在合并的时候纠正原来公司法中出现的问题。而且限制外部普通债权人不通过重整计划的话，法院不能裁定。

与谈人

高丝敏 清华大学法学院副院长、长聘副教授

实质合并原则来自美国，但是至今争议很大。从 1970 年开始经历了很大争议。有人认为对于关联企业这是基本原则，有人认为要考虑债权人角度，认为经历过债权人商业判断后，才可以认可实质合并的原则。这场争论的结果是，从美国这么多年判例结果来看，后一观点居主导地位。这不是从公司法角度看，而是从破产法债权人角度看。债权人事先认为你是一个整体，并且他依赖这个整体进行交易，而在破产中如果不将其作为整体看待会损害债权人权利的时候，才适用实质合并原则。这是很重要的背景，也是一个很重要的视角，这与公司人格否认不是一回事。这一原则确实是从债权人的视角考虑问题。最高院在出台《全国法院破产审判工作会议纪要》的时候也非常谨慎。

另外，贺老师也提到了，这肯定会损害其他债权人的利益。如果有些债权人信赖公司是一个整体，就不应鼓励合并。这不是事后视角，是事前视角；不是公司法视角，是破产法视角；是因为事前有这个信赖才适用合并。

张艳丽教授补充：

一是合并一定要慎用；二是为了慎用，要区别高度混同与人格混同这些不同概念。最高院纪要将合并分为实体上实质合并和程序上关联协调处理两种情况。可能实际上用后一种办法更好一些，既能提高效率又能规避一些违规的东西。

另外，美国实践中很少实质合并，更多用自动居次、衡平居次、债权劣后

等裁判方法解决混同的问题。

齐明教授补充:

一是可以从债权人视角看。在债权人视角下要满足公司法能够合并的法律标准。债权人为了利益最大化，可以说其认为所有关联企业都是在一起的。这个标准很难有证据证明，信赖利益更多是主观标准。

二是对于什么样的关联企业或非关联企业，实质合并破产是最安全的？实质合并就是实质分离或实质分立。之前的《企业破产法》（试行）规定了破产欺诈。比如把公司不良资产剥离，再把公司重新合并过来；还有一种更隐蔽的做法，形式上没分立却实质上分立出去了。比如企业在经营困难出现债务违约的时候，把营业剥离出去，进行"体外循环"。这种情况下，虽然没有在法律上走分立程序，但是事实上已经分立了。因而要将两个公司进行实质合并破产，不仅要把资产追回，而且要把分立出去的公司的负债一并处理。我不赞同实质合并是简单的资金在企业集团之间调配的观点。因为彼此之间互负债务，只需要把债算清楚，不需要实质合并。

与与谈人讨论:

左北平：我跟你观点不一样。我认为，调配资金没有实际交易到 A 公司，A 公司的资产是变化的，可能变成土地，可能变成厂房，然后又抵押给第三人，如果只认账，追得回来吗？如果没有不当控制，我自己使用，形成我的资产，那我足以偿还我的债权，对不对？但因为资金到了 A 公司，A 公司可能用这笔钱购置了资产或用于周转等，形成了其他的资产，而这就恢复不了原状。

齐明：可以追查资金流，资金流肯定是有一个去向的，那么在这一连串的关系中，你可以一直主张权利。

左北平：就是对方也承认我是通过不当控制拿来的钱，但是我的钱已经形成了资产，已经无法恢复原状了，而且只有等我破产，你才能来收回。因为资产资金可能已经买了厂房、设备、材料等，其他的资产你无法追回，或者这个房产已经抵押给第三人了，就算账清楚了，钱仍然拿不回来，恢复不了原状。

齐明：债权作为请求权的一个特征，就是具有天然的风险性，债权就是有追不回来的可能。这并不意味着一定要最后通过破产程序保护法律程序当中保护不了的东西，我觉得这是有问题的。那么什么样的账是算不清的？分立营业的账算不清楚。营业分立出去了，订单的账算不清。当营业算不清楚时，这种情况下把它进行实质合并，我认为是安全的。剥离营业有时是没有办法的事情，因为一旦进入违约的状态，其账户被查封，税务局开不了发票，开不了发票其订单就没有了，尤其当采购方是大企业时，一定要能对上账才行。所以在这种情况下，"体外循环"有的时候是逼不得已的。但是这可能给实际控制人留了一块资产，而且这种情况还有一个特点，就是分离出去的营业所建立的公司和这个公司之间没有表面上的关联企业关系。所以我们考虑实质合并的前提是它进行了不当的实质分立，进行了不当的实质分离，或者是实质上人格混同，比如说它们就是一回事，无论从外观上来看，还是从本质上来看，它们就是一个，在这种情况下，在有扎实的公司法支持的基础上，我们将它们合并没有任何问题。

与谈人

郁　琳　最高人民法院民二庭法官

我一直把破产法看作一个程序，所有的程序都来源于对程序开始之前权利的尊重。如果要改变这些实体权利，必须有破产法上明确的规定才行。

第一，在破产程序中，如果撤销一个行为，必须有明确的规定才行。破产是建立在对之前企业正常经营过程中各种债权债务关系，各种企业经营关系进行疏理的基础之上，所以按照道理来说，破产只是一个程序，按照其他的实体法疏理破产程序意味着什么？意味着破产法的方案应该建立在其他的实体法基础上，处理合同法的问题也好，处理破产程序中间的担保物权的问题也好，优先权的问题也好，都可以找到相应的部门法对应的实体规则，以便于我们在破产程序中作出一定的判断。但是唯独关联企业问题，公司法甚至整个法律制度都缺乏对中国关联企业的规制，包括在作司法解读时，会发现一些问题在破产程序中应怎么处理，至少我没有找到相关问题在其他实体法上的处理依据。所以就会造成在破产法这样一个实体法规则非常强的制度下，要处理一些实体性的问题，尤其是对公司法人人格独立制度的原则上的打破，其实是很难的。而且关联企业合并破产来源于美国的判例法，不像在大陆法系的制定法中有非常明确的规则。当时一个司法解释的立项，到现在也没出来。当时为什么要搞这个立项？其实解决的就是关联企业的合并、清算的问题，这两年才把视角放到了重整的问题上。当时我们在作司法解释立项时，案例很少，最开始促使我们作这样一个司法解释的初衷，是当时证券公司的清理。我们在作证券公司清理的时候，发现证券公司有很多关联公司，处理证券公司的过程中，我们摸索到一套关联企业实质合并清算的规则，所以在那种情况下想把它做成一个司法解释，但是由于过程比较复杂，然后实践又发展了很多，所以在后面几次论证的时候，实践和学界也都说能不能把重整也包括进来？但是我们发现把重整包括进来后，问题变得更加复杂了。我们在讨论的时候，有学者或者实务界的法官认为要作区分，其实这也是我自己一直在困惑的问题，就是是不是要区分清算和重整适用不同的合并重整标准。

第二，关联企业的概念也没有明确界定。我很赞同关联企业的最核心在于控制和所有关系，而不是仅仅有一些业务上的牵连，或者产业链上的牵连，就把它纳入实质性合并的范围中来。我们要解决的问题是法人跟法人之间的高度混同，所以说这样一个标准定下来的话，其和公司法上所有的法人混同完全是不同的东西。其实刚才刘凯湘教授说的已经很到位了，公司法上的法人格否认制度解决的只是个别债权债务关系中的个案问题，而且它的限定范围也仅仅是股东对于公司债务承担连带责任，不管是大陆法系把它叫做法人人格否认也好，还是英美法系把它称为"揭开公司面纱"也好，其适用范围是很窄的。但是关联企业实质合并肯定不仅仅否定个别的关联交易，一定是突破了公司法上的法人人格否认的基础。刚才齐明教授也说了，破产法在做这样一个程序性的事情的时候，其法律依据在哪里？现在的公司法上没有。那破产法上能不能直接用裁定的方式，把两个主体合并了？我们也考虑过，通过设置一个诉讼作为前提，但是这个诉讼对应的是什么诉由呢？可能这在民诉法上没有一个诉由。

第三，混同的标准问题。如果能够在财务会计上有一套很明确的方式，或者说设计一个软件，输进去就知道绝对混同了，或者混合到一定程度了，帮助法官来判断，那多好。就像我们在做证券虚假陈述的时候，有一套很好的软件能够判断我的损失多少是因为是系统性风险造成的，多少是因为当事人虚假陈述造成的，真的有这样的标准，那真的很好。对于这个标准，即所谓的债权人的公平清偿，可能《全国法院破产审判工作会议纪要》确实没写清楚。因为合并重整破产的话，必然是有的债权人的清偿比例被拉低了，低的变高了，以什么标准来判断高还是低呢？从这个角度来讲，没有一个统一标准。其实我们在说成本，或者债权人清偿利益的时候，还是跟混同标准结合在一起的。现在的四个标准，其实最终结合在混同这个标准上。正是因为混同不仅仅是普通混同，而是达到一定的程度的混同，哪怕通过财务方式分得清楚，但是这个成本很高，成本高到一定程度的时候这些高昂的成本会侵占债权清偿利益。所以这种情况下，混同是对债权人利益的整体损害，但是通过实质合并的方式能够降低费用、增加债权的清偿的话，这也是一个判断的因素。但是这不应该是唯一的因素，它还是跟混同的标准结合在一起。混同是一个综合性的标准。我们之前司法解释的草案分两种，一是人格的高度混同，二是财产的混同，这两个标准要综合来判断。

我想说的另一个问题是欺诈，欺诈是高度混同标准无法囊括的，比如我把某一个东西独立出去是为了逃避债务、逃避破产，这是不是已经属于欺诈了？虽然他们之间要分得很清楚，但二者没有任何控制关系，没有任何所有关系。就像我们当初在处理证券公司时，其财务关系很正常，但是其就是因欺诈而设立的，或者它的设立完全是为了走账。这种情况下不把它纳入进来的话，似乎也不太合理。欺诈这个标准是有必要的，而且欺诈和高度混同可能是无法互相涵盖的一种关系。美国的破产法也谈到了债权人信赖利益的问题，甚至说到美国的破产程序规则中的部分合并。实质合并可以是部分性的合并，甚至可以以债权的期待利益为标准判断哪些应合并，哪些不应合并。其实我很赞同这种观点，但是我一直也没明白：部分合并怎么合并？比如我这个债权人，对你之前有信赖利益，把你看作一个整体进行交易，你破产了以后，我要的是集合性的清偿；但换个角度，如果我信赖你是一个个体，那我也可以把你从实质合并中剥离出来。那我很好奇这种情况应怎么处理？从整个实质合并中将它有区别地独立出来，怎么独立出来？它的清偿率怎么计算？如果单独清偿，是不是还要能分清？单个企业的清偿率是多少？假如是高度混同的情况，又回到刚才这个问题，怎么算出它的清偿率？

我简单地谈一些自己的看法，也提了很多问题，总之我今天特别有收获，我觉得这种交流是很有帮助的，也让我学到了很多，谢谢。

观众提问：

很感谢左老师从会计角度讲了关于人格否认和关联企业实质合并，我觉得非常受启发，想提两个问题。

第一个问题，关于不合并破产。不合并破产可能给债权人造成难以弥补的损失。如果不合并破产，不同企业的清偿率可能就不一致，不一致可能正是人格混同、财产混同或者过度控制造成的。提出因果关系是不是可能在实操层面更好理解。

第二个问题，关于管辖权。破产的"抢管辖"可能好解决，但"推管辖"不太好解决。因为在法院的系统中，破产案件的审理是法官非常头疼的，案件的考核以及花费的精力和时间是非常多的。如果关联企业中一个企业破产了，另一个企业也发生了破产的法定事由，但是没有人启动，而第一个案子中的管理人想申请破产，但没有生效判决。如果在第一个破产案件当中衍生诉讼，必须有生效判决再启动破产程序，这个程序是非常长的，管理人的成本和法院的审限会增加很多。此时如果有一种新的程序，或者说能够在一定程度上认定这种依职权而启动的破产，是否能有效解决问题？毕竟破产是一个概括执行的程序，那在管理人已经确定有关联或过度控制、不当转移资产的时候，直接用一个概括执行的破产程序，是不是可能更节约成本？

以上是我不成熟的观点，请专家指教。

主讲人回应：

好，我简单回应一下。

第一个问题，刚才您讲到实操层面导致实质合并的理由和标准，我们管理人提供给法院、相关方的证据都会从因果关系方面来印证。无论是从人格混同还是从基础理论出发，我们管理人提供的证据都应该是一个完整的链条。首先，从法人意志混同的角度广泛地收集证据。其次，推出因法人意志混同而采取的滥用控制、不当控制和影响导致了关联企业之间的利益不平衡。因为企业所有的经济活动都体现在它的财务上，实务中，往往会从审计的切入点发现企业的大量无效和可撤销行为。当然如果破产涉及与关联企业不当控制相关联的欺诈，也是我们的证据线索。最后，要从整体上形成一个评价，即行为导致债权人公平受偿利益损害的程度。刚才郁琳法官也谈到了这个问题。我举的两个例子也很典型，一个是大量的债务集中在平台公司，这些平台公司之所以能够取得信贷资源，也是因为债权人把它们当作一个集体，这符合显著性的特征，而且这些资源在企业之间进行无实质交易的不当配置之后，导致各个企业之间资产和债务的不平衡，进而导致债权人受偿不公平。至于这个模型未来怎么建立，我们的逻辑是对外部债权人、内部债权人和个别企业进行模型的分析。

第二个问题，依职权启动破产程序的问题。目前《企业破产法》规定的启动程序还是有一些问题。在实务中，管理人发现证据后的启动，一般是通过协调的方式，由外部债权人或以管理人或者是关联企业的身份去申请进入程序，再启动实质合并的程序。

结　语

李曙光　中国政法大学教授、破产法与企业重组研究中心主任

2018年快结束了，先给大家拜个早年，这个年拜的是"破产年"。2018年破产案件飞速增长，2019年破产案件会更多。"蓟门破产重组"对话今年的8期都非常精彩，明年大家会看到更精彩的"蓟门破产重组"对话，我们已经有策划了。希望破产业界共同把对话这个平台做得更好，我们中心也会更加努力。2019年，希望破产业界能共聚对话，推动国家破产法的修改与实施，推动整体营商环境改进。也祝福我们国家在经济压力比较大的情况下，能渡过难关，各方面能够更好。谢谢大家！

整理人：中国政法大学破产法与企业重组研究中心
谢　琳　张　诚　孙经纬　黄健栓　朱天宇　于志明　韩焕雨
胡玉洁　李彦兵　李鹂键　廖天娇　肖明倩　刘奕辰　佟东来

参会时与会嘉宾信息

主讲人：

左北平　中国注册会计师协会破产管理人业务课题研究组组长、北京中恕重整顾问公司执行董事、利安达会计师事务所（特殊普通合伙）合伙人

点评人：

李曙光　中国政法大学研究生院院长、教授，破产法与企业重组研究中心主任
刘凯湘　北京大学法学院教授、中国法学会商法学研究会副会长
齐　明　吉林大学法学院教授、吉林省法学会破产法学研究会会长
郑志斌　北京大成律师事务所高级合伙人

主持人：

刘　颖　北京航空航天大学法学院副教授

与谈人：（依据发言顺序排列）

张艳丽　北京理工大学法学院教授
范利亚　北京德恒律师事务所合伙人、破产专业委员会主任
邹玉玲　北京市海淀区人民法院金融与清算庭副庭长
宋　宽　保华顾问有限公司董事
惠春安　北京中恕重整顾问公司副总经理
贺　丹　北京师范大学法学院副教授、中国政法大学破产法与企业重组研究中心研究员
高丝敏　清华大学法学院副教授
郁　琳　最高人民法院民事审判第二庭法官
张泽华　北京市怀柔区人民法院法官

破产时的债权交易约束

[美] 贾维南

发言嘉宾

主讲人：

Christopher Andrew Jarvinen（克里斯多夫·安德鲁·贾维南） 中国政法大学破产法与企业重组研究中心"富布赖特"访问学者、美国 Berger Singerman（博格辛格曼）律师事务所合伙人、美国破产学会（ACB）会员、美国破产协会（ABI）执行理事会成员

点评人：

李曙光　中国政法大学教授、破产法与企业重组研究中心主任

王　军　对外经济贸易大学法学院教授、中国法学会国际经济法学研究会常务副会长

司　伟　天津大学法学院教授

左北平　中国注册会计师协会破产管理人业务课题研究组组长、北京中恕重整顾问公司执行董事、利安达会计师事务所（特殊普通合伙）合伙人

主持人：

刘　颖　北京航空航天大学法学院教授

与谈人：（依据发言顺序排列）

胡利玲　中国政法大学民商经济法学院教授

陈夏红　《中国政法大学学报》编审、编辑部主任

宋　宽　德安华集团执行董事

邹明宇　合众人寿保险股份有限公司总监

范利亚　北京德恒律师事务所合伙人

杨　立　北京市君合律师事务所合伙人

主办方　中国政法大学破产法与企业重组研究中心
协办方　中国注册会计师破产管理人课题组
北京中恕重整顾问公司　利安达会计师事务所

2019 年 3 月

开　幕

主持人

刘　颖　北京航空航天大学法学院教授

各位嘉宾好，时间到了，我们开始第九期的"蓟门破产重组"对话活动。

中国政法大学破产法与企业重组研究中心作为国际破产协会在我国的唯一会员协会，拥有一个非常国际化的研究团队，一直践行走出去和引进来的方针，不仅在国际上代表中国积极发声，而且也经常邀请外国破产业界的领军人物来访，帮助国内同行打开了解世界的窗户。一年前的3月，我们邀请了日本破产法权威中央大学佐藤铁男教授来访，那次活动取得了巨大反响。今天，我们同样非常荣幸地邀请到了一位美国同行来访，他就是美国博格辛格曼律师事务所企业重组团队合伙人贾维南先生。贾维南先生不仅拥有丰富的职业经验，而且作为美国破产学会（ACB）会员和美国破产协会（ABI）执行理事，还拥有着深厚的研究积累。今天他将为我们独家分享有关破产中债权交易的思考。

另外，现行破产法的起草小组成员、破产法与企业重组研究中心主任李曙光教授，我国国际经济法、民商法的权威学者，对外经贸大学法学院王军教授，最高人民法院民一庭主审法官司伟博士（现为天津大学法学院教授）和著名的破产法实务专家左北平会计师会担纲点评。

之后，中国政法大学民商经济法学院的胡利玲教授、合众人寿保险股份有限公司的邹明宇总监等理论界与实务界的先进代表也会参与讨论。受时间所限，在此不作一一介绍，大家可以参考手上的嘉宾名单。

说明一下今晚对话的流程和规则：首先由主讲人报告1小时，然后是每位点评人评议15分钟，此后与谈人可以自由发言，每次不超过8分钟，最后我们会留出时间给现场观众提问。前两位点评人评议结束后，中间会有一个短暂的茶歇。

接下来让我们用最热烈的掌声欢迎贾维南先生开启今天的对话。

主讲人

Christopher Andrew Jarvinen（克里斯多夫·安德鲁·贾维南） 中国政法大学破产法与企业重组研究中心"富布赖特"访问学者、美国 Berger Singerman（博格辛格曼）律师事务所合伙人、美国破产学会（ACB）会员、美国破产协会（ABI）执行理事会成员

第一部分　债权交易的基本概念

　　美国的债权交易市场，30 年前还没有，而现在已经是一个很大的市场。在过去 30 年，以债权交易为对象的二级市场的崛起是美国破产实践中最重要的变化之一。对冲基金和私募基金已成为债权交易业务的主要参与力量。美国的大体量市场难以确切估计。一年购买债权的金额估计在 200 亿美元到 500 亿美元，债权的面值达数千亿美元，债权的交易数量大于一万个。我拥有 2016 年的确切数据，这一年美国有 427 个破产案件，7300 笔债权交易，涉案金额 260 亿美元。

　　根据破产法，什么是债权？债权是指任何法律所规定的受偿权。例如，我代理的一个客户，卖了价值 650 万美元的铁矿给一个公司，后者申请了破产。这是一个清算债权，没有任何争议，申请破产的公司也承认它欠我的客户这么多债权。大多数债权都是清算了的，而且破产的公司也没有任何争议。我想让大家了解，破产案件中债权是一个非常广泛的概念。

　　就像中国《企业破产法》规定的一样，美国的债权清偿也是有顺序的。最优先的是有担保债权，然后是管理费用债权，即在破产后的破产程序中产生的债权，如债务人在公司破产过程中要支付的费用。最后是无担保债权，主要有两种类型：首先是优先的无担保债权，包括破产申请前欠当地政府、联邦政府的税；其次是普通的无担保债权。最优先的有担保债权和最后的普通无担保债权，是《美国破产法》第 11 章中最常见的用于交易的债权。有意思的现象是，过去五年中管理费用债权的交易数量极大地增加了。我们会想，这不对吧？根据法律，这种债权是公司申请破产之后产生的，债务人继续进行破产程序的话，必须全额偿付。如果你是一个供应商，卖东西给一个处于破产中的公司，你知道他大概率不会付钱给你。在这种情况下为什么还要交易债权？实际上，债务

人可能根本完成不了破产程序，这时就从重整变成了清算。最有说服力的一个事实是曾经美国最大、一度世界最大的零售商去年（2018年）申请了破产。他觉得自己不能成功重整，所以把管理费用债权折价35%出售。

很明显，最常见的市场参与者有买方、卖方和经纪人（卖方雇用来帮助他销售的一方）。例如，我的客户是供应商，在买方申请破产之前就将650万美元的铁矿销售给了对方。但是在债务人申请破产之前，我的客户没有得到付款，因此在这个破产案件中有了一个债权。很多时候，客户都不想持有这个债权。我的客户是卖铁矿的，不是金融市场参与者，不是纽约的投行，不是对冲基金和私募股权，只是卖铁矿的公司。而买方一般是积极的市场参与者，例如，银行、高盛等私募基金。他们对于市场参与都非常成熟有经验，会联系这些有破产债权的供应商。最后一类市场参与者是卖方所雇用的经纪人。例如，一个公司拥有巨额债权，但是公司本身没有参与债权交易市场，于是雇用了一个经纪人。因此，市场参与者包括三方。卖方通常是供应商；买方是非常成熟的金融市场参与者；经纪人是卖方雇用的，用来找到合适的买家的一方。

那么买方为什么购买债权？很明显的目的就是挣钱。因为买方相信从破产案件中获得的收益会高于为债权所付的价钱。道理很简单，低买高卖。第二种就更有意思了。我在实务中最常遇到的是战略性买家。他们希望购买《美国破产法》第11章中规定的一个破产案件中的大量债权，以获得对这个破产案件的控制权。这为什么可以帮助其获得控制权呢？在美国，公司要成功重整的话，首先要获得批准。获得批准的一个要求就是至少要有一表决组是支持重整计划的。如果购买了足够多的债权，可以说已经变成了非常主要的债权人，就有很大可能性通过重整计划。

我在实践中最喜欢做的事情，是在申请重整之前进行债转股。我不知道中国有没有这种情况，在美国很常见。比如，我代理的一家私募基金公司，它认为某个生产小型飞机的公司很有前景，但是现在的管理很差，导致财务陷入困境。它们认为可以管理得更好，于是就会去接触那些优先级最高的债权人，一般是银行，银行借给了生产商钱。私募基金公司通常愿意从银行手里把债权买过来。一旦买过来，当生产商付不起贷款申请破产时，私募基金公司就会说："我现在是你的大债权人，会根据《美国破产法》第11章的规定进行债转股，控制你的公司，更换管理层，我们相信公司将会扭亏为盈。"所以买家通常会因为这个理由而在公司申请破产之前购买债权。

再来说卖家为什么会出售债权。也很明显，当一家公司申请破产，他是希望可以从破产中恢复过来的。作为债权人，不知道什么时候才可以获得破产财产的分配。所以，这些债权人很想卖掉自己的债权。他们想避免风险，马上弥补损失。如果把债权折价出售，可以获得大量的税收减免。同时可以从资产负债表中删除应收账款。如果债务人破产，卖方可以获得的补偿肯定是小于面值的。而且卖方可能不想参与《美国破产法》第 11 章的任何程序，所以如果卖掉债权就可以避免麻烦。

如何进行交易呢？现实中有两种程序。一种是通过法庭的程序。例如，我的客户持有 650 万美元的债权，而债务人钢铁公司拒绝履行，他说只欠 500 万美元，那就必须通过诉讼解决，破产法庭也作出了最终判决。当法庭作出判决，债权没有争议了，就会有经纪人问要不要卖掉 650 万美元的债权。另一种是有时候债务人会提交披露声明。债务人发起重整申请，在披露声明中说明为什么会破产，以及破产时采取的措施。更重要的是债务人应当会用普通语言而不是法律语言解释给每一组的债权人分配什么样的实物。并且披露声明是电子版的，所有人都会及时得到这个信息。例如，写明给普通债权人 10% 的清偿。一旦公司提交了电子版的披露声明之后，债权人马上就会收到法庭发的邮件，得到信息。一旦债权人拿到信息后，一下子就会有很多人打电话询问，一个低于 10% 的要价你卖不卖。

破产债权的交易通常有一个经纪人和一个买方通过电话或者邮件联系。由于双方信息可以从公共途径获得，所以他们知道要联系谁。买方会给债权持有人打电话说，听说破产重组可以获得 10% 的偿付，并给出另一个报价。电话达成初步协议后，会进一步确认。确认方式通常是一份两到三页的确认书，把主要条款和交易后的条款列清，然后双方签字。这是一个买方和卖方之间的长期私人协议，是定制化的协议，不是标准化的，无须提交法院。当然，如果发生争议，则可能提交法庭。例如，认为对方没有履行约定的义务。

再说回到美国破产法，其有两组规则会影响债权。一是公告。一旦发生债权转让，在破产中需要提交许多公告。二是对债权的禁止转让。首先说一下什么是债权凭证。债权凭证是一张纸质文件，每个债权人都要填写这个表格，然后向法庭提交。债权凭证很简单，就写着我的客户是谁，欠了多少钱，如 650

万美元，为什么会有这个债权，如卖了650万美元的铁矿。每个债权人都应该提交这个标准的债权凭证，而且要在法庭设置的截止日期前提交。否则，债权人就没有这个债权请求权了。这个文件很容易填写，但是很多债权人会加很多附件，例如用铁矿交易的合同来证明收到了铁矿。但其实只需一张债权凭证就够了。有时，一个案件中可能会有一万份债权凭证。Whitehouse案件中有一万两千个债权凭证。

接下来讲讲破产规则3001（e）（1）和3001（e）（2）的相关规定。根据3001（e）（1）的规定，如果债权进行了转让，即卖方卖给了买方，但是在此之前没有提供债权凭证并备案，则只有买方可以提供债权凭证。根据3001（e）（2）的规定，如果债权在转让之前已经备案，则买方必须提供债权转移的证据。我这里有债权转移通知，遗憾的是，这只是一个范本。我从电子数据库直接拷贝过来的。这个就是债权转让公告一页纸的表格，上面有破产案件的名称，有转让人和被转让人，还有买卖双方实体的名称，以及债权转让的数字。这个是需要登记备案的。因为破产法院知道谁在持有债权，这点是非常重要的。

关于禁止转让，也就是不予承认的。这方面的规定我就不仔细讲了，否则得讲一整天。中国法中也有这方面的规定，例如债权出现欺诈性的转移，即使持有债权的实体合法，如果受让人受到欺诈性转移，该债权也不被承认。我看到的所有破产法都有关于欺诈性转移的规定。我要让大家注意的是，进行债权转让，最开始的债权持有者如果不适格，且债权持有人可以禁止的话，那么这个不适格是随着债权进行转移的。例如，经纪人帮买方从卖方处购买了债权。两年之后，债务人起诉了债权最开始的持有人，也就是卖方，说他是欺诈性转移。一旦诉讼提起，就不能对此债权进行分配，必须等到诉讼结束之后才行。如果你不知道有欺诈性转移也不能享受这个债权，就可能会出现债权不适格的情况。

第二部分　合同订立

为什么要关心合同的订立？因为债权是通过合同进行交易的。合同是买方和卖方之间的合同。合同一般根据纽约法订立，因为纽约是美国的金融中心，大多数买方都在纽约，包括私募基金、对冲基金和投资银行。所以他们希望适用纽约法。根据纽约法，交易要具有约束力，需要满足三个条件：首先是意思表达一致，指双方对于所有的必要的交易条款都达成一致，包括价格、具体买卖了什么样的债权还有其他转让条款。其次是双方都有受约束的意向。不管是联邦法院还是纽约州立法院，适用纽约法均有一个客观的条件。要看买方和卖方做了什么，他们之间有什么电子邮件的交往，有什么对话。最后是遵循反欺诈法，我接下来会讲到。

我参与过贷款也参与过破产法债权的买卖。当双方就他们在贷款以及债权方面是否有约束力产生纠纷的时候，适用同样的法律。贷款市场是专业化的市场，参与者是银行、对冲基金或私募基金等主体。他们都是有经验的市场参与者，非常了解这个领域，而且其使用的文件都是标准化的。所以实际上你无须做什么尽职调查，因为多数的信息都是公开的，你知道这个贷款已经进行了完善的登记备案，有数据库可以查。但是债权就不一样，债权的卖方在美国各地。因为破产案申请中债务人的供应商可以在全国各地。例如破产案债务人在佛罗里达州，债权人在俄亥俄州，而且经纪人通常是代理人，文件是定制的文件，那么就还需要进行大量的尽职调查。

我给大家分享一些例子，这些都是判例法中存在的，也是我在实践中遇到的。第一个例子，这个就是我所说的涉及国外的条款的例子。债权的买方在双方已经达成合意后要求额外的条款，在这种情况下交易是否有约束力。如果有约束力，那么有约束力的交易的条款是什么。经纪人发了电子邮件，愿意以50%的价格购买破产债权。也就是说经纪人购买面值为100万美元的破产债权，仅需支付50万美元。供应商通过电子邮件表示愿意接受经纪人的报价。经纪人回复电子邮件"那么，我们就定了"。供应商答复"是的"。相当于达成合意了。然而一天之后，经纪人向供应商公司提供了一份确认书，里面有两三页，包括了一个没有讨论过的新条款。新条款的内容就是说若卖方公司的索赔因《美国破产法》第11章中的任何原因被拒绝，则要求卖方公司提供全额退款。大家可以看到为什么买方要求加这样一个条款，因为买方买了这个债权，希望破产后有受偿分配。但是如果债权不被承认，买方无法得到任何受偿。在这样的情况下，供应商在交易中是否要受到约束。如果这是一笔贷款，卖方会被约束。因为首先双方已经确定买的是什么，以什么样的价格来购买。而且这里有标准化的文件，不是定制的文件。所以相当于在标准化的文件上填空就行了。比如我从你这里买一笔贷款，是 100 万美元的贷款，我们两个人都签字就可以了，非常的简单。更重要的是，这也是关键点，这里有一个追索的问题，也就是说卖方要退钱给买方。这是贷款行业的预期条款，无须商谈。如果是交易贷款，追索使用的是标准化的行业常用的条款，卖方会受到交易的约束。但这是债权，大多数的裁决表明，如果双方在达成合意之后再加条款，则协议不具有约束力。因为双方对基本的条款没有达成意思的一致，在这样的情况下，就没有有约束力的交易了，这是我想让大家记住的一个基本问题。

第二个例子。买方和卖方要在往来邮件中商定交易。卖方在电邮中写到，我同意进行交易，但是以协议文件为准，意思是说必须签一个最终的文件版本，或者顺便说一下我们公司内部的律师必须批准才行，否则我们不能进行交易。假设经纪人提议以 50% 的价格购买卖方的破产债权，所有的基本条款包括追索权都列出来了。如果债权被禁止，要向经纪人退款。卖方要求讨论报价，并提到总法律顾问必须在文件上签字。一天之后，卖方表示愿意接受经纪人的要约，经纪人回复电子邮件"那么，我们定了"。卖方回复"是的，以文件为准"。在这种情况下卖方是不是受到约束呢？如果是贷款，卖方是受到约束的，因为这里使用的文件都是标准化的文件，卖方必须向买方销售。

去年，很多破产案子中创立了新的标准。例如，Landstar 公司卖了几百万的货物给另一个公司。Whitebox 是美国金融市场的参与者，他找到 Landstar 的高管，提出想购买一些债权，Landstar 同意卖。Whitebox 在他们达成合意之后又增加了额外的条款：如果债权被驳回，需要追索。Whitebox 跟 Landstar 说忘记追索了，要加上。Landstar 同意，但是要以最终的法律文件为准，该公司法律总顾问得同意才可以。但是债权没有卖出，交易没有完成。Whitebox 抱怨，虽然你已经同意了，但是破产法庭会裁决交易没有成立。因为在一个标准的债权交易中，Whitebox 的交易惯例不能强加于 Landstar 身上。因为 Landstar 不是一个成熟的金融交易商，他不知道追索权是什么。所以这个交易没有约束力。同时他也强调了前提条件，Landstar 的法律总顾问要进行批准，否则就不受约束。所以破产法庭驳回了 Whitebox 的主张，如果是要以邮件为准，那邮件中要写的很清楚。由于一个案子的债权的价格在二级市场是不断波动的，Landstar 可能找到更高价格的买家，就反悔了。

第三个例子。双方已经交换完邮件了，他们签署了一个两到三页的确认书，总结了一些交易的重要条款，但是还不是整个交易的最终条款，只是一些主要条款，还没有签署最终文件，所以这个交易就并未完成。这时候，所有重要条款双方都已经同意了。经纪人和卖方签署了书面确认书，愿意买卖方的债权。书面确认书中双方表明愿意受到协议的约束，以最终文件为准以及以尽职调查的结果为准。交易还没有完成，供应商公司就拒绝出售了，那么问题是，供应商公司是否应当受到约束？答案是要看具体情况。如果交易破裂的原因是价格走向对卖方有利，而卖方发现价格一路攀升，就想违反之前达成的协议，通常法庭更有可能判决"确认书是有约束力的"。原因在于，与我之前讲述的案例不同，前面的案例中双方没有就重要的条款达成一致，所以法庭没有强制执行。在这个案例中，双方已经就主要条款达成一致，表明了愿意受到约束的意图，已经达到了纽约法庭对交易约束的三个主要法律要求（在所有必要的条款上须"意思表示一致"、表达受"全部条件"约束的意向、符合反欺诈法相关规定），这时法院会判决协议有效。但是在另外一些情形下，法庭也可能判决协议无效。因为双方可能经过认真谈判之后，未能就重要条款达成一致。例如有证据证明在一段时间内双方曾进行过大量的文件、邮件、电话和会议交流，但提交破产协议时交易非常复杂，导致买方和卖方无法达成一致。

第四个例子。关于欺诈性转让，假设一种情形，位于纽约总部的经纪人给位于佛罗里达州迈阿密的供应商公司打电话，愿意以50%的价格购买整个破产债权。双方讨论并就所有的基本条款达成口头一致。经纪人询问供应商公司双方是否就此达成合意，供应商回答"是"，但是供应商却将债权卖给了其他人。

纽约的经纪人提起诉讼时，供应商在佛罗里达提起诉讼，诉称双方并没有交易关系。问题是：供应商是否会在佛罗里达州法院胜诉？答案是：很可能胜诉。原因是交易双方没有签订书面协议，且佛罗里达没有类似于纽约的豁免例外规定。首先，反欺诈法要求书面文件形式。美国50个州有统一的商业法庭，各州有各自的反欺诈法。其中要求，当销售价值500美元以上的商品时，必须签署书面文件才能执行。其次，纽约州存在豁免例外，即符合条件的金融合同例外。纽约州是金融中心，达成交易的速度可能很快，双方没有时间每一单都签订书面合同。很多时候是双方打电话"我卖""我买"，于是就成交了。纽约州的豁免例外包括任何债权方面的交易。也就是说，纽约法庭审理的案件，无

205

须书面协议也可以通过口头协议进行债权的转让和销售。再次，佛罗里达州没有这种例外。必须有书面协议才能强制执行500美元以上的合同。最后，本地的联邦法庭会依据当地反欺诈法进行判决。佛罗里达州的供应商在联邦法庭起诉纽约的买方，因为佛罗里达州没有类似于纽约州的豁免例外规定，于是佛罗里达州法院就会判决供应商胜诉。

第五个例子。关于独特的合同类型，大部分州中都没有这种合同。由于纽约是金融中心，有其交易特点。对于债权交易来讲，交易邮件本身就可以构成有约束力的协议，可以被视为初步协议。假设经纪人通过电子邮件提议以50%的价格购买供应商的全部破产债权，双方就价格、规模达成一致，想要进一步讨论追索权的问题，但经过谈判无法达成一致。问题在于：在此情景下，任何一方有义务做任何事吗？答案是：视情况而定。这要在纽约法庭情境下区分在大部分债权争议中都会涉及的两类初步协议。即第一类初步协议和第二类初步协议。

首先，从两类协议的联系与区别来看。相同点在于，均未签署书面协议，不同点在于买卖双方的邮件交流。一是合同内容方面。第一类初步协议中，包括所有的基本条款，例如价格、标的物等。第二类初步协议，主要条款基本达成一致，但有一些待定。二是约束力方面。纽约联邦或州法庭，包括上诉法庭都表示，如果交易邮件包含了所有主要条款（第一类初步协议），就相当于签署了书面条款，具有约束力。第二类初步协议中，双方未就主要条款达成一致，因此第二类初步协议没有约束力。但第二类初步协议中，双方有一个以"善意原则"对无法达成一致的待定条款进行谈判的义务。

其次，从两类协议的区分来看，法庭如何判断协议属于哪一类呢？由上述法律因素来判断。

最后，从两类协议的补救措施（由法庭来决定）角度来看，一方面，如果属于第一类初步协议，补救措施与传统合同相同，可以获得交易损害赔偿金。例如，如果能够向法庭证明有第一类初步协议，而另一方违约，则可获得交易损害赔偿金，即违约时交易标的物的价格与客户购买时支付的价款之差额。另一方面，如果是第二类初步协议，则没有交易损害赔偿金，只有信赖利益损害赔偿，例如尽职调查的费用。因此第一类和第二类协议的权益相差极大。

第三部分　最佳实践

最佳实践看起来司空见惯，但是在现实生活中，人们却往往做不到这一点。我是上庭的诉讼律师，经常上庭的原因就是人们经常犯错。即使那些本来应该很成熟、很有经验的金融交易员，有时急着赚钱，也会出现写邮件不仔细，没有包含重要的条款，或者没有注意到合同是否有约束力等情况。

如何规避此类情况的发生？第一，用清晰的语言记录协议。在纽约法庭，例如我提出以100万美元购买债权的要约，另一方接受，但是要加新的条款，这实际上被视为一个反要约或新的要约，最开始的要约就结束了。说明另一方给了我一个反要约，我必须准确地接受，否则就不能受合同的约束。很多州有这样的规定，但并不是所有州。第二，确认是非常关键的。第三，如果不想受合同约束，可以为客户提供以下三点意见。首先，要十分谨慎，避免使用某些可能被解释为表示同意的词。我总跟我的客户说这些，但他们时而听时而不听，最后就只能雇用我处理后续的事项。其次，不要说"那就定了""太好了""等不及了"这样的语句。因为法官会据此认定双方已经达成了交易，有约束力。最后，一定要写明权利的保留条款。

第四部分　一旦购买债权，如何行使自己的权利

去年在破产法方面有两个对债权买卖产生了极大影响力的判决，即Woodbridge Group of Companies，LLC，2018 WL 3131127（Bankr. D. Del. June 20, 2018）案和Caesars Entertainment Operating Co., Inc., 588 B.R. 32（Bankr. N.D. Ill. 2018）案。身为买方律师要做很多尽职调查和研究。如果想购买债权，就需要求买方从卖方那里获得所有与此债权相关的文件，包括申请破产后所有的合同。并且调查卖方，以确定债权是否可能被禁止转让。但是有一点，我之前一直没有查过，就是在破产申请前合同中的禁止转让条款。禁止转让条款，是指根据此协议的规定，破产债权可以转让给另一方，但必须得到债务人公司的同意。

买方会找卖方表示想购买债权，购买后依据转让证据清单去法院登记。在异议期，债务人有权提出异议，依据破产申请前的禁止转让条款，表示不允许在其不同意的情况下转让债权。这看似是小问题，但在债权转让方面是一个巨大的问题。我们需要探讨，依据合同法怎样可以避免自由转让。现在的情况是，

债务人已经对协议违约（例如应付款而未付款），非债务方又因禁转条款而禁止债权转让，这就是这两个难题。

以上是我对于债权交易的一些介绍，以及一些实务操作中的做法，谢谢大家！

点评人

李曙光 中国政法大学教授、破产法与企业重组研究中心主任

非常感谢贾维南先生有关美国破产债权交易的精彩介绍，这是一个非常前沿的学术问题，也是一个重要的实务热点问题。贾维南先生讲到，美国每年的破产债权交易市场非常大，但由于时间有限，他着重介绍了一些核心观点。今天我受他的启发，从以下几个方面谈谈我对于中国债权交易的一些认识。

首先，中国债权市场的基本情况。破产债权市场占了中国整个债权市场很大的比重，其中很大一块是债券市场，政府债、金融债与公司信用债总规模达80万亿元人民币。公司信用类债券按照存在市场的不同主要分为三类，第一类是银行间交易市场管的，约11万亿元；第二类是证券市场管的，约5万亿元；第三类是发改委管的，约5万亿元。其中，现在讨论比较热烈的是公司信用类违约债券的交易市场，我们中心也向中央有关部门提出了相关建议，要建立推进违约债市场。2014年，中国出现了第一支违约债，即超日债，打破了刚性兑付，2018年一年的违约债金额就达到了1100亿元人民币。从2014年公司信用债违约开始到2018年年底，违约债金额已达到1800亿元人民币。贾维南先生说的破产债权市场比传统的违约债市场更大，包括金融债权与非金融债权，除了违约债之外，我们现在破产债权的市场，我估算了一下，重整类债权的金额大概是1万亿元人民币，去年500多家企业重整，仅渤海钢铁一家就2000亿元债权。清算类的债权大概也有1万亿元。这样看来，中国的破产债权市场，一点也不比美国弱。

其次，我们的债权交易在中国的法律框架下有什么规定。先是受到金融法的规制，中国人民银行《金额统计管理规定》明确规定，违约债属非标产品，即既不能到期偿还利息也不能偿还本金，更不能上市交易。在实践中，特别是破产重组中，还存在部分协议交易。此外，《物权法》、《合同法》（现《民法典》）

等法律，也都对破产债权的交易有一定限制。《企业破产法》对于债权交易虽然没有直接规定，但许多条款对中国未来的债权交易还是有一定影响，其中第 31 条至第 34 条对于可撤销交易和欺诈性交易实际上有规定，在进入破产程序后，对破产财产的处理，会影响到债权人的权益，进而会影响到破产债权的资金池。除此之外，第 61 条有关债权人会议核查债权的规定、第 64 条有关法院有权撤销债权人会议决议的规定以及第 87 条法院可以强制通过重整方案的规定，这些都会对未来中国破产债权的交易产生很大的影响。前两天刚刚颁布的《最高人民法院关于适用〈中华人民共和国企业破产法〉若干问题的规定（三）》（2019）也会对债权交易产生较大的影响，该解释第 2 条鼓励新进债权人进入重整中的企业，给新进债权人一个特别的优先权；第 9 条规定债权人的异议权、第 11 条有关债权权益不受影响的债权人可以不参与表决等条款的规定，也都会对未来破产债权的交易产生一定影响。

最后，中国可以借鉴美国的地方。我认为有以下几点：一是可以在破产时鼓励债权交易，违约债是常态化现象，违约债交易可以促进市场流通，降低金融风险。美国发展出的这个市场很好，中国也应建立相似的市场，这对于提高清算的效率和增强债权人在分配中的收益比例会有促进作用，在重整程序中债权人决策权控制权也可以通过债权买卖进行调整，提高重整成功率。二是建构约束规则，所有交易如果没有一定约束，有可能对后面的破产程序带来较大的负面影响。这一规则约束体系包括可交易债权的概念必须有清晰明确的定义，必须是干净的无异议债权，担保债权的交易应该进行特别的规定，禁止欺诈性交易，对交易合同进行正当性审查。三是在对破产法相关条文进行修改的同时，要有债权交易的司法审查，以促进与规范破产债权交易。

我就做这些点评，谢谢。

点评人

王　军　对外经济贸易大学法学院教授、中国法学会国际经济法学研究会常
　　　　务副会长

当前我国还没有形成合法的公开交易的破产债权交易市场，贾维南先生的演讲介绍了美国的一套制度体系，非常值得我们未来学习和借鉴。

债权交易中存在的很多大宗的债权交易，这对于我们国家未来，特别是在处理破产案件债权分配问题方面，具有很好的借鉴价值。贾维南先生在演讲的过程中，提到了很多合同法的概念，结合我个人对于美国合同法二十多年的授课经验，我认为现实中的很多交易，即使是特别领域，例如海商法，最后在官司之中仍然是合同法中的某个内容，例如合同的成立问题、交易条款的效力问题。因此，掌握必要的合同法、侵权法基础对于深度掌握破产法是十分重要的。

点评人
司　伟　天津大学法学院教授

刚才听了主讲人精彩的演讲和其他各位的点评，对我的启发很大。破产债权交易离不开法治化市场化的框架。在我国破产程序中，无论是企业破产法实施前的阶段，还是依照 2006 年公布的企业破产法进行的破产重整过程中，都存在实质上的债权交易行为。因为要达到和解、重组或者重整，必然涉及对债权的一些安排，这样才可能让相关当事人妥协，从而促进企业和解重生。破产重整制度给企业搭建了一个较好的法治化框架，但是我国当前的破产重整市场化程度还不够高，无论是行政机关还是法院，对于整个破产程序的主导或者影响都是非常大的。这种情况下，市场化受到很大程度地挤压，市场主体对是否能够以及能够在多大程度上在法治化市场化的框架下进行企业的破产重整，难免存在一定疑虑，这也不可避免地带来破产重整市场化供给的不充分。所以，仍然要回到法治化市场化的框架，充分遵守法治化市场化的原则，这也是中国破产审判实践发展的趋势。

自 2016 年以来，中央努力推进供给侧结构性改革。供给侧结构性改革的一个重要内容就是要调整和优化产业结构，让不适应市场环境、资不抵债的企业退出市场，对暂时陷入困境但却仍有发展潜力的企业及时纾困。破产程序无疑提供了一种重要的通道。最高人民法院近年来一直高度重视在破产领域所应遵循的市场化法治化的方向。最高人民法院于 2017 年 12 月底在深圳召开了全国破产审判工作会议，会后印发了会议纪要，回应了破产审判实践中许多亟须解决的问题，并明确了破产审判要遵循法治化市场化的导向。

就破产债权交易而言，上述这个过程也同样存在。一方面，我国企业破产重整制度方面的制度供给，相对来说比较粗糙；另一方面，对于债权人如何行使权利，相应的规则也过于简陋。而要想有一个繁荣的破产债权交易市场，一个重要的基础或者前提就是债权人行使权利的边界是清晰的，债权人对其债权的价值有一个比较明确的界定和评估。所以说，这也就有赖于债权人行使权利规则的进一步明晰。刚刚出台的《最高人民法院关于适用〈中华人民共和国企业破产法〉若干问题的规定（三）》（2019）专门对债权人行使债权的一些规则制度进行了规定。明确了破产受理后借款的清偿顺序、单个债权人的知情权、债权人会议表决机制、管理人处分债务人重大财产的权限和程序等问题。另外，企业破产法修改也已提上日程，将于6月前后准备成立修法起草组。这为下一步在破产重整程序中，破产债权交易市场的进一步打开，应该说打下了非常坚实的基础。

就破产债权交易的重要性而言，由于债权人的异质性，债权人之间具有复杂利益冲突，这又使债务人相互阻挠羁绊，从而导致债务人财产可能会无法得到充分利用。在这一情况下，如何限制债权人之间的相互制约，提升债务人企业的营运价值，是必须直面的一个重大问题。通常的解决途径有两个：一是强制批准重整计划，二是促进重整中的债权人的协商与债权交易。在当前的司法实践中，非常强调对重整计划强批权的限制，市场化是方向，是我们要倡导的主流。因此，在重整案件审理中，要注重充分发挥市场在资源配置中的决定性作用，充分尊重当事人的意思自治，尽可能通过重整中的市场参与者的自主协商和谈判，表决通过重整计划。在依法保障债权人和出资人合法权益的前提下，实现对困境企业的挽救。

就破产程序中的破产债权交易而言，贾维南先生给我们提出了一些很有价值的问题。结合我国实践，我认为有许多值得研究的问题。有些是实体问题，例如，担保人和顺位在后的债权人之间达成交易，担保权人拿出其可能获得的一部分收益给后顺位债权人，此时一个顺位在两者之间的债权人对此提出异议，应如何处理？如果后顺位债权人因此获得了超过其破产债权数额的回报，这会不会对这个交易在破产程序中的效力评判产生影响？有些是程序问题，比如，如果已经完成了债权交易，重整计划也因此顺利通过，但事后该交易被认定是无效的，重整计划是否会因此受到影响等。这些问题的解决还有赖于实务界同学术界保持密切的交流，并借鉴国外先进经验和做法。

点评人

左北平　中国注册会计师协会破产管理人业务课题研究组组长、北京中恕重整顾问公司执行董事、利安达会计师事务所（特殊普通合伙）合伙人

贾维南先生的讲座对中国破产法的实践具有非常宝贵的借鉴意义。他通过生动的案例对美国破产过程中的债权交易进行了介绍，包括债权交易形式、参与主体、约束条件、重要规则等，对于我们中国未来实务中实现破产案件推进、企业挽救、债务人价值增值的目标有重要意义。

在供给侧结构性改革的背景下，我作为一名会计师，是来自实务一线的从业者，发现债权交易在国内实务中已经有大胆探索。破产法实施前，国内在破产程序中已经有债权交易的萌芽，虽然没有类似于美国的明确的市场规则导向，但是为了达到破产目标，我们有一些隐形的债权交易。在实践中有些资产管理公司或者一些战略投资者，收购债权人的部分债权，以达到控制重整企业的目的，运营增值后再找出适当的退出通道。这些实务中的操作实际上和美国重整中的债权交易是非常类似的。由于目前没有相应的规则，此类操作更多是在幕后，而不是在台前。但是没有规范化，也缺乏可供实践的制度框架，特别是在债权交易部分，缺乏一些合格的投资者，例如缺乏专业投行专门从事困境企业债权收购，美国有基金、专业投行等专业机构，专门从事困境企业债权收购，通过对企业财产的管理，达到增值出售的目的。我国有巨大的债权交易市场，这个市场的存在和发展会大大推进我国的结构转型，债权交易在实践中具有非常巨大的现实需求。

因此，建立适合中国特色的债权交易制度，并使其合法化，有规则的、可预期的交易程序非常必要。特别是《最高人民法院关于适用〈中华人民共和国企业破产法〉若干问题的规定（三）》（2019）为了配合改善我国营商环境，赋予债权人六项权利。债权交易的规则在《最高人民法院关于适用〈中华人民共和国企业破产法〉若干问题的规定（三）》（2019）的框架下怎样设计，这是值得进一步研究的课题。这一规则将有利于提高企业重整可能性和重整效率，实现债务人破产财产价值最大化和债权人利益最大化的立法目标，因此有非常迫切的现实需要。在《企业破产法》的修改已经提上日程的情况下，我相信会有

新的制度措施出台。

与谈人
胡利玲 中国政法大学民商经济法学院教授

今天听了贾维南先生的讲座，我受到很大启发。各位点评人的点评分享也让我对一些内容有了更深的了解。这让我在看了 60 页 PPT 的基础上有了更深的感触。下面我先谈一些感受，再提些问题。

从投资人角度，破产债权的交易是一种投资的工具，甚至有完整的债权交易市场。从破产融资的角度来讲，也是一种解决融资的办法。在当前国内市场中，破产融资是一个难题。但实践中也在不断摸索新的解决方式。现在有低价收购垃圾债券、购买共益债务等方式解决融资难问题，这也算是一种手段。所以，从融资的角度来讲，破产债权的交易应该也是一个解决办法，虽然它不是最主要的解决办法。另外，破产债权的收购在一定程度上也会影响重整程序的进行。例如，在大量购入重整债权的情况下，甚至会取得债权人会议或分组表决会议的控制权，它会对重整计划的进行会产生很大的影响。当然，不同的投资人想法不一样，有的是为了谋求控制权，为了将来重整后获得更大的收益。因此客观上来讲，这种债权收购是会影响到重整程序的进行的。

以下是我的问题。

我特别想了解一下，美国破产立法及破产实务中对破产债权的交易有没有一些特别的规则。刚才您讲的很多内容，很大程度上是一些即使不是破产债权也需要注意的事项，所以对于破产债权有没有一些需要特别注意的事项呢？特别是这种债权像刚才李曙光老师所说的是债券的这种情况，一些债券违约后进入破产程序中，在破产法或破产实务中，有没有对债券的处置的特别规定？如李曙光老师所说，在破产制度中，有一些制度一定会对破产债权交易产生影响，比如撤销权制度。对于这样的破产制度，在面对债券这样特殊的交易的时候，有没有一些变通？比如撤销制度会不会有特殊安排？或者抵销制度有没有例外规定？以上问题，想从比较法角度了解有没有一些规定可以供中国债券领域参考。

主讲人回应：

贾维南：谢谢你的问题。当你说有没有特别规则的时候，我立刻想到了破产规则。我们有破产法，还有破产程序规则。唯一特殊规范破产债权或债券的法律规定，就是关于公告的规定，有债权交易的话，就要登记备案。关于债券或其他票据的转移都不是由破产法来规范的，其依据为证券法、票据法、合同法等。如果一个公司债务人已经违约了，无担保债权人就是专门一类债权人，不仅破产债权交易是这样，任何案件可能都是这样。所以就规范破产债权交易方面的规则来说是非常有限的。需要看看票据或债券方面的其他基础法律。

胡利玲：除了非破产法的规定外，进入破产程序中，债券的持有者，这些债权人如何行使权利？有没有特别安排？例如，实践中可能成立债券持有人委员会，由他们代表债权人在程序中进行表决、知情权获取、信息披露等事项。总之就是要代表这些持有人行使权利，类似于这些事项有没有一些特别规定。实践中，除持有人委员会行使权利外，还可能是债权人自己委托哪些人行使权利呢？毕竟，如果企业发行同期债券的人不在一起，他们就难以充分行使权利，有没有途径让他们可以充分行使权利呢？

贾维南：答案是肯定的。在美国，尤其是纽约，有的债券持有人委员会是非正式的，甚至在公司申请破产之前就存在了，他们往往在重整过程中发挥很大影响。在这方面有很多例子，例如，我以前的律所在北京也有办公室，是美国著名的债券持有人委员会的律所。在破产中，只给受委托人一定的权利，债券的个人持有人是没有相应的权利的。如果拥有很多数量的债权人，就可以成立非正式的债券持有人委员会，通过委员会行使权利。他们有时候会把票据转股，或者把自己的票据价值转换成其他形式。

与谈人
陈夏红　《中国政法大学学报》编审、编辑部主任

感谢贾维南先生非常有启发的分享。我有两个问题。

第一，我们都知道，债权交易的卖方可以从中受益，尤其是他们不用花费那么长时间就可以获得一些受偿。那这种情况下，为什么债权交易只会发生在第 11 章重整程序，而不能是清算程序？

第二，根据您提出的这五个案例，是否可以把债权交易理解为一个博弈的过程，或者是一个组合的过程，每个人可能随时停止、放弃，因此需要设计很多制度来保证这个游戏进行下去，是否可以这样理解？

主讲人回应：

谢谢提问。

对于第一个问题，我觉得这种债权交易通常适用于第11章的重整程序，而不是第7章清算程序。重整环节变成清算程序时，或者企业直接提交清算的话，说明公司的基本情况很差了，已经没有钱来支付第11章里的债权了。例如转股的例子，如果第11章的案件变成第7章的案件，清算人的费用优先级实际上是最高的，其他债权人可以获得的收益就很少了。因而债权交易的吸收力就很低了，因为这种情况基本没有什么收益了。

第二是关于博弈论的问题。我认为除了这种交易程序外，很难再设计其他规则。因为市场上有很多金融交易者，他们是买方、卖方或再交易方。一旦有了这样的交易程序之后，法官希望交易是公平的。一旦程序设计好了，系统就会顺利进行。我不知道现在的程序是否达到最佳。例如，如果我是一个供应商，我的客户欠我650万元，现在有人出价要买我的债权，那我能否确定这是我能拿到的最好价格？现在是没有程序能确保这个交易是完全透明的，也就无法保证这个就是最好的价格。我不是博弈论方面的专家，无法来对此做详细的讨论。但是我觉得程序是一定有的，可以通过规则的不断细化，来使交易更加透明。目前来看，买卖双方信息是不对称的，买方是更占优势的，因为他们获得的信息更多。例如，可能让经纪人来进行调查。但是，如果程序上设计得好，基本上是可以实现公平交易的。

与谈人
宋　宽　德安华集团执行董事

我想讲些案例，也提些问题，希望听听您的意见。

第一个案例，在我们去年的重组对话中也提到过，一个极端的关于债权交易的例子。如果在一个重组案件中，一个债权人有100万元债权，但是把这100

万元债权自由转让给 100 万人，每个人是 1 元钱。中国有小额债权人组，可以得到百分之百的受偿。美国不会为小额债权人单独设置债权人组。但是如果在美国的司法体系环境之下，重组过程中可以自由转让债权，这 100 万元小额债权人足以影响重整方案的通过与否，因为他们的数量占有绝对优势。美国的债权转让市场比较成熟，有没有这样极端的影响表决结果的例子。

第二个是我做过的一个类似案子。我们被小额债权人推荐做开曼公司的清盘人。债务人来收购其他债权人手中的债权，最后他占到了多数，从而在法庭听证中可以委任更加友好的清盘人人选，把我们排除在外。同时由于他占到多数，其实他可以左右或者极大程度上影响案件重组，实现对自己利益的最大保护。

简而言之，我的核心问题是，在美国债权交易这么发达的情况下，是否有类似的案件发生，根据美国的法律和您的实践，如何避免这种情况，是否有一些救济途径？

主讲人回应：

感谢提问，先回答第二个问题。BVI 公司买了大量债权，最后他们可以选择清算人。这种情况在美国不会出现。因为公司提交破产申请的时候，不需要法庭的指令，他们平常就是这样做的。一旦超出自己平常的经营范围，必须问破产法庭他们是否有权利这样做。例如，获得融资的时候要经过法庭同意，因为借款超出了他平时的业务范围。购买债权也需要法庭批准，否则会一无所得。我手中也有很多这种清算人案件，一旦你想让重整计划通过，就一定要获得一个非关系人且受损的债权人组的同意。如果他是让附属的人去购买，而不是他们自己购买，同自己购买效果相同。因为如果有关系，还是会有附属关系的。因此，这是犯罪，违反了破产法，可能要进监狱的。（如果法庭不披露，你作为不相关的第三方购买，其实你是债务人的朋友，希望影响表决结果。第三方可能是负债人公司的亲戚。）在美国即使你购买了债权也没有任何好处。因为重整法很有意思的一点是它非常灵活，人们总能想出新的问题。20 年前很新鲜的想法，到今天就很常见了。

我很喜欢你的第一个问题，极端案例会不会在第一章下发生。您举的那个例子不会发生。因为清偿顺序通常会考虑到小额债权人的权益，比如说其中有优先顺序，没有担保的债权人组会有优先权。同时这是呈瀑布状的，只有有优先权的组全部清偿，才能让下一组优先权比较低的债权人组得到清偿。所以说，雇员的薪水没有上限，要完全支付了之后才能让下面债权人组得到清偿。可以创立方便的债权人组，例如，你的债权是1000美元，你只拿了100美元，就意味着放弃了投票权利。这样很多小额债权人组就可以得到清偿。有些债权人会得到全部清偿，因为额度本来就很少。

与谈人
邹明宇 合众人寿保险股份有限公司总监

针对今天讨论的话题，我们接触法庭并不多。但是这个话题确实非常有意义。不仅是有理论上的意义，更多是实践上的意义。美国债权交易市场的规模是每年上万起，交易金额达到几百亿美元。国内交易市场规模的数字也是很大的。除了债券交易市场几十万元之外，非债券交易市场大概每年有2万亿元，这个规模也是非常惊人的。从实践中我们了解到，全国的重整案件中，债权交易这种行为大量出现。为了获得控制权、减少重整阻力而大量收购小额债权的情形，在实践当中是非常常见的，所以这个问题对我们有很大的实践意义。

我谈几点自己的认识。从交易的意义上来说，这对债权人来说是很好的保护方式，因为给债权人提供了交易市场，为他的债权提供了溢价的可能。我可以考虑继续持有这个债权，我也可以考虑退出，有更多选择空间。这对债权人是很大的保护。

对于债务人，我没想好。刚才胡老师提到有利于重整，我认为也是有利于重整的，他为进入者提供了明确的预期，进入之后如果失败了，还有退出的渠道和途径。这样从侧面来说也是鼓励更多人参与重整。这是一个有利的地方。另外，美国更多是在第11章适用债权交易。从这个程度上来说，这个制度对重整有促进作用。说的远一点，就涉及我们现在一个很热的话题：营商环境提升。测评指标中包括两个部分，一是框架力度，二是回收率。我们国家营商环境的排名在去年大幅提升，但是破产的得分近三年一模一样、没有前进。从得分的具体分项来看，总分的上限是16分，我们是11.5分，这里的提升空间是有限的，更大的提升空间在回收率。回收率一共三个指标，最关键的是结果指标，也就是重整能不能成功。所以，如果债权交易市场能够促进重整，对我国营商环境的提升也是很有好处的。

我针对原则方面也谈谈自己的想法。刚才李曙光老师提到了几个原则，我非常赞同。第一个原则，大力鼓励债权市场发展。姑且不论营商环境的改善是否有利于穷人，只要对债权人的保护有利，我认为就是值得鼓励的。第二个原则，坚持市场化。市场化意味着让市场中的私人主体去博弈，而我们要做的，就是保障博弈的公平性和透明性。第三个原则也如李曙光老师所提到的，应当尽快明确一些交易的规则。司伟老师也提到，债权人的权利边界必须是清晰的。既然是博弈，就要有规则，既然是交易，规则就要明确。只有规则明确，才能提供稳定的预期。关于规则，刚才李曙光老师提到了四点，包括可交易债权的定义、标准、欺诈的规制等，都需要我们明确。我在这个领域接触得不多。刚才宋宽先生提到的一些极端的情况，也是有可能出现的。比如我是买方，破产的债务人可能是我直接的竞争对手。当对方陷入困境、进行破产重整时，我以折扣价格将债权统统收到手中，之后我却不配合对方的重整，不通过所有重整方案，目的是让它退出市场。这种情况，是否应当规制，是否认定为恶意收购？应当从什么角度来规制，是破产法还是其他的法律？（在发展一个市场的同时，还应当把它规范起来，这样会促进市场更好的发展。）

主讲人回应：

你提出了关键的问题，就是直接竞争对手购买债权使得重整变得不可能。这个问题在判例法中是这样解决的，如果是竞争对手就不允许对重整计划进行表决，债务人可以证明你的目标是对公司不利的，那表决可以不算数。这些购买都要登记备案，所以如果竞争对手购买了债权，而其行为是为了毁掉债务人，他们的表决就不生效了。

与谈人

范利亚 北京德恒律师事务所合伙人

谢谢您给我们带来的经验。中国破产实践有两个特点跟美国的债权不一样，或者说在美国可能不会这么明显。一是中国的债权有大量的担保。这个跟美国可能不一样。现在银行把有限责任公司的股东有限责任已经扩张到了无限。甚至把其他主体的信用全部拖到了破产中来。美国债权的可定价清空和中国的可能不一样。二是在我们的重整程序中，破产委员会作用很大。我们德恒也专门做这个。由于现在控制债权体系的主要是银行，转让债权的情况下，选择的对象也主要是国有企业，主要是资产管理公司，以及现在大量涌现的地方政府控制的基金公司。完全市场化的交易还比较少。这些类别的公司要解决地方金融风险，它们的目的并不隐秘。对于国有经济和民营经济，在核心经济主体发生危机的情况下，地方经济秩序会受到较大影响。对于中国而言，地方金融秩序稳定的重要性超过了债权金额的收益性。

我有两个问题。第一，美国债权交易的定价有没有专门的咨询机构来做，为买方、卖方和经济方提供建议服务。既然有这么大的市场，是否就有人专门做定价咨询，或者专业的买方有专门的买手模式，因为我看到有大量的投行活跃其中。第二，是否有债权交易的集中损害了重整程序，从而导致重整程序失败的案例？债权交易集中会使债权人取得特殊的地位，他利用地位会制订有利于他的重整计划，这是有可能的，在中国已经出现了有的债权人对于方案有超级投票权的情形，如果他不同意，就要转到清算程序，债权人有条件威胁管理人和法院，最后实现其超级利益。作为管理人的我们不得不做出让步。在美国有没有这样的案例？

主讲人回应：

对于第一个问题。我们确实有咨询公司专门做债权定价。一般是经纪人来负责。债权卖方如果完全不了解市场，就会雇用经纪人。然后经纪人以价格的一部分作为其提成。例如 Jeffery 这样的公司。他们的身份可能不同，可能是经纪人，也可能是买方。确实有专门做定价的公司。他们也有经济利益在其中，卖的越高，利益越多。

对于第二个问题，我们确实遇到过。如果是这种恶意收购，我一般是不会参与的，我们要照顾客户利益，但是也会想要使债务人公司利益最大化。但判例法中确实有这样的案例，一旦他可以获得投票权，就可以榨取更多价值。如果有一个债权人，他的投票权占大多数，若他不同意则该表决组不能通过重整计划。因此无担保债权人可能不能得到清偿。

李曙光教授回应：

美国破产法和中国破产法有一个很大的区别。美国破产法在重整程序当中，基本上没有官方任免的管理人。而在中国，管理人控制重整的现象比较常见。如果发生债权交易，而且债权交易集中在一个超级债权人手中，就会发生管理人和超级债权人之间的冲突。这可能是美国没有的一种情况。美国的管理人或者说整个重整程序的驾驭人都是由债权人聘请的。当然，小债权人可能足够集中来对抗大债权人。但是不管怎样都没有官方任免的管理人与债权人这样两个利益体。而中国的债权交易中要受到管理人的制约。我们在立法中要予以考虑，我们也提过建议，中国在重整过程中要尽量减少管理人，管理人模式尽量要少用。这样债权人之间的博弈就可以市场化了，就不会有一个官方指定的管理人代表所谓的公共的利益去谈判。

与谈人

杨　立　北京市君合律师事务所合伙人

我也想了解关于定价机制的问题。

首先谈一下对这个问题的理解，为什么要把债权交易放在破产语境下来谈，我想有两个原因。一是交易会影响到其他债权人的公平受偿，于是破产法有对抵销的限制；二是这种债权与非破产法情况下的债权有所不同，它带有控制权的因素，这也解释了为什么债权交易更多发生在第 11 章的程序中，并且能够决定债务人企业的重整方案。因而与通常情况不一样。基于这种认识，我认为破产程序下的债权交易确实会有特殊规则。

这种约束就联系到目前上市公司收购股份，当达到 30% 时触发要约收购义务，当达到 5% 时触发权益变动披露。我想这些也是因为控制权的因素。这些原理和立法规则在设计债权交易规则时是有借鉴意义的。这是在破产法框架下谈债权交易的特殊性所产生的一个特点。接下来我想问一下，经纪人有一个定价的角色，他通常通过什么方式来确定破产债权的价格？

主讲人回应：

谢谢你的提问。经纪人通常由卖方雇用，是卖方的中介或代理。通常卖方愿意支付雇金或提供提成，这样经纪人有足够的动力去提高售价。在行业内有些经纪人很受欢迎，因为他们对某些公司比较熟悉，也清楚哪些公司愿意购买债权。基本上，如果我是被卖方雇用的经纪人，会直接找主要买方咨询，先询问他们是否购买，然后收集他们的报价。就像拍卖程序一样，比如我会问有买方出 20% 的价格，有人出更高吗？然后在市场找到出价最高的买家。这就是基本的方法和途径。

结　语

主持人

刘　颖　北京航空航天大学法学院教授

　　谢谢各位，今天的对话也接近尾声了。今天的对话中，贾维南先生带着对破产法事业和对中国的热情远道而来，以"破产时的债权交易约束"为题，让我们领略到了英美法系的特色以及美国破产实务的精彩。为我们"蓟门破产重组"对话的国际性、开放性、前沿性定位又作出了新的脚注。李曙光老师从我国的债权市场情况、中国法下有关债权交易的现行规定、外国法对我国的借鉴之处三个方面对贾维南先生的报告进行了精彩点评，兼顾了实务、立法和学理等不同的角度。之后王老师、司老师、左老师也从不同的角度进行了精彩点评，包括之后的各位与谈人也给我们带来了不同方向的思考。

　　回到报告中，贾维南先生的报告内容丰富，信息量非常大，这可能也是您需要把语速维持在一个很快水平的原因。如果大家感觉意犹未尽，没有关系，我宣布一下今天活动的彩蛋。贾维南先生这次是借助"富布赖特"项目，以中国政法大学破产法与企业重组研究中心访问学者的身份来访，所以他在今年 5 月 3 日之前会一直在中国政法大学驻地研究，他的办公室就在这栋楼里，他诚挚欢迎大家就破产法及相关问题与他进行深入的交流。大家只需根据上面的邮箱提前预约时间即可。

　　下一期的对话是 4 月 20 日周六下午，我们将迎来美国纽约破产法庭的资深法官主讲个人破产问题。换句话说，我们会在最合适的时间邀请最合适的人来讲最合适的题目，希望大家不要错过。恳请大家继续支持我们的"蓟门破产重组"对话,继续支持我们破产法与企业重组研究中心,我们将竭力做好各项组织服务工作。最后,感谢大家的到来,尤其感谢贾维南先生的精彩报告。预祝您在中国接下来的旅程愉快、顺利。我们4月20日见,谢谢大家。

整理人:中国政法大学破产法与企业重组研究中心
谢 琳　孙经纬　韩焕雨　张志文　朱天宇　胡玉洁
于志明　郑建安　黄健栓　肖明倩　刘奕辰　佟东来

参会时与会嘉宾信息

主讲人：

Christopher Andrew Jarvinen（克里斯多夫·安德鲁·贾维南） 中国政法大学破产法与企业重组研究中心"富布赖特"访问学者、美国 Berger Singerman（博格辛格曼）律师事务所合伙人、美国破产学会（ACB）会员、美国破产协会（ABI）执行理事会成员

点评人：

李曙光　中国政法大学研究生院院长、教授，破产法与企业重组研究中心主任
王　军　对外经济贸易大学法学院教授、中国法学会国际经济法学研究会常务副会长
司　伟　最高人民法院民一庭主审法官
左北平　中国注册会计师协会破产管理人业务课题研究组组长、北京中恕重整顾问公司执行董事、利安达会计师事务所（特殊普通合伙）合伙人

主持人：

刘　颖　北京航空航天大学法学院副教授

与谈人：（依据发言顺序排列）

胡利玲　中国政法大学民商经济法学院教授
陈夏红　《中国政法大学学报》副编审、中国政法大学破产法与企业重组研究中心研究员
宋　宽　保华顾问有限公司董事
邹明宇　北京破产法庭法官
范利亚　北京德恒律师事务所合伙人、破产专业委员会主任
杨　立　北京市君合律师事务所合伙人

第十期

通过个人破产实现债务豁免

[美] 伊丽莎白·S. 斯通

发言嘉宾

主讲人：

Elizabeth S. Stong（伊丽莎白·S. 斯通） 美国纽约东区破产法院法官、美国对外关系委员会委员、美国法学会理事会成员、P.R.I.M.E Finance 董事会成员、纽约市哈佛法学院校友会董事会成员

点评人：

李曙光　中国政法大学教授、破产法与企业重组研究中心主任

汤维建　全国政协委员、中国人民大学法学院教授、中国法学会民事诉讼法学研究会副会长

左北平　中国注册会计师协会破产管理人业务课题研究组组长、北京中恕重整顾问公司执行董事、利安达会计师事务所（特殊普通合伙）合伙人

主持人：

刘　颖　北京航空航天大学法学院教授

与谈人：（依据发言顺序排列）

武　卓　中国人民银行条法司副处长

慈云西　深圳前海合作区人民法院副院长

姚建中　上海破产法庭庭长

邹明宇　合众人寿保险股份有限公司总监

欧阳明程　青岛海事法院副院长

邹玉玲　北京市海淀区人民法院民事审判三庭（破产审判庭）副庭长

容　红　北京市高级人民法院民二庭审判长

郁　琳　最高人民法院民二庭法官

陈景善　中国政法大学民商经济法学院教授

刘　静　北京外国语大学法学院副教授

主办方　中国政法大学破产法与企业重组研究中心

协办方　中国注册会计师协会破产管理人业务课题研究组　北京中恕重整顾问公司　利安达会计师事务所

2019 年 4 月

开 幕

主持人

刘　颖　北京航空航天大学法学院教授

各位嘉宾好，时间到了，我们开始第十期的"蓟门破产重组"对话活动。

我们研究中心作为国际破产协会在我国的唯一的会员协会，研究中心主任李曙光教授一直非常重视团队的国际化建设，目前已经拥有一个涵盖在美国、德国、日本、法国、俄罗斯、澳大利亚、荷兰长期从事研究具有广阔的国际化视野和深厚的理论功底的研究团队。当然，我们中心也以帮助国内同行了解世界破产重组的发展潮流为己任。继上一期之后，我们再次邀请到了美国朋友来访，这就是纽约东区破产法院的伊丽莎白·S.斯通法官。斯通法官将结合她丰富的职业经验、独到的研究视角，为我们剖析个人破产的相关问题。

在点评的嘉宾方面，我们邀请到了现行破产法的起草小组成员，也是我们破产法与企业重组研究中心的主任李曙光教授；现行破产法的另一位起草小组成员、中国法学会民事诉讼法学研究会副会长、中国人民大学法学院汤维建教授；著名的破产法实务专家左北平会计师。

今天的对话正逢第十期，借此机会，我们也非常荣幸地邀请到了央行的领导、破产案件的主管庭长和主审法官莅临指导。尤其是法官，涵盖了我国三个破产法庭、四级法院以及不同地区破产审判业务庭，可以说代表了我国破产审判实践的基本状况。所以我们也尽量优先让这些法官发言，相信理论界等其他业界的同人也一定会给予适当的理解。受时间所限，在此就不对嘉宾做一一介绍了，大家可以参考手上的嘉宾名单。

说明一下今天对话的流程和规则，首先由主讲人报告1小时，接着是每位点评人评议15分钟，此后与谈人可以自由发言，每次不超过8分钟。最后我们还会留出时间给现场的各位提问。

接下来让我们用最热烈的掌声欢迎斯通法官开启今天的"对话"。

主讲人

Elizabeth S. Stong（伊丽莎白·S. 斯通） 美国纽约东区破产法院法官、美国对外关系委员会委员、美国法学会理事会成员、P.R.I.M.E Finance 董事会成员、纽约市哈佛法学院校友会董事会成员

大家早上好，非常感谢大家周六早上前来参加今天的对话活动。我非常荣幸能站在这里，今天的这个话题对我的法官生涯有着非常重要的意义。首先我要感谢主办方、李曙光教授和所有今天到场的同仁对我的欢迎。自从周三到这里，我一直感觉宾至如归，也感受到了大家的热情，跟我一样，大家都对个人破产债务的救济问题非常关注，这是一个非常经济化、学术化和人性化的话题，包括美国法庭在内都有必要关注这个话题。

首先，我先绍一下自己。我叫斯通，是纽约东区破产法院法官。美国有50个州、94个区。每个区都有一位破产法官，会在整个联邦法庭负责审理所有的破产案件。所以，大家在国际新闻中听到的大型公司的破产，我也有所参与。例如，一个涉案金额70亿美元非常成功的公司重整案件。很多航空公司、零售公司等见诸国际报道的案例都由一个法官审理。此外，还有成千上万件个人破产案例，这些构成联邦破产法院中的部分重要工作，也是我今天演讲的重点。

我们共有370位破产法官，去年总计处理70万例破产案件，数量极多。其中很多案例无须法官投入太多时间。大部分案件首先分配到法官手里，这是司法中非常重要的步骤。在我看来，找出什么最有用是大有裨益的。大企业破产会引起很大关注，但是个人破产案件也会涉及大额债务，我认为它们与企业破产同等重要，对我们的社会和法律也起到重大作用。

起初，我并非具有破产法背景。众所周知，我们是普通法体系，联邦法官并非一直以来都无变动。我先做了20年律师，然后在想要不要当法官。我第一次坐到破产法庭时，是以法官身份审理案件。此前我拥有过诉讼背景，我在纽约威尔基律师事务所工作，之前也在克拉瓦斯律师事务所工作过。有时我也会代表一些穷人参加诉讼。我代理过收费很高的、在资本方面有严重问题的大公司，也代理过遇到严重问题的、非常穷困的人，他们可能面临非常困难的状况，比如失去房屋等，他们可能由于一些原因被解雇，从而陷入财务困境。因此，

我体会到大公司会遇到严峻问题，而普通人也会如此。尽管我之前没有处理过破产案件，但是这些经验对我担任法官很有益处。因为在破产法庭中，我们解决公司的财务问题，也解决个人的债务困境。在公司类案件中，我们将帮助企业进行重组等，通过破产程序使其度过破产。整个破产程序涉及方方面面，尽管案件法律依据使用破产法规，但破产法的渊源不仅仅是法规。

一、美国破产法起源于何处

美国破产法有着非常广泛的法律渊源，在美国宪法中就有，虽然这个渊源很少被提及。18世纪晚期刚刚建国，国会有权制订一部全国统一适用的破产法典。与其他法律不同，破产法的根源来自宪法。除宪法之外，美国的破产法还有其他法律渊源，《美国成文法典》第11章涉及《美国破产法》及相关条例中破产清算相关内容规定。条例至关重要，我们有《联邦破产条例》。作为一个普通法系国家，我们还有另外一种法律渊源，即在94个区的破产法庭所组成的体系中的各位法官，我和我的同事们用彼此的书面裁决来解释破产法。

所以破产法首先来源于宪法，宪法第1条第8款提到，国会有权制定全国统一适用的破产法。国家成立时，建立者认为，国家权力有立法、行政、司法三个分支，同时有适用全国的破产法。对于联邦体系而言，意味着破产案件不由每个州单独来管理，在联邦层级上有一个统一适用的法典。宪法中还提到，国会有权制定美国一致适用的归化规则。因为美国是移民国，每个人都可以成为公民，这仍然是我们今天文化中的一部分。在纽约市，我们一周内有4天、一年有15周适用归化规则，每天有200位、每周约1000位新公民加入美国国籍。我是美国联邦法院法官，会主持仪式来完成新公民的宣誓。这些新公民有时来自全球40个国家，有时来自50个国家。当我做破产法官之后，我渐渐懂得，这些法规以及宪法都能给人一个新生的机会——能在一个新国家获得新生、能在经济上重生，能重新成为一位公民。所以，我们从宪法开始谈论美国破产法的起源，但我们需要了解更多。

二、美国法典如何讨论破产

（一）《美国成文法典》第11章建立统一适用的美国破产制度

《美国成文法典》第11章希望建立一个统一的破产制度以适用于每年几

十万的破产案件。第 11 章篇幅并不是很长，但既适用于大小企业也适用于自然人。从自然人破产案件中，我学会了怎样更好地审理企业破产案件，从企业破产案件中我学会了怎样更好地审理个人破产案件。对于破产案件，要让没有人是赢家的情形变成至少每个人都比先前的境遇要好的情形。不管是企业还是自然人，偿付之后才可以进行破产申请。大多数破产案件都是自然人进行申请的，这些人不是指那些想要投机取巧的人，很少有申请人是骗子或不诚实的人的情形。如果出现这种情形，美国法律体系会进行强有力的回应，使他们的企图不会得逞。但是对于绝大多数申请人来说，他们是"诚实但不幸"的。破产法的救济给予他们重新站起来的机会。

（二）《美国成文法典》第 11 章"重整"制度

这里我打算用一点时间介绍第 11 章，虽然它不是我今天演讲的重点，但它作为一个背景，可以帮助我们更好地了解美国的破产制度。第 11 章中的"重整"对于大多数破产企业是最好的选择，可以自行管理。自然人也同样可以根据第 11 章提出申请。在这段时间里，各利益方都来到法院，参与重整程序，从而达成重整计划。在 2018 年，申请人根据第 11 章提起了 7095 个破产案件，其中 85% 是企业案件。因此破产法给予他们重整机会，拯救了工作岗位、拯救了企业，给了他们第二次重生的机会。

（三）《美国成文法典》第 13 章"自然人还款计划"制度

另外一种破产形式，与第 11 章有些类似，但只适用于自然人。在法典第 13 章，法律规定让自然人或家庭有五年的时间来偿还债务。类似第 11 章也有一个计划，让法官去回顾和确认案件。债务人可以自行管理房屋和其他资产，是持有债务人（Debtor In Possession，DIP）。第 13 章让债务人承诺在五年之内将可支配收入都用于债务偿还。如果债务人这么做，并完成计划工作，那么他可以就债务得到豁免。这种情况下，债务人对债权人的偿付是一个过程。通常，第 13 章大都是在房屋按揭贷款无法偿还的时候适用。例如债务人失业，或者全职工作变兼职，或生病，或离婚导致无法偿还贷款。研究表明，第 13 章是非常有力地帮助债务人保住房屋的工具。在 2018 年，有 29 万多件案件是债务人在家庭快要失去房屋、银行快要对房屋进行出售时申请破产。第 13 章帮助他们挽回房屋，也帮助债权人和银行得到部分偿付。

（四）《美国成文法典》第 7 章"清算"制度

第 7 章是迄今为止最常见的破产类型，第 7 章破产主体也包括自然人。自然人和企业都可以根据第 7 章提出破产申请。但有一点不同，企业中的债务人不属于持有债务人。如果是公司依据第 7 章申请，实际上它是申请破产"清算"。如果是自然人依据第 7 章申请（每年有几十万人这么做），这些债务人没有办法偿还债务，即使有财产也交给托管人。然而，并不是所有财产都要被接管，法律还是会保护债务人基本的日常开支。债务人可以保持一部分房屋的价值。法律有这方面的豁免规定。但第 7 章是清算法律，而不是偿还法律。它并不会持续三年到五年，而是在债务人申请后三到五个月就可以给予豁免。案件的目的是让托管人确定、变现债务人的所有非豁免的资产，即不受法律保护的财产要进行分配。有些类型的债务不可免除，例如近期的税款、某些类型的学生贷款、政府担保的贷款、某些类型的子女抚养费。还有一些债务，由于政策原因，根据法律不可以豁免，例如罚款、欺诈性债务、恶意的债务。

第 7 章规定的破产是最常见的破产类型。在 2018 年，根据第 7 章申请的案件有 475575 起，其中超过 97% 的清算案件由自然人申请。他们资不抵债，很诚实，但是非常不幸。他们可能遭遇生病、离婚等情况，在申请第二次机会。第 7 章给了他们第二次机会。

三、破产法的其他渊源

破产法还有其他渊源。破产法的渊源包括《美国宪法》《美国成文法典》《联邦破产条例》。《联邦破产条例》是程序法，它告诉每个人，包括法官、律师、当事人等如何推进破产程序；同时，《联邦破产条例》也是实体法，除了《联邦破产条例》，地方法院往往通过地方规则来补充国家规则，满足多方的需求。例如纽约东区法院确定自己法院的规则。再如，堪萨斯州因地制宜，拟定专门审理农民破产案件的审判规则。纽约州虽然鲜见农民破产案件，但我们最早采用"减少损失"（loss mitigation）程序。我会将此程序告诉贷款人、担保债权人，比如银行，看他们是否能够重新更改他们的贷款方案，做出新的按揭，以便债务人可以继续偿还。虽然我无法让他们一定达成一致，但是作为法官，我可以让他们进行讨论。有时这个程序非常有效，有一半的案件会达成新的按揭条例。这意味着银行可以改变不良贷款，同时家庭能够挽留他们的房屋，孩子们能重返学校，邻里关系不会被破坏，财产价值不会受到减损（研究表明，如果房屋因债务人无法偿还贷款而被银行拍卖，房屋价值会下降 20%）。

在破产案件中，我们并不强制要求各方意见达成一致。在这个过程中，法院、破产律师、债权人、债务人每一群体都有不同的利益诉求。在我所从事的 20 多年案件实践中，和许多诉讼案件不一样的是，在破产案件中并不是一种有人要赢就有其他人要输的局面。我认为最重要的就是破产法庭的工作，尤其在自然人案件中要让每个人至少赢得一些利益，债务人获得重生，债权人可以获得一些财产，每个人都有所得。再一次地讲，债务人在这里获得了第二次机会。

四、什么是一个成功的破产案件

对律师而言，客户胜诉是案件成功的标准。但是我们的破产法庭是为了解决实际问题，是一个非常务实、求同存异的过程，且各方均能从中受益。在个人破产案件中也是如此。有时候破产财产很少，这种情形非常棘手，但这并不意味着要放弃实现原有的目标。因此，在成功的破产案件中，每个人都是赢家，每个人都能因此受益，例如能依据第 13 章获得更好的受益。

这里所指的成功，是指每个人都会比在一个失败的破产案件中过得更好。在第 7 章中，从另一种角度看待问题，在这之中没有偿还计划，但是对于债务人也是一次重生机会。所有债务人有机会知道联邦破产管理人已经调查了债务人的财产状况，至少知道他们已经尽力，如果有剩余财产将会进行分配。债权人也知道自己将获得更多的偿付比例。在破产中，相同优先级别获得同等偿付，只有优先级获得偿付后，次一级才获得偿付，所以法律建立的优先性在这里得到了贯彻和巩固。这也是评判成功的另一个标准，因为债权人知道他们有可能获得一个获益最多的最佳财产分配方案。

上述所言，法官审理破产案件的目标是使各方当事人都能获益，这是一个相当大的目标。对于破产案件而言，成功的关键是什么？从我的法官和律师从业经验来看，有三大因素。一是透明度，二是响应能力，三是保存价值，或者甚至是创造价值。有些诉讼案件中，破产也能为当事人创造价值。

第一是透明度。透明度意味着每个案件都可以通过互联网进行查询，公众可以获得案件的所有信息。透明度对每一个法院程序都至关重要，并在破产案件中具有特殊的价值和重要性，原因在于下述几点。有时在案件的初始阶段，债权人常陷入担忧与猜忌，因为他们尚未获得偿付，同时也没有任何信息，根本不知道案件进展状况，这对于偿付关系而言是一个很大的问题，这种情况也经常发生。例如我曾办理的一个小案件中，咖啡厅仅是未能支付房租，债权人就已是如此。

透明度包括债务人广泛披露其财务状况的各个方面，包括他们拥有的所有债务、收入、支出以及其他信息；透明度还意味着在一个听证会中，每个人都可以参与，也可以查询录音和庭审记录。从案件开始的那一刻起，透明度就建立了人们对案件处理的信心。透明度是必不可少的，人们积极参与到案件中来，或是仅仅是了解案件中的一部分内容，每个人随时都能知道案件进展情况。

第二是响应能力。这种响应是多维度的。响应是法官的责任，响应意味着提起一个案件诉讼，尤其是一个大型破产案件，在一周开始之际也许有必要召开听证会来决定在这周结束之际如何偿付职工；响应也意味着破产案件的快速进程，案件需要非常快速地进行下去。对于一个自然人破产案件而言，没有听证程序，一旦申请会完全自动中止其他事项，无须任何程序就会自动触发。例如，上午10时提出申请，在12时进行的房屋拍卖就会自动中止。破产程序提供了强有力的保护。如果债权人来法院申告其有权行使权利，这种情况必须尽快听证并进行处理，所以我们不可能有6个月的时间作出裁决，作出的所有裁决必须适当且能全面解释。

不仅是法庭，当事人也要快速响应，律师的工作也很辛苦，尤其是在破产法庭之外，需要完成案件及达成当事人的实质诉求，必须能很快地提供信息。例如，无论是在第7章还是第13章，案件一开始债务人就要和管理人见面，否则案件会被驳回。响应不仅是法庭的责任，也是当事人的责任。一个快速回响应过程可以在有效减少争端和推动案件发展方面发挥关键作用，所以，一个成功的破产案件需要快速响应。

第三是保存价值。要保存价值而不是破坏价值，这是案件的目标，是法庭的目标，同时也应该是所有当事人的目标。破产程序的初衷，特别是在重整案件中，是发掘申请破产的自然人和企业的潜力，并帮助其实现这种价值潜力。在其他纠纷中，法院的作用是运作程序并且决定谁赢谁输，而在案件之中贯彻价值保存，这是破产法独有的一点。我并不是说在违约案件中就不在乎企业未来经营是否顺利,但是在破产案件中,破产法官会非常重视当事方的价值。在破产案件中,法院和所有参与人都有机会实现共同目标,法官会非常注重债权的价值,要有能力、有机会且强有力地以非常积极的方式处理案件,帮助企业和个人重生,实现他们的价值。债权人必须积极表现,债务人也必须积极表现(因为债务人是偿付基础),所有债权人债务人都需要能够保存价值才行。

五、破产案件参与人的重要角色

加州有一句话,"水涨船高"。所以,怎样才能实现这种局面?这个过程中都有谁参与?其中包括债务人、债权人、联邦破产管理人、破产案件管理人以及法官。一个成功的案件中,所有案件参与人都扮演了重要角色。

(一)债务人的角色

在美国法律体系下,债务人启动破产程序,是自愿而不是非自愿的申请。债权人如银行,也有权利启动破产案件,但非常罕见。我们的制度大体上是自愿申请的形式。债务人可以决定依据《美国成文法典》进行申请,是第7章下的清算、或是第11章或第13章下的重整。和其他案件也有所不同的是,在案件初始阶段,法官就需要决定是清算案件还是重整案件。如我们所见,85%的个人破产案件是第7章下的案件,因为清算是最好的选择,没有什么剩下的财产值得保护了,如果有会受到联邦法的豁免保护。对企业来讲情况则有所不同。企业倾向于在第11章下申请重整。无论在哪章下的案件,债务人都有义务披露有关其财务状况、资产和债务、收入和开支等信息。这些披露是通过电子方式提交给法院的。在第7章和第13章中,债务人还有义务与管理人进行合作。在第7章下,管理人会通过调查来了解债务人到底有多少财产;在第13章下,管理人更像案件管理人,会于每个月整合偿付贷款并五年一次地分配给债权人。

(二)债权人的角色

债权人可以但不是必须参与破产的每一个程序。债权人可以选择出庭,也可以通过管理人参与破产程序,可以主动发起债权人会议。债权人必须提交债权证明,写明自己所知的债权数量及缘由,解释债权情况。如果债务人没有财产,债权人会在案件结束时收到通知,表明案件将结束,不能获得清偿。当债务人没有财产可供偿付时,债务人对债权人的债务将被豁免,即不再被要求清偿该债务。债权人的催收工作必须在申请破产时停止，否则会启动自动中止的保护。如果债权人有足够理由可以撤销自动中止，便可以继续追债。

（三）联邦破产管理人的角色

联邦破产管理人与一般管理人不同，其类似于公诉人。联邦破产管理人是美国司法部的代表，有权在每一宗破产案件中采取各种措施，其责任是监管整个破产过程的程序是否完整，监督第 11 章下的各方是否尽到专业职责，是否存在欺诈和权利滥用行为。如果有不诚信人员使债务人受到侵害，他们也会调查。同时，他们会调查不诚实的情况，用广泛的权威来保持程序得到完整统一的适用。在适当的情况下，也可以针对破产的相关犯罪行为进行刑事调查。这虽然很少见，但是相当于程序的耳目以对不利情形保持警觉。

（四）破产案件管理人的角色

第 7 章下的每一宗案件都有破产案件管理人，在互联网的帮助下，美国每个州都有数据化的财产记录，这使得破产案件管理人可以非常容易地找到财产，管理人对债务人的非豁免资产进行调查，确定债务人的非豁免资产，出售该资产，并将收益分配给债权人。绝大多数案件中，如果破产案件管理人发现债务人确实没有任何财产，没有任何储蓄及现实资产等，那么就不再需要财产分配。第 13 章的情况有所不同。管理人要在三到五年之内根据债务人的计划收取清偿款，同时监督整个程序，也可以根据程序向债务人提供有限的财务指导信息，以此帮助债务人渡过难关。第 13 章下的管理人角色很有趣，他们不可能成为，而且也并不是债务人的律师，但他们确实可以发挥有效作用，并帮助案件取得成功。

（五）法官的角色

可以说，几乎所有需要做的事情都要由法官来做。破产法院是一个解决问题的地方，破产法官确保案件的每个机制都在运作，在破产案件的成功审理中发挥基础性作用。当出现分歧或纠纷时，破产法官可以协助当事人解决，可以进行听证、审议等，并在必要时及时作出裁决。

在第 11 章下，我认为至少每个月召开一次案件状态会议，无论是否有事项需要决定，所有当事方都可以参加，法官会询问案件进展状态如何、下一步如何推进案件等以确认未来的偿债计划。

在第13章下每一宗案件的听证会都会涉及偿债计划，但是只有破产法官可以确认计划。破产法官使各方要求都得到满足，可以举行确认听证会，以帮助债务人顺利和有效地确认偿债计划。如果债权人不同意，法官可以修改计划，但是为了使债务人尽快得到确认以清偿债务。

第7章下的案件进程非常快，从开始到结束仅有三到五个月，我的工作是尽快进行确定，作出明确、快速的裁决，来快速推进案件。

我认为法官还有一个附加角色，这也是最难描述的，有时可以说是最重要的角色。要建立案件审理的高标准，使自己成为范例。我们期望最专业的律师、其他专业人士和债务人可帮助解决争议，但最重要的是，我们没有时间来解决没有必要的争议，破产法官可以通过自己的审理来证明最高的专业水准并为各方带来最好的结果。

15年来，我从作为"家长式"的角色中学到的就是要以身作则。法院是受到尊敬的，其行为对每一方都有影响。几年前，人们曾有对法庭行为指导的质疑，这些质疑并不是法官的想法，而是来自律师。在破产案件中我们没有时间可以浪费，重生是不能等待的，等待并不能让情况好转。

总之，我确信，个人和社会协力来帮助破产的自然人获得重生是绝佳的。感谢大家的聆听。

点评人
李曙光　中国政法大学教授、破产法与企业重组研究中心主任

非常感谢斯通法官为我们带来的精彩演讲，也感谢在场的各位嘉宾。个人破产问题是当前破产界的一个热门议题，斯通法官从法官的角度对个人破产的几个重要方面作了精彩的展示。第一，美国破产法的宪法基础；第二，美国破产法得以有效实施的几个关键，即透明度、回应能力与价值保存；第三，破产案件中各相关人的角色。这几个方面的内容构成了个人破产制度的基础。对此，我作以下三点点评。

首先，美国破产法之所以能成为世界破产法典范的必备要素。受斯通法官的启发，我认为有以下四点要素与原因。第一，破产法在美国至高的法律地位与其深厚的宪法基础。破产法写入美国宪法，在其法律体系中具有至高地位。

第二，美国破产法注重实施，强调公开性和透明度，强调要回应社会的现实问题并且随时代变化而变化，强调法律的可操作性，而不是搁在书架上的一本书，也不是一个花瓶。第三，特别重视法律在实施中各方的参与，尤其是法官对各方利益的平衡性的把握。在讨论破产法时，很多人往往喜欢强调破产法更多地保护了哪一方的利益，而斯通法官强调的是各方利益的平衡。这是法律的真谛，法律一定是根据现实的各种利益进行平衡，希望多赢，希望各方都能实现自己的目标。第四，个人破产是美国破产制度的基石。斯通法官提到，2018年美国约有46万自然人破产，这已经是一个非常庞大的数字。但如果把这一数据与经济危机时的数据相比，2010年美国有一百三四十万人破产，现在的46万只是其一个零头。在失业5万人都要影响总统大选选票的美国，这么多个人破产而不出事，这说明个人破产制度的基础性。这是为什么美国破产法之所以成为典范的重要因素。

其次，中国的"个人破产法"起草已经成为破产法修改的一部分，这是一个非常热门的议题。全国人大现已启动《企业破产法》的修改，并选定最高院、央行、国资委三个重要国家机关与政府部门对《企业破产法》的实施效果进行评估。在这一过程中，一方面，我们要对《企业破产法》的实施进行评估，评估结果就是修改破产法的基础；另一方面，我们又要考虑如何定位《个人破产法》。在修改《企业破产法》的同时制定"个人破产法"意义重大，对社会、对国家经济的发展、对营商环境的建构都具有重大意义。不过制定"个人破产法"是一把"双刃剑"，一方面，会改进破产文化，给予诚实债务人再生机会，给债权人一个合理的预期，目前很多债务人和债权人是胡乱借贷、无节制放贷，如果有"个人破产法"，贷款人就不会再轻易放贷，将带来许多益处。另一方面，在中国当下社会中，也要特别注意破产程序一旦设计出来也可能被滥用的问题，甚至会有相当一部分人借用破产程序逃债。

最后，推进中国个人破产制度发展有五大难点。第一，豁免制度的设计是关键，特别是豁免的标准问题。中国各地区经济发展差异极大，给债务人留存多少财产无法统一标准。在美国，各州都是自己决定标准，中国同样也会有自己的省域地域差异。第二，如何与民事执行程序衔接。目前，我们最高院终本库尚留600多万起执行难案件，其中还涉及一些房产执行的问题。如何把"执转破"等执行中的实践经验嫁接到个人破产制度值得我们进一步思考。第三，如何区分"老赖"与诚实善良的债务人？目前中国的征信体系与强制执行名单已经作了一定程度的区分，但是区分标准仍不明确。第四，与刑事实体法、与程序法的衔接问题。对于欺诈性的赖账行为，实体上如何认定？刑事司法程序如何跟进？第五，对个人家庭价值的保护问题。"个人破产法"一定会涉及个人家庭状况，留多少财产可以让其赡养老人、抚育孩子，需要有更多人性化的设计。相比美国的个人主义，中国需要更多地考虑老人、妇女和儿童的利益。例如，小孩教育经费或是老人的赡养费用留不留、留多少等问题。这些难点问题都可以从美国破产法中得到启发。

点评人

汤维建　全国政协委员、中国人民大学法学院教授、中国法学会民事诉讼法学研究会副会长

非常感谢李曙光教授邀请我来参加这个很重要很有意义的会议，也感谢斯通法官精彩的报告。中国破产法在社会主义法制体系中占据越来越重要的地位。中国的《企业破产法》已经有三十多年历史，但重要性越来越突出。现行《企业破产法》也在大规模修改中。其中，"个人破产法"的制定是非常重要的一个内容，是在统一破产法中规定，还是单独立法，仍在探讨中。目前看来，单独立法可能性比较大。

听完斯通法官的报告，我认为我们中国破产法律制度可以从中得到一些启发，主要有以下几个方面。

一是破产法的国家性地方性关系问题。美国的破产法院是联邦性法院，不属于州法院体系。这一设计一方面凸显了破产法和破产法院的重要性，另一方面也体现了法治的价值目标，既要统一规范破产程序，也要提供破产法治保障。这一设计也是司法体系本身的统一性决定的。此外，美国破产法还有多种法律渊源，不仅有破产法典，还有大量破产规则，这些破产规则因地制宜，使美国的破产法律具有可操作性。这样的架构对我们有启发意义。破产法在宪法中有确定的地位，有全国统一的破产法典，同时有大量地方性规则作为配套措施，这是在破产法体系完善方面对我们的启发。我们国家也是非常大的国家，为了使破产法高效运转，借鉴美国的经验是非常有必要的。

二是破产程序的多元性。个人破产程序不是单纯的破产清算,还包括了重整和解。美国有三大程序,分别位于《美国破产法》第7、11、13章,都适用于个人破产,对企业来讲适用的仅是第7章和第11章,所以美国自然人破产是美国破产的主体内容,在程序上有多轨性。一方面,在我们的破产法制定中,起码要按《企业破产法》的构架形成破产清算、和解、重整程序,这是破产程序多元性的要求。另一方面,需要对个人身份进行识别。不是所有个人破产都适用统一程序,要区分三类个人:首先是商自然人。这类自然人经商,尤其以合伙等非法人组织形式直接进入市场竞争。其次是消费者破产。《美国破产法》第13章主要针对消费者破产。消费者破产实际上是个人破产法制定中的最大障碍,因为消费者破产涉及社会安定、国计民生等问题。最后是由于中国是农业大国,还有农民破产的问题。农村土地经营权使用权所有权三权分立的立法模式,使得农民的破产成为不可回避的话题。

三是美国破产程序的价值目标和结构模式。破产程序往往涉及社会公共利益,所以程序的公正性特别重要。刚才斯通法官提到了透明性和公开性是公正性的基本保障。首先是透明度原则对司法提出更高要求,即怎样完善我国的破产程序,使我国破产程序进入更高台阶?其次是破产程序的回应性、效率性的问题,公正与效率价值怎样平衡好?这些问题都值得我们进一步思考。美国个人破产结构模式同样值得关注,尤其是从债务人、债权人、政府管理人、案件管理人、法官的角色定位。《企业破产法》实施至今,我们已经有了是非常深刻的教训。《企业破产法》难以被激活,实践中适用率低,债权人、债务人也不愿意申请,国家公权力在破产的启动中也没有介入,因此,在这方面我们需要更多考虑。在我看来,我们可以债务人作为突破口,给债务人申请破产提供更多利益机制,使债务人可以获得保障,这在美国破产法实施经验中也得到了佐证。美国个人破产案99%是由债务人启动的,当然这要求债务人要是诚实的,但其又是不幸的。因此,诚信原则在破产法当中大有用武之地,个人破产法不能成为帮助"老赖"讨债的工具。

四是中国公权力怎样介入的问题。检察机关在特殊情况下,如何启动破产程序?首先,对具有重大社会影响的案件,要为检察机关提起破产程序提供空间,检察机关应被授予破产程序启动的主体资格。其次,我们需要思考行政机关如何在破产程序中进一步发挥作用。美国政府管理人实际上是我们理解的监督人，案件管理人则通常是由律师等充当，因此，美国政府管理人和案件管理人是不一样的。政府管理人是监督者，要确保破产程序公正高效衡平进行。另外，我国法官要发挥更加积极的作用，使职权主义能更加深刻体现。如何提高法官的专业能力、专业水平？怎样培训、储备优质的专业性的法官？如何优化破产管理人队伍？这些问题都需要我们进一步思考。

五是破产程序的保障机制。我们应该考虑以下问题：首先是个人信用机制的建设，即怎样建立个人信用档案，使个人破产程序能够通过信用惩罚机制得到合理、善意的运用。其次是财产申报登记制度，这可以使个人破产程序中个人财产更容易查询。最后是社会保障制度，应考虑对破产债务人怎样进行社会化的救济。另外，要完善破产犯罪惩治制度，使破产欺诈得到应有的惩罚，承担一定的不利后果。

点评人

左北平　中国注册会计师协会破产管理人业务课题研究组组长、北京中恕重整顾问公司执行董事、利安达会计师事务所（特殊普通合伙）合伙人

今天听了斯通法官的讲座非常受启发。下面我想谈三点体会和两点建议。

一是个人破产制度建立已经提上日程，获得了包括最高院在内的国家机关的高度关注。理论界也在密集研究。个人破产制度的建立对于完善国家治理体系，促进社会和谐具有重要意义。过度增信、担保的存在，使得在破产实务中存在恶意逃废债，失败企业主跑路、跳楼等极端事件。个人破产制度建立对于给予诚实而不幸的企业主重生机会，减少逃废债现象、促进社会和谐有重大意义。

二是个人破产制度有利于保护创业创新和企业家精神。很多创业者由于个人能力或者市场因素等原因导致创业失败，企业进入破产程序后，家庭亲属也受到牵连，甚至企业破产后企业主的个人债务也无法解脱。因此，个人破产保护制度的建立，将使创新创业者和企业家们在商业失败后有重来的机会，对国家鼓励的"大众创业、万众创新"战略的实施具有促进和保障作用。

三是我国个人破产制度可以充分借鉴美国以及其他亚洲国家的经验。未来中国个人破产制度也可以借鉴企业破产中的重整、和解、清算等程序。美国个

人所适用的第 7、11、13 章也类似于选择不同的破产程序，例如保留财产的消费者可能更多选择第 13 章对债务重组作出安排，对于个人财产较少，清偿能力较弱的更多选择第 7 章的清算程序。同时，正如李曙光老师和汤老师所说，我国的个人破产制度设计也需要充分考虑我国社会发展现状。

对此，我提出两点建议。一是个人破产制度建立要加快进程。从营商环境等多维角度都显现出个人破产制度的建立刻不容缓。二是要考虑我国社会阶级的复杂性，比如我们社会阶层的分化问题、农民土地承包制度改革出现等引发的新型主体的破产问题，同时，注意区分恶意逃废债与诚信偿债，完善对于不同类别的债务人区别对待制度，设置相对应的制度程序。

与谈人

武　卓　中国人民银行条法司副处长

非常感谢斯通法官和李曙光老师参加这次重要的会议。我主要想问三个问题。

一是，2005 年，美国出台了防止破产滥用及消费保护法，其实是收紧个人破产申请的条件，2007 年发生次贷危机，两者之间有没有关联性？有没有因果关系？

二是，中国破产制度的推出也已经达成了共识，如果从美国移植过来，短期内会不会发生债务风险等问题？如果有风险要怎样提前作出预防安排化解风险？

三是，任何一个制度都有社会成本。个人破产制度中有很多个人已经陷入严重财务困难，而个人破产制度本身需要成本，成本由谁承担？对于社会来讲，成本有多高，要怎样分配成本？想问一下斯通法官美国经验有哪些可以借鉴？

主讲人回应：

第一个关于 2005 年司法改革对于防止破产法滥用还有自然人破产的保护与 2007 年次贷危机是否有因果关系，我不是很确定，但我觉得没有。我在 2005 年自然人破产进行改革时提出了新的意见。有些人说这好像是自然人破产的终结，但是在那之后还是有很多自然人破产的案件发生。

我们提前 6 个月通知了会进行这样的改革。法律改革制定的新的涉及债务人的程序，是在申请和债务免除方面的新程序。所以要想作为自然人提出申请需要上一个信贷咨询课。这个课大企业是不用上的，但自然人必须上课才能申请。他们获得债务免除也要上金融管理、财务管理课，甚至要出示上过这个课的证明。可能这个事已经过去了很多年。有时人们需要多花些时间才能满足这些要求。但他们依旧会照做。这个过程很具有挑战性，律师也需要适应法律的变更。即使有时这些变化看似有挑战性，律师还是可以很快适应。在我看来，这证明了上信贷咨询课对于个人债务的豁免非常重要。即使成本更多，他们还是愿意去解决那些困难来申请破产。我不认为这与金融危机有关系。在金融危机高点时，每年甚至达到 130 万个案件，这个数量确实很多。当经济下行时，人们开始失业，会有案件增加，但不是激增。因为人们还是比较乐观的，觉得还可以找到工作。当信贷由于次贷危机收紧时，自然人和企业都很难获得贷款。重组很费钱，对于公司来讲也是个挑战。利率虽然低了，但在金融市场冻结的时候是没有信贷的。所以，这两个事件是没有因果联系的。

第二个问题关于将美国体系移植到中国时怎样降低风险，特别是降低对金融体系的系统性风险。我的回答是我们肯定不想被直接完全地移植。不过总是应该找一个切入点尽早开展借鉴的进程，而且要因地制宜。

破产法要能够适应当地法律，适应当地需求。比如，立法者可能在法律中想要体现附带家庭及家庭成员的影响。这个很有道理，是在借鉴美国法律的时候应当考虑的。我们的企业法还涵盖了个体经营户，相比很多大陆法体系中都有专门规则适用于这些个体商户，我们已经依据企业法处理过上百万件案件。有时甚至也可以向中国学习怎么处理消费债务人的问题。所以我很担心移植或进行个人破产立法可能会导致系统性风险激增。同时，这种系统性风险也不会因为个人破产法的引入而减少。引入系统后不一定会造成风险增加或下降。这中间会有转型期。正如美国 2005 年改革后也有一定的适应期。当时在第一周基本没有案子，而在之前一周案子多到不得不延长上班时间，还会有很多人拿着 40 美元的申请表格排长队，所有人都是紧急备战状态。一年后案子数量又恢复到了往常。

第三个问题也很重要，任何制度体系都有成本，而我主要提到的是益处。我（作为法官）是成本，我的法庭也是成本。破产法庭的钱从哪来？破产案件要收费，会从清偿费用中拿出一些费用来分发，整个系统带来的益处比成本要大。从微观的角度来讲，托管人的成本来自分发收益的一小部分。当然律师费可能非常惊人，主要来自企业在重整之后价值上升。系统成本主要来自创业，由于有破产法的存在鼓励更多人创业。因为即使创业失败也可以得到破产法的保护。他们知道破产法的存在，知道创业失败不意味着一辈子翻不了身。

与谈人

慈云西　深圳前海合作区人民法院副院长

第一点，深圳有关个人破产制度探索方面的情况。

深圳跟全国其他城市有点不一样，因为深圳是经济特区，一开始市场经济就比较发达，国有经济在市场经济中的分量和比重跟其他城市相比是较低的，所以深圳破产审判实行的比较早。大家都知道，深圳1993年成立了专门审理破产案件的法庭，今年（2019年）1月14日深圳第一个挂牌成立破产法庭。就个人破产制度而言，刚才斯通法官的介绍，让我感觉这不仅是一次对个人破产知识的学习，也是对美国整个破产制度的再学习。目前我们正在进行一项改革，就是想推动政府成立破产管理署。因为破产案件增多了，所有事情都要法院来做是做不过来的。我们之前有两个课题，一个是破产审判权和事务权的分离改革；另一个是关于个人破产的制度。在2015年，我们发布了关于个人破产的调研报告。那个时候中国的经济状况大家都知道，当时企业连环担保的情况比较多，老板个人负债的情况也比较多，跑路现象很普遍。那时候深圳市民大讲坛还专门举办过"个人破产该不该搞"的辩论比赛。

第二点，关于深圳对个人破产制度的最新立法动态。

深圳作为特区，想启动特区立法权，率先在深圳试点个人破产制度。那个时候深圳市人大法制委员会的热情很高。他们甚至认为这个不成问题，既可以行使特区立法权，也可以申请全国人大为特区立法。这个想法在2017年就有了，2018年制定了特区个人破产立法条例建议稿，但是全国人大没有通过，这个事情因此就停滞了。目前最新进展是，深圳市委把这个问题列入了工作议程，市人大还想重启这项改革，这是深圳对个人破产的最新立法动态。

围绕立法动态，我们前期做了大量工作，也觉得这已经不成问题，但是到领导层面还是有问题。例如个人破产的必要性，这方面最令人担心的就是欺诈与逃债的问题，这也是一个考验人性的问题。我们当初也觉得，我国儒家文化源远流长，很早以前就有调解与和解的传统，对于实在是无法还清债务的人给予债务豁免也是比较常见的现象，因此现在实行个人破产制度大家应该都能接受。但是经济发展是阶段性的，市场经济发展起来了，赚快钱的机会多了，不诚信的人也多了，现在社会上欺诈和逃债的现象还是太普遍。目前我们主要是从企业家精神、对债务人的人性关怀等方面向领导层阐述为什么要搞个人破产制度。

第三点，关于个人破产制度中的配套规定。

在企业破产的情况下，企业高管、股东等通常选择逃避，不愿意沟通，对此个人破产应该有相关规定，就是进入个人破产程序后债务人要有配合的义务，通过这样的手段来推动个人破产的有效实施。此外，个人破产制度要是实施得很好，那么案件量肯定会很大，因此政府要建立配套机构。如果没有这个机构，按照目前的管理方式和案件管理情况，很多事情都要法院去协调，那这么多案件法院根本就审理不了。

与谈人

姚建中　上海破产法庭庭长

谢谢会议组织方的邀请。我们破产法庭刚刚成立，最近一段时间有一个最突出的情形是大量案子涌入。因此想请斯通法官再深入介绍一下在破产程序中法院、政府以及债权人、债务人、破产管理人的角色分配以及平时的工作量大致都体现在哪些方面。刚才慈庭长也说到了这个问题，汤维建教授提到职权主义，我们现在的法院事无巨细都要亲力亲为，甚至连产权变更都需要法官去做，美国是不是这样做的？

讲到个人破产制度，涉及中国诚信体制建设以及实现中的风险问题。我想进一步了解一下美国个人破产实行过程中，因欺诈而受刑事处罚的在整个个人破产数据中的占比情况。这对我们了解个人破产制度在中国的实施风险有借鉴意义。

主讲人回应：

我先回答第二个问题。你问的是因欺诈而受到刑事处罚的频率多高，不是破产导致的欺诈与逃债，要特别谨慎对待受刑事处罚的情况。如果一个破产制度有很强的透明度，那么欺诈和逃债的情况会很少发生。在我们的体系中，司法部通过美国受托人提供透明度，这个环境对于一个不诚实的人来讲是不舒服的：美国受托人会来确定他们是否诚信。如果在宣誓时还作了伪证那会有很严重的后果，这会构成伪证罪，是重罪。因此只有很少一部分人实施欺诈行为。有可能他们会因为欺诈失败进入破产，但是在破产程序中实施欺诈的很少，因为会有刑事后果，所以这个情况比较少。我处理过的一件案件，有人犯罪后提出破产申请。因为同事偷了他客户的钱，同事进了监狱受到处罚，他受到了连带处罚，在破产程序中破产案件可以与相关的刑事案件相互补充甚至相互支持。

针对第一个问题，不同破产人的角色分配与工作量。我只能说美国的法院、法官与你一样，工作很辛苦。这其实是好事，辛苦但是很光荣。《美国破产法》第13章项下的案子很棘手。债权人的角色没有那么重要，不一定要参与才能获得清偿。美国管理人一定要确保案件能成功。所以无论案件多还是少，美国托管人办公室律师数量有可能会增加，但法官数量是不变的。忙的时候，对我们来讲，只能每个法官都更忙，不可能增加人手。对于美国管理人来讲，他们不管案件多少都只能确保养家糊口，所以这不是为了钱。投资人的主要目标是挣钱。但是对于参与破产程序的人来讲，赚钱不是主要因素。我们知道最后的成果能看得见摸得着。基本上我们是尽力而为，有时甚至在凌晨两点还在下达法院指令。

与谈人

邹明宇　合众人寿保险股份有限公司总监

非常感谢斯通法官和中国政法大学，从个人破产的角度来讲，我们没有很好的研究经验，思考的深度不够，实践也比较少，要向深圳学习。但我还是想通过斯通法官的讲解，谈谈自己的感受。

针对个人破产，之前很多研讨在谈其必要性。但是不管是理论界还是实务界，现在已经基本形成了一致意见，个人破产一定要有，只不过是什么时候推出、如何推出的问题。2018年周强院长在向全国人大报告的时候，也通过官方途径表达了个人破产制度的需要。下一步的工作重点可能就是如何制定个人破产法。我们遇到或想到的问题尽量提出来，供我们研究、供立法时参考。

我们经常提到的是征信体系，包括财产登记等。对于大城市来说，互联网发达，无现金的手机支付很发达。但对于大多数老百姓来说，现金使用还是很发达，这加大了财产追查的难度。还有经常提到的金融机构的承受能力问题、社会成本问题，都是我们要面临的难题。

从个人感受来说，有两个方面要重视。一是地区差别的问题。中国各地的差异性特别大，党的十九大报告也提到了"不平衡不充分的发展"。在一些超级城市或者一线城市，制定和实施"个人破产法"不是特别大的问题。但是在大量的边远山区、还没有脱贫的地区，个人破产该怎样适用？差别的问题是我们需要重视的问题。二是观念的问题。社会如何接受个人破产？别说个人破产了，现在对企业破产也还存在不理解的声音。通过很多媒体报道可以发现，社会还没有完全接受企业破产，甚至会去回避、忌讳。企业破产尚且如此，那么个人破产会怎么样呢？出现这种情况的原因多种多样，一个是几千年文化传统，再一个是现实状况。现实中，确实出现了很多借着破产逃债的情况，但是否能逃掉，这是另外一个问题。

我通过今天的对话也受到了一些启发。例如斯通法官说要增加透明度，透明度可以让更多人接受它，不管是参与人还是普通社会公众。再一个要增加回应性，这也是促进破产成功的一个因素。我们尤其要更加突出今后可能会存在的破产制度的示范效应，既要突出对滥用破产制度的惩戒，包括经济上和刑事上的惩戒，也要凸显对诚实却不幸的债务人的保护，从正和反两个方面让社会认识和接受个人破产。

与谈人

欧阳明程　青岛海事法院副院长

谢谢主持人，谢谢斯通法官的精彩演讲，非常有启发性。刚才讲到破产案件的成功运作有几个关键点，包括透明度、回应力和价值保全，包括在一个案件当中，债务人、债权人、法官、管理人等参与人都能高效忠实地履行自己的职责。比较而言，我国破产法还没有那么有效地实施，破产案件的推进会遇到各种困难。跟我们中院和基层法院比较，高院的特点是较少从事破产案件的具体审理，因而对个人破产制度缺乏相应的研究。今天就简单说说一些我的个人感想。

第一个感想，关于个人破产的制度问题。

首先是个人破产制度的定位问题。刚才李曙光教授等都谈到了，个人破产制度在目前的中国会不会成为老赖债务人的狂欢，或者说债权人的哀歌？2019年最高人民法院发布了第5个五年改革纲要，提出研究推动建立个人破产制度，主要解决个人执行中的案件。纲要发布之后，有媒体发表了一篇文章，标题大概是"最高法推进个人破产制度，欠债可以不用还"，但是内容却不是这样的。这个题目反映了很大一部分人对个人破产制度的误解，或者说对个人破产制度适用的担忧，不能把个人破产制度理解为完全豁免债务。

其次是如何区分诚信与否在中国是很大的问题。个人破产制度最关键的问题还是平衡债权人和债务人的利益的问题。斯通法官讲到了破产程序可以达到债权人和债务人共益，当然这是一个非常高的理想价值追求，汤教授提到了要保护诚信的债务人，只有诚信的债务人才能在破产后被免除债务。如何区分诚信与否在中国是很大的问题。结合国情来讲，个人破产制度建立非常有必要。但是，我们下一步在可行性上、在制度的建设上还是要谨慎。我认为，一开始要建立对债务人相对严厉的制度，而不是平衡保护的制度。怎么严厉？在个人破产的授予条件上要严格审查。对于想借破产程序逃债的债务人，应当不予受理。怎样界定？破产前高消费、高举债，然后申请破产的，要严格审查。还有财产申报制度，怎样保证债务人的财产申报达到透明的要求？这是非常严肃的问题。把所有财产都转移走之后，再申报，肯定是不行的。否则之前财产转移的调查怎么来进行？

最后是要建立严格的消费限制制度。中国这么大，持有哪些物品会被限制？每个月消费限额是多少？我们可以区分不同地区，对个人制定相应标准。但是必须要建立严格的消费限制制度，还要建立严格的财产转移的调查制度。同时要建立严格的破产责任追究制度。一定要把破产法的刑责条款激活。该条款在现在的企业破产实践中，确实是个睡眠条款。总体来讲，个人破产制度设立不能造成鼓励破产和出台后竞相破产的现象。个人破产制度虽然设立了，但一定要条件严格，严厉执行，要让债务人付出很大代价，比如生活要受很大的限制、信誉要受很大的损失。

第二个感想，个人破产制度会不会像现在的企业破产制度一样，成为法院的独角戏？

中国的法院治理永远是"一个人在跳舞"。中国法院不愿意受理破产案件的原因有很多，最大原因就是太麻烦、社会问题太多。2018年之前，山东每年受理200件左右的破产案件。这对于山东这样一个有156个基层法院的大省来说是微乎其微的。后来有所上升，也是背后有政府推动、调结构的原因。总体来讲，法院不愿意受理破产案件。很多法院很多年一个破产案件都没有，原因就是太麻烦。结合破产欺诈来说，现行破产法的规定不能说不完善和不严厉，民事责任包括赔偿、对董监高资格的限制，行政责任包括罚款和拘留。但实际上，我没有听说哪个破产案件追究董监高的责任。现在对于破产欺诈，多一事不如少一事，法院不愿意去管，而公安认为这是法院的事情，不应该插手。没有部门来处理这个问题，导致债务人或债务人的高管钻了空子。中国没有强大的、权威的法院。法院往往是程序性审查。管理人也很弱，往往依赖法院，大多数时间是对财产审计评估，对于债务人转移财产也难控制。

我非常赞同斯通法官提出的中国要向美国学习设立破产署和司法部的破产管理部门，启动对破产欺诈的追查，而不能让法院一家来承担。对企业破产法的修改，一定要把政府拉进来，建立专门的破产管理机构，法院、破产管理局、管理人均参与其中。

总体来讲，个人破产制度一定要立足中国实际，不能仅仅对标先进。我们无须最先进的破产法。我们的企业破产法非常先进。去俄罗斯等国考察发现，我们的破产法非常先进，但是运行得不好。在立法和司法中要循序渐进，一步一步去做。

与谈人

邹玉玲 北京市海淀区人民法院民事审判三庭（破产审判庭）副庭长

个人破产是把"双刃剑"，人们普遍担忧这个程序会被滥用，法官群体的担忧会比一般人更重。在我们审理的案件中，债权人提起破产程序的概率很大，与债务人主动申请破产的概率差不多。中国债权人对债务人的信任度低、对财产调查的要求高，而美国在财产调查方面非常注重财产透明度，因此想请问斯通法官，美国在这方面是否有更好的经验可以分享？另外，我们国家的破产案件因为各种问题在受理上存有各种困难，因此想了解美国破产法官是否专门地审理破产案件，每年审理的破产案件数量大概有多少？

主讲人回应：

非常感谢您的提问。

第一个问题，关于有什么好的做法进行财产调查，我认为透明度是一个很重要的方面。托管人必须是专家，并且必须尽职监督与慎重选择，专业人员知道如何寻找资产，这些资产包括债务人转移的、之前拥有的财产。债务人会想方设法藏匿各种各样的财产，但是经过训练的、强有力的管理人队伍能够迅速察觉到这些财产。例如，雇用会计师、律师等在实践上都被证明是可行的办法。除此之外，法院的命令必须要遵守，如果当事人不回应，管理人可以请求法院下令要求其回应。法院的强制执行力对此有很大帮助。

第二个问题，美国的法院体系有三层。我们法院是联邦地区法院的组成部分，我们只审理破产案件，但是其中会涉及诉讼、税收、养老金、合同、金融衍生品等各种问题。我之后可以给你一些数据，这些数据都是公开的。我们特别忙，其他地区法院不一定这么忙。我们只审理破产案件，我每年审几千个案件。去年我们法院一共审理了16000多个案件，一共有6个法官，平均每个人2500个案件。我们手上的案子虽然多，但是每一个都很重要，如果涉及《美国破产法典》第7章的案子，我们还要召开听证会。

以上是我对您提问的回答。

与谈人

容　红　北京市高级人民法院民二庭审判长

非常感谢斯通法官的介绍，为我们提供了非常好的资讯和建议，我谈两点。

一是个人破产制度的设计和相应的配套制度的建立和完善的问题。个人破产制度的必要性和重要性我们都很了解，但关键是个人破产制度的设计和相应的配套制度的建立和完善的问题，特别是个人财产登记制度的建立和信用体系的建立，还包括破产犯罪的制裁。我觉得，一定要加强对失信人的联合惩戒制度，包括采用刑罚的方式进行惩戒，要建立一个让失信人不敢逃债的制度。这是保障个人破产顺利实施的特别重要的前提和保障。否则，法律的功能价值不能得到实现，效果也会减损。

二是斯通法官提出破产程序的三个关键点：透明度，回应性，保值的问题。这在个人破产和企业破产中都是核心价值。这对于中国破产法官来说是非常好的启发。虽然我们平时也强调效率，但是明确的理念上的东西关注的还不够多，这方面还是有很大的提高空间。

与谈人

郁　琳　最高人民法院民二庭法官

谢谢主持人，谢谢政法大学。这段时间，学界、社会、人大代表、政协代表等都对个人破产十分关注。民二庭每年要处理很多人大代表的建议，今年关于个人破产制度的议案就有十个左右，是非常多的。周院长也曾提到了这个问题，包括主管领导在新闻发布会上也提到了个人破产制度的重要性问题。

对于个人破产制度的重要性问题。我的直观感受是，我们每年面临大量的执行案件，虽然去年、前年在推行企业的"执转破"，但还是有大量执行不能的案件，个人破产的缺失导致法院面临这样比较大的难题，凸显出个人破产在这方面的重要性。除了从司法机关的感受来说，个人破产制度对整个社会也有很重大的意义，从各国破产制度的完备性来看，不只要有法人或者组织的破产制度，更要有个人的破产制度。个人破产制度的建立还有一个重要意义，就是对个人消费信贷投资的风险提示作用。现在投资手段非常多元化，个人的投机偏好使债务违约现象越来越多，如果有了个人破产制度，不管在消费领域还是投资领域都能发挥很好的风险提示作用。但对于个人破产制度我还是有以下几个问题。

一是在中国建立个人破产制度，面临的一个困难就是人们经常把破产和逃债联系起来。关于这一点，也想请斯通法官谈一下美国是什么情况以及怎样应对。一方面，破产制度免除了债务，是不是逃债？另一方面，案件中利益的不平衡，最终可能导致对重整价值的分配出现问题，这虽然可能能够及时挽救债务人，但是债权人是否获得了公平待遇？

二是我一直很困惑，破产从业人员对破产和逃债的问题一直有明确的回答，他们认为不是破产导致了逃债和欺诈，反而破产是有助于控制这些情况的，但是政府部门不这么想。这到底是依靠讲道理讲出来的，还是破产制度实施后大家真实的感受？如果是前者，虽然不停地讲道理、写文章，但是破产逃债现象还是会有，所以这是不是有点自说自话，没有站在对方角度考虑？一方面，我们的理念要完善。另一方面，在个案处理上也要考虑如何真正避免破产逃债。其他的法律也要跟进，例如刑法。

三是一个关于债务人在整个程序中应尽义务的重要提示，我们有什么样的程序或手段来确保债务人能履行持续披露的义务，如果将来中国要实行个人破产制度，债务人自身有什么义务，这一点很重要。

四是在个人破产制度中，美国更多是联邦管理人在个人破产案件中起到了重要作用，甚至在代表官方处理，在国内，目前管理人大部分是市场化的、中立性的，他在这个案件中是要获得报酬的。那么个人破产制度采取什么方式可以提高市场职业管理人处理个人破产案件的积极性，还是另辟蹊径把个人破产管理事务交给政府机构承担？若依据《美国破产法》第13章，将个人债务分很多年来偿还，我非常担忧会不会有市场化的管理人进行多年持续追踪。如果是让法院来监督，是否能承担相应的成本？个人破产制度的费用和成本的问题，如果在制度框架下分担，可能会涉及如何去看待破产法的社会价值的问题。它到底只是私人之间的清理程序，还是也负担了一定的社会价值，是不是类似于社会保障法？这会涉及行政机关等机构是否也要承担破产导致的一系列责任。在美国个人破产制度中管理人更多是官方管理人，还是由市场上的职业化的管理人负责？如果是官方，是基于什么考虑，或者是因为美国特殊的历史环境发展而成的吗？

最后还有一个问题，在美国破产法院的结构下，上级法院对下级法院审理的破产案件有什么样的监督或者措施？

主讲人回应：

首先，我重点回答一下如何改变公众态度的问题。对于破产的观念和态度实际上很难改变。我们国家有按揭房屋被拍卖的危机，一百年以前没有人偿付不起该按揭，但是后来有很多人出现了经济困难。很多人都知道可能其邻居兄弟，甚至自己也无法偿付按揭贷款。这样一来他们就明白了不只是坏人偿付不起按揭贷款，可能邻居兄弟甚至自己也不能偿还。这些人申请破产不是欺诈性的。这个过程中也要慢慢来。如果案件是第11章的案件，要按季度支付费用，大的案件就有成本分担的问题。在第11章的案件中，如果是企业申请破产，债务人必须支付一些费用，但是有的时候如果债务人支付这个费用，给债权人的钱就少了，这就是平衡的问题：平衡债权人的需求和债务人的需求。

其次，在第13章案件中谁来确保五年的偿付追踪的问题。第13章的案件的受托人是由美国司法部来任命的，他们来收款分配。如果债务人不给偿付款，他们会再来找法院。

与谈人

陈景善 中国政法大学民商经济法学院教授

斯通法官讲债务豁免，谈到对不能豁免的债务的认定。我想请问对于不能免除的债务一般是如何认定的？

主讲人回应：

有时不能免除的债务是很清楚的，例如要缴的税是不能免除的债，还有赡养抚养费、某些刑事罚款、法院判决承担的债务、欺诈赔偿款等，这些也是不能得到豁免的，还有政府担保的学生贷款，也不能豁免。不过大多数债务都是可以豁免的，要审理看是属于可豁免的还是不可豁免的，在每个案件中可能有所不同，这要看一下双方的辩论再来作决定。

与谈人

刘　静 北京外国语大学法学院副教授

我想请问几个问题。

一是在债务的调整过程中，法国对消费者利率有最高限额，不知道美国有没有消费贷款的最高利率的限制？法官在第13章的规定下，能将这个利率调整到什么程度？法官有多大的调整权限？还有，按揭贷款的清偿期限是五年，这个期限的长度怎么协调，实践中会不会超出这个期限，如果超出，后面由谁来跟进执行？

二是2005年改革后，对于收入测试和信用咨询等问题，很多学者都提出了质疑，想问斯通法官怎么看？

三是破产衍生的相关诉讼，美国是由破产法官处理还是由地区负责诉讼的其他法官来处理？

主讲人回应：

斯通法官：你所说的衍生诉讼是指以公司名义提起的诉讼还是衍生金融工具的诉讼？

刘静：不只是指公司，我更关心个人破产中有些债权的争议，是由破产法官自己来决定还是会有其他法官也参与处理？

斯通法官：第一个问题，关于对消费者利率有没有限制。回答是确实有，纽约是24%或25%，这个利率还是比较高的。毕竟已经有了房产作担保，特别是在纽约，房产还是很有价值的。

第二个问题，关于五年的清偿期限问题，实践中还款有可能持续几十年，因为房屋剩下的按揭贷款还是要还的。有时候在诉讼中会把整个债务重新调整，利率也会调整，可以由双方达成新的协议，但是要经过双方的同意。

第三个问题，关于2005年改革后收入能力测试的问题，我当时觉得有必要进行这项工作，一个月进行一次测试较合理。这些债务人一般是把第7章的案子转为第13章的案子，如果他们的收入较高，那需要多付一些。

第四个问题，关于其他的衍生诉讼是否需要我们审理，这个答案是肯定的。经常从头到尾都需要我们审理，有时会有陪审团。但通常情况下，破产案件是没有陪审团的。法庭外的和解也非常重要，我们很鼓励案件双方自己调解或和解，有时会花一个早上的时间来解释有什么调解的工具，告诉这些债务人，与其把钱用来支付律师费，不如用来偿还债务。

结 语

主持人

刘 颖　北京航空航天大学法学院教授

目前在我国，个人破产是一个非常热的话题。这一期的"对话"，斯通法官的及时到来为我们送来了大洋彼岸的先进经验。她谈到了个人破产的法律渊源、类型、个人破产成功的关键点以及在个人破产中登场的各种角色。可以说帮助我们迅速地鸟瞰了美国个人破产制度的全貌。

李曙光老师从美国破产法引领全球的四个因素、中国引入个人破产制度的现状和优势、美国法给予中国法的五点启示三个方面对斯通法官的报告进行了点评。

汤老师在点评中，首先提供了一个重要信息：个人破产制定单行法的可能性比较大。然后从破产法的国家性与地方性的关系问题、破产程序的多元性（商自然人、消费者、农民）、美国破产程序的价值目标和结构模式、中国公权力的介入问题、破产程序的保障机制五个角度分享了自己的思考。郁琳法官、左老师等其他点评人及与谈人也从各种角度给予了我们不同的启迪。

今天的活动安排在上午，非常感谢大家的到来，感谢各位没有发言嘉宾的理解和体谅，尤其感谢斯通法官能够在旋风访京的紧凑行程中莅临我们中心、我们的对话，为我们带来精神大餐，也祝愿您在中国接下来的旅程愉快、返程顺利。

5月我们将继续开展对话活动。恳请各位嘉宾、各位朋友继续支持"蓟门破产重组"对话，支持我们的破产法与企业重组研究中心。我们将竭力做好各项组织和服务工作。

最后有请李曙光老师做一个简短的总结，为我们的活动画上圆满的句号。

李曙光　中国政法大学教授，破产法与企业重组研究中心主任

非常感谢斯通法官。这次对话我们有几个第一。首先这是"蓟门破产重组"对话的第一个"第十期"，以后我们还将有很多个"十期"；其次这是第一次在

上午开展对话，是第一次的法官专场，也可以说是第一次的女法官专场。今天来了很多法官，从基层法院到最高院的各级法院，也聚齐了很多女性破产法官、女性破产法学者。非常感谢汤教授以及许多未能及时发言的学者，谢谢远道而来的法官们，感谢大家的热情参与，我们下期再见。

整理人：中国政法大学破产法与企业重组研究中心
谢　琳　李鹏健　胡玉洁　李彦兵　郑建安　乔　筠　张　诚
黄健栓　温　晏　肖明倩　刘奕辰　佟东来

参会时与会嘉宾信息

主讲人：

Elizabeth S. Stong（伊丽莎白·S. 斯通） 美国纽约东区破产法院法官、美国对外关系委员会委员、美国法学会理事会成员、P.R.I.M.E Finance 董事会成员、纽约市哈佛法学院校友会董事会成员

点评人：

李曙光　中国政法大学研究生院院长、教授，破产法与企业重组研究中心主任

汤维建　全国政协委员、中国人民大学法学院教授、中国法学会民事诉讼法学研究会副会长

左北平　中国注册会计师协会破产管理人业务课题研究组组长、北京中恕重整顾问公司执行董事、利安达会计师事务所（特殊普通合伙）合伙人

主持人：

刘　颖　北京航空航天大学法学院副教授

与谈人：（依据发言顺序排列）

武　卓　中国人民银行条法司副处长

慈云西　深圳破产法庭负责人

姚建中　上海破产法庭庭长

邹明宇　北京破产法庭法官

欧阳明程　山东省高级人民法院民二庭庭长

邹玉玲　北京市海淀区人民法院金融与清算庭副庭长

容　红　北京市高级人民法院民二庭审判员

郁　琳　最高人民法院民事审判第二庭法官

陈景善　中国政法大学民商经济法学院教授

刘　静　北京外国语大学法学院副教授

第十一期

关联企业合并破产中的利益平衡与问题面向

冯　果

发言嘉宾

主讲人：
冯　果　　武汉大学法学院院长、教授，中国法学会经济法学研究会副会长

点评人：
李曙光　　中国政法大学教授、破产法与企业重组研究中心主任
蒋大兴　　北京大学法学院教授
叶炳坤　　厦门市海沧区人民法院党组书记、院长
左北平　　中国注册会计师协会破产管理人业务课题研究组组长、北京中恕重整顾问公司执行董事、利安达会计师事务所（特殊普通合伙）合伙人

主持人：
刘　颖　　北京航空航天大学法学院教授

与谈人：（依据发言顺序排列）
张亚琼　　湖北山河律师事务所合伙人
阿部信一郎　霞关国际法律事务所合伙人
张艳丽　　北京理工大学法学院教授
张　颖　　河北省邯郸市中级人民法院民四庭副庭长
范利亚　　北京德恒律师事务所合伙人
张　红　　日本冈山大学教授
邹明宇　　合众人寿保险股份有限公司总监
贺　丹　　北京师范大学法学院副院长、教授

主办方　中国政法大学破产法与企业重组研究中心
协办方　中国注册会计师协会破产管理人业务课题研究组
　　　　　北京法商汇破产清算服务有限公司　北京中恕重整顾问公司

2019年5月19日

开 幕

主持人

刘　颖　北京航空航天大学法学院教授

第十一期的"蓟门破产重组"对话活动正式开始。

国际性、开放性、前沿性一直是我们对话秉持的方向。国际性本身也是中国政法大学破产法与企业重组研究中心的标签之一，因为我们不仅是国际破产协会在我国的唯一会员协会，而且拥有一支非常国际化的研究团队，囊括了诸多在美国、德国、日本、法国、俄罗斯、澳大利亚、荷兰长期从事研究的中青年学者。在之前的对话中，我们也邀请到了日本以及美国的破产法权威专家来帮助国内同行了解世界破产法发展的最新动向。今天，我们也非常荣幸地邀请到了日本知名破产律师阿部信一郎先生现身参与我们的对话。开放性意味着我们既期待经济法、民商法、民诉法等不同部门的法学家之间，法学家与经济学家之间的跨学科的互动，也努力地促进研究者与实务家之间的跨领域对谈。我们尤其欢迎不同地区的破产重组业界的领军人物来京传经送宝。

今天的这位主讲嘉宾，从中国法学的研究重镇，也是我的家乡——武汉远道而来，希望就"关联企业合并破产中的利益平衡与问题面向"这样一个极具前沿性的课题分享他的最新思考。他就是武汉大学法学院的院长冯果教授。众所周知，冯老师作为我国著名的经济法、民商法学家，因在众多领域开展广泛而深入的研究而入选教育部"长江学者"特聘教授、中组部"万人计划"哲学社会科学领军人才，获评第七届"全国十大杰出青年法学家"、2017年"中国商法年度人物"。今天，我们非常荣幸能够现场聆听冯老师在破产法方面的真知灼见。

在点评嘉宾方面，我们邀请到了《企业破产法》起草小组成员、中国政法大学破产法与企业重组研究中心主任李曙光教授，全国知名的民商法学者、北京大学法学院蒋大兴教授，知名的破产实务专家叶炳坤院长和左北平会计师。我们也邀请到了理论界和实务界的众多与谈嘉宾，受时间所限，在此就不对嘉宾做一一介绍。

说明一下今天整个对话的流程。首先由主讲人报告一个小时；然后4位点评人依次进行点评，每位点评人评议 15 分钟；之后进入自由讨论的环节，与谈人可以自由发言，每次不超过 8 分钟。最后我们还会留出时间给现场的各位与会人员提问。

接下来让我们用最热烈的掌声欢迎冯老师开启今天的"对话"。

主讲人

冯　果　武汉大学法学院院长、教授，中国法学会经济法学研究会副会长

尊敬的李曙光教授，尊敬的各位专家、各位朋友，我确实非常高兴能有机会参加今天的对话。"蓟门破产重组"对话去年一开办就在法学界产生了非常大的影响，我也非常关注。李曙光教授也多次希望我能够参加对话，我觉得这种形式非常好，但就个人来讲也是非常忐忑。坦率地说，我本身对破产法的研究不多，更谈不上有什么真知灼见，但是我非常赞同对话的形式，将来自国内外破产法理论领域和实务部门的专家汇集在一起，为我们提供了一个难得的交流机会。

我今天可能更多算是抛砖引玉，把问题抛出来，大家围绕问题来进行真正意义上的对话。决定参加这样一个破产重组对话，我很纠结该谈什么样的话题。我的主要研究方向是公司法，因此决定就破产重组中关联企业合并破产问题，谈点自己的想法和感受。我就三个基本判断和基本认知，与大家交流。

关联企业破产涉及面很大，其中包括多元利益平衡和为了保护被控制企业债权而采取的多种救济措施。在实践中，当前受到较多关注的可能是实体合并破产的问题。

一、第一个层面

作为公司法学者，我们也认为实体合并破产现在有不可否认的制度价值以及实体需求，这里先谈第一层意思。何出此言？可以从以下几个方面来看：

首先，合并破产特别是实体合并，本质上体现了公司制度的一些特征，回应了公司集团控制所引发的实践问题。我们也知道，现代公司制度的建立标志有两点：一是独立的法律人格；二是有限责任。法人的独立人格和有限责任是现代公司制度产生的根本标志，这在理论上已成为一种社会共识。这种共识的

形成原理也非常简单，因为一个现代公司是一种人或者资本的联合，人和资本的联合就意味着这个公司并不属于出资人一家，可能是大家的共同结合体，也就是说，股东的财产和公司的财产，在理论上来讲应该是能够分开的。公司从独资企业走向现代公司，因为公司不是一个人的，在成员之间本就有一种约束。换句话说，当我们用个人财产来组建公司时，股东的存在会约束随意撤回出资的行为，因为出资的撤回是对其他人的利益损害，公司内部会有一个自然形成的约束机制。

同时，现代公司的成立也意味着公司的实际控制权不仅是在出资人手中。现代企业实现了由投资人负责到企业家或经营者负责的转变，公司由一批专门的出资人、经营管理人经营，公司股东不可以随便决定公司运营和实际操作。在现代公司运作中，股东财产和公司财产、公司的控制权和出资人控制权能在一定程度上实现分离。特别是在公众公司的场域下，如购买上市公司股票的股东和债权人的差异并不是很大，股东和债权人没有真正的支配权和发言权，这即建立在现代公司理念基础之上。也就是说，出资人投资公司的资金和财产可以与其个人财产发生分离，从而确认有限责任制度和赋予独立法律人格的制度。这套制度既是风险分配制度，又是利益分配制度，是公司法在确定公司制度时的最基本的制度基准和制度理念。

有限责任和公司独立法律人格调动了投资者的积极性，也调动了社会的积极性。对于债权人而言，债权人在与公司交往时，很清楚无论出资人是谁，自己是在与公司打交道，而不是与公司的股东打交道。即其信赖的对象是公司，而不是公司背后的股东。债权人在交往的同时，更关注公司的信用状况、资产等。这一套利益平衡机制形成了我们现代商法运作的基础，也是公司制度的本质体现。

而问题是，公司所采取的这样一套运作机制，随着企业并购、市场发展以及关联企业的出现和数量的增多，原本以单体公司作为立法基础的公司法也面临新的挑战。集中而言，就是公司和股东之间的关系在多大程度上能分开？是否真的能分开？公司法实践中也产生了一系列平衡救济措施。这些措施包括我们大家都很清楚的"揭开公司面纱"规则，这套规则也进行了一系列演变，从早期单纯地顺向"揭开公司面纱"，到后来又出现的反向"揭开公司面纱"，甚至扩张到母子公司之间的法人人格否认和个案中的法人人格否认。而随着企业经营和运作的集团化，公司法也相应作出了一些调整；对于母子公司之间失衡的关系予以相应的矫正，这是公司法学界普遍关注的现实问题。而破产法则是在公司出现了破产原因的情况下，解决债权人集中清偿与公平受偿问题的规范。我觉得这套规范的构建基础和公司法是相同的，它在早期同样是建立在单一公司的体制之下。

我曾一度认为破产法并不是那么复杂，其只是发挥公平受偿的功能，但是后来发现，随着现实发展，特别是关联企业等的出现，破产法所涉及的问题更复杂，问题点更多。我们建立在单一公司体制之下的破产法，在面对以公司法为主来解决破产问题的时候，同样也出现了一些致命问题。比如传统而言，谈一个最基本的理论，"谁举债，谁清偿"，也就是说，债权发生在相对特定主体间，在债权关系中谁是债务人、谁是债权人，此关系相当清晰，当债务人破产时，自然就有破产法。反过来讲，如果债务人未破产，他不可能进入破产程序；如果债务人进入破产程序，他也不可能扩张到其他并没有直接债权债务关系的其他主体。如果将破产法建立在单一的公司破产体系之上，按照"债法相对性"理论来讲，将会出现一系列问题，如果是一个关联企业，这个时候几类情况都有可能发生，集中在如下方面：债务人破产了，但是作为其控制人的母公司依然没有破产；或者是母公司破产，子公司没有破产，也就是说一个集团中有部分企业破产，其他企业还没破产，能不能扩张到非破产企业。另外，在某一企业破产会影响到其他关联企业，使关联企业也具备破产原因的情况下，关联企业能否启动破产程序？以及各个关联企业同时分别进入破产程序，能不能一并处理？这些是传统的破产法理论所难以解决或回答的问题，但是现实需要作出回答。

实践中，法官受制于不能拒绝裁判的理论，在面对上述问题时需要梳理问题、提出解决方案、作出相应裁决。合并破产，特别是实体合并破产，就是法官们基于个案公正所创造的一种衡平规则，这种衡平规则在后来部分成文法的立法中得到了体现，也在联合国的立法指南中有所反映。这是现实发展的一种结果，是实践对于传统的公司法理论和传统的破产法理论所提出的一种客观要求，也需要理论界和实务界予以回应。合并破产实际上是基于公司结构和公司本质上的变化而做出的一种调整。

其次，实质合并破产可以实现对债权人利益的实质保护，这是我们学界上的一个基本共识。我个人认为破产法最大的功能是最大化破产债权人的利益，给债权人提供更加充分、更加有效和更加实质性的保护。正如我们前面所说的，如果母子公司之间出现欺诈交易或利益输送，子公司被严重欺诈或剥削，或是母公司为了避债而专门成立一个子公司，把资产往子公司输送；在此种情况下，破产债权人基于单一公司破产的保护就很不公平了，因为核心资产、优先资产都在子公司，或者被有意地转移到其他公司去，人格制度就成了一个避风港、有限责任就成了一个避债的工具，这对债权人是不公平的。破产法的基本理论之一是最大化破产财产——债务人的财产就应该拿回来，作为统一的破产财产来供债权人受偿。

实质性合并最基本的三个特点。第一，实质合并对债权人而言是公平利益的体现。在实质合并破产中，所有人格混同的企业资产作为统一的破产财产，所有债权人的债权也汇集在一起，同时在高度混同的关联企业之间债务互相予以抵销。财产的合并毫无疑问能够更加充分地保护债权人，这也是一种实质保护的体现。第二，实质合并能尽可能地维护破产财产，尽可能避免破产企业的财产损耗，使财产能够得到有效的保护，使债权人的债权能获得更加充分的实现。因此，合并破产另外一个很重要的作用就是它能减少分别破产所带来的财产损耗。第三，实质合并能提高破产效益。单体企业进行重整可能效果不佳，但如果把整个企业集团纳入进来，将可能有利于重整的实现。重整实现往往有利于破产企业的整体利益，同时也是对债权人实际利益保护的一种路径。总的来说，实质合并对于债权人而言，既是公平利益的体现，又能维护破产财产、提高破产效益，这些对债权人毫无疑问都是有利的。在国际上，这也是该制度兴起的背景，是实质合并破产受到重视的重要原因。

再次，我国存在一个相对特殊的制度背景，即公司不规范经营问题还较为广泛地存在。公司制度在国外已经经过了几百年的发展，而我国公司制度则相对年轻。公司制度在我国快速发展的同时，法治环境、程序意识、公司治理结构等相较于国际一流水平尚存在一定差距。我国存在大量以讨债为目的而设立的公司，也存在大量的家族式企业。在我们的监管有待改进，资本市场环境还需完善的情况下，大量上市公司的治理结构也存在诸多问题。不规范的实践使保护债权人利益非常困难，这是困扰我们司法实践的突出问题，也是中国需要实体合并制度的重要原因。

最后，在当前我国经济背景下，经济结构调整和转型都需要公司法发挥一定的积极性和能动性，特别是要发挥其重整功能，使我们的企业能够起死回生，能够渡过当前的难关。

基于以上几点，我的第一层意思即当前我们需要突破一些现有规则和制度，要把关联企业的破产问题厘清，只有这样才能更加有效地保护债权人，能够更好地实现企业拯救。因此，认真对待关联企业的合并重组问题，是我国破产法和公司法领域的重要问题。我不认为这表现出破产法和公司法之间的张力，反而是破产法和公司法对于一个复杂的关联企业的一个共同认知。

二、第二个层面

这里我想谈另外一个层面，我们对实体合并的客观需要必须有一个非常清晰的认识。我有一种担忧，实体合并可能稍不注意就走向了另外一个极端、制造新的不公、产生很多新的问题。我想分享一些我的理解，实体合并必须慎之又慎，学界也要抱着理性的态度去分析这个问题。具体而言：

第一点，实体合并在关联企业破产中，对债权人是一种最彻底也是最充分的保护。在实体合并中，除了我们前面提到过的关联企业破产的几种情形，还有几种救济措施，其中之一就是"揭开法人面纱"。我们也认为"揭开法人面纱"是破产企业牵扯到母子公司时动用的一种救济措施，但这个救济措施主要适用的场景是，被控制的企业破产，而其他的成员企业没有破产，这个时候不再考虑母公司或者是其他姐妹公司的独立人格，而让公司和债务人承担相应的关联性责任。"揭开法人面纱"一般只是在个案中予以适用，它并不彻底否定企业的独立法律人格。而我们的实体合并跟它不同，实体合并基本上不再考虑其他企业的法律人格，而是通通作为一个破产企业，将其财产纳入破产财产中来予以处理。毫无疑问，实体合并比"揭开法人面纱"的力度要大很多，也更彻底。

我们都知道"衡平居次"这样一个规则，在公司法里特别提到，它是一种"绅士规则"。在这种规则下，债务清偿的顺序会作特别处理，即当母公司对子公司有不当行为的时候，或者有不公正交易时，母公司和子公司之间的债权要次于一般的债权。这仅仅是一种债权受偿次序上的调整，并没有否定母公司的人格，也不存在把母公司所有的财产都作为破产财产来处理的问题，相对比较缓和。

而实体合并最关键的三个要素决定了所有的关联企业的资产都可能成为破产财产，所有关联企业的债权人都成为统一的破产企业的债权人。关联企业之间的债权债务一律抵销，也就是说，基本上不将关联企业作为独立的法人来看待，其中涉及的利益冲突是非常复杂的。

它体现了几个层面上的紧张关系：从单纯的母公司和子公司合并破产来看，这个时候母公司和子公司之间会产生矛盾，母公司和子公司的股东之间也会产生矛盾，更重要的是在母公司的债权人和子公司的债权人之间产生了一种很紧张的关系。我们姑且不论其他关联企业是否也都具备了破产原因、进入破产环节，单单是母子公司合并破产的情况，就会产生债权实现程度不同的问题；而如果都进入破产程序，更是会出现清偿率高低不同的问题。这样一种冲突是客观存在的，这种紧张关系也是不容忽视的。

第二点，从国际上来看，真正把实体合并写入破产法的国家还不是很多，现有的如法国破产法。法国的实质合并是涉及跨国破产的时候，针对跨国企业之间的合并。我一直在思考，实质合并破产为什么在制度层面没有在全球范围内普及，而更多的是作为衡平性的救济措施由法官来推动。实际上衡平法在英美法系国家居于普通法之上，目的是解决普通法过于刚的问题——法官将之作为矫正措施。换句话说，没有普通法，衡平法是不存在的，衡平法依赖于普通法。国际上基本很难看到有国家将实质合并破产作为一种破产规则，这是需要我们思考和关注的一个问题。有需要、有制度价值，为什么大家不把它作为一个基本的制度来加以规定呢？为什么是通过一些判例来规定呢？

我们经常提到《破产法立法指南》（Legislative Guide on Insolvency Law），该指南制定的目的是解决国际规则统一的问题。其中在关联企业破产的部分，《破产法立法指南》更多地强调要尊重破产企业的独立法律人格。《破产法立法指南》强调更多的是公平，比如第4项是确保处境相近的债权人的公平待遇，第5项是及时、高效并公正地解决破产事务，第6项是破产财产公平分配给债权人。在《破产法立法指南》当中提到关联破产，强调的是各个国家在处理破产时，特别是在处理跨国破产的时候，一定要尊重企业的人格，更关注公平和对等的价值追求。

第三点，这是我个人的一种看法，可能不一定正确，供大家思考。当我们说某一项制度"最有利"时，需要三思，一个最有利的制度也可能最具有杀伤力。同样对于实质合并，我们认为实质合并对债权人保护最为有利，但这样一个制度也可能最容易产生新问题。我们作为法律人都有一种价值判断和价值倾向，比如公平、正义等，而这样一种公平正义的价值和我们的道德是连在一起的。在任何一个社会，一旦站在一个道德的制高点上，很多事特别是少数人的利益就很容易被忽略。因为我们经常讲的是要达到一个什么效果，重整也好，破产清算也好，当我们的旗帜举起来是为了一个最佳的效果，为了一个更大的社会利益，或者是为了一个更加有效的重整的结果时，大家似乎就掌握了一个道德上的法宝——谈到整体利益时，为了更大的利益，一些个体利益是可以让位的。这样一种价值，在破产重组实施的过程中时而存在。而一旦关注于更多数人的利益，更大的社会效益，更大的价值取向，就有那么一部分人的利益非常容易被忽略。这方面的利益和声音微乎其微，我们可以视而不见，但是这样是不是公平的，值得我们去考虑。我们不能为了一个子公司的债权人实现这样一个目标，或者为了子公司的债权人的信赖，而将真正信赖的另外的交易对象的利益不加以平等保护。（这其实是一个共性问题，在破产法之外的其他法律里面也有这个问题，包括《公司法》里面有大量制度是建立在一种所谓的民主和公平机制之上的。）在破产实体合并中，少数人的利益应不应该被忽略，是需要我们去考量的。

在效率价值的主导之下，公平也最容易被扭曲。我们注意到破产法经过不同阶段的发展，从早期的债务人保护，到债权人保护，再到走向重整、企业拯救等多元价值方向。在这样的发展过程中，效率这个关键价值在不断强化；拯救功能，各个国家无论是立法还是司法，无论是学界还是实务界都非常关注。在效率主导之下，就涉及价值判断、取舍问题。什么是公平？在破产中公平该处于一个什么样的位置？也都成了问题。比如，我们是为了重整而重整，还是为了债权人的利益而重整？是为了完成任务还是为了什么？这些问题都是我们需要去考量的。我先把问题抛出来，我觉得在价值趋向方面，还是有一些问题值得讨论思考。

司法能动下的合理边界最难以把控。当今我们面临社会转型等任务，同时法官也不能拒绝裁判，要解决破产实践中面临的这些具体问题，需要发挥司法能动性。破产业务从开始到组建，也是为了承担起司法特有的这种职能。但关键在我们能动到什么程度是难以把握的。数据显示，实际上合并破产中基层法院受理的比例还是较高的，大约占 2/3；在中级法院以上被受理的占比并不高——也即当今合并破产案件的管辖，还是以基层法院为主导。从程序来看，有的经过了当事人的申请，有的当事人根本就没有申请，将近 50% 的案件没有申请，法院直接作出相应裁定。这些数据让我觉得司法在这一方面是有需求的。

三、第三个层面

在前面谈的基础上，实体合并在关联企业破产中间确实有存在的价值，但是企业的实体合并破产很容易弄巧成拙。最高人民法院在《全国法院破产审判工作会议纪要》中提到，要确认合并破产、保护债权人利益，同时也提到要"审慎适用"关联企业实质合并破产，不使无辜人的利益受到损害。但如果缺少明确的机制，"慎用"便会落空。因此，要构建起一个防止合并破产被滥用的机制。这里我简单提几点建议：

第一点，需要同各级法院灌输理念：实体合并必须是万不得已时才能使用的措施，它必须是最后一道防线。

第二点，裁判标准需要进一步明确。最高人民法院《关于审理企业破产案件若干问题的规定》里面提到三点，但到底是人格高度混同、财产和债务无法区分，还是重整的效率，抑或是信赖，如何理解这三者间的关系，到底是单一标准还是综合标准？学界里面还有一定的分歧。我个人认为三者间应该是关联的，其中最核心的应是人格高度混同。人格混同有几种：机构混同、业务混同，如果财产还能够分清，就没到混同程度。资产无法割裂、无法剥离、无法分割是人格混同的一种集中体现。而重整的效率，我个人认为它不能够作为一个独立的依据来看。事实上在英美法系国家里，特别是在美国，它用了"绝望"两个字来形容混同程度，也就是说已经没办法把它分开了的程度。我个人倾向于一句话，人格混同有很多种表现，资产无法分摊是最核心的标志，除此之外其他的都是辅助。关于信赖，我认为信赖标准是一个抗辩的理由。

第三点，尽可能地限定适用领域。这方面《人民司法》发过很多理论性的文章，也都注意到了这个问题。但适应的范围有多大？适应的领域有多宽？大家还并没有完全理清楚。其中有的集团企业，一个企业破产了，该企业的破产范围超出自己本身，就主张一起纳入合并破产的程序中来。而一个企业破产，另一个企业还没有进入破产程序，有可能会引发问题，适用的时候该如何考量？

另外，基于重整的需要进行合并，还是基于重整之外的需要再去考虑，这也都是现在大家在讨论但是意见还不完全一致的地方，我个人认为这毕竟是公司制度的根本性变化，会破坏正常的交易和信赖，应当尽量地限定范围。

第四点，利害关系人的利益保障机制。这可能是我们急需完善的方面，是我们法学界研究要关注的点，特别是司法尤其是最高人民法院需要去考量的。

一是异议债权人有没有救济的权利。举个例子，当子公司破产，子公司的破产人把母公司的财产纳入破产财产时，子公司的债权人无疑会有高低不同的清偿率，如果是受益者没问题，但关键是当一个合法进行交易的债权人，如果不实体合并破产财产，他的债权便不能够完全清偿，或者按照公平清偿的原则，债权人不能够接受这样的清偿率时，债权人会有什么样的表达途径，这个需要考量。

很多法院在实体合并审理过程中程序是缺失的，最高人民法院提出了复议程序。我现在就想，为什么作一个裁定不能规定一个诉求？除了异议的债权之外，作为一个被裁定实体合并的公司，他的股东有没有异议权，这些都应该考量。诉讼法里面规定了三种可以上诉的裁定，如果作出了涉及实体权利的裁定又不允许当事人再进行上诉，我们认为在法理上说不通。如果我们不给有利害关系的持有异议的债权人救济权利，很难保证实体合并破产能够真正做到公平和公正。

二是合并破产是当事人自治还是法院裁决？换句话说是基于申请主义还是职权主义的立场？前面提到实践中，可能很多法院采取职权主义，这种职权的基础是什么可能也需要考虑。我个人倾向于要保证法官作居间裁判，是需要采取基于申请主义作审查裁定这样的程序来保障的。还有听证会的问题，这是一个不同意见汇集的地方，现在有一些实务部门的法官、一些学者也提到债权人会议是可以不开的，撇开债权人会议，听证会怎么开也很重要，听证会是走过场还是正式召开，效果是不一样的。现在听证会对表决程序没有任何的规定，有的听证会是一个债权人代表、管理人、财务审计代表、和一些与债权没关系的人坐在一起讨论。我倾向认为，债权人会议作为反映债权人集体意志的程序，最好还是要坚持召开，因为这是对当事人自治理念的遵循。

三是债权的合理公平受偿。实体合并确实存在公平和信赖的保障问题，也就是说这个公平是基于相同环境的公平受偿，是基于商事交易最基本的信赖和利益期待。一部分观点认为企业交往是整个集团的信赖基础，也有一部分观点认为企业交往，只与该合并公司有交往，没有跟其他企业发生债权债务关系。有专家提到，如果债权异议过于关注核定程序，就没有办法往下走，这与效率理念是冲突的，此部分专家认为不必要开债权人会议，也没必要受制于异议债权人，只需出裁定保证合并程序能够继续进行。问题在于，事实上来讲，债权人的异议不见得会使合并程序无法进行，就像我们《公司法》里面讲到的企业合并、企业分立的问题，同样有异议的债权人可能会不同意，但是在保证正常利益的情况下，仍然能够继续进行破产程序。所以如果债权人能够说明其债权受偿正当性，我们也可以给他特殊优先的受偿权，在保证其利益不受影响的情况下，愿意加入的人可以加入进来。总的来说对于这种情形，还是要有些特殊的处理机制和措施。

这里面还有很多其他的问题，我今天的任务实际上就是"抛砖"，坦率来讲是作为一个非破产法学者来谈的。希望大家一起进行下面的交流，谢谢大家！

点评人

李曙光　中国政法大学教授、破产法与企业重组研究中心主任

非常感谢冯果教授来到我们"蓟门破产重组"对话这样一个开放平台。今天冯果教授非常精彩地把他在公司法和破产法领域内的一些前沿思考展现到演讲中，主题是学界争议比较大的关联企业实质合并破产问题。实质合并破产，这是当前破产领域最前沿的问题，是实务中出现比较多的问题，也是理论界有较大分歧的问题。

我们曾开展过一期有关实质合并破产的对话，那次更多的是从实务角度探讨。今天的对话则有所不同，冯果教授是公司法领域的专家，他从公司法和破产法两个角度，围绕三个维度来讲授。第一是关于法人人格否认制度特别涉及的实质合并破产的制度价值在什么地方。第二是关于实质合并破产制度的局限性与审慎思维。第三是如何来践行、实现这样的制度价值，特别是建构对滥用的预防机制这方面，他有很多精细的思考，这些思考来源于实践，我听后很受启发。我想在六个方面做个点评。

第一，为什么在中国会出现这么多关联企业合并破产现象。我上次对话中

也讲到，中国关联企业多是因为家族企业群的存在，中国东西南北差距比较大；今天我也有一些新的思考，这个新的思考就是关联企业问题跟我们国家企业家的构成还有营商环境息息相关。我国很多企业喜欢使用关联企业这样一种形式，这跟我们企业家的素质很有关系。我最近走了一些地方考察企业状况，看到一些企业做到一定地步以后，就开始在国内东西南北投资，而往往他在本地投资很少，大量的投资都投到外地。而且企业家往往有一种扩张的冲动，但是做大到一定规模后又控制不了关联企业群。我们姑且从善意的角度来理解这些企业家，即其不是要滥用公司的法人人格，而仅从企业家自身的素质、自身的扩张冲动、自身对于企业做大做强的雄心壮志这个角度来考虑。实际上当企业发展达到了一定规模，我们很多企业家没有能力有效控制企业。当然这里面除了企业家自身的素质、道德水准、能力，还有一些跟中国的经营环境，特别是跟地方政府对企业的信任度都有关。我们也不排除确实有些企业家想借用关联企业的形式来转移资产，逃避税收，甚至母子公司之间进行不当的关联交易。这种借用有限公司外壳去谋不当利益的情况在中国也不少。怎么去判断是否出现了这种情形？确实在司法实务当中是一个很头疼的问题。这是我想谈的第一点，即为什么有这么多企业在企业破产的时候资产是空的，为什么很多企业在跟他关联企业交易时会出现转移企业资产这样的现象。

第二，法人人格否认制度。这个制度在破产当中具有特殊性。公司法学者一般都认为法人人格否认制度如果从英美法的角度来看，是在有限责任公司的墙上钻一个孔，通过这个孔去看到控股股东的一些行为，是不是有关联性，是不是有滥用有限责任这样一些特征。所以法院的诉讼都是针对某种特定行为加以判断，在被钻之孔的目的之外，有限责任公司这堵墙是依然矗立的，这是公司法学者比较多的一个形容。但是我们研究破产法的学者认为在我们破产当中，这堵墙倒了，这与《公司法》是很不一样的，这个实际上和我们破产法当中为什么要研究关联企业实质合并破产的重要性有关。因为有限责任公司整个墙倒了，不是钻孔的问题，所以无论是法官、管理人，还是债权人，他们在面临利用一个坍塌的公司建筑来判断是否有滥用公司法人人格这样一种情况。因此我认为这跟《公司法》里面的判断就非常不一样，破产法是把一个企业所有的交易整个摊开来清理，这就增加了我们在破产当中判断公司是否实质合并的关联企业的复杂性。

第三，我支持冯果教授所说实质合并有制度价值，但是又应该特别审慎这个意见。我们一般说实质合并破产的适用原则有三个：一是审慎的原则，即适用实质合并是以单独判断、单独程序、适用单独的破产程序为主；二是限制的原则，要限制使用实质合并破产，即不满足一些条件不能适用合并破产；三是例外的原则，即实质合并的情形是少量的，这是一般性的判断。最高人民法院在去年（2018年）的《全国法院破产审判工作会议纪要》中也是做这么一个判断，但是中国的复杂性在于中国的企业大多数都在利用这个例外，或者中国的企业家、企业控股股东，大多数在利用这个例外。另外，某种程度上我们很多企业是有可能被企业债权人，被那个墙倒企业的股东自认为是应该进行实体合并，也就是我们中国的实体合并、关联企业实质合并更多的情形是反向"刺破公司面纱"，内部人反向刺破与外部人反向刺破，这些都需要在实践中极为审慎处理。

第四，关于判断标准。判断依据主要是《公司法》（2018年修订）第20条和最高人民法院发布的《全国法院破产审判工作会议纪要》（里面提到的实质合并判断标准基本是简易标准），判断标准包括一个公司是否有逃避债务的行为，是否有严重损害债权人的利益行为，滥用行为和损害之间的因果关系，关联企业之间的业务关系、财务关系、对外宣传。在这个判断标准上，各国的司法实例不一样，中国的《公司法》在制度上有两派，一派是我们讲的大陆法系派，一派是英美法系派。大陆法系派强调直属的理论，或者更加强调法规定的适用说，也就是说法人人格按照法律规定的条文来加以判断，德国法更加强调法规定适用说、滥用说、分离说，但是英美法更加强调代理说、工具说、另一自我说，强调去刺破实体行为，更加强调判断行为要件。有几种要件是英美法系更加重视的：第一个就是适用于母子公司之间；第二个适用于税收领域；第三个是反向适用，特定股东主动要求来适用刺破；第四个是欺诈，欺诈的情形比较多，特别是在中国这种有意无意的欺诈是比较多的；第五个是一些形式要件，包括公司档案，公司本身的信息披露存在的那些错误或缺失，股东的抽逃出资，公司信息的虚报和隐瞒，就是根据形式要件也能去判断是否要实质合并。所以我想中国在破产实务当中要更多学习借鉴判例法的一些传统，在实体合并判断标准上，要件认定方面要更精细一点。这一点我支持冯果教授最后提到的要构建相关机制，其中最重要的就是要把这些要件因素和我们的程序规则融合，包括刚才也讲到的要通过听证这样一些方式帮助法院去判断，把这些规则加入要件里面，所以我想法院法官对实质合并的判断标准是非常重要的。

第五，法院的管辖和冲突的解决。现在很多案例涉及破产企业到底要不要进行实体合并，关联企业要不要实体合并的问题，很大程度上是因为法院，有些法院不自信，不敢做合并破产的判断。有些是法院不敢，有些是法官不敢，不一定是基于审慎原则，而是从法院的层级和法院的职权地位着想，还有就是法院对于破产案件，特别是那些大型的破产案件的管辖权，受理法院根本无法管辖。《全国法院破产审判工作会议纪要》对合并破产的管辖规定，一般是核心控制企业的住所地的法院来受理，没有核心控制企业住所地的就是主要财产所在地法院管辖。实际上在中国目前的四级法院体系下，地方政府的利益在管辖权确定与行使中起着非常重要的作用。不管什么法院管辖，不能干涉核心控制企业在外地的资产，即在其他外省、市投资经营的资产。法院虽然对破产案件有司法管辖权，或者有一个财产诉讼的协调力，但是如果没有地方政府支持，法院根本不可能去管辖这个案件，因为这涉及地方稳定与地方债务人利益。所以我们往往看到一些重大的案件需要中央协调，或者某一个省政府出来协调，法院才愿意做实体合并的判断，这个是在中国非常具有特色的。所以最高人民法院引用了核心控制企业住所地这个概念，这个是从《跨境破产示范法》（UNCITRAL Model Law on Cross-border Insolvency）里面借用过来的一个概念，这对合并破产案件受理有价值，但是在中国不仅要有核心控制企业财产所在地的概念，更重要的还要有独立法院的概念，没有具有权威，独立性很强，对于破产企业在外地的财产有控制力的破产法院，我们的实体合并是很难进行的。因此，独立性权威性强的破产法院对实质合并破产是很重要的。

第六，债权人的异议处理。《全国法院破产审判工作会议纪要》规定涉及冲突时，可向上一级法院申请复议，上一级法院可对法院管辖进行协调，但我认为这是不够的，因为合并破产当中有大量的附随诉讼，这些诉讼往往是由债权人提出异议的，双方多方债权人都可以提出异议，并且涉及其他关联企业的各种利益。所以我认为在实质合并破产程序中，维护程序上的正当性和给企业债权人等提供更多的救济渠道是非常重要的。

以上便是我的几点想法与评论，谢谢。

点评人

蒋大兴　北京大学法学院教授

非常高兴来参加这个对话，也非常感谢李曙光老师的邀请。我同意冯果教授的观点，我也是以做《公司法》研究为主的，所以我确实也找不到他的报告有什么问题。那么，我谈几点看法：

第一，破产法学界对实质合并很积极，公司法学界对此比较消极的原因。它其实有一个问题是公司法的原则在破产法当中射程到底有多远。如果坚持《公司法》的原则，那么在破产程序中运用实质合并对公司法学界而言就不是一个特别受欢迎的东西。记得有一次在友谊宾馆开破产法论坛讨论实质合并时，公司法学者与破产法学者之间的分歧还是比较大的。因为公司法学者认为，有限责任和法人人格独立是为了解决破产风险的问题，而实质合并正好相反。公司法学者会更谨慎的一个很重要的原因是，中国的公司治理的习惯与规范到现在还是在养成当中，也就是说我们在这个养成过程当中是要容错的，是要适当宽容公司治理不规范这种现象的。因此这也就是为什么对法人人格否认还有那么多严格的限制。我觉得刚才冯果教授讲的一个想法非常有意义，他说我们是否在实质合并之前要考虑其他的法律工具，也就是解决债权人问题的优先性。比如个案中的法人人格否认、撤销权，等等。美国学者认为在进行实质合并之前是否要穷尽其他衡平救济的方式这一问题上，只有在穷尽其他方式仍然无法解决公平和正义的问题时，才有可能寻求实质合并的支持。（有一些学者讨论，比如他们讲到《在集团企业的破产，实质和程序合并在什么时候、如何发生的》这篇文章，以及在《实质合并一个批评性的检验》这篇文章中讲到了实质合并至少要有九个因素）这九个因素当然我们在各种案例当中其实也都看到过，可能表述不完全一致。其中有一个因素比较有意思，他讲债权人在交易时是否将集团视为一个整体。这其实就是一个很重要的问题。就是说你不仅要看我们同实质合并如何扩张财团的范围，还要看债权人在交易的时候是一个什么样的期待，我觉得很有意思。所以第一个体会就是公司法原则在破产法中的射程到底有多远。

然后是合同法本身到底对破产法有什么拘束，这里面很关键的一点就是债权人期待，合同债权人在交易的时候是和具体公司在进行交易还是和公司集团进行交易？这取决于我们交易当中遇到的各种因素，比如在交易过程当中公司各个集团一体化的保证，比如互相担保。美国学者讨论里有一个很重要的问题是关联企业之间相互金融，他们认为集团内的金融和集团内的担保是实质合并很重要的考量因素，因为在这个时候会使债权人产生一种期待，其实不是在和集团中的某一个企业，而是在和集团整体进行交易。当然也有一部分债权人不是这样的，他们可能只是针对某一个企业，根本不考虑集团整体对他们交易的保障，这种情况有没有可能对债务人以及债权人进行类别化的区分。2018年年初美国有一个案子拒绝实质合并，理由是什么呢？因为债务人是自然人，这就不太可能会发生这种债权人共认的问题。从这个案子可以看到债权人的期待可能在实质合并的解决当中是一个有必要考量的问题，而债权人期待本质上就是合同法对破产法的拘束，因为我认为债权人期待属于合同法的问题。

第二，程序法对实质合并的拘束。当然程序规则这里面很复杂，冯果教授讲的比较多，刚才李曙光老师也讲了好多，我们一提到破产，确实是公司法学者特别支持，也有一些破产法学者在个别交流当中表达观点，他们其实也是支持的。但是在实质合并的时候我们其实要把关联企业综合来考虑，这里面就有很多程序的问题，比如什么是关联企业，如何界定，关联到什么程度，依赖何种工具进行关联会更好地进行实质合并。因为关联工具很多，哪些工具对实质合并有更大的意义和价值，这种关联度的密切程度，我们可能是需要考虑的，尤其我们在实务当中个别法院在考虑实质合并时会想把哪些企业拉进来，但对关联度考虑是很弱的，他只是考虑如何去扩张破产财产。我觉得这个是很不够的，尤其在这个过程当中对于债权债务的界定可能有很多程序法上的问题，包括证据上的问题，可是现在好像在实务当中未得解决，包括发裁定怎么发、发几个，刚才也说了对债权人的裁定有什么权利，债务人债权人权利有什么不同等，都需要进一步明确。

第三，冯果教授说到利益衡平，我是非常认同的。判断在实质合并过程当中尤其对中国今天来讲法院是不是进行了不当扩张，其实我们需要考虑一个问题，为什么会"破产为王"？一个是管理费用很高，引起法律人对破产的关注，还有最近几年我们破产的企业经济状况不好、去产能等也使破产越来越多地进入法院，很多很多原因。但是这里面我就发现法院存在一个问题。破产案件存在一个"求大"的倾向，尤其是求在全国最大最好。用什么方式可以求到？实质合并是最好的方式，你看我们海南那个案子，海南现在正在做几百亿元标的额的这个案子，实际上法院想做实质破产，但是完全不考虑他是否存在债权债务没法区分或者区分成本太高的情况，或者有别的价值考虑，所以要做实质合并。法院在破产案件求大的趋向上主要考虑如何提升破产财产总量，这是一个很糟糕的问题。在整个过程当中完全简化了对债权债务的混同度等问题的考虑，有意识地朝这方面去做裁定。当然我们也可以理解破产案件的复杂性，法院没有一定的权力，破产案件在中国做不下去，但是再复杂的程序也要给当事人异议的机会。很多强裁的问题不仅在中国会有，在美国其实也有，但在美国比如说法院在关于实质合并的解释过程当中，很多案件里面是比较讲道理的。当然是不是跟破产案件特殊性有关系，我不是特别了解，但是冯果教授其实启发我们去思考破产法院过于强大会产生哪些问题，优势都在何处。谢谢。

点评人

叶炳坤　厦门市海沧区人民法院党组书记、院长

刚刚听了冯老师的发言和几位老师的点评，收获很大、很受启发。下面我谈几点体会。

第一，关于实质合并破产的价值导向问题，我非常赞同冯老师所提出的有关价值导向对实质合并制度运用的影响的观点。在破产实务界，实质合并破产是近几年非常热门的话题，案例不少。我也注意到各地法院在做这类案例的介绍时，更多的是强调实质合并破产对提升公司重整、清算效率所产生的积极作用和主要成效。相反，作为实质合并破产的基本目的，即债权人利益保护，反而很少在相关宣传材料或是案例之中得到较为充分、细致体现和分析。也经常听到轻率的实质合并破产侵害债权人利益情况的反映。目前，学界已经对实质合并破产做了非常深入的研究。实质合并破产的主要价值导向和基础是债权人利益保护，这才是实质合并破产制度的"初心"和"核心"。实质合并破产从产生的那一天开始就始终追求这一目的和价值导向。譬如，在美国第一个实质合并破产案件即1941年的Sampsell案中，美国联邦最高法院本可以采用"揭开公司面纱"的路径解决问题，为什么会创造另一个完全不同的路径即实质合并破

产？其中主要的考量因素就是实质合并破产更有利于平衡、保护被控制企业债权人的利益。应该说从它产生那天起，实质合并破产实际是作为维护、平衡债权人利益的一个例外、有效但终极性的工具。这个最重要的价值导向反而在我们的现实情况或是实务之中，没有得到应有的足够的重视。其中的原因何在？我想这是值得思考的问题。

第二，关于破产法与其他法律的关系问题，我也非常赞同冯果老师和蒋大兴老师刚刚的意见，也就是破产法应当有其谦抑性。蒋老师刚才提到的友谊宾馆的争论应该是发生在2014年、2015年前后，当时我是这个分论坛的主持人之一。我当时也一再强调实质合并破产应当十分审慎，必须在其他手段仍无法实现利益公平的情况下才可以使用，是一种最终的解决路径和手段。当然，基于中国企业存在的一些特殊情况，如企业治理和关联企业的运作方面存在的诸多不规范、家族企业的大量存在所带来的许多问题，这一制度在中国有其特殊的适用环境。但是，这一制度毕竟对公司的独立法人人格和有限责任制度这两个现代公司法基础造成了非常大的冲击和影响，应当十分慎重。从更大的角度来考量，我们需要适当考量破产法的张力。换言之，也就是破产法的谦抑性问题。当前，在实务界、理论界的一些学者，动辄强调破产法的特殊性，以此为由轻易否定、变更甚至推翻其他法律制度下已有的规则和秩序。这一情况不仅存在于破产法与公司法的关系之中，在合同、知识产权、物权等一些领域都普遍存在。破产法学界和实务界是不是应适当地回顾考量，这一做法是否会导致一种不公平、不合理的利益失衡。破产法过于积极、轻易、过度地介入、影响、破坏甚至推翻其他法律制度体系下已有的法律规则和交易规则，是不是增加了社会交易成本，增加了交易的不稳定性？这是否合理？总而言之，破产法对其他法律部门的影响、冲击应当适度、合理。这也是刚才两位老师给我的一个启发。

第三，关于实质合并的标准和措施问题。实质合并破产制度来源于衡平法，而衡平法更多关注的是个案的公平和实质正义，这一特征注定了实质合并在立法、实务中都很难对其适用标准做一个完整、穷尽的概括。在这种情况下，如果要尝试做这样一种完全罗列、建立一个清单式的标准，在实务操作上不具有可能性，在理论上也将面对很多挑战。因此，应当尽量采用原则性标准。与其作为衡平法的特征相对应，在救济手段上面，已有的案例特别是美国的案例里面也是根据案件的具体情况有所差异，以确保实质公平。比如，在积极性措施上，一些案例中对因为实质合并破产而受到重大影响的债权人，如持有子公司股权质押的债权人，以赋予适当优先受偿权的方式给予补偿。同时，针对案件的情况可以采用混合合并的方式，不对整个企业集团全部进行合并，而只针对部分企业进行合并。消极方面，可以在实质合并的同时设定一些限制性负面条件，比如在合并重整的时候对某一个债权人群体投票权的权重、分配比例等方面做一些特殊设置。另外，在一些达不到实质合并标准的案件中，如 2015 年的 Nortel 案中，也可以采取 Pro Rata（按比例分配），只对资产进行合并、不对负债进行合并等方式，更充分保护其他子公司债权人的利益。目前在很多国家，成文法里面是不存在实质合并破产的，我们国家目前也没有法律或司法解释规定实质合并制度（包括适用条件、适用规则、裁定的结果、后续的救济措施等）。实务界是不是也可以根据案件的具体情况来采用、设置一些相应的合理救济手段？这个我认为也是实务界要考量的问题，也希望理论界能给予我们一些支持。

第四，实质合并运用中的思维导向问题。我一直非常反对把实质合并作为重整、清算的策略性工具这种思维。实践中，很多法院以及管理人，实际上把实质合并作为一种策略工具，甚至把它作为"懒政"或者实施"恶政"的工具。比如，管理人在发现区分、追回、撤销或处置资产工作量很大时，为躲避工作就轻易申请实质合并。再如在重整案件中，为了应对某一或部分可能不同意重整计划的债权人群体，或者为了便于重整程序的推进、规避一些不利因素，而把实质合并重整作为一种解决问题的策略和工具，来达到其相应目的——诸如重整计划的通过，或是重整、清算程序的推进，这种功利性、工具性思维绝对是错误的。实质合并破产是为了维护债权人的利益而产生（至于是维护全体债权人利益还是普通债权人的整体利益，当然有不同的看法，不同的案例里有不同的表述），绝对不能因为一些案件的策略性目标，忽略甚至践踏它所产生的基础，甚至适得其反，侵害债权人利益。在 2005 年著名的 Owens Corning 案中，美国第三巡回法庭曾非常明确地提出：一是绝不能单纯为了程序的便利和效率，或仅仅因为破产管理上的方便，而采用实质合并破产；二是不能把实质合并破产作为一种对付某一债权人群体或者针对破产者重整计划而利用的策略性工具。但是我们在当前的实务当中，确实存在以这种策略性的目的为主的功利主义思维，有时甚至将其凌驾于制度设计的基本目的之上，这也是我认为我们在实务中应当注意的一个问题。

第五，程序性救济问题。在最高人民法院发布《全国法院破产审判工作会议纪要》之前，各地在实质合并中的做法并不一致，我甚至曾见到过个别基层法院在没有经过任何申请、听证程序的情况下，就"一纸裁定"进行实质合并。刚才冯果老师和蒋大兴老师也说了，实质合并破产应当强调最终性和例外性，在这两个情形之外，如果滥用，必然导致有一部分债权人利益严重失衡，实际侵害了这部分债权人的利益。在《全国法院破产审判工作会议纪要》之后，虽然增加了一个听证会的程序，但在听证会相关流程方面并没有做出细致的规定。实务中各地的做法也不完全一样。我也曾见过直接把申请人、债务人或是管理人叫过来简单地做个笔录签字了事的情形。在程序的救济上，应当注重两方面、强调三个特性：事先的程序救济和事后的程序救济；在事先救济上，应该强调公开性、参与性和对抗性。在2017年涉及四个地市的12家企业的汽车销售集团的一个重整案件中，管理人初步调查发现公司确实在财务、资产、业务、人员等各方面存在高度混同，在认真收集相关资料的基础上提出合并重整的申请。我们收到申请后在报纸、网络上刊登听证会议通知，允许上述公司的全部债权人和利益相关方参加听证。这个案件最后有债权人以及公司管理人员、职工等三十几个利益相关人员参加了听证。听证会上，我们采用了对抗性程序，由管理人宣读申请，债权人或持不同意见的利益相关人发表意见。在这个基础上，由管理人提供这些企业间高度混同以及破产财产不可区分的相关证据，对财产区分的成本以及合并可能对于债权人产生的利益、不合并对债权人可能造成的不利后果做了充分陈述。最后由各债权人和利益相关人进行质证、发表质证意见，陈述对实质合并破产的意见。整个听证会非常顺利。最后陈述阶段，参加会议的12家公司三十几个债权人以及利益相关人一致同意进行实质合并。所以在很多时候，我们在操作上越是藏着掖着，越不敢公开或者没有信心面对债权人，越难以获得债权人的支持和肯定。相反，在裁定之前有一个公开、对抗的程序，尊重债权人的参与权和发表意见的权利，尊重他们的意见，相信债权人会作出合理的判断。在事后，即裁定后的程序救济上，现在是以向上一级法院申请复议的方式解决。冯果老师也提到有没有可能提供更进一步的救济路径？当然，对抗性的诉讼是最好、最充分的，但是我们在制度设计之际，也要考量这种救济手段对于破产程序或重整程序可能造成的影响。首先，破产中特别是重整中，效率是非常重要的。如果用诉讼的方式历经一审、二审，将有可能产生整个破产程序停顿的问题。还有破产程序和措施的可逆性问题，也值得引起关注。所以，怎样提供事后的程序救济，也是一个接下来理论界和实务界都要面对、思考和解决的问题。

我就简单讲以上五点认识，谢谢！

点评人

左北平 中国注册会计师协会破产管理人业务课题研究组组长、北京中恕重整顾问公司执行董事、利安达会计师事务所（特殊普通合伙）合伙人

感谢主持人，今天听了冯果教授的精彩演讲深受启发，下面我从以下四个方面来谈一下个人的认识：

第一，合并破产的制度价值。冯果老师在主题演讲的第一个层面，就已经肯定了合并破产存在的制度价值，特别是在当下这一轮供给侧结构性改革中，已经出现了大量合并破产的实务案例。我们这几年参与的一些大型案件也都涉及关联企业实质合并，而且这里面有一个共同特点，就是刚才李曙光老师所提到的家族式治理。这种家族式的治理结构，往往导致各关联企业在集团化的运营方式下被过度控制，各企业资产和负债高度混同，从而无法反映各关联主体真实的资产负债状况，影响破产程序下债权人的公平受偿，这种情形下合并破产的引进及运用，为上述问题提供了一个破解方法。刚才几位点评嘉宾提到，无论从联合国破产立法指南，还是从美国作为实质合并创始国的司法实践来看，在国外也有类似情况。我认为，在中国目前的国情下，合并破产制度确有存在的必要，特别是《企业破产法》修订已经提上议事日程，合并破产应该作为未来《企业破产法》修订的一项重要内容。这是当下理论界和实务界所困扰的破产司法实践的重难点问题，尽管这几年理论研究也不少，但是能够系统性地将它阐述清楚的研究并不多。冯果老师的演讲和几位点评嘉宾的点评对我个人启发很大。首先，达成一个共识，这个制度确有存在的必要。

第二，在坚持审慎适用的原则上，还要尽快明确法院审理合并破产案件的适用条件和裁判标准，这也是当下实务的迫切需求。最高人民法院去年（2018年）在《全国法院破产审判工作会议纪要》中列了几条关于实质合并、合并破

产的条款，但还是过于粗放，事实上延伸了几个标准。我去年（2018年）在这个地方也做了一个专题分享，也特别关注了冯果老师刚才讲的人格混同导致财产难以区分和裁判标准的问题。我认为财产混同因素是最重要的裁判标准，因为这是"果"，公司的法人人格混同中的意志混同，比如人员、场地、管理，是一种控制的聚合手段，但是最终有没有导致债权人的利益受损、财产的高度混同、债务的交织混同，就要看这个结果，这是管理人调查分析时的一个关键证据。我们根据一些实践案例还发现金融机构确实把某一个民营集团当作一个主体来面对，将子公司、关联公司财产都用于集团公司或者核心控制企业借贷关系的抵押财产、交叉保证。这足以证明，这是一个突出的共性问题，特别体现在中国目前的经济现象和公司治理过程当中。当然冯果老师也谈到，在一些关联企业中，比如单个公司确实是某一些供应商经常交易的对象，这些供应商也是把它当成独立的个体来对待，如果实质合并债务债权发生在抵销以后，其清偿率受损，将来对这一部分债权人如何区别对待？未来我们国家在制定合并破产的相关规则上，应该充分考虑。我还认为，在中国国情下，区分关联企业财产成本过高，不是判断关联企业无法实质合并的法定理由，不应列为判断标准之一。理由是：在国内破产实务中，相关利害关系方不会像国外那样，能够及时提起破产申请。当过度集中控制的企业集团出现债务危机时，往往绝大多数企业已经同时达到破产界限，且法院审查合并申请时，应首先审查所有关联企业是否同时出现破产原因。因此，当关联企业同时达到破产条件时，其财产混同已为既成事实，无法恢复原貌，也无法将人格混同造成的资产负债按原渠道收回或还原，所以财产是否能完全区分清楚，已无实质意义。即使不计代价，耗费时间和人力区分清楚混同的事实，由于各关联主体已达到破产条件，不当控制导致的资产无法收回，形成的债权无法转移，如不合并重整也无法实现公平清偿的目标。

第三，合并破产不仅是实质合并还包括程序合并，这在《全国法院破产审判工作会议纪要》里面也谈到。若确实存在部分混同，但是还没有达到无法容忍或是绝望程度，从量化分析上可以做数字上的区分判断，在清偿方案可以做出技术性安排、替代性安排的时候，可以不进行实质合并而采取程序合并，或者考虑整个集团的价值链分工，可以对集团统一进行程序合并的重整。以实现重整价值最大化集团可能根据产业链的分工、协作采取程序合并。未来我们的合并破产可以设置两个通道，从而根据混同的程度选择相应的通道。

第四，在规则和程序上，特别在对善意的债权人、无辜的债权人异议救济方面，在现有的听证会基础上是不是还有进一步细化和优化的空间？刚才几位点评嘉宾也谈到了这点，我非常认同。在实务中，很多听证会流于形式、缺乏规则。有的举证工作本来就不扎实，有的债权人确实提出不构成实质合并的一些实质条件，职权主义和申请主义在这个破产程序下如何进行衡平？这个可能在未来的规则和程序方面有待进一步细化。我的发言结束，欢迎大家批评指正。

与谈人
张亚琼　湖北山河律师事务所合伙人

非常感谢这次参与"蓟门破产重组"对话的机会。

刚才听了几位专家的演讲深受启发，有很多专家都提到关于实质合并的隐忧或是弊端，也提到了一些应对思路。关于在单独破产与实质合并之间是不是有第三条道路的问题、是否有非实质合并破产的思路问题。在去年（2018年）最高院发布的《全国法院破产审判工作会议纪要》中其实对非实质合并协调审理做了初步规定，一个上市公司的子公司在出现危机之后，母公司其实愿意合并，对于进入重整的具体思路和安排方面实际已有想法，因为上市公司的子公司和母公司之间并没有达到法人人格混同的标准，但是母公司又愿意参与到重整程序中来，这不属于单独合并但又有所关联。在这种情况下，我们建议应当采用非实质合并。这也是基于刚才提到很多关于对实质合并的反思的一个想法。

在中国现在已经有很多这样的案例。比如，在上市公司部分，有二中集团与德阳二中集团重整案件；在非上市公司部分，我们也检索到无锡的华东时刻世纪公司等三家企业合并破产案件。在实务中，这些案件往往被称为整体重整、协调审理或者程序合并等。刚才左会计师也提到了一是法人人格之间未达到实质混同；二是面临整体的企业危机，为了划界整体的危机，各个成员在未达到实质合并的情况下都进入破产重整程序；三是保持程序的协同性，往往统一指定管理人，同一个破产合议庭来审理；四是最终保持各个成员之间相互的独立。一般而言，采用非实质合并可能出现价值问题，因为它没有合并计算资产负债，所以最终可以使整体资源得到最大优化。

接下来我想谈一下我国目前现状。在规范依据上，目前只有2018年的《全国法院破产审判工作会议纪要》第38条对协调审理做了一个初步规定，效力层级比较低，对于启动条件、程序保障、实体规则都没有予以明确。只给予了一个标准，在达到标准的情况下可以进行集中管辖。但是对于哪种条件下如何适用实质规则未作规定，有的实质合并里面分别计算资产和负债，但是在有的企业和整体重整之际是统一计算资产和负债，这会不会影响债权人的利益？所以在未来，我有一个初步的制度构建设想，包括四个方面：一是《企业破产法》和相关司法解释应该对非实质合并的适用条件、程序保障、实体规则予以明确。在程序使用上，应当允许债务人、债权人、管理人申请非实质合并，将关联企业纳入整体的重整中来。二是法院的审查应当从未构成人格高度混同角度出发，审查单独重整对于债权人利益是否有所损害。三是对集中管辖应当予以规定。因为非实质合并并不是像实质合并一样集中，往往不同企业之间分属于不同的地点，应当由关联企业的主要成员所在地法院集中管辖。四是在程序保障机制上应当指定统一管理人，各个子程序协调推进；在实体规则上应当明确不能对资产负债进行统一计算，因为这其中涉及很多连带债务的清偿问题，可以参考《最高人民法院关于适用〈中华人民共和国企业破产法〉若干问题的规定（三）》（2019）第5条的规定，对连带债务人清偿进行简化。

以上是我对协调审理或者说非实质合并的一个初步思考，供大家参考，谢谢！

与谈人

阿部信一郎　霞关国际法律事务所合伙人

大家好，我是阿部信一郎。大家今天谈的这个话题不仅中国破产法学界、实务界感兴趣，我们日本的破产法学界和实务界也非常感兴趣。对于实质性合并，刚才冯果老师已经做了非常详细的介绍，大家都比较清楚，2000年欧盟的破产法规则中提到了实质性破产和程序性破产，但是在欧盟的规则当中还有一个规定，在实质性合并和程序性合并当中，不可以把这两个合并用到协调性的审理当中。也就是说在欧盟规则中，最终的结论如果是在各个加盟国之间进行协调性审理，就不适用实质性合并或者程序性合并破产。因为大家都比较清楚，在欧洲有主债权人和从债权人，但无法协调主债权人和从债权人的利益，所以最终结果就是不适用。还有一个比较有名的案件，律师使用法人人格否认的原理，这个案件是德国人当管理人，然后这个德国的管理人想把这家集团公司在法国的财产合并起来，但是欧盟的司法裁判没有认可。我觉得这个事件应该是近期以来最令大家关注的，比较有意思的一个案例。

今天冯果老师的发言我也觉得很有意思，我想对冯果老师的发言做一个简短的评议。冯果老师也在发言当中提到过申请主义的问题，比如当我们介入实质性合并破产的时候，肯定是基于申请来进入的。一般而言，比如说母子公司之间的资金转移是进入破产程序之前就已经进行了的，一般我们进入了法定程序以后，基于撤销权把这些母子公司之间转移的资产再让他恢复原状。而且刚才大家反复谈到的法人人格否认，这在日本一般是进入破产程序之前的事情。刚才李曙光老师对法人人格否认部分做了一个评议，在日本，法人人格否认部分用的比较多的一般是滥用，是一个是形态化的理论。比较遗憾的是，日本在公司法制度中没有关于法人人格否认制度的规定，但是日本最高法院已经有了很多判例，所以我们是在用法人人格否认的法理，在法人人格否认的审判当中我们主要基于刚才李曙光老师所指出的那些要件，还有英美法的判例。刚才冯果老师的演讲涉及股东权利的问题，美国破产法中，实际上对股东会赋予一点点的权利，但是在日本，破产公司的股东就没有权利了，因为在日本大家普遍认为资不抵债公司的股东的经济利益为零，所以不用考虑股东的权利。

刚才大家反复提到了异议债权人的权利救济问题。关于债权人保护问题基于两种考虑，我们觉得债权人已经得到足够的保护了。第一个是关于重整公司的计划草案的表决权，在表决权上已经保护了债权人。第二个是关于清算价值的保障问题，比如说公司进入清算程序以后，债权人按照一定的程序是能够得到保护的。

接下来给大家说明一下实质性破产的相关程序，在日本采取申请主义，不管是进入清算程序还是重整程序，都是基于申请开始进入程序。进入法定程序以后，债务人会制定一个草案，这个草案由债权人进行表决，应该跟中国是一样的。债权人进行表决以后，基于公平原则由法院来进行批准，在这个申请的阶段，如果这家公司是集团公司，我们会考虑这里面是否存在母公司、子公司还有关联公司。所以除了这三种类型的公司以外，实质性的破产是不会被适用的。在集团公司里面不采取这三种类型的话，对它们而言实质性的破产根本是适用不上的，所以大家刚才谈到的问题当中，有一部分在日本就不成为问题了。

刚才考虑的是申请的阶段，接下来考虑的是在制定草案的阶段，可不可以考虑实质性的合并破产的问题。比如申请的阶段里面有 A 公司、B 公司、C 公司，可不可以把他们进行实质合并破产。这里面首先要考虑的是它的正当性，这里就会存在刚才各位老师，各位实务界的朋友提出来的，把集团公司视为一个整体的问题了。由谁来判断他是一体的呢？由债权人来判断，刚才李曙光老师和冯果老师都谈到信赖的问题，也就是说由债权人基于信赖来跟法人进行交易，基于信赖来判断。所以如果债权人只是针对 A、B、C 三家公司中的某一家公司进行了交易，这里面就不会涉及实质性的合并破产的问题了。

集团公司有各种各样的分类，集团公司的形式是各种各样的。所以根据不同的形态分类，比如有 A、B、C 三家公司，其中的某一家是提供金融的，其中某一家是管理劳动的，给它分类的话，进入清算程序以后，有可能 A 公司的清偿比例是 50%，B 是 10%，C 有可能是另外一个比例。但是当我们把这个集团公司视为一体的时候，它的清偿比例我们视为一体，有可能就视为 50%。所以这里面自然就会出现有可能得到 50% 的清偿率的公司的债权人只能拿到 30% 的情况。在日本，在实质性的合并破产当中，大家讨论的最多的是合并破产有可能会造成债权人之间的不平等。

这里面就会存在 A 公司的清偿率本来是 50%，但是我们把集团企业视为一体，把它的清偿比例降到 30% 的情况，我们还需要考虑的是刚才我跟大家说的集团公司里面的这些不同公司，它们所起的不同作用。比如为什么 A 公司会有 50% 的清偿率？也有可能大部分情况下 A 公司是在集团公司里面承担公司的融资业务的，所以它们从金融机构借了很多的钱，贷款的这部分钱还在公司里面有所保留，它有可能没有把自己贷款的所有的钱给到 B 公司或者 C 公司。

当然我们知道这里面还有一个破产法的清算价值保障原则，所以这里跟 30% 和 50% 之间，这个 20% 至少得要保障给 A 公司，这样的话这个计划草案才能够行得通。在日本，企业集团的实质性的合并破产当中，考虑的最多的是企业价值的提高，还有合理性的适用程序，确保债权人的利益，这几个是我们主要考虑的。当然 A、B、C 三家公司当中，它们各自的债权人各自会进行投票，当然因为 A 公司的债权人他们本来能够得到 50%，可当他们得到的清偿率降到 30% 的时候，很多债权人会反对。但是如果不重整进入清算程序，那么他只能拿到 20%，所以最后基本上所有的债权人都会同意。目前日本的现状是债权人的平等主要体现在清偿比例的平等，少数债权人的利益的保护上，大部分债权人会考虑到自己在这个清偿当中或者在重整当中能够拿到多少比例，这是他们比较关注的。

有一部分内容可能跟中国探讨的内容不同，如果我今天所讲的内容能够对中国多多少少有借鉴，我将感到非常荣幸。非常感谢李曙光老师、刘颖教授的邀请，感到很荣幸，谢谢！我希望今后能够有一个更加深入探讨的机会，谢谢。

与谈人

张艳丽　北京理工大学法学院教授

非常感谢冯果教授给我们从公司法和破产法两个角度对实质合并的问题做了一个梳理。对于这些提法我也深有同感，也表示赞同。还有刚才日本的阿部信一郎先生介绍的日本的思路，刚才刘颖也说了似乎跟我们目前所思考的实质合并思路不大一样，比如他提到的关于实质合并，日本是完全交给债权人来决定，并且很多的问题应该是存在于破产程序之外的，而不应该是在破产程序之中的，尤其是对实质合并的判断的问题，我认为这个就是与将来我们要构建的实质合并有关的问题，正好解决了刚才大家讨论的一些冲突和矛盾。

简单来讲，通过上述的报告人以及评议人的讨论，我有一个总的感觉，就是目前咱们国家的《企业破产法》中的实质合并可以说是这么一个状态：破产界尤其是实务界非常提倡，但是公司法界、商法界有异议，可能是立法观不太一样。但是无论如何实质合并这个问题都是在破产法当中要加以利用和适用的，要不然也不会在 20 世纪的中后期，首先从美国产生一个判例性的裁判制度，尤其针对我们国家目前的供给侧和企业产能结构，这个措施对于法院来说确实是个尚方宝剑，所以需要特别提出来。

冲突如何解决？要理顺这么几个方面的问题，寻找这两个法律在司法适用过程中的一些矛盾和问题。

第一，要理顺实质合并究竟是公司法的规则还是破产法的规则。显然它的原始状态是从公司法当中来的，但是破产法当中又要用，又鉴于公司法和破产法它们保护的利益是不一样的，或者法律的价值是不一样的，比如公司法是从保护债权人的角度出发的，但是破产法恰恰相反，他要保护弱者的利益，保护债权人的同时又要保护债务人，甚至还有一个要重整的社会利益，所以决定了实质合并在破产法当中必须有它基于公司法的特定的制度。

第二，要理顺破产法当中的破产法官如何去裁断实质合并的问题。从这个角度来讲，实质合并实际上不仅仅是债务人一个人的问题，它牵扯到与债务人实质合并的其他的所有的连带债务人的问题，这个也就存在一个问题，破产法官虽然从根本上来讲享有衡平的裁断权，但是这种裁断权还是要尊崇破产法的申请主义，是不是应该有所突破，也值得我们讨论。比如 A 企业破产，B、C、D 没有破产或者接近破产，只不过资产混同，若法官裁判 B、C、D 破产则法官对实质合并实际上是行使了一个强制破产的裁断权，对于法官如何判断实质合并的问题，需要建立一个特殊的程序上的保障。

第三，实质合并能不能实现破产法当中的所有债权人的利益保护。显然刚才大家都提到了是不能够的，既然不能够，这里面就存在一个对于那些如果不实质合并的企业的债权人的权利如何加以救济的问题。所以在破产法的实质合并的特殊制度当中，应当建立一个刚才大家也谈到的其他债权人的债权救济机制和债权的保障机制。

第四，落实到破产法当中，破产实质合并要不要有一个立法或者司法解释的问题，显然很有必要，因为这一制度其他的实体权利，比如说优先财产权等其他权利在破产法中的变更和特殊适用。应考虑实质合并要将公司法当中的实质合并的标准和条件，落实到破产法的语境之下，应该制定什么样的特殊的标准和条件。

我就简单地说这么点，不知道对还是不对，敬请大家批评指正。

与谈人

张　颖　河北省邯郸市中级人民法院民四庭副庭长

很高兴参加这个会议，而且聆听了这么多学者教授谈破产法的问题。破产法纠纷解决在实务界中一直是很难的，在破产审判中，一直都没有变容易，它涉及的利益群体很多，我们研究的是理想状态下的破产法，但是在破产法实践的过程中，遇到的冲突更加突出，这就要求我们不仅能够准确适用法律，还要求达到一种稳定的、各方满意的效果。所以从社会效果的角度来说，破产案件的审理问题一直比较多。尽管破产法修改了，破产法解释也出台了，但是各个地方仍然陆续出台了很多具体的细则，因为破产法及相关解释远远不能满足我们在审判中的需求。

邯郸法院最早属于111家破产审判试点法院，那个时候大多都是国企的破产，解决的都是国有企业退出的问题。至于民营企业的受理，考虑到我们那里的实际情况和整个审判队伍的一些原因，法院基本上从2018年才开始具体办理这些案件，现在案件也很多。从2018年到现在（2019年）近一年的时间，我们已经受理了38件破产案件，其中有一部分是执转破的案件，但是这些执转破的案件也并不是确实无执行能力的。通过执转破过来的案件，有一部分债权人的规模达到两百人、三百多人甚至七百多人。

去年（2018年）我们邯郸中院审理了4件破产案件，其中有3件走了实质合并，其中受媒体关注度比较高的就是现代集团的三公司的重整案件，由于三公司的重整都是单独的破产程序，最后我们走破产程序也是考虑到他的财产、人员还有经营业务范围都高度混同，资金往来很频繁，实际控制人是一个人。他们之间的资金往来毫无缘由、频繁、大量。而且从控制程度来说，只有一个人能控制，业务都是房地产，是完全一致的。我们也是经过审计，各方面的论证，最后走了一个实质合并。在召开听证会上，经过认证，效果很好，债权人、债务人以及职工，我们邀请的这些人都没有提出反对意见，就目前来说这个实质合并的效果还是不错的，但是现在我们还没有走到最终的审理阶段。

我在这个案子里面也想到一个问题，母公司是一人公司，是香港特别行政区设立的一个公司，现在来想《公司法》（2018年）第63条有关一人公司的规定，一人公司里面的股东要负责证明一个公司的财产独立于股东自己的财产。我们在审这个案子的时候也发现这个股东用来投资的这些财产，就是他的出资，认缴的出资本身就不是他自有资产。所以《公司法》（2018年）第63条的这种规定在破产法里面要怎么适用？是要自证还是要调查？还是直接通过一种什么程序？我们审的时候假如他的注册资金有8亿元，有4亿元不是通过股东的财产，而是通过子公司的财产内包外带这样过来的，其余的注册资金甚至都没有到位，这也是我们思考的一个问题。

另外一个案件中我们审一个房地产企业，这个企业是一个典型的家族企业，这个家族企业是独立申请破产的，我们并没有让他走合并程序。但是这个公司就是典型的家族企业，自己设立了将近七八十家这样的公司，交叉持股、相互担保、关联债务很多，相互投资。但是我们在审理这个案子的时候不像我们审第一个案子，第一个案子是通过管理人审计发现的，这样比较清晰，债权人、债务人都没有提反对意见。我们想走审查，怎么启动？《全国法院破产审判工作会议纪要》里面也没有提到，只是说事前要有听证会的形式，并没有说谁具有申请人的资格，提交什么样的证据，法院裁判的标准是什么。这也是刚才各位老师提到的问题，确实现在实务界也是很困惑的。

我简单谈一下我们审理的这两个案件遇到的这些问题，请各位领导看看有没有一些好的意见，谢谢大家！

主讲人回应：

这里涉及两个问题。《公司法》（2018年）第63条一人公司的那个问题，一人公司特别特殊，公司法明确规定了证明财产独立的举证责任。从原理上来套，我个人觉得在破产这一块，实际上双方都有举证责任。按我的理解，申请人这一方要实施实质合并，需要有一个基本的举证。作为母子公司这一方，一人公司的举证责任更重一些。你说你的财产是分开的，这个证明责任应该是在你这边，更需要你来证明，如果证明不了，就支持申请这一方。

左北平会计师回应：

申请实质合并的主体在实务中我们接触比较多，一般都是基于管理人的调查，由管理人来申请，肯定是管理人掌握信息，在履行法院所赋予的职责过程中，管理人能掌握到符合条件的这些证据。在个案里面，一般管理人向法院提交的证据包括两个部分：一是基于法人人格混同方面的一些调查证据，包括管理、控制等这些相关的证据；二是从专业机构比如审计机构出具的财产混同的专业报告。

与谈人
范利亚 北京德恒律师事务所合伙人

针对冯果教授的谈话，我有几点感想：

第一，关联交易合并破产的类型：债务合并、资产合并、公司的法律主体合并。合并重整应当贯彻适用审慎性原则，需要考虑是否准许债务加入、是否可以进行资产转移、主体性之间是否协调。因此，合并重整将会给知识产权法、公司法等法律造成挑战。

现在的合并重整有五家、十家、三十多家的形态，山东出现了有限合伙被合并进来的案例，再如一人公司的合并问题，这对合并的挑战越来越大，合并后如何管理？是消灭这个法律主体还是转让？还是像山西联盛一样设一个控股公司，吸收合并所有待合并公司？因此，我认为他在挑战公司法，破产法的实体合并也会对《公司法》修法进行挑战。合并破产重整正相反，它不是在股东支配下的合并而是司法强制合并，该程序会导致公司法上一些权利义务的变化，会要求《公司法》也要做出一些修改。

第二，合并义务。合并以后这些企业是否还继续存续？企业合并重整有五花八门的形式，出售式、债转股式、出售+清算式，这些对公司法（公司设立）、行政法（行政许可）、社保法、税法、破产法都造成了一定程度的挑战。在座的可能公司法方面的专家比较多，我认为公司法未来可能会对实体合并作出挑战和示意，这就是我的思考，谢谢！

与谈人
张 红 日本冈山大学教授

今天听了冯果教授的演讲，李曙光教授、蒋大兴教授、叶炳坤院长、左北平会计师的评议，收获非常大。我长期在日本主要是研究比较公司法和比较证券法，今天从公司法的角度我只谈一点，即日本经验在公司法方面对我们的启迪。重整过程如何能赋予债权人利益或权限。由于重组过程对债权人的财产是一次性的概括性的处理，各种利益冲突显得非常突出，比如债权人和债务人之间的利益平衡、债权人和出资人之间的利益平衡、债权人和债权人之间的利益平衡、担保债权人或者是无担保债权人之间的利益平衡、共益债权人或者普通债权人之间的利益平衡。

解决这些冲突需要一个有效的协商机制或者协商机构，比如在制度设计方面，怎么能够在重整过程中赋予债权人发言权或者参与权，保护债权人的利益。日本《公司更生法》第189条规定，在重整计划当中的更生债权或者更生担保权，债权人在申请过程当中或者申请之后，在法院的规定期限内可以向法院提出申请。第190条规定，已进行申报的债权人或者更生债权人或者更生担保人或者股东都有权向法院提出更生计划草案。日本在一定的条件下赋予债权人的这种权利或者说参与权，使债权人有权参与并能充分发表意见，使债权人能够更好地参与重整程序，维护自己的权和权益。谢谢！

与谈人

邹明宇　合众人寿保险股份有限公司总监

今天各位老师的授课以及专家的点评让我受益匪浅，在听授的过程中也引发了我的一些思考。从实践的角度来说，据我了解，浙江的合并案件比较多，在一次研讨会中，我听闻有20%的案件都涉及实质合并或者合并破产。但在北京，实质合并的案件还不是很多，从侧面体现了北京法院对实质合并的审慎的态度。

我们要从公司法和破产法两个不同的维度，不同的视野来看实质合并的区别。比如在审查方式或者救济途径上，用公司法是法人人格混同、"刺破公司面纱"，需要通过诉的方式认定混同、追究责任，如果是诉的方式，可以上诉，后续还有申诉，有一系列的程序规则。在破产实践中，目前的实践就是通过法院的裁定，根据最高人民法院的《全国法院破产审判工作会议纪要》，对该裁定也要赋予往上申请复议的权利。而现行法律并没有提供救济途径。我们在破产法和公司法中也能发现，实质后果就是公司法、破产法可能在一定程度上降低了公司人格混同审查的标准。

回溯它的原因，我一直在想是不是因为公司法"刺破公司面纱"针对的是公司正常状态下的情形，破产法针对的是公司非正常状态下的情形。而且破产法涉及的整体清理等，是不是它们差别的原因。刚才也提到我们要反思，能否随意使用破产法的这种特殊性去改变、介入、推翻其他部门法所确定的一些规则。我想这也需要通过今后的立法和司法予以明确。

在探讨的过程当中我还有几个问题，我也没有想好它们的答案，但我想提出来跟大家共同探讨。

第一，实质合并的管辖问题。

一些地方的实质合并能够协调。在一个省内，省高院可以协调。在北京，目前我们碰到的案例不多但是需求很大，北京公司往往是总部经济，集团企业，一旦这个集团进入破产的话，他涉及的下面的资产分布到很多省市，如果涉及管辖问题，协调很难，因为这里涉及各方利益问题。如果上报，各地法院几乎都要上报到最高人民法院，《全国法院破产审判工作会议纪要》确定的标准是核心控制企业地还有主要所在地。很多企业集团总部、管理层、主要财产、经营实体可能都分布在不同的地方，我们按哪个标准来确定主管辖地，这也需要根据个案的情况进行判断。

第二，合并的标准问题。

这是最核心，最复杂的问题。我也认可刚才提到的需要结合个案进行判断。我们注意到美国破产法的实践，个案当中也提出了不同的判断要素和标准。我也非常认同李曙光老师刚才提到的，我们要在要件制定上更加精细一些，它的目的需要明简，有利于管理人也有利于法院，帮助债权人去做更好的判断，也符合当前的情况。除了刚才我提到的个别省市可能合并实践比较多以外，对于全国大多数的省市来说，实践经验并没有那么多，合并标准可能也要涉及救济途径，法院要有一个复议程序，以便上级法院能够更好地作出一个合理性判断，这也需要我们通过更多的立法或者司法解释的方式予以保障，通过司法解释以及案例对要素进行列举，使我们今后的司法实践有一个更好的效果。

第三，异议救济问题。

《全国法院破产审判工作会议纪要》赋予了复议的权利，但是复议期间是否停止裁定的执行，需要进一步明确。《全国法院破产审判工作会议纪要（征求意见稿）》当中明确规定复议期间不停止原裁定的执行，但是在正式稿当中把这句话给删掉了，这里面是不是也涉及不停止执行的话，虽然上级法院纠正了这个合并的结果，但是在实践中，程序逆转可能要付出更大的成本。对此，我们还需要进行更深入的思考。

第四，合并范围问题。

蒋大兴老师提到，实践中关联程度没有强调混同的密切程度，只是从总量出发进行判断。很多企业的核心资产总量决定了核心资产的子公司或者关联公司能否划到这个池子里，可能很大程度上决定了这个集团企业重整能否成功。但认定重整成功的标准不是单一的。应当结合混同的程度等其他的标准来进行综合判断。另一个问题是，法院也好，管理人也好，在进行实质合并的时候，可能要有一个准备。对于一个集团企业来说，它可能有几百家甚至更多关联企业，哪些能进入实质合并里面？在启动这个阶段只能是初步判断，之后还要进行进一步的深入判断。

实质合并的判断标准、合并范围、异议救济，都要在启动阶段充分考虑。但这样可能会导致变相地抬高了受理的门槛，可能也会拉长我们受理审查的时间，尤其赋予一个异议权或者上诉权的情况下周期可能会相当长，这就需要我们进一步思考如何在公正和效率之间进行平衡，拿出更符合我们国情、更符合我们破产实践的一个有效的方案，谢谢大家！

与谈人

贺　丹　北京师范大学法学院副院长、教授

大家可能知道我在做一个关联企业合并破产或者公司集团合并的这样一个研究题目，但是因为这个研究题目比较困难，当然更主要的是因为我个人的懒惰，所以至今还没有完成。

我觉得今天的对话给我提供了很多思考也指明了未来的方向，特别是我在听冯果老师讲的整个过程中，很多点我都有很多的共鸣。我想用一分钟的时间简单地谈一下我的几个小的思考。

第一，是否存在欺诈、不当的交易以及不完整的治理结构不明显仍然需要实质合并的可能。刚才各位主讲人和点评人提到的问题中很多都是在谈，在揭开公司面纱或者是法人人格否认存在欺诈或者存在不当的交易，或者我们公司的治理结构是不完善的这样的情况下，才存在这个实质合并的必要性。我在思考的问题是破产法中有无不存在这种情况，或者说这些情况不明显，但是仍然

需要实质合并的可能。比如，阿部信一郎提到一种情况，一个公司集团，采用了公司集团化经营，实际上内部有一些分工，因为这种分工的存在，因为这种控制的存在，而导致各个公司的债权人之间利益不均衡，有没有可能需要破产法恢复到正常的或者公正的状态中，这是我的一个思考。

第二，债权人的异议权在实质合并的制度设计中考虑是不够的。刚才在很多人的发言中都提到这个问题，债权人提出异议的权利，包括采用信赖利益的期待标准等提出异议的权利，实际上在我们目前实质合并的制度设计中考虑的是不够的，如果这一点考虑够，债权人有可能提出这样的异议，现在我们是通过复议的方式，但是在之前很多时候是没有程序的。如果有了这个程序是不是能够在一定程度上抑制权力滥用。

第三，异议之后的结果是什么样的？异议之后的结果可能有两种：一种是这个实质合并的裁定被撤销了；另一种是给基于信赖的债权人特殊的优先受偿权，使特殊合并继续进行，债权人的异议权或者期待利益标准在这个过程中怎样发挥均衡的作用？还有冯果老师提及当事人自治与法院裁决，我认为在公司集团破产里，可能在很多情况下要考虑什么情况下当事人自治、什么情况下要有法院裁决的介入。

今天也特别感谢各位实务和理论专家提出各种各样好的案例，我想之后我的研究离结题已经不远了，因为我已经收到课题委托方的催促结题的报告，我很希望在这个过程中能够继续向各位请教，希望你们能够给予我更多的新鲜的案例和帮助，谢谢。

结　语

主持人

刘　颖　北京航空航天大学法学院教授

　　谢谢贺丹老师帮我为今天的会议观点做了一个总结，时间差不多了，我们今天的对话可能要告一段落了。关联企业合并破产目前是困扰我国司法实务界的一个实实在在的问题，在这一期的"蓟门破产重组"对话中，冯果老师提出了运用实体破产这一手段来解决关联企业的合并破产问题。首先冯果老师分析了实体破产的根据和理由，例如实质公平的实现、债权人利益的最大化，债务人财产保值与增值，以及中国的现实需求。其次冯果老师强调了对实体破产的担忧，主要是实体破产有可能造成侵害部分债权人利益这个本末倒置的结果，尤其是衡平居次原则在司法实践中的运用有很多不确定的因素。最后冯果老师也指明了实质破产不利后果的预防机制，例如明确裁判标准、严格适用对象、优化对反对债权人的保护等。

冯果老师的整个报告可以说是深入浅出，一气呵成，既有法理基础，又有案例依据，既点名了中国的现实，又考察了外国的立法，重点是提出解决关联企业破产的方策，即实体破产，还指明了实体破产在实践中遭遇的困境，最后还指出了解决困境的出路，这体现了一名研究者的理性与担当。李曙光老师等各位点评人和与谈人也从不同的角度给了我们各种各样的启迪。

非常感谢各位嘉宾今天的到来，也感谢阿部信一郎老师和张红老师的跨国支持，感谢没有发言嘉宾的理解和体谅，尤其感谢冯果老师能够在紧凑的访京行程中莅临我们中心，把我们的"蓟门破产重组"对话又推向了一个新的高度，也希望冯老师今后能够更多地参与支持我们中心的各项活动。

今天是"蓟门破产重组"对话的第十一期，也是一个新阶段的开始，我们承诺会继续把"蓟门破产重组"对话这个品牌栏目做好，竭诚为大家提供一个高水平的、优质的交流平台。6月、7月我们也分别预定了非常精彩的节目，恳请各位嘉宾、各位朋友继续支持"蓟门破产重组"对话，支持我们破产法与企业重组研究中心。感谢大家！

整理人：中国政法大学破产法与企业重组研究中心
李鹏健　胡玉洁　李彦兵　孙经纬　乔筠　张诚
韩焕雨　肖明倩　刘奕辰　周子杰

第十一期

参会时与会嘉宾信息

主讲人：

冯　果　　武汉大学法学院院长、教授，中国法学会经济法学研究会副会长

点评人：

李曙光　　中国政法大学研究生院院长、教授，破产法与企业重组研究中心主任

蒋大兴　　北京大学法学院教授

叶炳坤　　厦门市中级人民法院民六庭庭长

左北平　　中国注册会计师协会破产管理人业务课题研究组组长、北京中恕重整顾问公司执行董事、利安达会计师事务所（特殊普通合伙）合伙人

主持人：

刘　颖　　北京航空航天大学法学院副教授、中国政法大学破产法与企业重组中心研究员

与谈人：（依据发言顺序排列）

张亚琼　　湖北山河律师事务所合伙人

阿部信一郎　　霞关国际法律事务所合伙人

张艳丽　　北京理工大学法学院教授

张　颖　　河北省邯郸市中级人民法院民四庭副庭长

范利亚　　北京德恒律师事务所合伙人、破产专业委员会主任

张　红　　日本冈山大学教授

邹明宇　　北京破产法庭副庭长

贺　丹　　北京师范大学法学院副教授、中国政法大学破产法与企业重组研究中心研究员

第十二期

出售式重整中的"跟踪马"方式

[韩]吴守根

发言嘉宾

主讲人：

吴守根　韩国梨花女子大学法科大学院教授、韩国司法考试委员、破产法立法审议会主席、破产法学会前会长、国际破产协会会员、东亚破产再建协会韩国支部首任会长

点评人：

李曙光　中国政法大学教授、破产法与企业重组研究中心主任
邹海林　中国社会科学院研究生院教授、法学研究所研究员
陈景善　中国政法大学民商经济法学院教授
郑志斌　北京大成律师事务所高级合伙人
左北平　中国注册会计师协会破产管理人业务课题研究组组长、北京中恕重整顾问公司执行董事、利安达会计师事务所（特殊普通合伙）合伙人

主持人：

刘　颖　北京航空航天大学法学院教授

翻译人：

元京伍　中国民族语文翻译局教授

与谈人：（依据发言顺序排列）

高丝敏　清华大学法学院副院长、长聘副教授
葛平亮　中国政法大学民商经济法学院副教授
惠春安　北京中恕重整顾问有限公司总经理
范利亚　北京德恒律师事务所合伙人
杨　立　北京市君合律师事务所合伙人
邹明宇　合众人寿保险股份有限公司总监

主办方　中国政法大学破产法与企业重组研究中心
协办方　中国注册会计师协会破产管理人业务课题研究组　北京中恕重整顾问公司
　　　　　利安达会计师事务所

2019年7月21日

开　幕

主持人

刘　颖　北京航空航天大学法学院教授

各位嘉宾好，时间到了，我们开始第十二期的"蓟门破产重组"对话的活动。

在过去几期的对话中，我们曾邀请到日本的破产法权威专家和美国破产领域的知名法官和实务专家前来做客。今天的这位主讲嘉宾同样从海外远道而来，他就是韩国梨花女子大学法科大学院的吴守根教授，吴守根教授希望就"出售式重整中的'跟踪马'方式"这么一个极具前沿性的问题分享他的最新思考。吴老师是韩国破产法学的权威，担任韩国破产法立法审议会主席、曾任破产法学会会长，另外也是韩国司法考试委员。这一次吴老师刚刚结束韩国司法考试的封闭出题，就不辞辛劳地赶过来传经送宝。为了回报吴老师的深情厚谊，我们这次也是预备了强大的嘉宾阵容。点评人方面，有现行破产法的起草小组成员，也是我们破产法与企业重组研究中心的主任李曙光教授以及另一位起草小组成员、中国社科院法学研究所商法研究室的主任邹海林研究员，还有精通中、日、韩破产法理论和实务的中国政法大学教授陈景善，以及知名实务专家郑志斌律师和左北平会计师。与谈人也囊括了我国在重整领域的著名研究者和资深实务家。受时间所限，在此不做一一介绍，大家可以参考手上的嘉宾名单。

说明一下今晚对话的流程和规则，首先由主讲人报告一个小时。其次每位点评人评议15分钟，此后与谈人可以自由发言，每次不超过10分钟。最后我们还会留出时间给现场的各位提问。

接下来让我们用最热烈的掌声欢迎吴老师开启今天的对话。

主讲人

吴守根 韩国梨花女子大学法科大学院教授、韩国司法考试委员、破产法立法审议会主席、破产法学会前会长、国际破产协会会员、东亚破产再建协会韩国支部首任会长

一、韩国的破产重整与并购

（一）韩国的破产程序

韩国的《债务人重整以及破产清算相关法律》中规定，韩国破产程序具体分为四个流程：重整程序、破产清算程序、个人重整程序和国际破产程序。韩国有非常独特的《企业结构调整促进法》，其中规定了庭外重组程序。从数量统计来看，按照人口比例，韩国破产案件的数量大概是中国的 42.5%。

M&A 是广义的并购，涉及有偿增资、股票转换、营业转让、收购公司等全部内容。这在重整程序中的意义在于：第一，重整程序中可以解决资金筹措的问题（最大的问题）。第二，重整程序中确保新股东的权利。第三，提高债券回收率。在韩国，当清算价值高于企业的可持续价值时终结重整程序的方式是比较有特色的。这种情形下，企业一般不会停止重整，而是会通过 M&A 转到其他公司再终结重整。

（二）重整程序中并购的特征

第一，以管理人为中心。在一般的并购中，买卖双方忠实于自己的利益而协商进行并购。但是，在重整程序中并购时，由债务人、债权人、股东、员工等利害关系人的管理人与监督机构、相关法院来协商决定。因为其受法院的监督，所以管理人的意愿可以理解为法院的意愿。M&A 并非在买卖双方之间产生，而在管理人和监管机构之间产生。

第二，复合型目标。在一般的并购中，转让方的主要目标是取得并购对价，转让人想卖得更贵。而在重整并购中除了得到更多的并购对价使债权人获得更多的受偿之外，债务人公司的重整也是转让方的目标。因而，并购对价并不是决定选择收购方的唯一要素，还要求有偿增资或经营能力，甚至强制要求禁售。还要注意提高公司效率、解决员工就业问题以及考虑长时间的经营等，所以有

297

多元目的。

第三，迅速重整程序。在重整程序中，为了早期稳定债务人公司，并购往往在程序中限定时间内迅速进行。一般流程结束的时间取决于买卖双方的协议规定。但重整程序是为了在早期稳定债务人公司，会有时间限制，因此流程会比较快。

第四，有严格的法律规制。在一般的并购中，大部分问题通过买卖双方协商解决，而在重整程序中并购与当事人的意思表示无关，必须严格遵守破产法的规定。

第五，强调公正性与透明性。在一般的并购中，只要双方达成协议，流程如何进行无关紧要。在重整并购中，对于招投标程序和结果，利害关系人通常频繁提出诉讼。为了避免这种争议，且稳定地推动程序，必须确保公正、透明的程序。程序的透明性促进收购方之间的竞争，能够使收购对价最大化。

（三）重整程序中并购的类型

大部分情况下以向第三方定增的方式进行重整并购，在部分事例中运用营业转让和资产转让方式。在这种并购中，"跟踪马"方式可事后确认并购的公正性和恰当性。当然也要缴纳并购资金，还要依次由一方出资、产生债务、又产生相应对价，会有多次的流程。例如A出价300万韩元，最后扩大到2900万韩元。并购以后，股票以直接受让的方式，由新的公司收购，由公司认购其股票。重整程序采用部分分割的方式，把部分资产收购过来。这种方式在中国也十分常见。

值得注意的是，在重整程序开始之前，如果已协议并购，只要程序公正、并购对价恰当，就需要尊重协议结果。

（四）重整程序中并购进行的顺序

重整程序中并购的顺序大致如下：①推动并购决议；②选任并购中介；③并购主体尽职调查以及制定并购战略；④并购公告；⑤受理并购意向书；⑥制定选任优先协商者的选任标准；⑦受理并购提案；⑧选任优先协商者并通知（选任优先协商者在重整过程中比较重要，也是有规范的）；⑨签订备忘录；⑩优先协商者缜密尽调并调整并购对价；⑪签订正式并购协议；⑫重整并购特有的后续程序：制订重整计划变更草案→并购对价→债权人会议→（法院）批准重整计划变更草案→减资/有偿增资/回购公司债券等履行程序→偿还重整债务、委托取消重整担保权等→（派遣收购企划团、改选经营管理层）→终结重整程序。

二、破产重整与并购及"跟踪马"竞拍方式概述

在韩国，"跟踪马"有原则性规定，在并购公告之前，如果出现收购方，可以在得到法院的批准之后，选任其作为拟收购方（"跟踪马"：stalking horse）签订附条件的并购合同。对于是否有提示更好的并购条件的新收购方这一问题，可事后确认。

"跟踪马"竞拍方式（stalking horse bidding），不仅在并购中，在营业转让以及资产转让中可运用，在重整计划批准前或后均可运用。在"跟踪马"竞拍方式中，出现提示更好条件的收购方的情形下，可以选择赋予预收购方按新收购方的条件收购的权利，或是新收购方支付给预收购方一定的对价，给预收购方提供参与"跟踪马"竞拍的诱因。

"跟踪马"竞拍方式的功能为：一是确保出售程序的公正性与透明性；二是确保出售，因为至少可以按照与预收购方协商的条件出售；三是向市场披露预收购方收购目标资产的条件，可以更多地招募收购方；四是给债权人和消费者以希望，使大家确信债务人可脱离破产的局面。

三、美国破产程序中的"跟踪马"竞拍方式

（一）法律依据

"跟踪马"竞拍方式基于《美国联邦破产法》（US Bankruptcy Code）第363条的规定，但是该条文规定非常简陋，借鉴意义并不大。实务中可以根据《纽约州南部联邦破产法院资产出售修正指南》（Amended Guideline for Conduct of Asset Sale）操作。

该修正指南规定了基于资产出售方式的单纯公开拍卖方式和"跟踪马"竞拍方式。单纯的公开拍卖方式就是竞拍，一般是在破产程序中运用的。"跟踪马"会附条件。在雷曼、克莱斯勒、通用等大规模破产事件中，该指南推动了"跟踪马"竞拍方式成功出售资产重整。

（二）预收购方（"跟踪马"）利益的保护

如果新收购方提示的价格条件高于预收购方，预收购方的收购就会失败。出现这种情形，应保护预收购方利益，预收购方才能发挥作用。预收购方利益

保护方式如下：

一是保全费用，包括支付协商出售费用、尽职调查（due diligence）费用、法院征求意见程序准备费用。二是支付解除合同赔偿金（break-up fee）：支付出售价格的2%—4%。计算基础是，因预收购方的参与债务人企业价值上升，对此的补偿。三是支付收购对价增加而产生的分配金额（topping fee）：在预收购方协议的金额和最终收购金额之间的差额中扣除一部分支付给预收购方。四是设置最低拍卖金额：预收购方提示的金额之外加上保全费用、合同解除补偿金、其他费用等作为最低拍卖价，约定在附条件收购合同中，进行招标。只有具备该要件，方能保证支付预收购方的对价，保持破产财团的价值。如果最低拍卖价不确定，可以不进行不必要的程序。五是优先购买请求权（right of first refusal）：可将新收购方提示的条件赋予预收购方。保全新收购方的费用，保护其利益。

（三）预收购方（stalking horse）的优劣

优势在于，第一，对出售对象有足够时间做尽职调查，与其他投标者相比而言可确保更多的信息。第二，可按有利于自己的方式制定出售目标资产的收购方式或出售战略。第三，相比于其他投标者而言，在价格条件上处于优势。第四，体现在保全费用中，在出售程序中即使未成为最终收购方，也可通过解除补偿金补偿收购所需的费用以及所花费的时间。

劣势在于，第一，在出售程序中如果未能成为最终收购方，其间所花费的时间和努力化为泡影（可以保全费用）。第二，公开披露在附条件收购合同中约定的投标价格，有可能招致收购战略的泄露。第三，如果对目标资产未能进行充分的尽职调查，在签订附条件收购合同的过程中有可能提示过高的价格条件。

四、在韩国破产程序中的"跟踪马"竞拍方式

（一）"跟踪马"竞拍方式的运用

韩国对"跟踪马"竞拍方式的认识停留于"跟踪马"进入法定程序之前，在没有法院监督的情形下推动并购，事后将其正当化。韩国作出了相应规定试行该方案，但是在实务中一直未得到运用。2016年以后为强化债务人的协商能力、反映市场价格，开始积极推动"跟踪马"方式。2017年《首尔重整法院实务准则》第241号在第6节重整程序中的并购规定，"公告前出现新收购方的情形下"可按"跟踪马"竞拍方式。目前,"跟踪马"竞拍方式在重整程序中的收购、营业转让、资产转让运用得比较多。60% 以上用"跟踪马"竞拍方式。以"跟踪马"竞拍方式进行收购与一般收购不同的是存在附条件的预备收购合同。而且,可以省略不必要的程序,迅速推动程序。

(二)适用"跟踪马"竞拍方式的实务

在出售程序进行之前与预收购方签订收购合同时,"跟踪马"竞拍方式收购合同的内容框架包括附带解除合同条款、履行合同的保证金、解除补偿金(break-up fee)、费用偿还、预收购方的权利、因优先购买权的行使补偿新收购方的分配金额(topping fee)等内容。

在"跟踪马"出售方式中,因预收购方行使权利,新收购方失去了优先协商的地位而对其给予补偿。约定补偿标准一般与预收购方的解除合同补偿金相同或可另行约定。实际上相等或相当比较常见,会实现平衡。Topping fee 的财源是预收购方行使优先购买权、缴纳收购对价之后,而补偿金支付时间为重整计划批准之后。以首尔重整法院的 Hyunjin 案为例,说明约定合同解除补偿金、因优先购买权的行使补偿新收购方的分配金额(topping fee)的内容:约定合同解除补偿金中,预备买卖合同中约定的买卖对价和在招投标程序中提示的收购对价差额的 3% 为合同解除补偿金。国际参数建设中没有约定合同解除补偿金的,在预备买卖合同中约定的买卖对价的 1% 的范围内,公告前新收购方补偿预收购方实际支出的费用。另外,韩国金融平台不约定合同解除补偿金或实际支出费用的补偿。Hyunjin 案中 Topping fee 与合同解除补偿金金额相同,因投标者失去了成为收购方的机会,要补偿收购方实际支出的费用(与合同解除补偿金相同)。

五、在重整程序中与收购相关的争议

(一)在重整程序中收购与重整计划变更与否

法院批准重整并购之后,通常在重整并购中需要重新调整原重整计划草案中的债务。债务调整以原重整计划草案的变更为前提。如果无法变更重整计划或取消重整计划的变更,收购就无法成功。法院批准重整计划的变更,当事人因程序或内容有瑕疵提出上诉之后,法院有可能撤销批准裁定,因而要看是否满足变更要件。在《债务人重整法》中为了变更偿还计划需要满足两个要件。一是要存在不得已的事由;二是应存在变更的必要。这些要件与原计划草案履行可能性有关。如果债务人公司稳定履行原重整计划，将来履行无阻碍，很难说有变更的必要。在实务中遇到的问题是，债务人公司根据重整计划调整债务的结果，通过债转股等方式使金融机构债权人成为大股东。一般而言，金融机构不关心公司经营，没有直接经营的意图，而金融机构成为控股股东，只要私下与旧股东协商就可以，无须管理人介入通过并购成为控股股东。

（二）股东权利的变更

在重整并购中以收购方为对象定增，在此情形下如何变更旧股东权利是个问题。对于新股认购者而言，注销旧股越多利益越多，旧股东不仅因定增持股比例稀释遭到损失，因注销损失还会更大。旧股东权利的缩小程度以及减资比例取决于公司的财务状态以及收购对价是否能偿还债务。在不变更原重整计划的情况下，以收购对价能够偿还全部债务时，旧股份仍然具有价值，因此理论上不存在全部注销旧股的依据。如果收购方把注销旧股等作为收购条件，只能协商解决。以收购对价无法偿还原重整计划中的债务反而需要调整债务时，劣后于债权人的股东的权利变更是不可避免的。届时，变更股东权利适用"公正、衡平原则"。只缩小重整债权人的权利，而不缩小股东权利有违公正、衡平原则，因而必须缩小股东权利。这种情形下，关于减资比例未明确作出原则性规定。在实务中缩小股东权利的程度不得少于对债权人权利缩小的原则下，股东的权利缩小比例高于债权人权利缩小比例。股东权利缩小比率为减资以及定增之后所变更的旧股东持股比例（相对持股比例法）。

（三）重整程序的终结和撤销权相关诉讼维持与否

如果重整并购成功进行，收购方希望独自行使经营权，终结重整程序。但是终结重整程序会出现无法行使撤销权的问题。撤销权只有管理人行使，若公司进入重整程序之前存在欺诈行为、偏颇行为、无偿行为等，管理人行使撤销权收回公司财产。如果重整程序终结，管理人就不存在，无法行使撤销权。管理人行使撤销权的方式之一是提起诉讼，如果该诉讼确定之前重整程序终结，撤销之诉也被撤回。

该问题的争议点为，有观点主张因管理人提起了撤销之诉，在判决确定之前即使重整程序终结，实际上撤销权仍然得以行使，因此重整程序终结之后公司应该承继诉讼。而判例的观点是：撤销权是只有管理人才能行使的权利，随着重整程序的终结消灭。即使在重整程序进行中行使了撤销权，在财产归还之前重整程序如果终结，因行使撤销权而产生的财产返还请求权或其价金的返还请求权应视为消灭。如果考虑这些大法院判例的立场，新收购者应依据撤销之诉的重要程度来决定收购意向。

虽然有重要的撤销之诉，但在终结重整程序时，仍应对公司实行物的分立。物的分立之后，变更重整计划草案的内容为：存续公司持续营业并保有与撤销权诉讼无关的剩下资产和负债；分立新设的公司仅在与撤销权诉讼相关的范围内承继资产和负债，在撤销权诉讼持续之后，将其结果归属于分立的存续公司中，然后在分立的存续公司终结重整程序。

点评人

李曙光　中国政法大学教授、破产法与企业重组研究中心主任

非常感谢吴守根教授的精彩演讲，给我们带来兼具学术价值和实务价值的讲座。现在对于《美国破产法》第363条的研究，实际上非常不够。在破产法中，我们比较关注DIP，但是在美国破产法第3章，实际上藏着非常重要的第363条。第363条既不属于《美国破产法》第7章，也不属于第11章，早期并没有被人重视，但是在近些年，特别是近9年（2011—2019年），美国运用第363条重整的情形非常多。韩国破产法也是高度美国化的，韩国原来受大陆法系影响，没有和解程序，现在虽然加上了自身程序性的很多要求，搞了比较适合韩国的破产法，但是总体是美国化的。第363条重要是因为它为困境企业提供了非常快捷的处理方式，体现为它采用了出售式重整的策略，迅速地让一个新的投资人进行接管，全方位地给困境企业提供拯救的机会。

近些年美国运用第363条重整的情形很多，很有意思的是，为什么10年前美国不重视，但近些年这种方式运用的多呢？原因如下：

第一是"跟踪马"竞拍方式或者第一竞标人方式是美国破产法第363条的核心。"猎物马"在这里可以作为重整的基础，节约了重整程序的时间。相比之下如果要进入《美国破产法》第11章、中国《企业破产法》第8章规定的重整程序中，耗时漫长。

第二是收购一旦被法院批准是终局性的，不可逆转、不能上诉撤诉等。

第三是《美国破产法》第363条给"猎物马"企业提供了很多好处。"猎物马"企业可以买部分资产或全部资产，也可以有优先权，有提前进入企业的机会。为了鼓励"猎物马"出现，或者为了保护"猎物马"，虽然《美国破产法》第363条并没有规定那么细，但美国纽约南区联邦破产法院有《资产出售修正指南》作为补充。相比而言，韩国有非常细的规定，这些规定的意义，其一，收购式的重整出现时怎样保护"猎物马"企业的利益提供了非常多的选项，例如出的价是最低价，收购的报价就是最低价。其二，这样的融资有优先权，《最高人民法院关于适用〈中华人民共和国企业破产法〉若干问题的规定（三）》也解决这个问题了。其三，一旦收购失败有补偿金给"猎物马"，所以有很多方式鼓励大家做"猎物马"。一开始需要大家出价，鼓励更多融资进来。美国2008年金融危机时，在克莱斯勒、通用等破产案件中，实际上都运用了《美国破产法》第363条的方式，这非常有价值。

对于《美国破产法》第363条的应用，仍有几个问题值得探讨：

一是立法上如何保证"猎物马"的利益和被收购方利益的平衡。这一点非常重要，因为"猎物马"进来后，实际上涉及一系列权利变化。如果"猎物马"是善意的，自然是没有问题，但如果"猎物马"是恶意的，就会产生很多法律问题。被收购方也有债务人的权益，债务人要维持资金池，要走出困境。二是管理人接管问题。美国有公共接管人，由公共管理人先接管困境企业，再选中"猎物马"。中国没有这样的公共接管人，只有私人管理人。另外，接管一般与DIP制度相衔接，"猎物马"进来往往成了DIP的一部分。不知道韩国破产法具体是怎样规定的？三是价格公开。出价要进行信息披露，这个价格方案可能对"猎物马"不利，因为后面的竞标者可能在比较有利于他的情况下报价。当然这个报价不一定比"猎物马"更准确。四是往往会有营业转让的问题。营业转让使"跟踪马"要先进入困境企业，所以他对于困境企业要有投入，甚至要进行大额投资，包括发工资，一部分合同的履行。这个时候会带来一系列困境企业合同关系的变化。五是往往涉及证券市场、资本市场的问题。刚刚吴守根教授专门讲了增发收购问题，特别好。中国实践中也往往是以股换股，发行新股，债转股等多种金融方式收购。

这些都是现在面临的问题。一方面是"猎物马"本身的权利即"猎物马"的权益如何保护的问题，同时也要防止"猎物马"利用先进入权欺诈。另一方面是"猎物马"后续的权利如何保护的问题。除了优先权保护、一些投入的保护，还有信息披露的保护等。中国《企业破产法》有第 8 章，有第 73 条，也有 DIP 模式。美国是破产清算时可以采用美国破产法第 363 条，在出现第 11 章规定的情形时也可以采用第 363 条。中国目前仅仅是在《企业破产法》第 73 条项下才可以采用，而且中国现在实际上已经出现了一些案例，包括一些预重整案件，例如云煤、福昌电子、雅新等。

《美国破产法》第 363 条是在重整高度市场化，投资人具备高度信用的条件下进行的。其中还有个很重要的保障是破产法官，美国只有在第 363 条项下，法官是高度受欢迎的。美国之所以要批准第 363 条项下的重整，很大程度上在于有充分的商业正当性规则。美国法官卷入商业判断，主要依据的是第 363 条，法官通过召开听证会获取充分理由来对出售或收购方案进行判断，所有的出售文件等资料都要在法官这里得到批准，这样的重整方式在美国纽约南区破产法院用得很多，如克莱斯勒与通用重整案。

中国的问题是：第一，立法上有缺陷，没有相应规定与依据。第二，没有高度市场化的重整环境，法官对商业判断的水平有待提高。

在中国要实施"跟踪马"制度有一定难度。有意思的是，"跟踪马"竞拍方式之所以流行于韩国，可能跟韩国的公司治理结构相关。"跟踪马"一般适用于大型企业，韩国一般就两类大企业集团，一类是私人财阀，家族企业，另一类是政府支持企业。多采用集团会长、社长团、子公司与工厂四层治理机制，在韩国商业环境下内部交易比较多。而"跟踪马"竞拍方式的特点是更加注重公司治理的情况，强调外部性，我觉得吴守根教授今天讲的内容也与韩国公司治理方式、内部化的交易相关。重整的外部化非常强，要求事无巨细地披露。韩国的经验给未来中国破产法完善，特别是出售式重整中，为"跟踪马""猎物马"方式重整提供了借鉴。

点评人

邹海林　中国社会科学院研究生院教授、法学研究所研究员

非常感谢"蓟门破产重组"对话的邀请，也感谢吴守根教授的精彩演讲，我简单谈两个方面：一是并购与重整程序。需要首先指明的是，并购程序在什

么样的程序中都可能存在，不单独针对重整，清算也可能有并购，在中国还有和解程序也可能存在并购。韩国破产也有四个程序，也存在债务人在财产程序中的处理、增值保值、变价方法等，只不过侧重点不一样。因此不要把并购问题简单定位在重整程序中。二是并购与"跟踪马"交易不一样，"跟踪马"是并购中的一种特殊方式，"跟踪马"交易是并购过程中的一个特殊的计算公式。韩国的程序有自己的特点，刚刚吴守根教授讲到"跟踪马"交易中一些案例，包括费用补偿、撤销权是否继续的问题，他们有自己的特点与进行交易的规制。不同的国家有不同的制度特点，因为制度结构不可能完全一样，把商业判断引入破产程序中，一定会存在本国法律上的困难。

实际上，中国法院也做了很多事。网上有很多案例涉及清算式重整，清算式重整和出售式重整没关系。中国《企业破产法》第八章规定的重整，在资产处理时可以用清算或是整体出售的方式，这些事情法院都在做，但是法院的依据是什么呢？法院肯定不是引用美国法。现在《美国破产法》第363条在通用破产案件中被适用看似新鲜，实则不一定。重整不可能只有一个交易就结束，交易过程比较长。先来一个收购人，给出收购条件，那如果突然出现了更好的条件，新的并购应当怎么办？出现了这些问题，是要将"跟踪马"作为诱饵吗？如何解决资产并购时涉及的先手与后手的利益如何平衡的问题，法律并没有规定。

那么在法律没有规定时应该怎么办？我认为应以管理人为中心进行并购，让当事人自己来解决，由管理人决定并购过程中前手的合同是否解除。在重整的法律依据方面，中国《企业破产法》针对债务人财产的所有交易由第七章来解决，第八章只是解决特殊程序，第九章、第十章同样如此。为什么重整程序中的并购更多？在中国破产的三大程序中，和解和清算不能约束担保权人。如果不能约束担保权人就很难将担保财产纳入进来谈判，如果不能纳入，破产程序相当于被肢解，担保权人不加入，并购很难完成。

为什么往往都是在重整程序中受限制呢？不管重整能否成功，只要启动重整程序，最核心的特点是把债务人财产全部纳入重整程序的控制之下。这种情形下，破产程序中的并购主要表现为重整。重整并不意味企业一定可以成功，重整程序的最后是企业清算，由此衍生出一个概念——出售式重整或清算式重整。这个概念完全没有必要。重整并不意味企业一定可以成功，重整从受理到结束是一个过程，并购是在这个过程中进行的。至于最后这个企业关门的结论，并购行为不依赖重整计划，依赖的是《企业破产法》第一章到第七章对于财产的规制过程，管理人可以和第三人进行并购活动。至于中国是否引入"跟踪马"这种方式，只要破产程序允许，是完全可以的。要解决的不是收购人和债权人的关系问题，而是两个以上的收购人之间的关系平衡问题。因为前面已经有一个并购合约了，所以他们的并购叫作"附条件的交易"。中国破产法已经提供了相应的环境。韩国出现的并购案例，最大特点是可以加速破产的进行。我们的破产重整程序很长，企业没有存在的必要，就要用破产并购程序处理，所以在中国重整中运用并购、清算等方式，完全与破产程序不冲突，只是方法问题。

现在要解决的问题是中国应该怎样办。韩国"跟踪马"在破产程序中并购的问题，中国同样存在。中国没有规定并购这种具体交易方式，这种方式在中国是否可以用？可以，它是一个商业判断、一个合约。管理人也好，新的预收购人还是其他收购人也好，前手收购时签署契约没有签订"跟踪马"交易条款怎么办？这是个问题。如果没有后面出现的新收购人给出新的收购条件，合同能否解除？如果考虑把并购契约当成重整计划看待，这就难解除了。

重整计划只要一表决、法院一批准即为生效，不会再有什么后手。不管哪个程序，并购行为都是在程序发生终局效力之前进行的。这就涉及程序从开始到程序发生、财产被处置，都可以进行"跟踪马"交易。但是我们要认识到，正如李曙光教授所说，关于"跟踪马"交易，前面是诱饵怎么办？现在先不管是否是诱饵，这种方法至少不违反法律的强制性规定，是可用的。而且中国法院已经在实践出售式重整、清算式重整了。在破产程序的实际操作过程中，中国已经存在这一问题，只是我们没有认识到前面这个问题可以解除。现在法院常常做的事情，存在收购人还指定收购人的情况，这个做法有点让人想不通。为什么要指定重整参与人？这里面的利害关系可能很大。出现了很多重整计划不公正、不合理，乃至饱受诟病的事件，这些都和确定唯一的收购人、确定所谓的战略投资者有关。所以，这种"跟踪马"的交易方式，与所谓的参与重整、战略投资是开放性的，向有资质的人全面开放，只要程序没有确定将债务人财产处置，都是开放性的。这种交易模式更加灵活，符合重整时间长的特点。

中国现在是法院批准重整计划，一经法院批准，重整程序结束了，债务人也注销了。这有点奇怪，这个时候不应终结重整计划，应该继续推进清算程序，因为财产处理完毕了，重整程序终结就什么都没有了，这个时候名为"重整计划"，但实际不应叫"重整计划"，因为重整计划以企业继续维持营运作为基本条件，但此时债务人都没了，这是有问题的。在这种场景下，重整目的已经无须维持，用清算的方式完成并购过程，使得债权人利益最大化，转换了一个程序而已。我们在实践中经常遇到一些概念，与中国破产程序存在一定落差。如果都像韩国弄清楚程序如"跟踪马"竞拍方式指的是什么，那么可能也不会有这么多争议。中国实务中出现的一些现象，实际上法律已作规制，但是没有被发现、没有真正被用起来，这是比较遗憾的。

点评人
陈景善 中国政法大学民商经济法学院教授

首先，要分清韩国和日本的"跟踪马"以及这个术语在其他场合下的差异。同时，"跟踪马"制度在运用的时候，要对其定位有明确的认知：这个制度是解决债权人债务人之间的信息不对称问题，还是重整策略问题？是不是一个战略，到底为什么用这个制度和方式？这个问题在之前的中日韩研讨会上我们也曾提到过，第一个"跟踪马"出现时是对债务人的背书，那么在一些其他情况，如债务人公司能解决现金流时，信用背书是否还需要？因此在使用"跟踪马"时首先要解决的就是问题是否要解决以及这个制度的目的和定位问题。

其次，"跟踪马"制度中可能出现很多问题。如果出现投机性的"跟踪马"现象，有的只是为了分手费、补偿金就进行债务人背书，这种投机性的行为如何防范，这个问题在美国、韩国、日本一直在探讨，但是在制度上好像并没有保障。如何保护他们的利益和权利，如何促进重整成功等，还需要进行更深入的研究。还有刚才吴守根教授提到适用中的问题，尤其提到债权人利益的保护问题。撤销之诉的运用和重整程序的终结，用公司分立来解决一系列问题，实际上都是在移植美国制度过程中应对问题的对策。另外在预重整程序中，可以促成迅速的成功和协商机制。在去年（2018年）的一个韩国高尔夫球场案例中，预重整程序中使用了"跟踪马"，确实很迅速地作出解决方案，是很成功的例子。

此外，还有一个疑问，美国、韩国都是以法院实务准则的方式使用"跟踪马"，为什么不在法律上明确规定？我就简单评议到此。

点评人

郑志斌　北京大成律师事务所高级合伙人

中国破产法十几年立法实践的发展，一方面得益于内在驱动，另一方面周边国家的互动也起到很大作用。近几年有一个中日韩三个国家参加的东亚破产法论坛，韩国的主要代表人就是吴守根教授。其实，日本、韩国立法上的很多做法，实践中的很多案例都能直接转化为我们的立法和实践经验。

"跟踪马"归根结底是一个工具，其目的还是资产重整，因此要理解"跟踪马"，就要理解到底什么是重整。这次吴守根教授从破产并购有哪些特点的角度摘引出来。为什么会产生资产出售式的模式，为什么安插出这样的一匹"马"，这与破产并购和一般并购相比有自己的特点是分不开的。美国也好，其他国家也好，有时听起来比较新鲜。前提是我们如何认识重整，重整到底是什么。

我们早期的案例几乎都是上市公司重整，基本都是壳式重整。所以给我们的印象是，重整应该是在原来的主体、框架下的延续。后来发现，这还不够，所以资产出售式、清算式都有了。原来认为，重整就是企业的延续。后来随着重整类型的增多，我们逐渐发现，重整不仅是企业的延续，也是经营的业务的延续，因此重整也应该有一种自己模式。用这样的思维方式，就不难理解现在出现的一些问题，不用强调是资产出售或什么，重整就是一种模式而已。现在立法和实践中对此还是有机械化理解的问题。相当一部分法官或律师认为重整是有时间限制的。

我多次强调，一是重整更多是商业问题而不是法律问题，只不过借用司法程序、司法工具来实现他的商业用途。商业本质是突出的，没有固定的模式。二是也没有时间限制。现在我们理解的"6+3"，相当于独占权，可以这么理解。我经常说，一台手术，按照医院的操作规则都应该有时间安排。但是没可能预测方案是4个小时，超过就让其下台。救治一个企业不可能有严格的时间限制。现实中有五花八门的方式在规避、突破。也有法院依然认为时间没有商量，九个月到期就停止。逼着大家想各种方式，就像实质合并，本来没必要合并，但拉一个公司就有重整可能，也就只能这样了，重整制度如何理解是一个大的前提。

谈到"跟踪马"，我在2009年、2010年做一个电子厂的案件时，它的

"壳"AMOSONIC给了联想的一个大团队。需求是,重整期间需要一个力量(手机维护方)帮我维护这个业务,否则市场可能没有了,AMOSONIC也就没有价值了。

而"跟踪马"的出现可以很好地解决这个问题,但是这里可能涉及几个问题。第一个问题是什么时候出现"跟踪马"。国外的法庭外重整比较发达,包括预重整。很可能在进入司法程序之前,这匹"马"已经进来了。但是现在,从中国来看,根据发改委的思路,法庭外的重组制度缺失,很难有外部的"马"进来。我国的预重整又刚刚开始,往往大家有司法保护之后才更敢进入,因而要锁定这匹"马"往前走。我们都是债权人申请,现在54例上市公司重整,都是商量好的,这涉及大家对破产文化的理解、逃债等问题。国有企业如果自己申请,就可能追究到上一级责任。这就逼着大家无论如何都找一个债权人。美国一公司作为债务人做了大量准备,把所有需要法院批准的东西都准备好了,法院激活之后就开始重整。我国法院受理当天,企业经营处于冻结状态,需要法院激活才可以,需要法院批准营业、批准账户、履行合同等,但是要当天做到不容易。最近我有一个案子,我是当天做到,当天申请,法院批准许可、批准债务人进行管理、批准账户使用、批准履行合同,直接当天继续履行,也没有管理人接管这一说了。现在模式下想先锁定这匹"马",难免有些问题。程序中如何产生这匹"马",有的直接确定,有的三个人选出一家。在我国,一开始如何选出这匹"马"也面临程序公正的问题。

第二个问题是这匹"马"的角色究竟是什么样的。美国似乎是有个先入为主的条件,为将来创造便捷等。我想未必是这样,在现在的重整中有持续经营的需要。这匹"马"要帮助维护这个企业,需要运营、需要资金支持。市场也有提供资金的,例如财务投资人,他就是潜在的这匹"马"。所以"马"的角色还要做宽的解释。其实重点还是在资产出售。这些年也出现了几个案例。现在再反思,比如说,当初开始没有想到资产出售式重整。

为什么最后采取这样一种方式呢?一是时间问题。现在的重整,各方权益博弈,尤其现在银行出现新的动向,不说同意也不说不同意,怕追责加剧了时间不确定的问题。所以为了让产能迅速恢复起来,必须脱离出去,设立新公司。二是风险问题。原来的破产法规定,过期不申报且没有特殊原因的话,视为自动放弃,但现在程序不能消灭实体权利,使重整有一些风险。现在的风险,有些有刑事犯罪，例如骗贷、行贿、欺诈等。如果有这样的责任，原有主体在上市等方面都会有隐患。三是原股东的问题。现在国有企业还好，企业都是自己的、国家的，民营企业不会轻易退出历史舞台，博弈需要时间，所以就不博弈了，以资产分类、资产价值最大化运营为核心来制定重整方案。

最后还要解决很多其他的问题，如何定义财务投资人的角色？那些潜在的"跟踪马"的角色如何解释？这些问题都需要在实践中总结。吴守根老师的演讲对未来立法和实务都有很好的借鉴。

点评人

左北平 中国注册会计师协会破产管理人业务课题研究组组长、北京中恕重整顾问公司执行董事、利安达会计师事务所（特殊普通合伙）合伙人

今天非常荣幸聆听吴守根教授的精彩介绍。针对吴守根教授谈及的制度的演变和美国制度的借鉴以及韩国"跟踪马"制度设计和实践中的问题，我想谈点个人体会。

我个人理解，"跟踪马"制度的功能，实际上是在确保程序公正透明的基础上，快捷地给债务人企业资产一个最低出售的保障，并能在此基础上吸引更多潜在投资人并给予他们一个竞价参照和竞争参与的机会，这就是"跟踪马"制度值得我们引进和借鉴的价值作用。另外，该制度的引入有基于提升破产重整程序的效率的考量，但是前提要保障程序公开透明，同时兼顾"跟踪马"的利益保护和风险防护，还有程序参与各方利益的衡平。

我国重整实践中也遇到了类似的问题。例如预重整制度，在预重整过程中有很多案例，国内已经在尝试预重整引入战略投资人，但是没有相应的规则进行规范。下一步中国在借鉴"跟踪马"制度，并运用到我们的重整并购程序中时，要解决两个维度的问题：一是"跟踪马"相关制度构建，二是重整投资市场环境培育。在目前的市场环境下，我们的投资并购市场，特别是困境企业和不良资产并购领域的市场还不是很活跃。

同时建议我们未来引入该制度时，应注意以下三个方面的问题。一是"跟踪马"的介入时机和方式问题。例如如何更早在预重整制度中引入"跟踪马"，预收购人在重整程序进入之前就应该介入，因为如果制度要发挥本来的价值，

就应该尽早将它引入，这样有利于提升重整和并购的效率。二是在"跟踪马"制度设计和构建时，应充分考虑后续实际投资人和预先投资人的利益平衡和风险防范。三是重整程序中在资产并购的方式上，要更加开放灵活。我们目前投资市场培育不够，重整投资人招募很困难，下一步要加快培育不良资产和企业重整投融资市场，让更多市场主体能参与进来。

我就谈这些简短的学习体会。

主讲人回应：

非常感谢各位老师的评议，而且在各位老师的评议当中我也学到了不少。在这样一种场景下作出回应，我重新回过来考虑韩国在适用中面临的问题。首先我从李曙光教授开始进行回应，关于《美国破产法》第363条的适用，实际上"跟踪马"竞拍方式确实如大家所说是投标的方式之一，在普通的招投标当中大家实际上都适用过，假设有三个人参与招投标，其中的两个人或三个人已经事先沟通好，也就是说，在招投标中提前沟通在破产程序中的运用。韩国没有和解程序，韩国对和解程序的印象并不是很好，1962年韩国曾经有过和解法，当时和中国一样有和解、清算、重整三种程序，但是和解程序在1997年的外汇危机中未发挥任何作用，所以2006年韩国修改破产法时，把和解法都纳入重整程序中，然后将这个部分跟DIP制度结合进行大修改。没有和解程序的另外一个原因是，韩国有一个庭外重组的促进法，该法主要起到庭外和解的作用。

另外，李曙光教授刚才提到欲收购者善意和恶意的问题，这里我们尽量不用"恶意"这样的提法，我们主要用善意的评断。如果预收购者确实是善意，或者预收购者通过债务人公司的分立程序、公司的资产招投标程序，就赚完钱跑路。预收购者赚完钱跑路是当时我们立法讨论最多的一个问题，所以感觉李曙光教授的这个问题点的指出是非常犀利的。在立法中，这是我们面临的一个最大的问题，所以这时候就需要利益的平衡。为了预防欲收购方在一定期间内对公司进行投机性投标，我们设置了禁售股份的规定，而且也设置了严格的收购程序，通过这样的方式防止投机性的"跟踪马"。在我的资料里提到，如果有投机性行为，所交的保证金将予以没收。

还有李曙光教授提到美国公共管理接管的方式，根据美国法规定，它们应该是起到监督的作用，在韩国"跟踪马"最终是由法院来认定，"跟踪马"毕竟不是最终的中标者，它有一个公开的程序，大家参考我的资料的最后部分就可以知道在哪个阶段支付对价。关于对价的披露，大家基本上都可以预测到，因为招投标时，都会有一个最基本的竞标价格，所以大家可以预测到"跟踪马"提示的价格。还有在上市公司中，最终的中标者通过股份的发行启动程序，那么这种程序在实务中有没有可能产生影响呢？我们看到的是不产生影响的。

刚才邹海林教授提到的清算的方式，我非常同意邹海林教授的观点。还有郑志斌律师提到的法院过度干预并购的情况，曾经在韩国也出现过，韩国出现过没有必要并购却出现并购的情况，或者在财阀企业的主导下发生并购，这种人为操作的情况也是比较多的，但现在基本上没有了。还有一个郑志斌律师提到的刑民交叉的问题，中国在重整程序当中遇到的刑事案例的问题，韩国也有很多，如果有时间，我想在私下与郑志斌律师探讨这个问题。谢谢。

与谈人

高丝敏　清华大学法学院副院长、长聘副教授

首先非常感谢李曙光老师和刘颖老师的邀请，听完今天的报告，受益非常多。我简单谈一下自己的感想。

我个人理解，"跟踪马"主要解决的是《美国破产法》第363条可能出现的两个潜在的Bidder（竞拍者）制度，为什么会出现这个制度，我赞成李曙光老师和邹海林老师的观点，它可能就是一个策略。其实它主要面对的问题是，对于要并购的目标企业，市场不知道价值的情况下应该怎样应对。"跟踪马"的引入主要是给其他Bidders（竞拍者）提供市场价值对照的信息，使得更多竞拍者加入。

虽然我们希望的是企业将来能够以市场的价格出售，而不是以低于市场的价格出售，但我们也应该注意到，从侧面来讲，在美国文献上对它是有批判的，但也有人认为它创造了新的市场问题，在经济学上，中标了很开心，但是如果是以高于企业价格收购，也就是overbid，情况好像就不一样了。如果有个"跟踪马"在前面，其他竞拍者在后面，正如李曙光老师所说，它可能是一个诱饵，想使我以高于市场的价格来购买企业，于是为了避免这个陷阱，大家可能就会选择不参与竞标，最后导致没有人竞标，则"stalking horse"便买了这个企业。"stalking horse"也害怕自己遭受陷阱，也会拼命往下压价格，那么就有可能压到以低于市场价格来购买企业。这样来看，本来希望通过此使竞拍价格达到市

场价格，但最后因大家都害怕过高出价而不敢出价，致使"stalking horse"制度的目的没有达到。

目的没有达到怎么办？价格的目的没有达到，对于竞拍者没有关系，但对债权人是有关系的。因为在决定企业是否进入清算时，是需要价格来作为判断标准的，特别在美国的重整中，有担保的债权人更注重"我会得到多少"，但是若"stalking horse"不是一个非常精确的市场价格，它实际上在扭曲大家都在选择的企业，所以大家在引进这个制度的时候需要特别注意，怎样通过制度的设计来展现企业真正的市场价格。

吴守根老师很细心，有提到韩国股东如何压缩股份的问题。不同的国家是不一样的，韩国破产法有绝对优先权，但可能这个问题在美国就不是主要问题。在美国的主要问题是，"stalking horse"可能成为担保债权人的工具，"stalking horse"可能通过压缩去影响其他债权人的利益。而在韩国面临的是怎样去调整股东优先权利的问题。因此对于中国，如果中国要引入，要考虑是否有可以避免类似韩国问题的机制。

这是我简单的不准确的理解，请各位老师指正。

主讲人回应：

高丝敏老师不愧是在美国深造过的老师，提出了一个很核心的问题。外部的人员要购买公司有两种情况，比如说一个公司的价值是100万元，通过招投标，需要150万元的代价才有可能获得这个资产，美国人把它称为"愚蠢的招投标"，因为付出的代价大于公司的价值，但如果只付出80万元的代价，是会失败的。因此我简单地回复您，好像我们是这么想的。

假设了公司的资产有多少，也就是说有市场需求，但这只是一种想法，没有证据。价格较公正的市场价值是高还是低，收购方实际是很难作出判断的，比如，欲收购方有100个人，100个人都参与招投标，可能会认为这是一个公正的价格，但如果欲收购人只有一个人，没有竞争对手，那么这种情况能不能说是公正的呢？实际上没有收购方，没有竞争，我认为这个公司是没有价值的，因为没有更多的人愿意购买。如果认为出价高了，这样的并购实际很难实现，是不是以公正价值来交易，我认为是从公正价值程序来确保的问题，而不是以它是不是合理的价格来判断，这是我自己保留的意见。您有讲到绝对优先权，韩国的法律原则上没有绝对优先权，韩国采用的是相对优先权，相对优先权的原则什么时候适用呢？如债权人一组赞成，另一组不赞成法院的强制性批准，如果有绝对优先，在两个组中，在先的组和在后的组，在先的组同意其在美国是绝对优先的，但韩国没有，优先者没有得到全部资产，那么后来者也可以拿到一部分的资产。谢谢。

与谈人

葛平亮　中国政法大学民商经济法学院副教授

　　感谢邀请。我是接到邀请后才知道"跟踪马"这个概念。德国法并没有对此概念加以明确规定，但是现实中也有案例。刚才听完各位老师的发言之后，感想如下：

　　首先，如郑志斌律师所言，"跟踪马"方式就是一个市场化的方式。其类似于中国人所说的"托"。这个"托"的作用是什么？以及这个"马"是"好马"还是"坏马"？我觉得其中更重要的问题可能是我们对"跟踪马"制度的定位。是要解决其他竞标者或者债务人的信用问题，或是将其作为诱饵，还是将其作为发现更为公正的价格的工具。"跟踪马"这种制度还是有其优势，特别是在信息不对称的市场下，能够更充分地使信息获得交换。

　　其次，"跟踪马"制度也是一个利益博弈的制度。破产制度中更重要的是强调债权人利益。在"跟踪马"制度中，我们一直强调"好马"还是"坏马"，那这个过程中债权人利益怎么保护呢？债权人可以发挥多大作用？比如说管理人找了"跟踪马"，无论最后是与"跟踪马"有交易，还是有其他的交易，债权人会议可否对于这样的交易再次进行审查？总而言之，能否通过给债权人一定的权利，或者通过现有的制度来避免"坏马"。再者，我还想到角色的问题，在中国，管理人有律师也有会计师，其中大部分都是律师。那么律师如何胜任寻找和管理"跟踪马"的工作？这可能需要有多年的实务经验。但是在确定"跟踪马"的过程中，如何商定"跟踪马"的首次出价，以及管理人能力可否胜任，这都是问题。虽然在座有几位大的管理人，但是普遍的情况下可能很难满足需求。特别在中国破产法与重整制度没有那么完整的情况下，可能引发一些问题。

　　最后，想就刚才吴守根教授所说的"跟踪马"，来谈一下重整制度中的撤销权问题。我个人理解，"跟踪马"就是一种资产出售式重整。虽然后面有重整这个词，但是核心是资产出售。资产出售之后，是否意味着破产程序终结了？在我看来不是的。虽然韩国采用了公私分离的方法，防止撤销权无法行使。那如果把公司出售了，是否意味着将破产管理人的撤销权一并出售了？其实没有的，如果破产程序没有终结，为什么管理人的破产撤销权不能行使？管理人撤销权还是存在的，其仅是出售式重整，并不意味着程序终结。如果管理人没有行使撤销权可能会涉及管理人义务的违反。

这是一个市场化的手段和机制。在这个机制中，债权人、债务人、"跟踪马"、原先股东、其他竞标者利益的博弈等都很重要，其中最重要的是债权人利益。管理人如何胜任这样一个角色，如何救济债权人，还有关于撤销权的问题，都值得深入思考。

主讲人回应：

吴守根教授：首先在刚才评议的内容中提到了关于定位的问题。"跟踪马"这个词语可能稍微不常见一些，它是在程序透明化的情况下大家一起确认的过程。关于债权人利益的问题在利益均衡过程中没有考虑，是因为吸引投资者，找到并购方才是解决问题的关键。"跟踪马"竞拍方式是其他的方式之一，只不过通过公正透明的方式来决定投标者。确实是没有考虑到债权人利益的问题。

其次是撤销权与"跟踪马"有什么关联的问题。撤销权与"跟踪马"没有关联。只是重整过程中用并购方式涉及撤销权，例如公司整体转让情况下、终结重整的情况下的撤销权的问题。如果是刚刚说的部分转让，撤销权仍然是保留的。

葛平亮副教授：整体转让的时候，撤销权仍然存在。整体转让的时候，投资者把钱给了债务人，说明程序没有终结，管理人还可以行使撤销权，还可以继续分配。

吴守根教授：我也跟你的想法一样，我跟韩国最高法院提了意见，韩国最高法院没有采纳。

与谈人

惠春安　北京中恕重整顾问有限公司总经理

今天吴老师和各位点评人的精彩讲解对我启发很大。我从实务方面谈谈我对"跟踪马"的理解。

最近我们的一个案件中,刚刚接管企业时,出于资产增值保值的考虑,我们想把企业租赁经营,而且企业承租人最好就是投资人。我们也进行了信息发布。但是对接以后发现实践操作中可能有障碍。一方面,管理人想要租赁,更重要的是想要通过租赁把承租人锁定为投资人。但是刚接管的企业还没有进行核资,资产对价不好确定,承租人没办法给出承诺。另一方面,投资人有设想。租赁经营的话,企业现有设备已经落后,想要盈利必须要投入资金设备,可能生产经营过程中会有混同。将来成为投资人,很多权属不好界定。另外,按照重整六加三的期限,租赁经营的期限可能比较短,短时间投入这么多成本可能达不到盈利的要求。对此"跟踪马"能给我一个很好的启发。

根据实际情况改造就能解决实际问题。虽然我国法律没有明确规定"跟踪马"制度,但在我国的重整实践中已经有运用。可能是重整投资市场还不活跃,但操作理念是有的。另外,"跟踪马"这种操作,不仅是现代,可能古代文化中就有这个基因,在各方面已经被广泛运用,只不过没有上升到制度构建的高度而已。

与谈人

范利亚　北京德恒律师事务所合伙人

听了吴守根教授关于"跟踪马"制度的演讲之后,确实觉得在我国立法和司法实践中都会面临这个问题,结合我在德恒破产业务中的实践来看,我认为破产法中"跟踪马"的立法价值还需要再思考。

第一,我们破产从业律师经常面临的问题是,在破产重整程序中很有可能没有重整投资人,在山东的破产案件程序中就有此问题。在这个案件中,大家都在等待,并且希望企业进入清算。因为大部分人不看好企业的运营价值,债权人希望消灭企业主体来拿到企业资产的价值。如果有"跟踪马"制度,则会鼓励一些人先下手,这是对债权人比较有利的方式。山东其他的案件中也有类似"跟踪马"制度的运用,其中有个案件很特别,一共涉及25个企业合并重整。最后的模式是管理人把25个企业全部卖了然后清偿债务,那这到底是清算还是重整呢?这是很有意思的问题。企业全部被卖了,也未申报债权、担保债权等,那最后找谁,此时管理人和企业都已经不存在了,这种模式是很有意思的。现在卖这个企业，法律上已经批准了。我们的方式就类似"跟踪马"制度，先让一个投资人交保证金，对企业的尽调完成之后，如果没有其他人来竞价，就以评估值卖给这个投资人。如果有其他投资人，则再通过公开程序招募其他投资人来竞价。在我国破产法实践中可以利用"跟踪马"制度来避免企业重整走向失败，这是一种很好的模式。将来立法中应当利用好"跟踪马"制度两方面的优势，一是发现价值，二是避免重整程序的失败。

第二，我们国家的评估界有个最大的问题就是无法对企业运营价值作出合理判断，而一般资产的价值则很容易判断，一台电脑、一辆汽车、一块土地的价值都很容易判断。例如，在企业有20亿元的销售额度的情况下，怎样去评判企业的运营价值。如果评估界没解决这个问题，那所有企业重组都会面临这个问题。这个问题可能不是评估师就能解决的，可能也是立法问题。"跟踪马"是一个发现机制，"跟踪马"制度可以解决这个问题。因为出售的是一家企业，而不是只出售资产，"跟踪马"可以更好地发现企业运营价值。

第三，想请吴守根教授回答一个问题。在韩国的企业重整中，出现了三个动物，"跟踪马""胜利马""看家牛"。韩国企业以增发方式找投资人，此时"看家牛"还在，那"看家牛"的权利义务是什么？"看家牛"怎样看家？企业的运营价值怎么由"看家牛"走到"胜利马"的？

第四，"跟踪马"只需掏5%~10%的保证金，最后却可能获得全部资产价值2%~4%的赔偿，5%~10%的保证金的时间价值赔偿，还有交易机会损失赔偿。如果是善意的，则应当获得赔偿。但如果是恶意的，这些赔偿是否合适？这个比例是否恰当？这种赔偿已经接近于非常严重的违约金的情况。

主讲人回应：

吴守根教授：感谢您的评议。在韩国找"跟踪马"确实是非常难的，今天我讲的只是成功的例子，但是很多情况下确实找不到"跟踪马"。今天中国应该是不缺钱的，但很意外听到中国也难找到投资人。目前韩国已经形成了市场，有专业市场人士参与，并不是只由管理人自己来解决问题。因为只有出售过资产的这些人才可以胜任这个业务，由他们找到合适的投资人，找出新的并购方。因而选任主承销商是非常重要的过程，也是企业重整成功的关键。

还有大家都提到的立法的问题。在"跟踪马"这个方式的并购中，主要有两个招投标程序，一个是预备的，另一个是公开的。在法官主导的过程中，要是法官愿意的话，"跟踪马"的方式就可以成立，并不一定需要立法。刚才李曙光教授也提到了法官要有商业判断，韩国也要求破产法官要有商业化的判断能力，因为这个重整程序是由破产法官来主导的。

刚才你们提到的运营价值，关于企业的运营价值，在韩国称为企业持续性价值，是指企业将来有多少价值。这在当前可能是赤字，但在将来可能有很大价值。这个持续性价值的判断在韩国理论和实务上也存在很大争议。在韩国，有专家组成委员会来计算企业的持续性价值，但是现在的计算方式并不是很恰当。因为持续性的价值是投资者的判断，是对将来的投资风险的判断。所以风险的判断必须是在出钱之后，不仅要依靠会计师账簿数据，还要对企业今后的经营进行判断。而且在给付保证金之后进行判断的话，一定是因为企业有一定价值，如果不出钱来判断就没有意义了。

还有刚才提到的管理人的问题是指什么？

范利亚律师：刚才提到的管理人问题是指在重整中企业并没有持续存在下去，而是管理人把所有企业都卖出去了，这种重整模式和通常的重整方式是不一样的。这是一种实践，但是立法上还没有这样的规定，可能存在些法律上的问题。但这解决了现实中的合并重整问题，这是中国目前实质合并中的一种操作模式，当然这种模式不一定正确，有点挑战现在的重整思维了。因为这不保护企业持续经营，也不是清算资产，而是由管理人直接把企业卖掉，重整就结束了。这是个很有意思的实践，这与"跟踪马"有很大关系。

吴守根教授：还有一个是补偿金的问题。将韩国与美国的实务相比较的话，美国支付的补偿金非常高，"跟踪马"对补偿金的期待很高，而韩国补偿金金额是比较低的。如果新的收购者中标，预收购方就要得到补偿金了。

与谈人

杨　立　北京市君合律师事务所合伙人

谈一下我对"跟踪马"的理解。我认为"跟踪马"是商业安排，这样一种安排解决的问题可能会根据债务人企业的情况，根据破产程序的不同而有区别。关于"跟踪马"制度的定位，有一种观点认为可以展现企业的市场价值，包括对债务人的信用背书，还包括解决企业的资金需求。关于商业安排可能面临的问题和程序方面，我想请教三个问题。

一是"跟踪马"为什么主要体现在法院实务准则中，而不是成文法安排。

二是资金来源在哪，由谁最终承担。确定金额的时候债权人有什么权利。

三是"跟踪马"这个"马"是不是原来的股东之一。

今年（2019年）年初有一个重整案子，当时我们代表金融机构债务人委员会，企业中一个股东愿意继续作为重整投资人，但是现在这个股东要退出。如果当时企业重整，这对重整投资人是个好的帮助。这个案例其中的担心之一是，原来的债务人可否作为这个"跟踪马"。

主讲人回应：

谢谢杨立律师。第一个问题，为什么通过实务准则方式实施，主要是因为理论上没有实务准则也可以用这个"跟踪马"方式。制定实务准则主要是考虑到程序，因为一旦跟踪方式开始，管理人、债务人等利益相关人，这些人都要预测企业的价值。所以考虑到程序的透明性公正性，因而以实务准则的方式实施。

第二个问题，分手费还有补偿费主要是从出售对价中解决。出售金额通常会公开提示。债权人对此没有什么意见，债权人在此过程中没有发言权。债权人从并购对价中可以得到受偿，主要程序公正就可以受偿。

第三个问题，世越号的案件中有五百个学生在仁川号上死亡，涉案公司进入重整程序中，船舶公司中旧股东成为重整方。在世越号案以后，韩国修改了破产法。在公司破产中有责任的股东不能成为重整方，没有责任的话是可以成为重整方的。但是我对这个法律的修改不赞同。要认定公司破产清算的进度，还要认定有责任的股东。旧股东破产的话这些是没有意义的，有钱的话则不应该到达破产的程度。对韩国来说这是非常惨痛的案例，这个案例之后除了有责任的股东外其他股东是可以成为重整方的。

点评人

邹明宇　合众人寿保险股份有限公司总监

"跟踪马"制度能让投资方、债权人以及潜在的竞买者都能明确利益的来源，这对于重整是很大的促进。从制度层面，"跟踪马"的具体问题，如补偿金的设置，需要依托于成熟的市场，在接下来的实务中还需要不断进行探讨。从批准层面，更应该明确法院审批的规则，要审查法院方案是否合理，因此应当设置合理的考察底线。

刚才吴守根教授提到了撤销权的问题。吴守根教授说到撤销权只能由管理人行使，如果重整程序结束，就没有主体可以提起撤销权了。在中国司法实践中，经常会有一种情况是，在破产程序结束之后，有部分事项还没有完成。这种情况是被破产程序允许的，是出于效率上的考量。中国《企业破产法》第123条规定，在破产程序终结后的两年内，发现新财产可以追加分配。这里是提供一个参考。

今天的主题是"跟踪马"的问题，该问题在我国法律上没有明确规定。而吴守根教授谈到，"跟踪马"更多是程序上的规定，不是实体层面的内容。从北京破产法庭的实践角度，这是没有操作过的一种模式。所以，明确程序规则以及其他规则，可以稳定各方的预期，以提高对投资人的吸引。这样能让投资方以及潜在的竞买者都能在程序中明确利益在哪里，即能从哪里获得利益，这样可以更大程度促进重整或者"跟踪马"的出现。

从制度层面，刚才对补偿金探讨了很多。我认为，补偿金的设置不能离开成熟的市场、经纪人、经销商等。在没有成熟市场的情况下，我们谈"跟踪马"就会比较茫然，没有抓手、没有框架。这一系列制度，无论对于之前提到的恶意的情况，还是对于纯粹为了赚钱而加入竞争从而成为"跟踪马"的投资人，在市场中是否能够存活下去？或者有某一单是出于此目的，赚了钱就跑掉了，那么今后在成熟的市场当中还有没有立足之地，这是我们可以探讨的问题。刚才李曙光老师也谈到了，"跟踪马"需要很多配套的制度。这也是今天我来之前就想提的问题。

另外在制度的批准层面，"跟踪马"在竞价之后，在美国，需要债权人会议讨论通过，最终还需要法院批准。刚才也提到了法院的作用。这里对法院的商业性判断提出了很高的要求。每次参加"蓟门破产重组"对话，让我有收获的同时也有压力。今天听了之后感觉压力更大了。因为吴守根教授提到，"跟踪马"方式是法官主导的程序。商业方面的判断，不管是对管理人还是对法官都提出了很高要求。我个人是很赞同创新的。只要不违反现行法律的规定，这些创新应当被支持。但是如果需要法院审批，就应该明确法院审批的规则以更好地判断审查竞价方案是否合理。这里有一个底线的问题。有几项不能触碰的底线，触碰了就不能批准，没有触碰的话就可以批准。这就是我要请教的问题，如果从底线思维来考虑，对于法官而言，重点需要考察哪几个方面？

主讲人回应：

感谢您的点评。中国的破产重整程序终结以后，还可以有后续的程序，这对我来说很有启发，希望韩国也可以有这些规则。引进"跟踪马"最多的人是最大金额债权人，他是最积极的，因为他希望有更多的投资人，以使企业存续。"跟踪马"要获得他的同意。因为在并购以后，重整企业要进行变更，而变更必须获得最大金额债权人的同意。最大金额债权人的意见是最重要的。寻找"跟踪马"以及是否并购的决策，少不了最大金额债权人的意见，所以法官要重视最大金额债权人的意见。"跟踪马"在程序上由管理人提出申请，法院批准。法官的底线就在于是否保住了清算价值，就是比起清算的情况，债权人要获得更大的利益；还有收购人的出资是否为资本出资，是否为债转股，还是二者的结合，对企业的长期经营是否有帮助，也是一个标准。比如，百分之百的债转股，假如我是法官，我就不会批准，应当至少要求一半是现金出资，剩下一半才可以债转股，二者结合在一起的话可以批准；再有就是公开竞标，价格是否得到了投资者的认可。在重整程序变更批准的时候，也可以囊括这些标准。这些都是法官在审批"跟踪马"的时候可以采用的底线标准。

结　语

李曙光　中国政法大学教授、破产法与企业重组研究中心主任

我最近遇到一个很有意思的案子。南方的一个破产案，很多企业交织在一起。事实是，本来一开始有五家企业竞标，五家企业后来自己内部进行整合交易，最终变成 A 和 B 两家。A 包括原来的两家，B 包括原来的三家。最后选择谁要交给公证机构决定。公证机构找了地方政府、债权人、管理人还有相应的中介机构，最后投票，结果 A 中了标。问题在于这家企业非常复杂。A 和 B 的标书实际上各有利弊。因为企业太大，很多利益很难算清楚，口径完全不一样。

所以 A 和 B 的标书，一开标差距不是特别大，但是实际上是 A 拿到了。法官现在压力非常大，不知道选择 A 还是 B。

总体看整个程序应该是有效的，但不同方面提出了不同意见。与"跟踪马"遇到的情况一样，法官面临商业上的判断，最后可能要承担责任，因此法官面临很大压力。在此补充一个中国正在发生的案例，需要听听多方面的看法。总体来说，我认为今天的讨论非常有价值。

主讲人

吴守根 韩国梨花女子大学法科大学院教授、韩国司法考试委员、破产法立法审议会主席、破产法学会前会长、国际破产协会会员、东亚破产再建协会韩国支部首任会长

谢谢！之前李曙光教授说周日下午办对话，我非常担心，怕参与的人少，但是今天的讨论这么热烈，完全超出了我的预期。我感受到了中国人的热情和力量，看到了中国的快速发展。中国是一个充满激情的社会。中国的崛起会让世界瞩目，而且中国的法律界也会有更大的发展和成就。今天的对话是非常好的一个学习机会，对我在韩国法律的交流学习也会有很大帮助。再次表示感谢！

主持人

刘　颖　北京航空航天大学法学院教授

在这一期的对话中，吴守根老师在帮我们概览了韩国的破产程序的全貌并阐述了重整程序中并购的必要性、特征、类型及顺序后，着重分析了"跟踪马"竞拍方式的相关问题。其中既有美国法与韩国法的对比，也有理论与实务的衔接。毫无疑问，吴守根老师的精彩报告为我们"蓟门破产重组"对话国际性、开放性、前沿性的定位书写了完美的脚注。

李曙光老师在点评中提到了怎样保护"跟踪马"、怎样与公共管理人和 DIP 相融合、价格公开、营业转让、资本市场的问题。尤其是关于怎样保护"跟踪马"，李曙光老师指出，在美国立法上，即《美国破产法》第 363 条规定得较为原则，但韩国立法规定的非常细。我国破产法司法解释三一定程度上解决了这一问题。例如，"跟踪马"也就是新进的融资具有优先权，而且一旦收购失败后

具有补偿金。另外，李曙光老师还提醒大家注意韩国和中国在公司治理结构上的不同。

邹海林老师首先指出了清算中同样会有并购，不要把并购简单地限定于重整之中。其次指出"跟踪马"与并购这两个概念的外延是不一样的，"跟踪马"只是并购的其中一种手法。最后邹老师强调，我国《企业破产法》第一章到第七章已经可以为并购提供法律依据，当然也不排除活用"跟踪马"这一手法。

此后，各位点评人、与谈人也从不同角度发表了自己的真知灼见。吴守根老师也是有求必应，认真地回答了所有的问题。

今天是我们第一次把对话活动安排在寒暑假，但无论是从之前的报名，还是今天的现场，我们都感受到了大家的热情，感谢各位点评人、与谈人及到场嘉宾长期以来对"蓟门破产重组"对话的支持与厚爱。感谢各位没有发言嘉宾的理解和体谅。感谢元京伍教授和陈景善教授的尽心翻译。当然，今天尤其要感谢吴守根老师能够在紧张的访京行程中莅临我们中心，做客我们对话，为我们带来丰盛的精神大餐。下周一到周五，吴老师将在中国政法大学研究生院展开32学时的国际暑期课程，即破产法。明天是中伏，意味着北京将进入一年中最热的几周。吴老师在最火热的天气在我国主讲时下法学界最火热的题目之一——破产法，相信吴老师也一定会感受到最火热的课堂氛围。预祝吴老师接下来在北京的旅程一切顺利。

9月开学后，我们也将继续为大家提供高质量的对话活动。恳请各位嘉宾、各位朋友继续支持"蓟门破产重组"对话，支持我们的破产法与企业重组研究中心。我们将竭力做好各项组织和服务工作。

再次感谢大家！

整理人：中国政法大学破产法与企业重组研究中心
谢 琳　李鹏键　胡玉洁　张志文　黄建栓　郑建安
乔 筠　张 诚　韩焕雨　肖明倩　刘奕辰　周子杰

参会时与会嘉宾信息

主讲人：

吴守根　韩国梨花女子大学法科大学院教授、韩国司法考试委员、破产法立法审议会主席、破产法学会前会长、国际破产协会会员、东亚破产再建协会韩国支部首任会长

点评人：

李曙光　中国政法大学研究生院院长、教授，破产法与企业重组研究中心主任
邹海林　中国社会科学院法学研究所研究员、法学研究所商法研究室主任
陈景善　中国政法大学民商经济法学院教授
郑志斌　北京大成律师事务所高级合伙人
左北平　中国注册会计师协会破产管理人业务课题研究组组长、北京中恕重整顾问公司执行董事、利安达会计师事务所（特殊普通合伙）合伙人

主持人：

刘　颖　北京航空航天大学法学院副教授

与谈人：（依据发言顺序排列）

高丝敏　清华大学法学院副教授
葛平亮　中国政法大学民商经济法学院副教授
惠春安　北京中恕重整顾问有限公司总经理
范利亚　北京德恒律师事务所合伙人、破产专业委员会主任
杨　立　北京市君合律师事务所合伙人
邹明宇　北京破产法庭法官

第十三期

法国破产法中的困境企业重组方法

[法] 弗朗索瓦·泽维尔·卢卡斯

发言嘉宾

主讲人：

弗朗索瓦·泽维尔·卢卡斯（François-Xavier Lucas） 巴黎第一大学索邦法学院教授、司法研究所主任、债务法研究中心主任

点评人：

李曙光　中国政法大学教授、破产法与企业重组研究中心主任

石佳友　中国人民大学法学院教授、民商事法律科学研究中心执行主任、法语国家法制研究中心主任

池伟宏　北京市天同律师事务所破产重组业务负责人

左北平　中国注册会计师协会破产管理人业务课题研究组组长、北京中恕重整顾问公司执行董事、利安达会计师事务所（特殊普通合伙）合伙人

主持人：

刘　颖　北京航空航天大学法学院教授

与谈人：（依据发言顺序排列）

曹守晔　中国应用法学研究所副所长

陈景善　中国政法大学民商经济法学院教授

张世君　首都经贸大学法学院院长、教授

韩传华　北京市中咨律师事务所合伙人

赵炳昊　中国政法大学民商经济法学院教授

主办方　中国政法大学破产法与企业重组研究中心

协办方　中国注册会计师协会破产管理人业务课题研究组　北京中恕重整顾问公司
　　　　　利安达会计师事务所

2019年9月24日

开 幕

主持人

刘　颖　北京航空航天大学法学院教授

各位嘉宾好，时间到了，我们开始第十三期的"蓟门破产重组"对话的活动。

今天我们非常荣幸地邀请到了大陆法系的另一位破产法权威，这就是法国巴黎第一大学索邦法学院卢卡斯教授，他将带我们鸟瞰"法国破产法中的困境企业重组方法"。卢卡斯教授目前担任巴黎第一大学司法研究所和债务法研究中心的主任，是法国最具影响力的破产法学者。这一次他为我们的对话专程从法国飞过来，昨晚刚刚抵达北京，可以说是第一时间就赶过来与大家进行交流。

当然，为尽地主之谊，我们这次也是为卢卡斯教授邀请了强大的嘉宾阵容。其中点评人方面，有我国破产法的起草小组成员，也是我们破产法与企业重组研究中心的主任李曙光教授以及中国人民大学法语国家法制研究中心主任石佳友教授，以及知名的破产实务专家池伟宏律师和左北平会计师。与谈人也囊括了各大高校的教授、各大律所的合伙人等破产业界的中坚力量。另外，也有供职于全国人大财经委、最高人民法院及银保监会（现为国家金融监督管理总局）的朋友过来交流、切磋。受时间所限，在此不做一一介绍，大家可以参考手上的嘉宾名单。

说明一下今晚对话的流程和规则，首先由主讲人卢卡斯教授报告一个小时，然后是每位点评人评议 15 分钟，此后与谈人可以自由发言，每次不超过 8 分钟，最后我们还会留出时间给现场的各位提问。

接下来让我们用最热烈的掌声欢迎卢卡斯教授开启他今天精彩的演讲！

主讲人

弗朗索瓦·泽维尔·卢卡斯（François-Xavier Lucas） 巴黎第一大学索邦法学院教授、司法研究所主任、债务法研究中心主任

首先，我想先说几句感谢的话。我这次来到中国得到了非常热情的接待，我觉得非常感动。我参加的这次活动是国家之间的比较法的活动。在这次活动

中，我会与中方的同仁就今天的主题进行讨论。我也非常感谢在座的各位嘉宾，今天在场的嘉宾都是这个领域高等级的专家，对我而言也是很大的荣幸。大家的学术水平都很高，今天的学术交流质量一定会非常高。而且对于我来说，通过今天的交流，也会非常荣幸地了解到中国的各项司法体系的改革措施。看到这么多高等级的嘉宾团，我也有一定的压力。因为要想用一个小时介绍法国破产法中的困境企业重组技术，时间是比较短的。因而我想将今天的演讲变得更加有趣一些。我再次感谢主办方对我的邀请，对我个人和法国法来说都是很大的荣幸。因为中国是世界上重要的大国，中国对世界各国的法律，特别是对法国的法律感兴趣，对于法国来说是很自豪的。

我想中国关注欧洲各国的法律的实践以及法理学的研究的成果是非常好的做法，当然关注日本、韩国、美国也很重要。通过对欧洲法律的了解，有助于中国把欧洲的法律、自己的法律与其他国家法律进行对比。这种对比在我看来是十分有意义的，因为破产是个全球性的现象。中国企业或者中国法学界人士所面对的破产法中的问题和欧洲面对的问题基本一样，我想大家都会同意这一点。

我认为我们研究破产法的初心就是要拯救处在困境中的企业，但并非所有的企业，有些企业是注定要破产进行清算，但其他企业还是可以通过重组拯救的。通过重组就等于是我们的法律、法官以及法律的实践者一道对困境企业伸出援手，使困境企业在困境之中重新站起来。整个过程比较困难，但这是可以追求和实现的。我们同时也会在其中面对一些风险或危险，因为在拯救困境企业的过程中可能会损害到债权人的利益。这样破产法可能会成为颠覆性的法律或者可称为具有一定危险性的法律。因为对破产企业中的债权人构成了威胁。所以要找到一个平衡点，一方面是能否拯救困境企业，另一方面是如何保护债权人利益。这两方面要找到平衡点的困难程度，不仅是在中国，在法国、日本、韩国、美国等都一样。因而进行比较法研究特别重要。通过比较法研究，中国的同仁可以知道其他国家的人是怎么做的。今天就由我来介绍，法国法中是如何竭尽全力地来为困境企业提供重整使他们穿越困难从而重新站起来的。

我在开场白说的另一点就是今天研究的主题也是具有现实性的。现在欧洲的破产法界都在集中精力研究如何拯救困境企业。中国正在改革自己的破产法，欧洲也是在不断进行改革。欧盟刚刚通过了一个指令，2019年6月20日，欧盟议会通过指令，要在欧盟层面实现破产法的统一化。这在欧盟破产法历史上是第一次。目前欧盟有28个（现为27个——编者注）成员国，基本代表所有欧洲国家。这是要形成统一欧盟破产法，这也将会成为一个范例。欧盟破产法可以说是法国破产法和德国破产法的混合体，所以与法国破产法也是很像的。

新的欧盟破产法中，重点放在破产的预防。现在各国都对破产法的改革非常感兴趣和关注。为什么大家都在关注破产法？就是因为在世界各国，企业的破产或者困境都是一个严重的问题。不仅涉及一些大企业——我们也看到很多大的企业跨台的案例，也有很多小的企业。也就是说所有企业都面临这个风险。所以各国的政府不能对大企业小企业的困境熟视无睹。因为根据市场规则可能有的企业会消失，有的企业会在市场上出现。但是作为公权力机构要对这些困境的企业尽可能帮助。另外就是世界各国政府对破产法非常重视。世界银行有一个 DOING BUSINESS 的报告。每年世界银行会对各国法律体系评分。这个评分会提到这个国家的法律是否对于商业环境有利。其中有一个考量标准就是世界各国法律体系中破产法的评分。中国、法国这些国家是否能够在企业出现困难的时候，为企业提供相应的帮助措施，这是 DOING BUSINESS 每年评分的指标。所以如果各国想得到好的分数，就要对破产法不断进行完善，包括对破产法中的一些工具程序不断完善，其中涉及一些企业重组的技术。因而在开场白分享这些我的思考。

下面我就介绍法国在困境企业方面的具体解决方案。法国困境企业的解决方案有两大类。

第一类可以说是来自实践界的发明，即建立友好协商的机制，也就是美国所说的庭外和解机制。它不是我们所说的集体清偿即破产程序，也并非我们所说的司法程序，而是以契约为基础的，建立在债务谈判基础上的程序。具体的一会给大家介绍。在友好协商程序中，如果通过友好协商达不到目的，还会有另一套程序。法语直译也就是集体清偿程序，即英语的破产程序。在集体清偿程序中，法院的作用得到了加强。

所以今晚两个困境企业重组的思路，一是友好协商的思路；二是传统的司法程序机制。

一、友好协商程序

友好协商程序最大的特点是契约性。法官在其中基本不介入，法官唯一介入的地方是帮助债务人任命一名专门委托人，可以是男性也可以是女性。由其帮助债务人、债权人就合同债务等进行友好协商。这个专门委托人是专业人士，必须由法官任命。在法官任命专门委托人后，整个程序中就看不到法官踪影了。法官在这个程序中的唯一作用就是任命专门委托人，然后由专门委托人展开友好协商。在友好协商程序最后，如果债权人、债务人达成和解协议，法官会出现，确认双方达成的和解协议。因此，在这个友好协商程序中，法官只在一开始和最后出现两次。中间程序法官不参与，也因此这个程序不是司法程序，而是庭外和解性质的。

在这个友好协商程序中又分为两类。

一类叫专门委托程序。专门即为专门的目的委托，这也是法国一线实务界的发明。法国立法者没有想到过这种程序。20 世纪 90 年代，巴黎曾经出现过一次不动产危机。有很多不动产方面的专业人士都处在严重的负债状态。他们买了上百万平方米的商业建筑或者住宅，后来价格降低被套住了，没有人买房。所以这些不动产界的专业人士就开始启动了传统的破产程序。但如果启动传统破产程序，对于整个经济体系的结果是灾难性的。因为人数有十几万，而且他们所买的是上百万平方米的房子，如果他们都处于司法清算状态，房价会更加大跌。这对法国经济也会是噩梦。所以当时法国一个法官想出了主意，说在这些案子中不能启动破产程序，否则经济就会有海啸，会把目前的经济夷为平地，所以不能启动这个程序。当时法官就任命了一个专业人士，他当时向所有的银行家说我是法官任命的代表，由我负责谈判。如果你们不和债务人谈判，将来会面临清算。一旦出现司法清算，银行收入可能就会是零，可能收不回银行贷款。因为现在这些楼房一文不值，你们银行也收不回钱，所以我和你们银行家一起同债务人进行谈判。希望大家都能共同作出努力，赋予债权人更长的偿债期限。专门委托人制度是当时巴黎的一个法官创设的。受益于创设的这个程序，法国经济避免了一个会引起连锁反应的危机。这个危机没有出现，所以当时法国的立法者看到这个思路觉得非常好，设立了下面的和解程序。

另一类叫和解程序。在法律中规定给参与程序的债权人一些优惠措施。债权人如果愿意参加谈判，就会给一些优惠措施。

这是我所说的专门委托程序与和解程序。这两个程序是法国破产法中的友好协商中的程序。

友好协商程序的特点：

第一个特点就是协商性、契约性。我们最主要的考量就是避免启动集体清偿程序，也即司法程序。因为一旦启动集体清偿程序，就会使困境企业的处境更加艰难。因为一旦启动集体清偿程序，困境企业所处的困境就会公之于众。我们会把相关信息公布出来，发布在公告中。所有的债权人都知道债务人处在即将破产的状态，导致债权人不会再给债务人任何贷款。一旦债务人处在集体清偿的程序中不会再有任何新贷款，企业的处境将更艰难。

当然，启动集体清偿程序也会有好处，但处境会更艰难，同时声誉、品牌形象会更加受到损害，这也是法国避免启动集体清偿程序的原因。法国的立法者通过各种法律措施支持债权人参与友好协商的程序。这个友好协商程序实际上是一个企业在面对灾难性后果的最后的生存机会。这些程序也对欧盟层面的立法者有很大启发。2019年6月20日，欧盟会议的指令其中一个是要成员国建立一种程序即预支付不能程序。通过预支付不能程序帮助企业摆脱困境，特别是一些企业还没有停止支付的时候或者是停止支付的时间不长的时候，要通过各种措施帮助它们。在法国，停止支付是启动司法破产程序的一个重要前置要件。因为一旦企业停止支付就表明企业的流动资金不能支付自己的费用了，这是企业自己面对的一个困难。传统上来说，这是启动破产程序的一个条件。

停止支付的时间不超过45天可以启动友好协商程序，这是第二个特点。

第三个特点，就是刚才所说的专门委托与和解程序，这两个程序都是不公开的。如果大家要说最大的特点，那就是不公开性。程序是秘密的，企业的客户和供货商、金融市场都不会恐慌。因为对于债务人来说是秘密的，与银行家、银行债权人秘密谈判。

也就是说，企业所处的困境只有参与谈判的债权人知道，公众是不知道的。所以这两个友好协商程序最重要的特点就是不公开性，或者秘密性。这使得友好协商程序比传统的破产程序更加高效。当然友好协商程序也有局限性。局限性就是纯粹是友好协商。

第一个程序有委托人，第二个程序是法官任命和解人。委托人与和解人没有任何强制权力。债权人可以不给债务人任何优惠，不给宽限期。这样，这两个程序中，委托人或者和解人没有任何办法强迫债权人作出让步。如果债权人不让步，那么只能启动司法程序。

债权人在这两个友好协商程序中必须执行的是宽限期，但是这个宽限期是法国的法律普遍规定的。法官可以判定债务人有权获得宽限期，宽限期上限是两年。一般来说，这两年对破产程序中的债务人来说是不够的。同时在一些程序中，如果所有的债权人都反对法官即将作出的宽限期，法官一般也不会作出此决定。对于专门委托人与和解人来说，在自己没有强制权力的情况下如何说服债权人呢？首先，他们可以组织主要的债权人开会，解释说明如果不同意或者不让步的后果。如果不同意，公司会破产清算。这样，债权人会颗粒无收，而且员工都会被解雇。

所以第一个我们能够劝说他们的是如果企业进行了清算，将会颗粒无收。如果选择清算程序的话最后结果非常可怕。立法者也引进了其他鼓励政策让大家去选择友好协商。这些债权人如果在过程中又先给了债务人一些新的债务，或者宽限他们的债务。也就像英语说的 new money，新钱，给这些面对困难的企业。这些新的投资人、债权人将会获得非常有效率的优先权。因为在企业即将破产的时候，他们的债权将会优先于其他的债权人，全部返还给他们。这就给他们非常好的优惠政策。

我想赶紧把友好协商程序讲完，讲一些在法国很有意义的程序，即预重整方案。预重整方案是从美国一种叫"prepackage"的做法中所得到的灵感。它可以使面对困难的企业在比较友好的环境中处理问题，我们会让主要的债权人在一起商量以便获得一个友好的重整协议。我们不能去强制这些债权人达成协议，在该协议中如果一个银行家或一个投资者表示反对，则该协议就不能完成。如果债权人他们同意作出一些让步，所有的人都要同意这个让步比如债权的宽限等。在这个 prepackage 中，我们首先与大部分债权人达成一致，一些少数不同意的债权人，只能被放在一边，有可能他们不同意一些相关的条款，比如说宽限债务的日期等方面。那我们在这个"prepackage"中就能获得一个初步协议，保护程序中就能适用这样的协议。

在保护程序中我们有债权人委员会。债权人委员会以投票的形式来通过预重整。这样做有什么好处呢？为什么要启动集体清偿程序呢？

首先，预重整程序可以将方案强加给债权人使其同意。在这个保护程序中我们有债权人委员会，以投票的程序来通过预重整方案，这样的好处是集体清偿程序可以把我们已经通过的方案强制施加给所有的债权人。如果一个债权人不同意我们的预重整方案，我们就要通过债权人委员会投票通过。债权人委员会投票通过的原则是代表债权的2/3。如果债权人在预重整程序中不同意，一旦启动集体清偿程序由债权人委员会投票通过，最终结果还是要同意，即债权人委员会强制少数不同意的债权人接受这个方案。所以在预重整程序中会和少数不同意的债权人表明如果你不同意，我们就必须要启动之后的集体清偿程序，集体清偿程序和其保护程序中都有债权人委员会，如果投票通过的话你还是要接受，相当于用这种方式来强制一些少数不同意多数债权人意见的人来接受这个预重整方案，这等于是一个非正式的强制性方案。

其次，预重整程序的另一个好处是使这个程序能走的更快速、高效。一旦启动集体清偿程序也要制定一个方案，需要两三个月来跟债权人讨论协商；一旦启动司法程序就是由法官来作出判决，就不必与债权人来直接协商了。法国有一个公司叫Thomson，它们用五周的时间就通过了预重整方案，但实际上它们之前经历了一年的时间，它们从刚才所说的专门委托程序开始，一直到后来的预重整程序，持续了一年时间，待所有人达成一致后，最后才用五周时间启动了预重整程序通过了这个方案。但一般来说企业在出现困境之后，流动资金是无法维持几个月的经营的，所以要求程序必须要高效。一旦启动司法程序，消息公开后，它们就无法继续获得资金了，所以我们的重整/预重整方案一定要在启动司法程序前就谈好，一旦启动司法程序，企业就没有时间继续获得它的营运资金了，而在启动以后就能快速通过这个方案。

二、传统集体程序

友好协商程序的成功既取决于债权人良好的意愿，也取决于债务人情况不是特别严重，没有处在停止支付或者停止支付不到45天的状态。如果企业的情况比较严重或债权人不让步，我们就要启动更传统的集体清偿程序，法文直译的话叫集体程序，也就是说，困境企业会受到法院的保护，法院可能会启动下面我要介绍的两个程序之一，这两个程序在法国破产法和商法典中有明确规定，一个是叫破产企业保护程序，可以说是美国的 safe guard proceeding 的姊妹程序，另一个叫作司法重整程序。

破产企业保护程序与司法重整程序的区别在于:

首先,破产企业保护程序适用于没有停止支付的企业,企业虽处在困境中,但还能继续清偿负债,没有处在停止支付的状态。而司法重整程序是适用于已经停止支付的企业,也就是说已经资不抵债了,其情况较前者更加严重。

其次,这两个程序也涉及有专业职业的自然人。法国的破产法涉及法国的商法人、手工业者、农业经营者还有自由职业者,因为在法国,医生、建筑师、律师都是被归入自由职业者范畴,他们也可以在破产法的框架内申请破产,受到破产法保护。也就是说,这两个程序涉及法人和一些具有专业职业的自然人,但是只涉及私法人,不涉及公法人。比如一个市政府若负债严重,或者一个大区的议会、一个省的政府负债非常严重,它就不能适用破产法,我们的破产法适用于私法人。另外,还有其他一些程序和另外一套法律体系涉及非专业人士的自然人,也就是我们所说的消费者。在法国每年有6万件关于企业与专业人士的破产程序启动,这6万件是指已经启动的传统司法程序,不包括之前所说的友好协商程序。除此之外,个人的破产程序(消费者破产程序)的数量是20万件。

破产企业保护程序与司法重整程序的特点如下。

第一,对债权人权利的影响。这两个程序都是由一个法庭或法庭任命一个司法代表人来指导,法庭的作用首先是启动这两个程序。刚才我所介绍的这两个困境企业保护程序一般是由法国商法典规范,会根据企业的规模有不同的规定,比如企业里有多少员工,另外我们设立了18个商事法院,这18个商事法院负责处理规模比较大的破产案件。

在传统程序里,司法代表人是职业的专业人士,在整个程序中他是作为法官的代表人,来主导这两个程序,所以在法国法里我们等于是设立了一个专门的职业,因为在其他的国家中并没有这个职业,中国法中可能也没有。在法国,我们刚才说的委托人也好,代表人也好,是由法官任命作为自己的代表。在国家层面是有一个司法代表人的清单的,要想列入名单必须经过非常严格的考试,接受非常严格的监督。同时他们也有自己很严格的章程规定,这些司法代表人不能兼职,不能做任何工作,如律师、会计师等,只可做司法代表人,这实际上是为了避免利益输送、利益冲突。当然也有许多人会批评这种做法,认为有许多不便之处。许多人不愿意从事这个行业，全国只有450人，首先是人数不足，其次是彼此间没有竞争。但是这些司法代表人都是很专业的人士，能力非常强，对专业知识掌握得非常透彻。刚才所说的集体程序的重点是集体这个词，因为这个程序需要所有债权人遵守纪律，也就是说一旦启动这个程序，这些债权人就不能受到债务清偿，不能对债务人启动任何法律措施，不能再自由地对债务人做任何事情了。启动这个程序之后，这些债权人必须申报自己的债权，然后由法官确定是不是要支付这个债权，什么时候、如何支付，即债权人债权受到了压制，启动程序后任何人的债权也不能被支付了，所有的担保都被压制。如果一个债权人借钱时得到了一笔担保，启动传统司法程序后他就不能再去找债务人要了，如果是个人破产，押金也就是所说的担保，在启动传统的集体程序后被冻结（压制的意思），这个程序中有利于债务人、不利于债权人的地方在于所有债权的利息被中止计算。

第二，保证先前合同继续履行。刚才所说集体程序的特点，就是首先会影响债权人的一些权利。第二个特点是保证债务人已经签订的合同继续履行，这也是法国法在破产法中追求的一个重要目标，即保证困境企业的合同可以继续得到履行。因为一旦宣布程序启动，如果所有人都不履行与债务人的合同，比如说供货商不再给债务人供货，那么困境企业就很难继续生存，所以法国法规定要竭尽全力保证合同继续履行。当然这有可能会触及合同法最基本的原则"如果一方不能执行合同的话合同另一方就可以要求解除或停止合同"，在破产法里是对这个原则的突破，要求合同继续履行，这对债务人当然是有利的，债务人可以在执行中的合同里选择执行，甚至可以要求法官裁定某些合同不再执行。当然法官也知道这是对合同法原则的突破，但是在破产法情境下，法官会视而不见，保证债务人的合同有选择地继续执行。

第三，倾斜保护新债权人。在法国重整法里，第三个特点就是对新债权人会给很多优惠、优先措施。这也是法国破产法里重要的特点，即处在破产保护程序或者重整程序的债务人如何获得新资金的注入、如何鼓励银行继续借钱给债务人，这也是法国法里的重要考量。当然这很难做到，因为债权人在启动这个程序时其权利已经受到了影响，一旦他们知道这个破产企业作为债务人，很多债权人不会再继续给予贷款。这里的具体规定是《商法典》第L.622-17条和第L.641-13条。这两个条款中确认了新的原则，即新的债权人在企业最终清算时，他们是有优先权的，在整个债权人中他们处在最优先位置，甚至优先于房屋抵押的债权人、商誉质押人，也就是说，新的债权人能确保自己的债权在最后清算时能得到比其他之前所有的债权优先的偿付。

以上所说的这两个程序的缺点是对老债权人权利有严重的影响，尤其是启动集体清偿程序之前的债权人的权利是受到严重限制的，其在最后清算时可能得不到任何的清偿。可以说这是严重影响债权人权利的程序，也可以说法国破产法是亲债务人的法，法国法追求的终极目标是让这些困境企业能继续存活下去。

破产保护和重整方案最后所带来的结果是破产保护与重整失败，即启动程序后最终没有形成一个帮助企业存活下去的方案，企业只能进入清算程序，这是出现最多的情况。但也有可能最终形成一个破产保护、重整方案，使困境企业最终得到拯救，但重点是要达到这个方案，需要和债权人进行各种谈判，而债权人委员会并非一定设立，有一些企业的规模不够设立债权人委员会。设立债权人委员会这个做法是2005年法国企业保护法里设立的新的程序。我们的债权人委员会是借鉴于美国的 creditor's committee，债权人委员会主要是涉及比较大的企业，即企业至少有150名员工或者营业额要超过2000万欧元。

刚才所说的司法代表人出面来与债权人谈判，如是否同意给予一些宽限期、是否同意五年或十年以后再归还贷款、能否给一些债务的减免，比如说这次付50%，下次再付20%。此时，债权人一般有三种选择，一是减免债务，二是赋予宽限期，三是债转股（debt-to-equity swap）。通过这种谈判，最后由法院来通过方案，但是法院作出的强制性的裁定只能让债权人给宽限期，不能强制债权人给予债务减免，如果是没有债权人委员会的情况，便由司法代表人与每个债权人人谈。现在说的是有债权人委员会时，司法代表人代表债务人企业提出一个方案，但债权人委员会里的成员都可以提出另外一个方案，这时对困境企业的危险是债权人委员会的成员可能会提出收购控制企业的方案，这对企业来说是有一定危险的。

困境企业破产重整工具是转让，也就是说债权人不要这个企业了，即困境企业要进入清算程序，要看能否寻找下家来接手。下家接手需要将企业、员工的情况妥善处理，同时还要接受企业的商业合同。

点评人

李曙光 中国政法大学教授、破产法与企业重组研究中心主任

非常感谢卢卡斯教授非常精彩且重要的演讲。我去年（2018年）在哥伦比亚大学第一次见到卢卡斯教授，我们一见如故，在一起午餐时谈了很多与破产有关的话题。今年（2019年）春节我访问法国，想会见的第一个朋友就是卢卡斯教授。我们在法国见面时重点谈到，要加强中国与法国之间破产法的交流并且建立一个对话交流机制，而且这个对话交流首先在中国开始，今天的对话就是一个成果。

近期，正好中国和法国有一个中法的法律交流周。非常重要的一些法国法律界人士来到中国与中国法律界进行交流，昨天的主题是环保法。法国新任驻华大使在昨晚的晚宴中特别提到，要在中法法律交流周中增加破产法这个议题。所以今天的交流是非常有意义、有价值的，是第一次由法国重量级破产法教授来介绍法国破产法，卢卡斯教授的介绍清晰且强劲。

在这里我讲三点：

一、法国破产法的经验对中国非常重要

第一，我们中国破产立法时对法国破产法参考不少，2003年开始起草新破产法的时候，当时一个很重要的参照系就是大陆法系。大陆法系是以法国和德国为代表，虽然当时了解法国破产法的人不多，但是法国的一些概念对中国破产法影响很大。比如管理人这个概念。这个概念不是从英美来的，英国的管理人有receiver, liquidator 等，一般叫接管人、清算人，美国破产法叫trustee（受托人），只有法国破产法中的相应词汇翻译为管理人。而且法国破产法管理人有五种不同叫法，应该说当时我国对法国破产法的了解不是那么清晰，翻译得也不准确，比如当时把法国管理人分为两种，重整管理人和债权人代表，重整管理人我们将他翻译为司法管理人，债权人代表我们又将其翻译为司法代理人。然后具体的，法国又有五种管理人，第一种叫特别管理人或者临时管理人，第二种叫和解人，第三种叫重整管理人，第四种叫清算人，第五种叫债权人代表，所以有点绕，有点乱。今天又听到卢卡斯教授介绍说正式的破产程序前还

有专门的委托人与和解人。这就反映出中国懂法语的人虽然不少,但是懂法国破产法的人很少,或者说中法两国在破产法方面的交流比较少。但是不管怎么说,中国现行破产法的一些概念确实受到了法国民法以及法国破产法这些翻译的影响,用到了管理人等概念,这也说明大陆法系对中国现有的立法是影响深远的。

第二,我们对于法国破产法的很多理解是不清晰,是一些表象的概念化的,甚至是错误的。我们了解它越少,就越想学习它,又想运用它,而且作为重要参照系。实际上对法国破产法我们了解不深刻,我们主要学的是美国破产法,这就造成了两国破产法律上的鸿沟。

第三,法国破产文化与中国破产文化高度契合,在破产文化方面,法国与中国有很多的相似点,两国都有悠久的历史与文化传统,破产的耻感文化,在法国与中国非常相近,即都认为破产是可耻的。在我国破产法立法之时我们对于法国破产法的了解还比较肤浅,现在应对法国破产法进行更加深入的研究。

二、展现了法国破产法的魅力

卢卡斯教授的演讲充分展现了法国破产法的魅力。法国破产法有庭外和庭内两个程序。庭内程序有三个:一是破产保护程序,又称观察程序;二是重整程序;三是清算程序。在这三大程序之外的庭外程序,我们之前对其缺少细节理解,许多人认为只有和解程序,今天通过卢卡斯教授的介绍,我们知道了这个程序总体叫友好协商程序,这个大的程序又分为专门委托程序与和解程序,这是以前我们介绍法国破产法时非常大的遗漏和空缺,卢卡斯教授今天对此进行了详细介绍。根据法国破产法庭内和庭外的结构可以看出,法国破产法是非常完美的制度设计,这个制度设计完美之处在于,立法者将庭内庭外作为一个整体进行考虑。观察期就是连接庭内和庭外的纽带。观察期与庭外程序连接起来了。观察期中企业是还在继续营业未停止支付的企业。而重整程序的企业是停止支付的企业。观察期对于企业来讲非常重要,这个制度可以连接企业下一步究竟是进入清算还是拯救。从这一制度可以看出,法国破产法的立法设计者在设计时追求像法国宪法与人权宣言那样,希望是完美的制度。将庭内庭外连接起来,作出一个整体性的制度设计。法国破产法庭内程序和庭外程序的衔接结构使其成为完美的制度设计。

另外，具体来说，法国的友好协商程序与司法程序各有特点。友好协商程序与美国预重整程序有相互比较的价值，美国庭外程序最主要是预重整，预重整程序与庭内的重整程序结合得非常好。同样是困境企业，法国想的是更好的友好协商，通过专门委托、和解程序来促使友好协商。但是与预重整程序有相同点，也有不同点。相同点就是都讲究合同性、契约性。另外是预防性的，节省成本，希望节省整个重整程序的成本。但是友好协商程序又与预重整程序有不同点，友好协商程序是有期限的，必须在45天之内且是非公开性的并且法官会参与其中，法官要指定专门的委托人。中国现在也正在考虑这个问题，即在预重整阶段法官任命管理人是否合适。实际上，法国的友好协商程序跟美国的预重整程序有差异也有共同点。差异基于前面的制度设计而来，法国也在考虑如何更好改革。与卢卡斯教授在哥伦比亚大学交流时，他也说要把美国的预重整程序研究透。所以法国专家也在考虑美国的预重整程序与法国的友好协商程序如何嫁接，如何沟通。当然我觉得法国、美国两种程序完全不一样，一个要求高度信息披露，一个是非公开的。另外，法国有超级优先债权人，超级优先权在美国做不到，美国破产法主张债权人平等，除非本来就是优先权人。

另外，法国破产法司法程序中也涉及友好协商程序中提到的超级优先权人和原来的优先权人之间的关系，法国破产法实际上是很完美的设计。庭内庭外都是有考虑的，与其文化和最早的制度设计相关。法国破产法倾向于保护债务人，减少清算，不轻易放弃治疗，不轻易让一个企业死亡，把拯救企业作为重要价值，这是与其制度架构相关的。这也是很值得讨论的，是法国破产法完美设计的一部分。

三、对中国破产法改革的启示

中国破产法正在推进改革，法国破产法的经验很重要。国家发改委等十三部委在市场主体退出改革方案中提到了要建立预重整和庭外重组制度，要实现庭外重组制度、预重整制度与破产重整制度的有效衔接，最高院的纪要和司法解释也提到要建立预重整制度，这也反映了我国破产制度与法国制度的相似性，未来中国拯救困境企业的制度设计可能是庭外重组、预重整和重整制度三大制度。

预重整将来要纳入我们的破产法制度中。与法国不同的是，它们的衔接天衣无缝。中国也提出要衔接，但有些没有确定的问题。例如有些地方在破产实践中，尝试法庭外的预重整并指定管理人，这与法国破产实践相似。但中国这个管理人的身份与职责定位就是有争议的。另外对于和解程序，我们与法国完全不一样。我们的三大程序，重整、和解与清算是庭内程序，但是法国和解程序是庭外友好协商程序的一个部分。中国未来和解程序怎么改革，是要改造成强制清算还是友好协商程序，还是庭内的与重整制相配套的程序？发改委等十三部委改革方案中提到重整与和解共同是拯救的程序，第一次将两者挪到一起，共同作为拯救企业的程序，这也是要对和解程序改革的先兆。法国破产法的立法与实践对中国有非常丰富的启示。中国在学习美国破产法时，也特别强调要发挥金融债权人委员会的作用，将庭外程序中协议的效力延伸到庭内程序。今天卢卡斯的演讲对于法国经验的介绍，对于未来的中国破产法改革，是有非常重要的借鉴意义和参考价值的。

点评人

石佳友　中国人民大学法学院教授、民商事法律科学研究中心执行主任、法语国家法制研究中心主任

感谢主持人，感谢李曙光老师和中心的热情邀请，给了我一个宝贵的学习机会。就破产法来说，你们都是专家，是我学习的对象，因为我主要研究的是民法。当然，我对破产法中个别问题曾进行过一些粗浅研究，譬如和解协议，我待会儿就这个问题谈谈看法。

今天要特别感谢卢卡斯教授，他也是我的老朋友，来自我的母校巴黎第一大学；我们有多位共同的朋友，特别是法国著名民法学家、蒙彼利埃大学 Rémy Cabrillac 教授，请卢卡斯教授转达我对他的问候。

卢卡斯教授报告的内容非常丰富，主要涉及重整，我主要想讲讲破产和解协议。卢卡斯教授在报告中也提到了和解。在中国破产法中，和解是非常重要的内容，新破产法的设计中重整、和解与清算三者并立；因此，和解是"三驾马车"之一。显而易见，新破产法对和解寄予很大的期望；新的破产法第9章专门用专章规定和解制度，足见立法者对和解的重视。但遗憾的是，从十多年的适用情况来看，和解可能并没有达到立法者的预期；当然其中的原因很复杂。

作为民法学者，我想从民法角度来做一些跨学科的观察；作为外行，可能说的不对，请大家批评。

一是民法学界在起草民法典合同编时曾经考虑过写入和解协议。2017年，中国法学会民法学研究会成立"民法典合同编课题组"，负责起草合同编的专家建议稿。王利明会长作为组长，我也曾作为课题组成员参与起草工作。当时，课题组专家们对于合同编分则中新增哪些有名合同，曾考虑过增加和解协议。但民法学者对于民法中要不要写入和解协议存有分歧。一些专家认为和解协议很特殊，应由特别法加以规定。而且，和解协议类型很多，民事执行中有和解，刑法中也有和解协议，涉及范围很广泛。此外，和解协议的效果不单纯是引起民事法律关系的发生、变更或消灭，譬如，诉讼和解协议的目的往往在于终结诉讼；刑事和解协议的最终目的是作为量刑的考虑因素，使被告人获得轻判。还有，有些和解协议往往还需要得到公权力的确认（法文中使用的是homologuer这个词），比如破产和解协议有法院确认的环节；刑事和解协议显然要获得法官的确认。所以，和解协议很复杂很特殊，如果公权力机构没有认可和解协议，其效力如何？从刑民交叉的角度看，即使公法上没有认可协议，在私法上其效力可能仍然要得到承认，但是否可以申请强制执行就要另外探讨了。总之，和解协议确实与传统的民事合同不同，难以单纯用民法规则去调整；所以，和解协议最终没被写入民法典合同编之中。

二是比较法国商法典中的和解与中国破产法中的和解，会有很多有趣的发现。第一，法官的介入，包括法国的法官的介入。在法国法中，不管是商法，还是民法，法官的干预主义色彩浓厚，而中国更多奉行自由主义，这显然是两种不同的哲学路径。法国商法典第L611-6条专门设有和解人（法文为conciliateur），债务人对人选可以提出建议，最终由商事法庭的庭长任命。第L611-7条规定，和解人的主要职责是促成债务人与债权人达成旨在终止企业困难的协议。如无法达成协议，和解人向法庭庭长出具报告，后者命令终止和解程序。这在中国显然是没有的。

值得指出的是，这种干预主义（法文为interventionnisme）是法国法的一个重要特色，不仅是在商法中，民法中也有。法国2016年大幅修订了债法，这也是法国民法典诞生二百多年来最大幅度的修订。其中，重要的变革之一是写入了情势变更（imprévision），成为法国新民法典的第1195条。众所周知，法国民法学界围绕情势变更争论了一个多世纪；反对者以契约效力不得触动为理由反对法官介入合同效力，而赞成者则基于公平和契约正义原则，强调法官介入的必要性。最后形成的条款中，有个非常有趣的条款：如果双方当事人在合理期限内不能达成一致，基于一方当事人的请求，法官可决定变更或解除合同。法官变更合同的权利引起很大的争议，批评者认为这是由法官强加新的合同。这对于其他法系的学者也很难以理解，因为我们经常说，当事人也只有当事人才是合同的"主人"；由第三方给他们强加一个新的合同，这听上去很荒谬。法国法考虑的主要是效率，为了避免当事人谈判久拖不决，这种制度对当事人可以形成某种"倒逼"机制。我们中国民法典合同编草案在起草的过程中，也曾经与法国学者进行过多次深入交流，最后的条文也在一定程度上受到了法国法的影响；在原来《最高人民法院关于适用〈中华人民共和国合同法〉若干问题的解释（二）》第 26 条的基础上改造成了现有的合同编草案第 323 条，强调当事人的再协商义务，以及协商不成由法官变更或解除合同。

第二，关于担保的效力。很有趣的是，困难企业进入破产状态之后，法律会在和解等程序中限制担保物权的效力。法国商法典第 L611-7 条第 3 款规定，金融部门等债权人可减免债务人的债务，或者转让优先权或者抵押权的顺位或者放弃担保。而中国《企业破产法》第 96 条第 2 款规定，对债务人的特定财产享有担保权的权利人，自人民法院裁定和解之日起可以行使权利。这明显对债务人不利，因为债权人由此可能夺走债务人最优良的资产。在我看来，这样的原因可能是我们更重视债权人保护，更多要保护债权的完整效力。所以中国《企业破产法》第 96 条第 2 款在比较法上来看，似乎是比较孤立的例子；因为其他国家都是在限制其效力，或者是冻结（法文中的 neutralisation），而我们国家在讲债权人可以实现担保物权，这是两种不同的理念，分别体现干预主义与自由主义。

第三，和解协议的效力。法国商法典第 L611-8 条，明确谈到要赋予和解协议以执行力，这个执行效力的含义是指强制后果；而中国《企业破产法》对和解协议的态度很暧昧，我们仅仅是在第 102 条说应当按照和解协议的条件清偿债务，没有说清偿不能后是否可以强制执行，不如法国破产法规定的那样明确。

三是从民法角度来观察中国《企业破产法》第 9 章的行文与措辞，从法律技术角度来讲，感觉还有需要改进的环节。例如，仍然以《企业破产法》第 96 条第 2 款为例，"对债务人的特定财产享有担保权的权利人"这一句中使用了"担保权",而这个词在我国物权法中是不存在的,要么讲优先受偿效力,要么讲担保物权,不会说"担保权"。

李曙光教授回应:

担保权这是英美法系的概念。

石佳友教授回应:

对,我也怀疑这是来自美国法的"security interests"的概念。另外,我们的《企业破产法》第103条规定,因债务人的欺诈或者其他违法行为而成立的和解协议,人民法院应当裁定无效,但根据《民法总则》(现为《民法典》总则编),因欺诈而订立的协议,其后果是协议可撤销而并不是无效。《企业破产法》第104条规定,债务人不能执行或者不执行和解协议的,人民法院经和解债权人请求,应当裁定终止和解协议的执行。这里是指债务人违约后导致合同已不能履行,而使用的措辞是终止。然而,从民法角度来说,一般过错导致合同不能履行,应使用"解除",而非中性的"终止"。在法国法上,这两个词也是严格区分的,债务人违约导致的是解除合同。譬如,法国商法典第L611-10-3条规定,如果和解协议的义务没有得到履行,法官应该解除和解协议;这里,解除(résoudre)是对方过错导致的终止,而不是没有过错的终止(mettre fin)合同。当然,这是从民法角度对破产法条文吹毛求疵,有些挑剔过分了,供批评指正,谢谢大家!

点评人

池伟宏　北京市天同律师事务所破产重组业务负责人

非常感谢李曙光教授和卢卡斯教授。刚才听完卢卡斯教授的介绍之后,我的第一感觉就像李曙光教授所说,中国破产文化与法国破产文化是具有高度相似性的。也非常赞同石佳友教授所说的,在法国破产法中,干预主义很明显,也就是说职权主义特点非常明显,充分地将大陆法系的特点淋漓尽致地在破产法上展现出来了。

在刚才的介绍中,法国破产制度设计了法官在程序中享有干预权以及对债权人的压制和限制的权力,这些权力都表现出了拯救债务人的立法目的。在这点上，我认为中国破产法上有很多方面都是模棱两可的，法国破产法的理念和措施值得借鉴。当然我们中华民族是一个开放包容的民族，我们接受任何符合中国需求的法律文化，所以在这点上，中国破产法很大程度上也受到美国破产法的影响。那么在此我想，美国破产法与法国破产法两个立法体例在我们中国破产法的研究与借鉴过程中有哪些不同特点和优势值得我们借鉴。对于刚刚所介绍的法国破产法的程序，我从法庭内和法庭外两个方面做了充分的比较，我想从一些细节上、从实务的角度来探讨法国破产法、庭外和解程序，在我国实务中有哪些值得借鉴和探讨的地方。

第一，法国友好协商程序这方面。中国法庭外债务重组和法国友好协商程序的难点是一致的，即如何采取措施让债权人能接受法庭外的谈判，达成债务重组或者和解协议这一目标，从而减少法庭内破产程序数量，减少司法资源压力，让庭外的和解更加高效。这也是中国债务重组实务中一个非常重要的难点。中国市场上除了国有企业的债务重组（债转股）之外，大家很少看到真正意义上自由协商下的市场化债务重组成功的案例。

我们最近接触的案例中有债务重组案例，但我们实务律师都非常担心：中国的债务重组没有法律的规定，也没有像法国这样由法官去指定司法管理人，这个"指定"在法国友好协商程序中体现出来了。在这一点上，中国的债务重组和预重整同样存在这个问题，最大的障碍就是没有法律上的保障措施。债务人和债权人即使达成债务重组协议或者和解协议，也没有强制效力，债权人随时可能反悔，随时可能推翻协议。同时，在没有多数决这一机制下，要想达到全体债权人一致同意，几乎不可能成功。所以，中国要加强司法权威性对法庭外债务重组的影响和保障。

我们回到法国法来看，为了迫使债权人能在庭外进行和解，所采取的有三个措施。一是用不公开性吸引债权人自愿参与谈判。法国法提到，因为法庭外的程序是不公开的，所以不影响信用。而法庭内的程序则会影响到信用。当然这也与它的适用范围有关系，它的适用范围与是否停止支付有关系。中国的情况是大部分要进入债务重组的企业（不包括个人破产），债务已经违约了，它们的信用已经开始丧失。在我看来，在中国的实践中，信用是否丧失，不一定是债权人和债务人选用法庭外债务和解的决定性因素。二是关于超级优先权的问题。哪怕设定新融资的超级优先权，在中国也不可能改变原有债权的清偿顺序。

也就是说，法官与管理人都无权因债权人提供了新的融资而改变原来债权的清偿顺序。三是关于高效性的问题。法国友好协商程序，在实践中有很好的效果，很重要的一点是，如刚才所提到的，破产程序对债权人不利的情况下债权人不得不接受友好协商程序。破产程序中的各种措施倒逼他们回到庭外进行和解，不和解可能损失惨重。这在中国可能做不到，中国债务重组恰好相反，并不具有高效性，我们通常需要设定服务期限，超出合理期限将导致成本过高。更为重要的是，债务重组协议不具有法律上的强制效力。因此发改委、最高院等13部门发布的《加快完善市场主体退出制度改革方案》提出庭外和庭内协议的衔接，和解协议的效力才能得到法院的承认。如果得不到承认则这个协议随时可以解除，那谈判的努力都白费了。中国债务重组和法国友好协商程序之所以有很大不同，主要是在这些方面没有得到解决。那么我们未来应考虑如何在这些方面进行借鉴。法庭内的程序，为什么在实践中用得少，很大程度上是因为彻底解决和解问题比较难，特别是有股东权益调整的时候，和解协议因为没办法去调整股东的股份，没有被赋予强制力，所以在实践中，和解协议只能在债权债务比较简单的案例中去应用。

第二，关于法庭内的破产程序，作为法国的集体清偿程序，确实处处体现法官干预。其中超级优先权目前中国做不到，法国法对实施债转股的程序态度比较坚决，这个和中国相似。其他问题诸如申报债权期限的问题，中国的《最高人民法院关于适用〈中华人民共和国企业破产法〉若干问题的规定（三）》中有所突破，规定了15天的起诉期来规制目前实践中立法没有规定的申报期满之后债权人丧失权利的问题。中国破产法关于债权人可以补充申报的规定导致实践中出现大量的补充申报债权的情况，严重增加了投资风险，很多投资人望而生畏，因为风险太大不敢再投资。法国破产法规定申报债权期满不申报的债权丧失分配权、受偿权，这种规定在我们实务中是受欢迎的，因为我们希望能够固定债权，让投资人放心，这样才能够促进成功重整。当然这是一个利益平衡的问题。

另外，法国法规定司法委托人是专职的，不得兼职。这条规定非常严苛地要求中介机构、执业人员要毫无利害关系，这在中国是几乎做不到，我是这么判断的。因为中国律师和会计师是主要管理人群体，在这个群体中要放弃其他业务而专门从事破产业务，是不太可能的。虽然有些案件收费高，但是很多案件实际上都是亏本的。即使是有一些大案，也是用来补贴小案。专职做此类案子，几乎是不可行的。

第三，关于继续履行合同这个规定，法国与中国破产法的立法思路可能有不同。中国破产法规定的原则是管理人可以行使破产解除权，如果有特别需要继续履行的才会继续履行，前提是有利于债务人财产增值保值、有利于继续经营。在这方面可能两国就有些差异。

第四，关于限制债权人对担保人的追诉权，在这点上是很不一样的。这令我非常惊讶。在中国合同法、中国的破产法中有明确的规则，破产程序只限制进入破产程序的主体，相应的债权人和债务人才受约束，其他程序的当事人不应当受破产程序的约束。尤其是担保人是在程序外的，如果法律上限制债权人对破产程序外的担保人行使权利，则意味着没有参与程序的当事人的权利受到了破产程序的约束，但他们在程序上没办法表达观点与抗辩，这样可能对权利人是不公平的。这在中国破产法中也很难达成共识。

在这些点上，包括没有提到的自然人破产，两国的立法有着较大的差异。对于司法程序来说，法国的两个庭内破产程序，职权主义非常明显。而中国目前的立法框架与美国比较接近，在此情况下，中法两国破产法有一个重大的共同点就是"亲债务人"，在这一点上我们可能是一致的。但是我们对拯救债务人这一价值取向可能并不坚决，《最高人民法院关于适用〈中华人民共和国企业破产法〉若干问题的规定（三）》总体思路就是增强债权人利益的保护，因此中国破产法对此价值取向是有些分裂的，究竟是亲债务人还是亲债权人，中国立法司法态度有点摇摆。所以我最后得出的结论是，法国破产法有很多值得我们借鉴之处，但我们立法上更喜欢采用符合中国特色的折中主义。谢谢。

点评人

左北平　中国注册会计师协会破产管理人业务课题研究组组长、北京中恕重整顾问公司执行董事、利安达会计师事务所（特殊普通合伙）合伙人

感谢主持人。非常感谢卢卡斯教授给我们带来一场精彩的盛宴，信息量很大，利用这么短的时间对法国破产程序做了完整介绍，我非常受启发。跟前面点评的老师也有一些相同的感受。我是一名会计师，从法国破产法的角度来看也是属于司法管理人或者受托人这一职业。我在中国司法实践中有一些感受，

特别是今天，在听闻法国破产法的一些制度设计后，认为法国作为大陆法系特别有代表性的一个国家，其破产法对于中国破产法未来的完善有重要的借鉴意义。

首先，我认为法国破产法的核心理念是拯救债务人。目前，各国都在积极探索如何在债务人利益与债权人利益保护之间找到合理的平衡。在这一轮世界经济的转型中，中国也有大量企业面临转型升级。拯救困境中的企业是中国政府，也是中国法律界正在努力追求的目标。在这点上，我觉得两国有着共同的价值追求。这也是未来中国破产法借鉴法国破产法时一个非常好的契合点。

下面我先着重谈一下法庭外的友好协商程序。刚才卢卡斯教授介绍了法国两个庭外程序，一个是专门委托程序，另一个是和解程序。这两个程序都存在法官的介入，有受托人、和解管理人这样的角色。这与中国和解制度最大的区别是我们将这两个制度放在司法程序内，即我国的破产和解制度。刚才几位老师也讲了，中国的和解制度的实践效果不佳，实际上没有达到应有立法目标。很少有成功的案例。池律师也有相同观点，尽管他有创新，但适用的对象仅仅是债务比较轻微的，或者债权人人数比较少的，债务结构不太复杂的，有可能个别案件会达成和解。我认为，这在未来破产法修订的时候，特别是发改委和几部委联合文件中也谈到的，未来的庭外重组制度，包括预重整制度是破产制度完善的一个方向。但是我认为我国的预重整制度，可以放在程序内。类似于法国的保护程序，即在司法集体清偿程序中的保护程序。针对一些尚在营业，未停止支付的债务人企业，通过司法程序运用多数决更容易高速达成重整方案。我们也知道，庭外程序有着非公开性，保护企业的信用，成本更低，效率更高的优势。特别是在早期，能尽早拯救一些可能出现困境的企业。我认为这是非常有价值的。未来的立法安排，我们还是要借鉴一下法国庭外程序，建议有法官介入，包括临时的管理人、临时的受托人。中国的管理人名册已经非常丰富了，多年来我们已经积累了丰富的经验。司法的适度介入能让程序达到应有的立法目标。否则，在仍然没有司法干预与介入的情况下，实务中仍然难以操作。

其次，我认为未来我们在借鉴制度时要关注以下几点。

一是预重整制度在未来借鉴法国的破产保护程序时，有些现有的观念可能需要突破。如法国对合同法和担保法原则在破产方面的适当调整和限制。我们看到实践中大部分企业进入困境之前，有效资产都进行了抵押担保。如果不对权利人的权利进行适当限制，往往会因这个群体的权利的行使、利益安排得不到充分的保障而使整个程序陷入僵局。我认为这是卢卡斯教授给我们带来的法国经验，可以在未来立法中最大地参考。

二是友好程序发生在庭外，要考虑如何对债务人进行监督，如何保证重组协议的公正履行，我认为监督机制是有必要建立的。例如，债务人是否按照和解协议的承诺去有效履行，是否有欺诈行为。如何防止其欺诈、保证有效的实施，在未来的庭外程序中我们要给予相应的安排。

三是我认为在中国破产法实践中，对于企业是否达到破产界限是法官们最为纠结的问题。中国法官在理念上，往往是以表面的资产负债表为依据。在判断是否有危机，是否达到破产界限这一标准上存在问题。从法国经验看，主要考察的是企业的支付能力，也即现金流标准，这更为重要。未来可能需要有更多的专业人士比如会计师的参与，协助法官作出判断。最终目的是让更多有可能会陷入困境的企业尽早地进入拯救程序。我认为这是非常重要的。而我们现在还在纠结资产负债表是否达到资不抵债的标准。从欧美及世界各国的立法理念中可以看到，企业越早进入程序，社会价值、目标才能得到最大化的实现，在这一点上我们也应该如此去突破。好，我就谈这么多不太成熟的观点，还希望各位批评指正。

与谈人

曹守晔 中国应用法学研究所副所长

我也谈谈我的个人感受。

首先，我要感谢李曙光老师的邀请，刚才听完卢卡斯教授的演讲，他讲了很多法国的立法现状。我非常赞成破产法对债权人的"压制"以及超级债权等规定。在我国司法实践中，我们其实也存在超级债权，例如，在破产程序进行中，债务人需要支付水电费、临时管理费。这些费用是破产程序中新发生的债务，肯定是要全额支付的。如果要按 10%、20% 的比例清偿，则没人愿意提供服务，破产程序也无法进行下去。同时在破产程序期间产生的全新贷款也需要全额支付。

例如，对于拥有担保权的债权人的压制，这些权利包括抵押权、质押权等权利。中国第一部破产法司法解释，即《最高人民法院关于贯彻执行〈中华人民共和国企业破产法（试行）〉若干问题的意见》第39条曾规定在和解期间，担保权人不可以行使权利。然而司法解释发布之后个别学者曾批判这一条，质疑为什么在和解期间要约束并限制债权人行使权利。而事实上这一条规定的目的在于想方设法促成当事人和解。如果拥有担保权人的债权人行使权利，会将债务人有价值的财产用于清偿，这样就会影响和解程序的继续。因此，卢卡斯教授的介绍让我找到了共鸣。我对法国破产法了解不多，主要研究英国、美国以及德国破产法，所以我还是第一次了解到法国对债权人、担保权人的"压制"，这是一个很大的收获，也增强了我对中国破产制度的第五个自信。

因此，我国在修改完善破产制度的时候，我认为我们一方面要向国外学习借鉴，另一方面我们要善于总结出符合我国国情的经验。我们要将学者研究的成果以及法官的智慧同本土国情相结合，形成我国的破产法司法实践经验。

其次，我想请教卢卡斯教授两个问题。

第一个问题，现在中国商法学界呼吁要制定商法典，但并没有很多商法学教授主张将破产法放到商法典中。按照法学界的共识，破产法从法理上应该属于商法。卢卡斯教授在谈及法国破产法当中的困境企业的重整技术时，一直引用的是商法典。那么法国破产法是否是商法典中的一部分？除了商法典有没有专门的破产法？希望卢卡斯教授能够普及一下关于法国破产法的基本的知识。

第二个问题，在您的介绍中既谈到代表人、管理人又提到委托人，请问他们之间有什么区别以及相互关系是什么？

最后，中国破产法律制度完善过程中，我们试图扩大破产法的适用范围。过去我国的破产法仅限于企业法人，而下一步打算扩大到自然人。在您精彩的讲座当中，法国并不是所有个人都可以破产，您提到除了消费者，还有律师、会计师等有独立职业的人，即商自然人。我个人认为，这一规定是值得在我们借鉴的，即破产对象不能包括所有的自然人，比如我国贫穷地区的自然人根本无产可破。

听了您的讲解，让我收获很大。希望我提的问题非常容易回答。

主讲人回应：

非常感谢您提出这些问题，让我有机会和大家非常详细地介绍法国的破产法。

首先，第一个问题是法国破产法是否仅涉及商法典，我需要追溯一下法国破产法制定的历史。在法国大革命时期，拿破仑将当时法国的法律进行法典化，除了最著名的民法典外，还有其他的法典。有关法国破产的规定最早是在1807年纳入商法典的。因此，法国没有专门的破产法典，而是在商法典的第六卷专门规定。并且当时法国商法典主要规范的主体是商人。直到20世纪60年代，法国破产法的观念才发生转变，也即从由债权人惩罚债务人的观念转变为关注困境企业的拯救，法国破产法从一个与刑法功能相似的惩罚法转变为一个帮助债务人重新振作起来的帮助法。

此外，从1967年开始，由于非商人群体对破产法的质问，为何法国破产法只拯救商人和商法人，而不帮助非商人群体，法国破产法也开始考虑对手工业者、农业经营者、自由职业者等主体进行拯救，也即非商人群体也有可能破产。因此，现在法国破产法对于有职业的负债人都是适用的，例如医生、律师都能够受到破产法保护。对于别的国家而言，并没有这样的规定。由于法国破产法是亲债务人的，所以所有过度负债的职业工作者都可以得到集体程序的保护。

实际上，法国有两套破产法体系，一个是有关专门职业的破产法体系，主要针对的是商法人和有职业的人，适用的是商法典的第六卷；另一个针对的是自然人，适用消费法典。尽管法国破产法被纳入商法典，但破产法不仅涉及专业或职业的人士，另外非专业或职业人士的消费者，法国专门规定了消费法典，即从民事方面来规定这些过度消费的自然人如何破产。实践中在破产清算期间，将自然人所有财产卖掉后，应将所有卖掉的财产收入用于偿债。如果债务无法全部偿还，即可宣告破产。

其次，第二问题是关于不同人员名称的疑惑，涉及代表人、管理人、委托人等用词的不同。这些名词确实有些模棱两可。

在法国破产体系中有司法管理人和司法委托人，这两种人也可以合称为司法委托人。在任何案件中，法院都会任命司法委托人，该类委托人是代表债务人的。另外，法院还可以再任命司法管理人。但是并不是在所有情况下法官都会任命司法管理人。司法管理人只适用于拥有20人以上、300万欧元以上营业额的企业。因此，只有当企业具有一定规模时，法官才会任命司法管理人。这就是两者的区别。

与谈人

陈景善　中国政法大学民商经济法学院教授

感谢卢卡斯教授精彩的演讲,也非常感谢李曙光老师给我们提供这么优秀的平台。我主要有两个问题:

第一个问题是关于庭外重组,我想跟韩国进行比较,问一个有关庭外重整效率与合同约束力的问题。日本、韩国都制定了规定,日本有一个《产业再生活力法》,韩国有一个《企业结构调整促进法》。根据法律的规定,前者是为了实现合同的约束力,后者则是为了促进重整效率,并且在韩国法律中规定了债权人多数决原则。而卢卡斯教授介绍的庭外重整程序中是法官来介入的,依然是司法介入,那么庭外重组的自主性如何解决的?

第二个问题是如果需要任命专门委托人,委托人是由谁来任命的?韩国重整程序和庭外重组程序中也会设立调查委员和重整委员。这些人的职能是解决或改善这些程序当中效率低下的问题。而法国的专门委托人是为了保护债务人利益而设立的,那么法国任命专门委托人是否有考虑提高效率的因素?

主讲人回应:

很感谢您提的问题,对于谁可以担任友好协商程序中的专门委托人,可以说是企业重整法中最重要的问题。

实际上,在友好协商程序中法官并没有发挥很大作用。就我对企业重整法的研究,我发现破产程序中的专业人士能发挥更加重要的作用。如果在所有程序中没有经验丰富的法官,没有尽职尽责的专业人士,那么我们的程序就没法很好地进行下去。

另外,对于专门委托程序与和解程序应该由谁主导的问题。法律规定得比较自由,即没有很多强制性规定。法官可以自己选任何人来担任专门委托人。在友好协商程序中涉及专门委托人的选任,法律没有规定专门委托人需要具备专业能力,但是在实践中这是个垄断的程序,因为法官或法院一般只任命司法管理人成为企业的专门委托人。实践中司法管理人对整个企业破产重整的程序都非常了解,同时他们能够为各方提供很专业的服务。这些专业人士都专门从事这方面的工作，同时他们也必须常年接受新的培训，或者管理部门会给他们确定各种各样的职责并从道德方面对他们进行监督，这样才能够保证他们的工作质量。另外，在法国也有司法管理人明星，3~5人。他们拥有非常高的知名度和美誉度。对于很重要、很难的或者涉及政治性的案件，法官会任命这些明星管理人为专门委托人。例如，现在法国有两家大型航空公司正处于困境当中，法官会对这些企业任命明星级的管理人。总而言之，虽然法律没有规定，但我们会任命有司法管理能力的人来担任专门委托人。

与谈人
张世君 首都经贸大学法学院院长、教授

非常感谢李曙光老师、刘颖老师的盛情邀请。再次来到"蓟门破产重组"对话的论坛让我收获很大。我2002年在社科院读博士时，导师就建议我把破产法作为研究方向。写论文的时候，看了金邦贵老师的司法重整与清算法。现在听了卢卡斯教授的讲解，能够解决我对破产法的一些困惑。

从我的理解来看，困境企业重组本身是个商业判断问题。困境企业要不要拯救以及应该采取何种方案进行拯救，本质上是对困境企业商业未来的预期。实际上，法律专业人士很难做出选择和判断，这需要法官对市场、行业以及企业进行深刻认识。但在目前法治框架下，这种判断需要受到法律的调整，这对法官来说是一种强有力的挑战。如果中国未来的破产法要进行完善，在困境企业重组的机制上可能需要适用混合型的程序，也即法院需要对一些程序性的问题进行判断和引导，同时一些关键和实质性的认定问题需要专业性人士的介入，比如社会中介机构、资产评估公司、律师和会计师。

通过您的讲座，我了解到法国也是这么做的。比如观察期制度我觉得很有意义，企业是否能够重整或是清算，不能当即妄下断言，而是应经过一段时间的观察，再决定困境企业应该如何发展，这就是一种非常谨慎的商业判断的理念。这对我国制度设计来说是很有借鉴意义的。

同时我也存在一些困惑。卢卡斯教授今天讨论之初就提到破产的本质是寻找利益平衡点，那么如何选择这个平衡点？因为企业一旦陷入困境与正常经营状态下是不一样的。正常经营状态中，股权、劳动债权以及国家税收债权等

有固定的支取顺序。一旦企业陷入困境的话，资源是非常有限的，他们的利益此消彼长。债务人、债权人以及政府的税收的利益应该如何平衡？其中的平衡有没有基本的指导理念或者方法？当他们这些利益存在冲突时，又应该如何平衡？

主讲人回应：

对于整个问题，涉及破产的核心。我尽量简短地回答。

首先，在破产法方面，要评价一个问题到底是法律问题还是经济问题。这对我们这个法律部门来说非常重要的。因为破产法在法律层面是非常复杂的，这涉及法律人士的专业能力。但要对困境企业进行一个正确的诊断，我们还需要在经济方面作出决策，仅有法律专业人士是不够的。法国破产法在这方面的具体做法是：

第一，司法管理人本身不是法律专业人士。他们了解法律，但是并不是法律专业人士。他们都必须非常了解会计、金融，企业管理等专业知识，所以司法管理人能利用这些专业知识对企业经营状况进行经济上的判断。因此，司法管理人的意见对我们来说是非常重要的。如果司法管理人能说服法官对困境企业进行拯救，那么法官就可以任命更多的财务方面的专业人士制订更加详细的拯救计划让企业继续存在下去，例如继续经营计划（方案），还是实施转让计划（方案）。

第二，组成商事法院的法官以及破产庭的法官并不是法律专业人士，他们实际上是商人出身，是由各个企业家选举出来的，所以他们并不是法国司法官学校培养的。他们选取的标准是是否有足够智慧、经验、能力。当然这个体系也有其缺点，法官们在法律方面的知识可能不如法律专业人士。但是优点是他们的直觉能够看到企业的困境的严重性。

因此，法国商法法院的法官、司法管理人以及各方面的专业人士构成了对破产企业困境认定的主要力量。

其次，在破产法方面如何找到平衡点：首先要拯救债务人企业，同时要保护债权人利益，这就是一个平衡点。如果过多保护债权人，债权人的债权必须得到清偿，不能得到任何损害，不能对债务进行冻结或者压制，否则债务人企业就无法得到拯救了。如果要想救债务人企业，要抓住债权人的胳膊，即让其做出一些让步。当然，如果法律运用得不好，也可能对经济发展产生负面影响。这也是为什么世界银行 doing-business 进行排名的原因，他们会考虑各国的破产法是如何考虑这样的平衡点。如果一个国家的破产法更倾向债务人，则他们会让投资者远离这个国家；如果一个国家的破产法不尊重投资者权益，那么投资者可能就不愿意来到这个国家进行投资。

因此，世界上也有这种对比，包括英国、美国、澳大利亚。大家对投资环境都会进行对比。法国 30 年以来一直在找这个平衡点，即考虑是否对债务人进行了过多保护。目前我认为法国破产法中找到的平衡点是相对让人满意的。

另外，一个企业如果真正破产的话，谁受到的损害最大？是债权人，因为所有人的债权都无法实现。在法国的清偿顺序中，职工的工资是最优先的，这个顺序是一种政治性的考虑，是对弱势群体的保护政策，从现实主义出发就是保护投资者。实际上，法国法在这方面在不断改善，更多保护资方还是工方，还是保护债务人，不仅涉及技术，还涉及整个国家政治。这也是这部法律中非常复杂的问题。

与谈人

韩传华　北京市中咨律师事务所合伙人

我简单地说两点。

第一，谈一个看法。刚才卢卡斯教授说，法国破产法追求的目标是帮助债务人生存下去，我认为中国的破产法在帮助债务人生存下去方面，可能做得比法国破产法更好。原因是，在中国债务人企业出现停止支付的情况下，只有债权人有权申请破产，债务人没有义务申请破产，所以中国的停止支付的企业非常多，进入破产程序的非常少，因此，就更有利于债务人企业生存下去。

第二，我要问一个我刚才没有听明白的问题。刚才卢卡斯教授说，在"预停止支付"即可能停止支付的情况下，就可友好协商；在停止支付但不超过 45 天的情况下，可以进入和解程序，那么我想请问，按照法国破产法，如果停止支付超过 45 天是进入什么程序？谢谢。

主讲人回应：

45天这个界限，是非常重要的。我们刚刚所说的企业破产保护程序，一个企业在停止支付不到45天的时候，可以启动友好协商程序，也可以选择启动司法重整程序，一旦超过45天，这个企业就没有选择了，它就不能启动友好协商程序，只能到后面的集体清偿，或者说重整、重组程序，一直到清算程序，所以45天这个节点是比较重要的。这个问题非常复杂，不到45天可以启动友好协商程序、集体清偿和破产保护，45天之后，就只能是重整之后的程序了，相当于一个两分段的结构。

与谈人

赵炳昊　中国政法大学民商经济法学院教授

谢谢，我第一次来参加这个论坛，作为一个在美国完成一半法学教育、在美国担任破产律师的、新来参加我们论坛的学生，听了卢卡斯教授的介绍还有很多嘉宾的发言，我感觉大家都认为法国的破产法非常有温度，听起来和我们中国的——比如职工债权优先清偿一样，感觉非常温暖。如果是美国破产法与之相比，就能感受到资本主义的严酷了。我有一个比较宏观的问题想请教一下，法国在政治上存在极左的思潮，例如，马克龙的当选，新吉姆（音）主义在法国越发兴盛，法国破产法这些制度，其实给我造成的冲击是跟美国非常不一样的，您感觉政治制度是不是在破产法制度设计上有一定影响，当前政治形势会不会给法国破产法带来新的变革？谢谢。

主讲人回应：

谢谢您提到这个问题，在这方面我可能又能讲好几个小时，因为我也非常喜欢讲这个主题，法国破产法非常明显是具有政治性的，所以我们也要在法律追求和政治追求方面作出平衡，刚才您也提到政治思潮会不会影响法律制度的制定，这是肯定的，在不同国家其政治思潮肯定会有影响，这就是为什么我们在进行比较法研究的时候，有时是比较困难的，政治在比较法研究中会有一些危险性。美国的法律体现的是美国独特的社会经济环境，我自己也在纽约工作了一年，曾经见过李曙光教授，当时我在研究美国破产法，美国的破产法中，除了提出了一些独特新颖的程序以外,其营商环境也是美国特有的。当时我有这样的思考,几乎所有的美国人都处于负债的状态,因此美国的破产法是适应美国所有人都负债这样一个状态和环境的,当一个人负债的情况过于严重时,破产法才会介入。美国破产法就像一个医生,只有在债务人"病入膏肓"之时,才会去看医生。在美国每年有上百万的企业和个人申请破产,数量非常庞大,美国的经济依赖就是其负债,所以在破产法律上的规定也和其他国家不一样。这也就是您刚才所说的政治思潮对于破产法的影响,每个国家的经济社会现实都有所区别,正因如此,我们才不能照搬美国破产法,同理也不能照搬德国破产法。如果照搬照抄,就会产生前面我所提到的比较法的危险性,我们不会否认比较法研究是有益的,但在进行比较法研究时一定要考虑到不同国家的政治思想、经济现实。您刚刚说我们法国破产法有温度,债务人受到了温柔对待,这也是我们人文主义的体现。但实际上我们自 1967 年开始,花费 50 年时间才逐步产生保护债务人的思想,在 50 年之前,债务人被认为要受到惩罚,这是我们政治思潮的转变造成的,也是破产法中几方关系的改变造成的。所以大家在研究法律时,一定要考虑政治思想甚至是哲学思想的变化,这才是真正的比较法研究。也就是说,在研究美国破产法时,一定要看到美国是一个长期负债的国家,而研究法国法时,就要看到法国法的人文主义的背景,而德国法我本人不是很喜欢,当然德国法有其独特的特点与长处,有些学者对其的确有一些看法与偏见,但这恰恰是我们要进行比较法研究的原因——如何去除这些偏见。总而言之,在法律借鉴时要立足国情,不能照搬照抄。

结　语

李曙光　中国政法大学教授、破产法与企业重组研究中心主任

我最后讲三点:

第一点,今天的讨论非常有价值,中国破产法很多内容从美国破产法借鉴而来。但今天法国的卢卡斯教授讲到法国观点,展现了一个中美法三国破产法的对比,隐含了很多值得讨论的、有价值的问题,给我们提供了全新的视角。

第二点,今天的演讲耗时 3 个小时,所以卢卡斯教授也非常劳累。他明天

还有一个非常精彩的讲座,在中欧法学院,有兴趣大家可以继续去听。我们不能简单把他放走,要利用他的剩余劳动价值,希望他能给我们带来更多的"法国破产大餐"。

第三点,再次感谢卢卡斯教授,感谢在座全国人大的崔汕汕、最高人民法院法官,石老师这一法国法专家,还有北平对我们一直以来的支持。

10月中旬,会有美国破产法专家讲美国破产重整方面的最新进展。

整理人:中国政法大学破产法与企业重组研究中心
谢 琳　姜小艺　金泽慧　刘子弘　周丽婕　高　寒
柳元浩　张金一　刘奕辰　周子杰

参会时与会嘉宾信息

主讲人：

弗朗索瓦·泽维尔·卢卡斯（François-Xavier Lucas） 巴黎第一大学索邦法学院教授、司法研究所主任、债务法研究中心主任

点评人：

李曙光　中国政法大学研究生院院长、教授，破产法与企业重组研究中心主任

石佳友　中国人民大学法学院教授、民商事法律科学研究中心执行主任、法语国家法制研究中心主任

池伟宏　北京市天同律师事务所破产重组业务负责人

左北平　中国注册会计师协会破产管理人业务课题研究组组长、北京中恕重整顾问公司执行董事、利安达会计师事务所（特殊普通合伙）合伙人

主持人：

刘　颖　北京航空航天大学法学院副教授

与谈人：（依据发言顺序排列）

曹守晔　最高人民法院中国应用法学研究所副所长

陈景善　中国政法大学民商经济法学院教授

张世君　首都经济贸易大学法学院院长、教授

韩传华　北京市中咨律师事务所合伙人

赵炳昊　中国政法大学民商经济法学院副教授

第十四期

美国破产与公司重整的最新发展

[美]詹姆士·斯普瑞雷根

发言嘉宾

主讲人：
詹姆士·斯普瑞雷根（James H.M. Sprayregen） 美国凯易律师事务所重组部合伙人、国际破产协会前主席

点评人：
李曙光　中国政法大学钱端升讲座教授、破产法与企业重组研究中心主任
朱伟一　中国政法大学中欧法学院教授
刘延岭　北京市金杜律师事务所合伙人
左北平　中国注册会计师协会破产管理人业务课题研究组组长、北京中恕重整顾问公司执行董事、利安达会计师事务所（特殊普通合伙）合伙人

主持人：
刘　颖　北京航空航天大学法学院教授

与谈人：（依据发言顺序排列）
陈景善　中国政法大学民商经济法学院教授
贺　丹　北京师范大学法学院副院长、教授
杨　立　北京君合律师事务所合伙人
陈夏红　《中国政法大学学报》编审、编辑部主任
容　红　北京市高级人民法院民二庭审判长
吴张珺　国家金融监督管理总局调研员
胡利玲　中国政法大学民商经济法学院教授
宋　宽　德安华集团执行董事
邹玉玲　北京市海淀区人民法院民事审判三庭（破产审判庭）副庭长
邹明宇　合众人寿保险股份有限公司总监

主办方　中国政法大学破产法与企业重组研究中心
协办方　中国注册会计师协会破产管理人业务课题研究组　北京中恕重整顾问公司

2019年10月13日

开 幕

主持人

刘　颖　北京航空航天大学法学院教授

各位嘉宾好，时间到了，我们开始第十四期的"蓟门破产重组"对话活动。

"蓟门破产重组"对话由国内外知名破产法权威李曙光教授所领衔的中国政法大学破产法与企业重组研究中心主办。我们中心作为国内成立最早的破产法及相关领域的专业研究机构，多年来一直致力于推动破产法以及企业重组的相关理论与实务的发展，当然也全程参与了《企业破产法》及相关司法解释的出台过程。

我们中心于2017年12月创办对话栏目的初衷在于：在党中央、国务院全面深化供给侧结构性改革，实施市场化、法治化的破产重组这一新时代的背景下，邀请破产重组业界的领军人物，采用对话这种新的形式，碰撞出新的思想，推动立法、政策制定，理论研究及相关实务的发展。这个理念也得到了各界的广泛认同。其中，北京中恕重整顾问有限公司作为我们对话活动的协办方，一直给予着我们很大的支持。

今天我们非常高兴地又迎来了一位美国乃至全球顶尖的破产实务专家，这就是美国凯易律师事务所重组部合伙人詹姆士·斯普瑞雷根先生。斯普瑞雷根先生曾经主导美联航等诸多美国最为重大、复杂的破产重组案件，在美国破产重组业界享有盛誉，正因如此，也曾经被任命为国际破产协会主席。今天是斯普瑞雷根先生时隔五年后再次在中国进行主题报告，他将为我们独家解析"美国破产与公司重整的最新发展"。

在这过去的五年中，中国的破产理论与实务也发生了翻天覆地的变化。尤其是过去的两年，可以说是中国破产法有史以来发展得最快的两年，破产重组的从业人数几何式增长。所以我们今天也能够为斯普瑞雷根先生配备强大的嘉宾阵容。点评人有我国现行《企业破产法》的起草小组成员、中国政法大学破产法与企业重组研究中心的主任李曙光教授，中国政法大学中欧法学院的朱伟一教授，以及我国顶尖的破产重组律师刘延岭先生和顶尖的破产重组会计师左北平先生。与谈人也囊括了破产理论界和实务界的中坚力量。时间所限，在此不一一作介绍,大家可以参考手上的嘉宾名单。

说明一下今晚对话的流程:首先由主讲人报告 1 小时;其次由点评人评议,每位点评人评议 15 分钟;再次由与谈人自由发言,每次不超过 8 分钟;最后会留出时间给现场的各位提问。

接下来让我们用最热烈的掌声欢迎斯普瑞雷根先生开启今天的"蓟门破产重组"对话。

主讲人
詹姆士·斯普瑞雷根(James H.M. Sprayregen) 美国凯易律师事务所重组部合伙人、国际破产协会前主席

谢谢!非常感谢邀请我到这里来,在北京这么美好的星期日的午后到这里跟大家进行对话。我想这应该是我第 30 次来中国了,过去 15 年中,我曾多次来到中国。10 年前我们讨论过破产法,我还听到了大家讨论新的法律应该有什么样的规定,还跟李曙光教授花了很长时间进行这方面的讨论。我很荣幸今天又能够到这里来继续我们的对话和讨论,也期待听到你们的反馈。

我总是会提到或者指出的是,在美国,我们一直在讨论一定要有一个完善的破产法。但是我们的法律是 1978 年生效的,自 1978 年以来,我们应该修订了几百次《美国破产法》了。也就是说,在我们的法律中,虽然这个法律已经有 40 年了,但是一直在不断演变、发展、改革。一部分原因是我们想要进一步完善这部法律;另一部分原因是随着经济的发展,情况发生了变化,所以法律也需要随着情况的变化来进行变化。我需要跟大家指出这一点,你们也会目睹你们的法律不断地发展,法律要适应当前的现状,要随着情况的发展不断地演变。

我的 PPT 很长,但是我不会全部都讲,不会每一章都讲得非常仔细,因为这基本上是一节课,得花四至五小时才能讲完,我觉得大家可能不会花那么多时间听我讲。但是如果大家在我的发言过后有问题,我会很高兴回答大家的问题。如果是我没讲到的地方,你们也可以发电子邮件进一步和我进行讨论。现在我就直接开始我的发言。

我的发言会涉及美国破产案件的流程和规划、美国行业的变化以及宏观的

趋势。我要指出的一个主要的点是,美国破产案件发生了巨大的变化,出现了很多司法外或者说是管辖外的案件。只看成文法的话,你无法解释美国律师所做的业务。因为我涉及的很多东西都是围绕法律发展出来的,跟实际的法律是不一样的,有很多内容都是实务中出现的,或者是法官审理中出现的。这一点我要向大家指出。

在 1978 年我们制定我们国家的法律时,最主要的法律的改变是制定了债务人自行管理(Debtor-In-Possession,DIP)制度。这个制度后来在全世界都很有名,很多的国家也都采用了 DIP 制度,我知道中国有类似的制度,但是跟我们国家的 DIP 制度不完全一样。我们需要知道,美国的 DIP 制度实际上在当时很有争议,现在仍然具有争议。所以当我说 DIP 制度的时候,大家要清楚地知道这一问题。

1978 年以前,如果有一个公司要申请破产,就会有法院任命的人员来经营这个公司,公司的管理层和董事会不再控制这个公司。1978 年之后,DIP 制度改变了这个情况:当一个公司申请破产的时候,董事会和管理层仍然能继续控制着公司。为什么要这么做?为什么这个是有争议的呢?我们需要了解的是,1978 年之后发生了些什么,为什么我们在美国实行了这样一个制度呢?因为在 1978 年以前的经历表明,当法院指定一个人员,可能称之为受托人,或清算人,或者是接管人,其具有各种不同的名字,实质上就是法官任命控制公司的人。1978 年前的经历还表明,公司会避免申请破产,因为公司管理层和董事会不想丧失对公司的控制,管理层和董事会在公司申请破产的时候,相当于失去了工作。这样导致本来公司是应该申请破产的,但管理层不申请破产。但最后,他们仍需申请破产,导致产生糟糕的情况。

在我们制定这个制度时,我们是非常清楚这一点的,因此这个制度并不是只有好处。它的好处是鼓励企业能够非常主动和战略性地申请破产,避免使这个企业陷入完全不可救药的境地,管理层和董事会不会因为怕失去工作而不申请破产。该项制度也令很多人困惑:美国为什么会允许导致了公司破产的管理层和董事会在破产之后继续控制公司?这些人难道不应该被"扫地出门",让新人进来吗?

当我们进行制度改革的时候,我们知道它是会有一些不利的影响的。但是,我们觉得它的有利影响会超过不利影响。1978 年以后发生的事情,导致这个不成文的制度发展起来，一定程度上缓解了 DIP 制度引发的不安。特别有意思的是，我跟世界各地的人讨论的时候，人们一般都觉得我们的 DIP 制度还是不错的，但是我们却觉得不是这样，我们知道它还存在许多问题。

那么我们如何处理这个问题呢？当看待一个破产案件的时候，一般来讲，对公司的控制是一个关键的要素，即谁会控制决策。我们的 DIP 制度规定的是由董事会来进行控制，如果有受托人，则由受托人来进行控制。但由于在美国，人们对于董事会和管理层继续控制破产企业感到不安，所以我们又发展起了一项制度，使得债权人和其他人鼓励甚至是要求由他人实施对公司的控制，因为他们需要额外的融资。一个"局外人"来到公司里面无论是帮助董事会还是管理层，这个人都必须是债权人信任的人，也应是在破产重组方面有经验的人。因为在大多数情况下，公司的董事会和管理层的团队缺乏处理破产的经验。我曾经跟一个公司董事会的人员谈论过这个问题，他说他只有一次破产的经历，我觉得这是一件好事。因此，公司需要有一个首席重组官，这个首席重组官会来到公司替代管理层，会向 CEO 或者董事会进行报告。首席重组官往往是来自重组顾问公司的，而重组顾问公司是深受债权人信任的。由此，债权人就愿意接受 DIP 制度，因为现在有一个有重组方面经验的人可以加入破产公司的团队。在美国破产法里面无法找到设立首席重组官职位的法律依据，其是在实务中发展出来的。首席重组官不仅能够帮助处理相关事务，还能够解决 DIP 制度中的问题。

债权人通常会说，我可以给你三个首席重组官的结选清单，你可以从中选一个，以此来说服债务人或者债务人的律师。我作为债务人律师的时候会说：即便给我一张三个 CRO 的清单，我也不会从中挑选，所以干脆不要给我清单。债权人总是希望能够获得更大的控制权，他们希望能够获得《美国破产法》规定的更高的控制权，其中的这些利益相关人有一定的影响力，但是没有完全的影响力，所以在这期间一定会有谈判和互相妥协。

在很多的案件中存在的一个很重要的问题是怎么处理董事会的控制？我刚刚讲了 DIP 制度，如果债权人不太满意这种 DIP 制度，他们可以向法官发起动议，请求法官任命一个受托人，同时移除原本的 DIP 制度。但是条件必须非常严格，必须发现有严重的玩忽职守或者是犯罪行为。在美国这种情况偶尔会发生，但是非常罕见的，因为这个条件很难被满足。债权人也知道这一点，所以受托人很少采取这种方式，但是债务人经常会威胁说要采取这种手段。因为通常是当事人在庭外与首席重组官来讨论这种可能，并进行和解，所以这个制度在成文法中没有详细的规定。

通常债务公司的很重要的一个工具是对于这些公司的股东或董事，有时候是同一群人，有时候是不同的人，对他们进行索赔。对董事主张债权的时候，通常有一个利益冲突，这时候董事会就要决定怎么样来处理对自己的索赔主张。如果任命一个受托人，处理起来就很方便了，但是债务人通常不愿意放弃这种控制。债务人只有放弃一定的控制，才能保持控制，如果想要完全控制，反而会丧失控制。因为完全控制会使得债权人发起动议来请求法官任命一个受托人，这也是一个非成文法的、法外的部分。

在很多破产案件中，我们会任命一名或者两名，有时甚至更多名独立董事，由他们负责调查破产前的一些活动，包括董事的、股东的、管理层的活动，判断是否有一些合理的指控或者主张，看这些是否可能对债权人是有利的。但债权人通常不太喜欢这种体系。在美国我们也有一个债权人委员会，在案件开始的时候组成，债权人委员会会请律师、财务顾问，所有的费用都是由债务人出。债权人委员会的工作和法定的责任就是要做上述调查，即我刚才所说的独立董事所需要做的调查，所以其实是比较重复的一种做法。

我经常代理债务人，我认为这虽然很浪费，但是却是必要的。刚才说的委员会是由无担保的债权人组成的，当然还有其他的债权人，包括有担保的债权人。每一个债权人，都有对自己这组人负责的责任。他们不对整个公司负这种受托责任，而是为他们这一组的债权人来负责任。在律师代理债务人处理破产案件时，我们倾向于认为独立董事恐怕是唯一对公司整体负有受托责任的一方，他将会最大化公司的利益，最大化所有债权人的利益。不管其是哪一组的债权人，也不管是哪一种财产，独立董事的责任是要使公司的利益最大化，这就同无担保的债权人的利益不是完全一致的。当然，这些无担保的债权人，他们的理由是可以理解的，但是他们只为自己的利益，而不是向着公司的利益目标前进的。有时候会有潜在的主张，但不知道这些主张是否站得住脚，所以必须有人来判断这些主张是否值得提出。比起无担保的债权人，独立董事可能更适合作这个决策。在现实当中，这些无担保的债权人不太在意公司的未来，他们更在意的是他们这组无担保的债权人是否能够获得受偿。

当然也有很多反对这些独立董事的理由，这些理由是什么呢？从美国法律的角度来讲,有权利任命独立非关联董事的人就是现任的董事,这些董事本来可能就是被索赔的人。所以,独立董事可能从一开始就与此事有一定的利益冲突,因为他们是由原董事会任命的,却要调查原董事会。因此很多这种情况下的独立董事,往往都是经常做这件事的人,他们经常参与这样的破产案件,经常与法官沟通,他们很在意自己业内的名声,如果他们这方面做得不好,就无法获得这方面的其他工作,所以他们会秉公执法。之所以有时候他们作出的一些决策有争议,是因为债权人可能会认为独立董事不可能完全地中立,他们是由原董事会任命的。

另外一个比较大的问题就是独立董事有多少独立性和权利呢?我会跟我的客户、我的债务人顾客和董事会建议:如果你想保持控制,一定要愿意丧失一定的控制权。我会跟他们说,我们需要任命这样一名独立董事,让他有足够的权利能够调查你,甚至还会对你提起诉讼。我的客户一般的反应就是:你以为我疯了吗?我为什么要给别人这样的权利呢?我给他们的答案是:你不这么做,也会有人有这个权利。而且很可能是无担保的债权人委员会,所以还不如指任一个对整个公司有受托责任的人,从公司的最佳利益出发,而不是从债权人的利益出发。我通常希望无关联董事有绝对的权威,有时候这个权威性或者权利会小一些。结合我之前参与的案件,我个人的观点是:如果这个独立董事没有完全的权利进行控制,他的可信度会下降。所以很多破产案件中的原公司董事都需要作这个决策。

但我刚刚说的这些全部都不在法条当中,不是成文法律,甚至不是法官的决策变成的法律,而是由像我这样的律师,还有我们这种律所,不断地参与美国的破产法案件,不断地实践,然后被更多的公司采用的一个做法。这是弥补DIP制度不足的一个方法,也就是说没有受托人、接管人或者是清算人的情况下,设立独立董事的做法其实是很有意思的。

其实有关这方面的案例还有很多。

首先是 In re Cotai Holdings 案,这是一家赌场的案件。2019 年早些时候 In re Cotai Holdings 申请了破产,这是一个挺好的案例。公司指任了一个独立董事。独立董事有一定的权利来进行我刚才所说的这种调查,最后发现法官不是很喜欢这种做法,因为他觉得这种控制权不够。实际上律师的受雇性说得不是很清楚,不知道这个律师到底受哪一方雇用。于是法官建议额外聘请一个独立董事,要全面授权给独立董事来进行调查。这就是这个案件的案情。这个案件目前还在进行。我觉得这就是一个很好的例子，如果授权有限，对债务人来说反而是不好的，因为独立董事没有得到足够的授权。

其次是 Nine West 案，这是我们的事务所参与的一个案件。我不知道它在中国是不是也有业务，它是零售店出售服装的。他们任命了一个独立董事，其实际上是一个私募股权公司。在申请破产之前，因为他们拿走了很多的资金，债权人觉得这是不好的，所以他们任命了一个独立董事进行调查。最后的结论是私募股权公司应该返还一些资金，而不是全部的资金。当然有关这方面的辩论和讨论也有很多，如到底应该返还多少资金。他们最终确定偿还 1.2 亿美元，债权人也表示同意。私募股权公司从 2000 万美元开始一点一点地谈判，这也是一个非常好的采用设立独立董事的方式最后取得成功的案件。

最后是 Payless 案，Payless 是一个连锁鞋店的案件。跟 Nine West 一样，发起人拿走了很多的股息，债权人觉得这是不合适的。这一次由独立董事进行谈判，最终从私募公司拿回来 2200 万美元。有些债权人认为这是不够的，还有一些债权人认为可以接受，最终法官认为这是一个比较合适的解决纠纷的方式。

我认为后面这两个案例表明独立董事不仅仅是为任命他们的董事进行辩护，他们所做的事情涉及公司最后能拿回来的钱。如果别人认为独立董事不是真正的独立，用这两个案子就能够反驳。所以具有可信的独立董事是非常重要的，可信的独立董事一般会有自己的律师，他们也不会代表债务人的利益。在 Nine West 案和 Payless 案中，他们都有独立的法律顾问，与股东、债权人一起进行谈判，最后把钱要回来。所以非常有意思，这都是在我们的破产法体系外发生的。

接下来是关于律师当事人的保密特权的内容。律师当事人特权是美国法律中非常复杂的一个领域，我简要介绍一下。在美国，如果你跟律师交流，你们之间的交流是保密的，是不能作为证据开示的。现在这个规则有了越来越多的例外，我不太了解中国的情况，但是我跟美国人说：你要作这样的一个假设——很快没有什么有保密特权了。在很多破产案件里，有人觉得发短信应该比电子邮件能够得到更多的保护，但是根据现在美国的证据开示制度，这些通信也无法得到保密保护了，短信或者 Whats App 或者微信信息都必须要作为证据进行开示。而且，如果你要是给董事会进行演示，你要作为重组律师给他们做这种演示，如果要有其他的专业律师进行演示，这些信息也是不作保密的，所以你要假设什么都不会被保密特权保护，尤其是电子邮件，特别是在你处理破产案件的时候。

还有一个非常有意思的现象，我们在过去一年中领先做的就是"24小时破产"。截至目前已经做了两个"24小时破产"的案件了，案件均发生在2019年，是美国破产历史上最短的破产案件。对此我们感到非常自豪，能够完成如此快速破产的方式就是先与债权人达成很多共识，进行多次谈判，然后申请破产。

实际上所有正式的破产案件都要事先准备好，甚至表决的程序在申请之前就要走完。1978年《美国破产法》已经考虑到了这一点，也有一些关于这方面的规定，但是在"24小时破产"案件之前，人们从来都没有用过。以前有过用一周的时间就完成了的案件，比如预先安排或者预重整的案件，这些案件有时要花30天的时间。但是我给大家讲的以下两个公司，一个是全美（Fullbeauty），另一个是胜科金仕达（Sungard）。这两个公司的破产用时非常短，而且都有很多的国际业务，我们的判断是：即使破产只持续30天，对经营都会有非常大的影响，因为国际债权人可能无法了解美国的破产重组程序，因此就不给他们信贷，或者不与该公司做生意，那么这个公司就可能很难再继续进行经营获得订单。出于这种考量，我们觉得应该尽快地完成案件。

在全美案中，通过研究我们发现美国法律允许这种快速破产，前提是要经过所有适当的程序。于是我们采用了这种方法。这种做法也会产生诸多异议，异议主要来自托管人。托管人隶属于美国司法部，主要是监督破产案件，确保破产案件的程序正当。他们提出的异议是"24小时破产"过于快速，没有充足的时间通知所有的债权人。法官驳回了他们的异议，认为破产法允许快速破产，所有程序都是正当的，且通知债权人的时间也很充足。于是在确认了重整计划并申请之后22小时就结案了，这样一个快速破产的案件在美国引起了广泛的关注。

此前我们还做了一个快速破产案件，叫胜科金仕达案。没有债权人广泛同意，想要实现快速破产是不可能的，因为需要通过表决权的门槛。托管人基于同样的理由提出了异议，与上一个案件相同的法官同样驳回了托管人的异议。

美国现在有更多的快速破产案件，企业、董事会和管理层都特别喜欢这种方式，但实现快速破产仍有一定的困难，大家会看到更多的快速破产案件出现，但是并不会大规模出现。

接下来要讲的内容是负债管理。这是在法庭外找到债权人，避免在法庭上见面和破产。我们会针对现有问题与其协商，例如贷款文件的修改、债转股、将无担保债权变成有担保债权、延长到期日、放弃一些约定等。通过与债权人协商达成一致就可以成功避免破产。

采用这种方式必须遵循债务文件。债务文件里面规定了多少比例的债权人同意后方可修改。如果是公共债券，同意的比例要达到百分之百才可以。如果是信贷协议，比如贷款，那么51%的债权人，或者2/3的债权人同意就可以，但是有时仍会要求百分之百的债权人同意，这取决于你要采取什么样的行动。2011年以来，债务文件比较松散，资本市场非常开放，所以信贷文件对于债务人十分有利，对于债权人不利。很多情况下就可以利用该机会，让债务人能够单方面采取行动。债权人虽然会不满意，但债权人毕竟签署了这样的协议，只能接受这种结果。

我在此列举一些例子用于说明。

第一个案例是玩具反斗城（Toy "R" Us）案。玩具反斗城曾在中国有业务，其于2017年在美国重组失败后就破产了，在美国和欧洲的部分业务已经关闭了，在亚洲与加拿大的业务仍然还在发展。但是其在申请破产之前确实做出了努力来避免破产。玩具反斗城将其在日本的业务并入亚洲合资公司，还将知识产权吉祥物放到单独的实体中进行单独融资，因为那个名称本身就有价值。从治理的角度来讲，这个公司适用的流程并不合适，其签署这个协议需要咨询流程，当其进行破产咨询的时候就有较长时间的诉讼，如果他们前面治理进行得好，并遵循了程序，是可以避免在破产案件中的诉讼的，我们也吸取了这方面的经验教训。

第二个案例是内曼·马库斯（Neiman Marcus）案。这是一家美国高端零售商，其拥有一个MyTheresa数字业务，他们的债务文件允许他们这么做，至少公司认为债务文件是允许的，但是债权人认为他们可能过分解读了债务文件，债务文件其实并不允许。其电商MyTheresa业务与实体店分离，抵押物也是分开的，有些债权人提出反对，但是已经有95%的足够的债权人表示同意。尽管有5%的债权人反对，这个交易还是通过了。5%的债权人并不同意这个交易，这部分债权人就不受这方面的约束。但他们将处于很不利的位置，因为95%的债权人把这5%的债权人逼入了"死角"。债务文件的允许，导致交易在5%的债权人不同意的情况下仍能够得到通过，美国将此称为强制性交易。

第三个案例是 PetSmart 案。这是一家卖宠物食物的公司，其也有一个叫 Chewy 的电子化公司。同样的事情也发生了，他们把这个公司与其他的部分进行分离，使其成为一个独立的分支公司，直接属于 PetSmart 公司。很多债权人认为这是不合适的，因为本来这部分资产是可以用来还债的，这违反了债务文件的规定，属于转移公司资产。但公司顺利进行了首次公开募股（IPO），当时的估值有几百万美元，发现资产是完全够负债的。此时就发现将 Chewy 变成不受限的子公司还是有很大优势的。负债管理是避免破产方面的重要的手段和策略。

在美国过去几周之内有了一个较大的立法方面的发展，此前已经有几十年的积淀，这就是《小型企业重整法》。美国的破产法体系是一种具有普适性的体系，我们当时认为这是正确的体系，对所有企业都应该一视同仁。结果发现按照第 11 章对小企业来讲非常困难，由于交易成本太高，它们很难按照第 11 章的规定开展活动。在过去十几年中，美国议会提出了很多的提议，以便让小企业在《美国破产法》第 11 章下能够适用一个更加宽松的规则，以更快速的方式来提起第 11 章的申请。

另外，对家庭小企业以及个人独资企业来说，一旦破产，它们将无法全部偿还债权人，这些企业并不愿意申请破产，因为债务人不愿意丧失对于公司的控制，等到一段时间后，企业就不得不清算。因此，我们认为个人独资企业与家庭小企业可以按照更宽松的条件来申请，这样对社会是更有利的。因为按照之前的规定，如果无法全部偿还债务，那就不能继续控制企业，这迫使个人独资企业与家庭小企业不得不坚持到最后一刻。

当然这个立法上的新发展只是刚刚签署，2020 年 2 月 22 日才能生效，在这段时间内大家可以去适应调整。在小企业的认定上有一个要求，即公司债务不得超过 2725000 美元。实际上 85% 的与第 11 章相关的案件都是符合这个条件的，所以我们很期待这个法律在未来会有什么样的影响，未来还将继续调整我们的《美国破产法》。

SBRA 的细节部分不再过多赘述，其实这和我最开始所说的 DIP 制度是相关的。如果任命受托人仅仅是起到监督的作用，而不控制整个企业，DIP 制度就丧失了存在的价值和理由。最初采取 DIP 制度是为了鼓励这些企业适时并尽早地提出第 11 章的申请。与其任命受托人来控制，不如让受托人来监管，让董事会和管理层能够共同持续经营企业，这是一个很好的互相妥协。至于是否能生效，仍需一段时间的发展。后续还要对这个制度进行调整，因为我们发现最开始任命受托人的理念跟后来的实践存在较大出入。对很多小案件来讲，第11章的申请这个交易成本实在太高，企业难以承受。

下面我想给大家介绍三个最近在美国发生的重大案件。

第一个是太平洋煤气电力公司（PG&E）案。由于每年加利福尼亚州野火会带来巨大的生命和财产损失，很多人指责由于太平洋煤气电力公司对电缆维修不力，电缆与山中树木接触后产生大火，烧毁了很多城镇房屋，多人死亡，于是受害者提起了数十亿美元的索赔。太平洋煤气电力公司是一个价值几十亿美元的公司，该案涉及加利福尼亚州很重要的公众政策问题，这个案件基本上是确保所有债权人包括受害人都会获得全部偿付。"全部偿付"这个说法其实也并不准确，因为房屋毁损和丧失生命的价值很难完全估计，这个案件几乎是美国目前最大的一个案件了，我并不代表这个公司，我们的身份实际上是代理监管人，监管人由法官任命，监管一个公司的安全方面。这个案件引起了广泛的关注，在未来六至九个月仍会持续被关注。

第二个是一个美国很典型的跨境案件——海钻公司（Seadrill）案。该公司在全球都有分公司，大部分资金都不在美国境内，而且钻井平台都是位于深海领域，所以该案甚至都不受美国管辖。这个公司在开曼群岛也注册过，在伦敦上市，在美国、欧洲都发过债券，它的大部分资产都在海上，这体现了该案的复杂性。公司所负债务达到了150亿美元，主要原因是油气行业包括钻井行业下行，对其服务需求降低，以及钻井公司间竞争激烈等。在长达一年半的破产前磋商之后，达成了一个方案，与不同的债权人讨论这个公司是否需要庭内的申请，如果要申请破产，应该在哪一个地方申请，美国、伦敦还是开曼群岛。其实可选的很多。我们做了大量的比较研究工作，来看对公司来讲在哪里提起申请更为有利。最终我们决定在得克萨斯州的休斯敦提起申请。我们决定先在美国提起，我们有很多选择，如纽约、德拉维尔、休斯敦。考虑到休斯敦是油气之都，那里的法庭在油气破产方面非常有经验，于是最终选择于2017年年底在休斯敦提起申请，该公司及其85个附属公司启动了第11章程序。同时，在百慕大和伦敦也启动了平行程序。从2017年申请日开始，包括愿意债转股的债券持有人，银行也是全额受偿，但是他们把债务的期限延长了很多，提高了利率。这是一个很好的例子，案件进展比较顺利，60 天就结束了，对这样一个复杂的公司来讲，这确实是非常之快，做得非常好。

第三个是玩具反斗城案。这个案件我在前面已经谈过了，其有一个非常大的跨境业务，涉及 30~40 个国家。但这个公司申请破产的时间太晚了，经历了 2007 年的杠杆收购。2007—2017 年中，公司存在很多的借债以避免破产，但最后都没有成功，还是申请破产了。在该案中，他们将美国的全部业务以及欧洲的部分业务进行关闭清算，但亚洲和加拿大的业务仍然在继续经营。最后"Toy 'R' Us"这个名字由债权人控制，现在他们重新在美国开了 4 个不同的商店，还有一个电商平台，现在他们想重建"Toy 'R' Us"这个品牌，即便其破产进行得不是很好，但是这个品牌在美国仍然是一个重要的品牌。

接下来，我要给大家介绍部分行业的趋势。

第一是零售行业。我不是宏观经济学家，我只是一个破产律师，所以我对经济真正的发展了解并不特别多，但是我们观察到，美国的消费者在逐渐远离实体零售店，美国的零售行业有了很重要的转变。跟欧洲相比，美国的零售行业人均面积是欧洲的三倍，针对这种过多的零售面积，有人预测会有 75000 家零售店关门。我认为现在仍然是零售行业转型的前期，一个原因是人们正在转向亚马逊，另一个原因是美国的零售面积太多，这对零售商来讲是不幸的，但是对破产律师来讲，这意味着需要解决很多的问题。

第二是能源行业。从 2014 年到 2016 年，能源的价格在不断下降，2017 年的时候价格又有一点上升，但是 2014—2017 年，我在美国的 80% 的业务都与能源行业相关。能源价格现在已经低于 50 美元，对能源公司来讲，虽然还可以持续经营，但是这个价格非常低，因此，未来在能源行业还会出现很多的破产重组案件。

第三是房地产行业。房地产并不是一个很大的领域，2011—2012 年，我有 80% 的业务与房地产相关，我当时以为很多的房地产公司都会破产，但是后来也没有完全应验。

第四是汽车行业。汽车行业现在也有一些下降，虽然不多，但增长开始缓慢。另外，人们现在开始转向无人驾驶汽车，电动汽车的发展将导致很多汽车供应商被淘汰。所以很多人预测，汽车行业会有更多的重组案件。

第五是电信行业。电信行业已经出现了很多重组案件。特别是那些依靠固定电话的电信公司，在全球用户都在使用手机的情形下，美国仍然有很多的固定电话公司，出现了很多的破产重组案件。

第六是我前面谈到的负债管理、庭外交易，这个不是说哪个行业有庭外交易。现在有这样一个趋势：人们期望进行庭外交易，或者说让案子尽量不进法庭。也就是希望效率能够更高。我可以跟大家讲，美国破产制度的一个优势就是人们知道该如何进行破产，这样就可以在前期进行谈判来推动破产程序，减少法庭诉讼的开支、缩短法庭诉讼的时间。因此，现在在美国有很多这样的庭外交易。

最后一张幻灯片的主题是"展望"。在美国，人们有各种各样的预测：有的预测衰退，有的预测不会衰退。显然我们现在在贸易方面有一些问题，它也会产生一些结果，当然还有很多其他的问题。总的来讲，美国经济仍很健康，除了我刚才谈到的电信、零售行业的一些问题，在美国还没有出现非常大规模的破产和重组案件。但是要强调的是，从2008年开始，债券和信贷，或者说杠杆贷款的规模实际上已经扩大了3倍，即从3%的拖欠率变成了1%的拖欠率。虽然我们的经济很健康，但是仍然会有很多欠了大量债务的公司需要破产和重整。

我就讲到这里，希望我讲的内容对大家有所帮助。

点评人
李曙光　中国政法大学钱端升讲座教授、破产法与企业重组研究中心主任

首先非常感谢詹姆士·斯普瑞根接受我们的邀请来参加这次"蓟门破产重组"对话，詹姆士是我的老朋友，我在《企业破产法》通过后的第一周到华尔街演讲推广我们的破产法的时候就认识了他，而且我们在破产法制定过程中也曾向他咨询。他此次是来北京参加国际破产协会中国研讨会，我利用这个机会邀请他到我们这里来做一次演讲，由于时间原因没能全部展开，但今天他向我们展现了美国破产与重整的最新情况。

为什么以"美国破产与公司重整的最新发展"为主题呢？因为目前在中国，重整是一个热点话题，同时破产法很快就要修改，但实际上，法官、管理人等

对于重整基本的制度、程序、理念还没能完全把握。世界上大多数国家的破产法都是借鉴美国的破产法,尤其是《美国破产法》第 11 章十分先进成熟。我们的目的就是通过对话了解美国最现代、最先进、最成熟的经验。由于他作了非常充分的介绍,我简短地就十点内容进行说明:

第一点,关于 DIP 制度的原因。我国将该制度规定在《企业破产法》第 73 条,但美国的 DIP 制度与中国的 DIP 制度有区别。詹姆士特别强调,DIP 制度产生的原因主要是要建立一个激励机制,激励债务人申请破产。而我国《企业破产法》第 73 条规定债务人自行管理,从某种程度上来说也是激励债务人申请破产。当然,进入破产程序以后,并不一定全部是自行管理或采用 DIP 模式。实际上有两种模式,一种是债务人自行管理模式,另一种是托管人模式。在美国,很少采用托管人模式,大多数重整案件采用 DIP 模式。在美国的公司法框架下,债务人公司受控于董事会。但是在中国的股东会中心主义的情况下,债务人公司是否会受控于董事会呢?这值得我们深思。

第二点,任命独立董事或债权人委员会加入 DIP 的活动。这在美国是非常重要的。我认为独立董事的作用主要是平衡债权人与债务人之间的关系,独立董事既不代表债权人又不代表债务人,其以相对独立的专业身份加入债权人委员会以解决债权人对债务人不信任的问题,所以我们可以认为独立董事可以起背书、保证的作用。这点对美国 DIP 制度非常重要,也值得中国借鉴并运用到我国《企业破产法》第 73 条的自行管理模式当中。

第三点,重整专业人员的专业性和独立性。无论是任命独立董事还是外部董事,最重要的是平衡债权人和债务人之间的利益,同时,专业人员绝对不能与债权人或债务人有利益冲突,即若专业人员与原来的债务人或债权人存在客户关系,那么其独立性就存在问题。所以,美国 DIP 模式强调避免存在利益冲突或牵连关系。

我国发改委改革方案特别强调要建立吸收具备专业素质的人员参与重整企业经营管理的机制,强调专业人士要具备一定的专业资质便于参与企业重整管理。而美国的任命独立董事的制度,例如美国的首席重组官制度,值得我们学习。

第四点,律师当事人的保密特权及信息披露。在美国的 DIP 制度下,专业人员和当事方之间的交流原来是有特权的,即交流内容是无须披露的。现在美国在破产重整过程中对于信息披露的要求越来越高,交流特权不断被限制,要求披露重要信息，包括重整方案，以防"桌下交易"。

第五点，"24小时破产"程序。在我们的理解当中，重整是一个非常耗时间、耗精力、耗成本的程序，但是美国已经出现了"24小时破产"的案件，即美国全美案件，这对中国非常有启发意义。

第六点，负债管理。实际上，负债管理是庭外的债务处理，困境债务人可以利用庭外的机会尽早采取行动，避免企业进入破产或者在进入破产后减少麻烦。负债管理是破产律师非常重要的业务，破产律师要帮助债务人在庭外减少破产后可能出现的额外成本和负担，因此庭外重组的交易协议十分重要。

第七点，《美国小企业重组法案》。该法已经通过，明年（2020年）2月22日开始实施。该制度非常值得借鉴，因为中国存在大量的中小企业。现在我国主要关注的上市公司重整案件已有60例，非上市公司重整案件已有几百例，但是小企业的重整缺乏更简练的程序。而美国这一制度对中国制度设计具有极大的启发意义，对我国中小企业以及民营经济的发展也非常重要。

第八点，新命题的提出。通过詹姆士的案例介绍，特别是太平洋煤气电力公司案，我认为提出了一个新的命题，即重整企业的社会责任如何承担？案例介绍了加利福尼亚州大火如何控制、如何保护公众利益。以前我们一般认为健康公司有社会责任，却未关注重整破产企业是否还有社会责任，这应该是破产实务界与理论界需要关注的一个新命题。

第九点，宏观经济形势和破产的关系。詹姆士提到的破产是按行业进行分类的，例如零售行业、能源行业、房地产行业、汽车行业等。2011年至2012年，由于房地产行业发展迅速，詹姆士在美国有关破产的主要业务是房地产行业业务，而现在中国房地产破产案件也非常多。这表明宏观经济形势，其中包括行业的趋势与变化情况、对于宏观经济的影响以及某些行业特殊的做法，都与破产密切相关。在中国，房地产消费者的利益如何保护，能源行业的发展、国家安全等问题都值得我们去思考和研究。

第十点，债务违约。世界经济形势疲软，美国对债务违约十分关注，中国的债务违约现在也达到了2300多亿元。在10月14日国际破产协会的研讨会上，将有一组专门探讨债务违约中的破产问题。詹姆士提到的美国债务违约经验，也是中国可以借鉴的。

点评人
朱伟一　中国政法大学中欧法学院教授

首先感谢李曙光老师还有中国政法大学破产法与企业重组研究中心给我这个宝贵机会，十多年前我根本没有想到破产法在中国能够像今天这样热烈地发展起来。我今天主要有三个印象。第一个，虽然中美正在进行贸易战，但是不影响像詹姆士与我们进行的友好的学术交流；第二个，我原本认为破产与离婚类似，双方应该都很不愉快的，但是詹姆士的演讲改变了我对破产的认识，即破产是斗智斗勇但又彼此心疼的过程；第三个，美国与中国也很像，重新通过相互博弈来解决问题。以下是我问詹姆士的一些问题。

第一个问题，您提到了卫生健康行业存在很多的破产案件。我的年龄也大了，未来也非常需要卫生医疗行业的服务，所以我非常想了解有关该行业的破产。

詹姆士·斯普瑞雷根律师：卫生行业主要包括医院、养老院、疗养院等，体量占美国经济的 20%。美国的健康医疗领域特别复杂，大部分都是由私有公司提供，而非政府提供。直到今日，这在美国都是一个极具争议的问题，我们很多政治人士包括奥巴马都认为应该设立国有的医疗保险并提出很多居中的解决方案。该行业的大起大落导致很多私有的医疗小诊所倒闭、农村地区的医院关闭。养老院、疗养院等希望在这样经济监管非常复杂、私有与公有争议不断的环境中存活，但这就涉及公共政策的问题了。

第二个问题，您大部分代理的客户都是债务人，您也提到债务人的董事经常会选择重整而非清算，因为他们希望保住自己的工作，是否是这样的呢？我想了解一下您之前有没有代理过债权人，债权人可能很多是私募基金。他们跟其他的债权人会有很大的区别吗？

詹姆士·斯普瑞雷根律师：我确实有 80% 的业务都是代理债务人，但是其余 20% 的业务还是会代理债权人的。大部分案件中债务人选择的是重组，而非清算。但最近的一些零售案件都选择了清算，因为他们完全无法经营。在 DIP 制度下，大概 60% 的案件从申请到结束都会有管理层的参与。如果管理层存在严重失职或者犯罪行为，他们会被更换掉。例如，在海钻公司案中，在引入新的专业人士参与控制的同时，其管理层被保留下来。

债权人聘用我是因为债权人知道我经常代理债务人，了解董事会，债权人觉得我有优势，他们认为我非常了解债务人企业的破产重组。所以我们确实代理过债权人，但这只占我们业务的20%。

第三个问题，您谈到律师当事人的保密特权在破产案件中往往会被削弱，律师当事人的保密特权在刑事案件、民事案件中也非常重要，那么为什么在破产案件中被削弱呢？

詹姆士·斯普瑞雷根律师：这个问题很好，今天我还在新闻上看到我们总统谈到了律师当事人保密特权，但是这与破产案中的保密特权不同。从控制因素角度看，只有律师与自己代理的当事人之间的交流存在特权。但在很多情况下，债权人会债转股，成为债务人的股东并控制了公司及董事会，即债权人从曾经的对手转变为律师的当事人。因此，债权人有权要求披露律师与当事人，即独立董事的交流。法律是没有变化的，只是事实变得越来越复杂，所以在破产案件中的保密特权取决于律师所代理的当事人的身份，因为当事人的身份可能是不断变化的。

第四个问题，美国的破产律师是不是比较少？

詹姆士·斯普瑞雷根律师：确实有这个问题，我们国家很大、经济体量非常大，但相对而言，美国的破产律师是非常少的，大概一两百人，而且其中只有50人能够做大型的破产案件。

第五个问题，破产案件具有非常复杂的局势，需要谈判各种事项，我比较想了解您是否有些经验教训可以分享给我们，当然不只包括破产案件，也可以是生活中的经验教训。

詹姆士·斯普瑞雷根律师：你谈到了离婚，我往往称破产是商业离婚，现实中有很多这样的商业离婚。在过去的35年里，我可以从每一个案件中得到很多经验教训，我在做完每一个案件之后都会与我的合伙人、同事一起总结我们的优劣。即使我在破产行业已经做了35年，我依旧可以从每一个案件中学到新东西。所以我认为任何情况下都可以学习新知识，这就是生活的乐趣所在。

第六个问题，我一直认为债权人和债务人是一种对立的关系，在中国，职工利益在破产案件中也非常关键。我想问一下，美国工会是否很强大？您是否也处理有关工会的案件呢？

詹姆士·斯普瑞雷根律师：在美国，与工会相关的破产案件是非常复杂的，比如说美联航、汽车行业。很多航空和汽车行业的破产案件，工会都有参与。我们有一些专门的成文法规定破产案件中应该如何处理与工会的关系。破产不仅需要考虑法律的问题，还要考虑政治、社会、文化等问题。而工会则是政治方面的考量。在破产案件中要给工会特殊的权利，我花费了大量的时间与工会进行谈判。非常幸运的是，我们几乎跟所有的工会最终都达成了协议，但这并不容易。

第七个问题，您曾在高盛工作了 3 年，我很好奇在高盛工作和在律所工作有什么样的区别？当然业务是不一样的，您从事的业务主要是兼并购还是破产？

詹姆士·斯普瑞雷根律师：我认为两者既有相同，又有不同。2006—2008 年我在高盛工作过，我认为这 3 年是我的学术假期，我的工作主要是给董事会提建议，即给高层提供战略和法律方面的意见，从这个角度来讲两者没有太多的差异。即使我原来是学法律的，但我是从金融的角度，而不是从法律的角度来做破产，我在高盛学到的东西使我破产律师的工作做得更好。

点评人

刘延岭　北京市金杜律师事务所合伙人

非常感谢您给我们带来的信息量巨大且十分精彩的讲座，下面请允许我发表四点点评。

第一点，关于美国的 DIP 制度。美国自 1978 年《美国破产法》制定 DIP 制度，迄今为止，效果良好。制定 DIP 制度是为了使申请人的企业在陷入困境时能及时利用破产法来清理债务。显然这种制度安排偏向债务人的利益，所以实践中为了平衡利益，创立了首席债务重组官的制度和独立董事制度，通过这两个制度来平衡债权人利益。因此，40 多年来，美国的重整制度实施效果是比较好的。

我国《企业破产法》实施了 12 年，也规定了债务人自行管理的制度。但实践中实行得并不好，效果并不太理想。目前我国有大量企业背负债务，本来需要通过重整让企业获得新生，但实际上，这样的企业很多没有进入重整程序。这个问题目前在中国还是很严重的，既涉及国有企业，又涉及民营企业。国有企业有可能对"重整"这个词理解得不正确,一听到重整就觉得很害怕。这里面涉及国有企业的管理层,如果进行重整,重整之后原管理层基本上就对公司没有控制权了,因此他们通常都是排斥重整的。

在民营企业中,这个问题更加严重,管理层和董事会拒绝重整,实际控制人、股东对重整也是排斥的。因为进入重整以后,除了管理层失去了控制权,股东的权利也没有了。目前中国的企业进入债务困境的情况下,通常都是资不抵债。在现在陷入债务困境的企业中,资产能够覆盖债务的企业在我们的业务中没有出现过,基本都是资不抵债。在这种状态下就会出现企业的实际控制人与债权人博弈的问题。有的企业具有上千亿债务规模,陷入困境已经3年多了,目前还在僵持中,并且在这个期间,企业的实际控制人对企业的要求也越来越高,提出了很多不切合实际的想法。债权人也没有能力把一个企业推入重整程序,因为这样的企业通常涉及的债务规模比较大、员工比较多,涉及民生问题,这种情况下进入破产就很难。我们所接触的若干家企业,债务规模至少达到七八百亿元,目前都处于僵持状态中,无法进入重整。

这种僵持状态显然对企业不利,有的企业可能会走到清算,债权人的损失可能也会变大,即使能重整,对企业的发展也是不利的。因此,介于目前的情况,我们在实践中,通过设计一个DIP或者相似的制度去解决企业债务人申请进入破产程序的问题,这对我国《企业破产法》的实施有着重要意义。怎么能让股东安下心来,愿意去迈出重整这一步,现在还是个很大的问题。因此,DIP制度对于我国破产法实践有着重要的借鉴意义。

第二点,关于美国"24小时破产"的问题。在美国,它有制度支持,在中国没有破产法的制度支持。如果要做到这一点,在重整程序里面,我们事先需要完成很多工作,也需要有法律基础。至于将来如何在进入法律程序之后得到法律的确认,类似于债权人申报、债权人审查、表决等这样的事项确认,如果事先完成,能不能在重整程序时得到法院的确认,我国破产法项下目前是没有规定的。我想将来在修改《企业破产法》的时候这方面也是有巨大的完善价值的,如果这方面的制度完善了,我觉得在中国才可能出现詹姆士谈到的"24小时破产"的问题。

第三点,我想询问詹姆士教授两个问题。第一个问题,在美国,什么样的企业适合"24小时重整或者破产"。第二个问题,关于小企业重整的问题。我觉得这是一个非常好的制度。根据詹姆士的介绍在申请重整以后，企业的实际控制人、股东还可以保留他的权利，这是一个很大的变化。那么依据现在美国小企业的重整制度，如果债权人的权利不能得到百分之百的清偿，小企业利用这种制度进行重整的时候，是否还能保留原来股东的权利。

第四点，关于詹姆士谈到的各个行业的破产的问题，哪些行业可能进入破产或者重整的程序。首先是汽车行业。我觉得在中国，汽车行业已经出现了问题，很多汽车制造企业陷入了困境，销售出现了很不好的形势，很多已经很难维持了。其次是金融类企业。有的小的商业银行已经被接管，还有小的类金融企业可能因为没有重整价值已经破产。随着中国这一波债务危机的出现，可能还会有不少小的金融企业会受到牵连。最后是房地产行业。刚才詹姆士谈到，2011—2012 年，他做的业务 80% 都和房地产相关。到目前为止，中国律师做房地产重整业务并不多。导致这种情况的原因是：这些年来我们的房地产一直在强劲上行，所有的债务危机都通过房地产涨价抵消掉了。现在来看，上行的趋势趋缓。我相信会有机会接触房地产行业的破产和重整。

主讲人回应：

在美国，适合"24 小时破产"或快速破产的企业基本上是想要债转股的公司。要销售资产、要关闭工厂、有工会问题的企业，是不太适合快速破产的。如果一个小企业申请破产，在新法出来之前绝对优先权是适用，但是前提是债权人百分之百受偿，或者是他们同意小企业保留原来的股东权利。债权人其实并不想掌控小公司，但是法律不允许这些家庭小企业或者个人独资企业继续掌控公司，所以会导致一些原本大家都不想要见到的清算。因为债权人不想经营这个企业，所以这算是公共政策带来的不好结果。当然，这一切要看新法在（2020 年）2 月实行之后会有什么样的转变。

点评人

左北平 中国注册会计师协会破产管理人业务课题研究组组长、北京中恕重整顾问公司执行董事、利安达会计师事务所（特殊普通合伙）合伙人

非常感谢詹姆士精彩的讲座，在这里请允许我谈几点个人感受。从詹姆士先生介绍的情况来看，在美国的重整和破产程序中，更多看到的是律师发挥的

作用，会计师更多以财务顾问的形式进入破产程序中。

今天詹姆士先生讲到美国破产重整的最新发展，我们都知道，中国的破产法吸收了美国等的经验和教训，李曙光教授是《企业破产法》起草小组成员。同时中国的重整制度也借鉴了美国的 DIP 制度，但是从实践来看，重整制度在中国实施的效果不够理想。当然我们立法界和学术界也正在推动中国《企业破产法》的进一步修订。美国 DIP 制度的发展，对我们未来的修订也具有非常重要的借鉴作用。

我想从中美之间制度的环境来展开。尽管美国的重整制度在全球得到了广泛引用，但是从中国来看，中国跟美国的公司治理环境并不相同，中国是股东利益的中心主义，而美国是董事会中心主义，在公司治理理念方面是有差异的。我们 DIP 制度最大的意义就是让更多的企业尽早地进入重整程序，避免它丧失经营的价值。上一期法国的专家谈到法国在庭外重组和庭内重整的制度，我们也能看到，大家的立法理念越来越趋向让出现或者可能出现危机的企业更早地进入重整程序。

我想我们国家破产立法需要借鉴的地方可能有三个方面。

第一方面，DIP 制度的借鉴。我们未来可能也会考虑在现行自行管理的制度设计模式下，创造更加宽松的条件，对公司治理完善、仅仅因市场和商业原因陷入困境的企业，在符合一定条件的情况下，可由法院授权专业人士介入协助各方谈判，重整方案的达成主要依赖于债务人与债权人等各方当事人的谈判和妥协，比如首席重组官制度。同时，中国未来《公司法》的修订，对外部董事的任命是否应当有相应的衔接和配套制度应有考量，美国是临时任命独立董事，或由法官、企业任命新的独立董事，来协助完成重整程序。未来我国重整制度在自行管理的模式方面的发展，可以借鉴美国制度。

第二方面，负债管理机制。詹姆士谈到的负债管理机制，我理解，更多的是为预防和避免债务人走向破产境地，而主动提前采取相关的重组管理措施。目前在我国发改委等 13 个部门推出的《加快完善市场主体退出制度改革方案》中，也提到庭外重组制度的重要意义，未来我国重整制度设计中对庭外重组也应当给予考虑。根据目前我们的实践经验来看，如果庭外重组制度没有法院的适度介入，实施起来较为困难。从法国的经验来看，其庭外程序中法官会任命一个受托人，即一个专业人士来承担协商的纽带作用。未来我们国家的庭外重组可以借鉴美国的负债管理机制，避免企业走向破产，同时可以结合我国国情进一步完善。

第三方面，美国最新通过的《小型企业重整法》的启示。该制度出台也是美国司法实践中总结经验的体现，使小企业重整能够更加高效启动和减少破产成本。这个法案对我们未来重整制度、破产制度的完善也具有非常重要的意义。从目前国内的司法实践来看，许多法院已经推出了简易审理的机制。未来我国在重整中，对于中小企业进入重整程序能否构建快速简便机制，也值得我们进一步研究。

最后，詹姆士先生的讲座给予我个人的最大启示是：我们未来需要更多地从立法层面建立正向激励机制，鼓励和引导债务人企业在陷入困境或者可能丧失清偿能力时能够自主启动、尽早启动程序。无论是庭外还是庭内破产程序，都是基于保护企业的营运价值的考量。如果能构建这方面的机制，使更多的企业在经营没有出现实质性的问题，即危机出现的早期能够运用制度工具避免走向破产，从而促进市场经济的健康发展，在市场周期调整过程中，减少波动的集中发生，使社会总体成本与效率达到最优。

与谈人

陈景善　中国政法大学民商经济法学院教授

因为时间比较紧张，我就直接问问题。刚才詹姆士律师的讲座和几位点评人的点评，作了一个很好的梳理。

我的问题与独立董事有关。

第一个问题：根据您刚才的介绍，法官任命独立董事介入调查。那么在任命这个方面，我觉得他应该实现了独立性。但也有可能我刚才听错了，这个费用是债务人公司来负担的，这样的话，费用没有切分，他与债务人之间的独立性如何确保？

第二个问题：独立董事在介入调查以后，有没有被追究责任的案例？如果有，他应该是承担行政责任还是民事责任？

第三个问题：DIP一般是与融资配套出现的，DIP和融资非常配套。考虑到融资的便利性，我觉得它在DIP发挥的功能更大一些。在DIP融资的便利性和

DIP 融资的滥用方面，我希望能听到一个更详细的解释。

谢谢！

主讲人回应：

独立董事不是由法官任命的，法官并没有该权利，法官只能任命受托人。刚才提到 In re Cotai Holdings 案，当法官不满意时，他可以利用他的权利来鼓励企业选择不同的做法。但是总体来讲，在 98% 的情况下，企业现任董事是负责来指任独立董事的。比如像我们的律师事务所就罗列了哪些人可以担任独立董事，因为管理层和董事会并不认识这些人，所以我们会推荐一些人给董事会，有时他们会接受我们的建议，有时他们还需要进行面谈。就如李曙光教授所言，有一点很重要，这些人必须是可信的人，他们需要在法庭上作为证人进行宣誓，法官不能不相信他们的话，必须相信他们是独立公正和客观的。所以独立董事有很大的压力，要认真地工作，否则将再没有机会当独立董事。

就独立董事的成本，由公司来承担，不是直接承担，而是间接承担。即公司要产生的成本越多，最后分摊到债权人身上的也就更多。所以适用独立董事制度的成本是多少？当然他们是要花很多钱的，也正因如此，他们才可以把资产带到公司。比如说在 Payless 案中，相关主体贷 1.2 亿美元给这些公司，而适用独立董事制度所花费的法律费用可能只是几百万美元，所以相比较还是很值得。有时他们工作做得很顺利，没有任何的诉讼，对任何人都不会提起诉讼。这样虽然独立董事没有给公司带来资产，但是他们的工作顺利地完成了。

独立董事因为他们所做的工作而被追责这个情况我不知情，也未听说过。但被无担保债权人委员会批评不够独立这种情况是存在的。还有些被认为是不可信的证人，虽然这不是责任，但是这对他们以后再成为独立董事造成障碍，所以这种情况是存在的。

然后就是 DIP 和融资，这个你说得完全正确，所有的破产案件最关注的就是能够得到融资，所有申请破产的公司都需要融资。所以，在 DIP 制度中，1978 年建立的这个制度是非常重要的。

非常重要的一点就是融资，这个几乎是我们所有的破产案件中都包含的。一般来讲鼓励带来新的融资，使贷款人相信他们新融资的这些钱最后能够收回，案件中最重要的事情就是鼓励人们能够贷款给债务人。在 1978 年以后，DIP 贷款基本上都是能够得到偿还的，所以是非常安全的。

当然，内部人的贷款是不太一样的，但是如果银行提供的 DIP 贷款都是非常安全的，这也是当初设立的目的，则公司能够生存下去。当然这有公共政策的原因，银行的 DIP 贷款能够挣钱，公司能够生存下去，员工能够保持工作，资产能够保持完整，这是一个结果。所以融资在这个案件中是非常重要的一部分。

与谈人
贺　丹　北京师范大学法学院副院长、教授

我想请教一个问题，关于 Liability，如何避免这些交易在接下来的破产程序中被撤销，因为我发现他们都涉及了诉讼，所以有哪些要注意的因素？

主讲人回应：

是的，这个问题问得特别好，我们花了很多的时间来回应这个问题，尤其是在负债管理方面。

有些负债管理的交易中，人们是冒险的，要么就是普通的诉讼，不是破产法庭的诉讼，就是说交易不当。或者是说在破产法庭中，这个交易受到质疑，像玩具反斗城案。所以从程序到实体这些交易都要特别注意，因为它们很可能被质疑。很多的负债管理的交易都是公司单方做的，比如说内曼·马库斯案最后确实导致了诉讼，它是在普通的法庭中被提起诉讼说交易不当，而不是在破产法庭。这些都是私募股权的公司，你们也谈到了私募股权公司，它们不是债权人，它们是股东，但是它们领导这些交易，导致公司利益不充分，所以它们实际上是冒了被起诉的风险，最后导致了诉讼。但幸运的是，最后它们的交易没有被撤销。

但你的问题非常好，很多负债管理的交易人在对此进行了研究后没有成交，因为觉得风险很大，很可能会被法院撤销。

与谈人
杨　立　北京君合律师事务所合伙人

谢谢！我有两个问题请教。

第一个问题和庭外重组有关。我们注意到PPT里提到了庭外重组越来越普遍，中国现在也有越来越多的庭外重组案例。但遇到的困难之一是债权人之间如何形成有效的一致行动？前天我看到了一份判决，这份判决中是债权人起诉了债务人，而在起诉之前，他们已经过银行债委会达成了一份债务重组协议。在这个债务重组协议里面也约定了债权人要联合维权，一致行动，不得单独起诉这些债务人。但是在债务重组协议签署之后，债权人还是发起了诉讼，债务人抗辩理由之一就是既然已经达成了债务人的协议，就要接受协议的约束，不得再次起诉。但是一审法院的判决认为，不能通过债务重组协议排除，所以一审法院最终支持了债权人的诉求。如果这样一个判决生效，对协议债务重组来说将是一个非常大的挑战。所以我的问题是：在美国庭外重组实践中，类似我刚才介绍的情况，签署了债务重组协议之后，债权人仍然发起诉讼，法院会支持债权人的诉讼权利吗？

第二个问题和破产重整有关。实际上企业进入重整程序往往是由很多原因造成的，负债或者资产负债结构的问题仅仅是一方面的因素。实际上进入重整程序后，根据我个人的理解，理想的状态应该是对造成企业进入重整程序的原因进行识别，查明究竟是什么致使它陷入了困境。美国的实践中是否有这样的操作，如果有，是通过什么程序或者由谁来判断企业进入重整程序的原因？

主讲人回应：

关于第一个问题，我们确实在美国也遇到过这种情况。有一个案子是关于固定电话电信公司的。他们进行负债管理的交易，然后在法庭上被债权人质疑。经过漫长的审理，法官判决债权人胜诉，因为有一些债权人同意了这个交易，但是还有一些债权人不同意这个交易，最后法官判这些不同意交易的债权人胜诉。几天之后，公司因为不能达成交易申请破产。因为它没有办法，只能申请破产。所以当你说法院是不是支持债权人，需注意的是，债权人有好几组，是哪一组债权人？

法院有的时候支持债权人，有的时候不支持债权人，这要看法律规定。但是前面我谈到了，现在有越来越多的庭外重组，我觉得现在美国有一个趋势，就是有越来越多有关负债管理的交易的诉讼不在破产法庭进行，而在一般法庭上进行。

关于第二个问题，查明导致破产申请的原因，在海钻公司案中是没有的，我们一般不会做这方面的研究。一般来说，在第一次审理的时候，律师会在法庭上来解释公司的观点，或者说公司律师的观点，说明为什么这个公司申请破产，也许是宏观原因，也许是微观原因。零售商往往会指责亚马逊，有的时候它们指责的是对的，有的时候是不对的。但是在重要的案件中，比如涉及公共政策的，比如雷曼兄弟申请破产，美国可能会适用一个机制：法官任命一个审查人，他不是一个受托人，他由法官来任命，审查法官让他审查的内容。比如雷曼兄弟申请破产，要调查一下为什么公司会申请破产，因为这是一个很重要的事件，审查人花1亿美元来进行审查，最后提交了一份很长的报告。

在其他情况下也出现过这种审查员，法官任命他们来调查破产的原因。但是我认为这种情况非常少，一般都是涉及重大案件时才会出现，而在大多数的案件里面没有那么多资金可被用于回过头来调查过去的原因，一般都是往前看。

与谈人

陈夏红　《中国政法大学学报》编审、编辑部主任

我有两个宏观的问题。

第一个问题，美国破产重整制度在1978年有了飞速的发展，在世界范围内产生了非常大的影响。比较巧的是今天詹姆士的讲座也提到，在这个过程中，职业法官的崛起，包括破产法院的崛起，扮演了非常重要的角色。我特别想知道，从一个破产执业者角度来讲，怎么看待破产法官和破产程序之间的关系？

第二个问题，美国的破产制度自1898年起基本上每40年有一个变化，1938年、1978年以及今天，我特别想知道，从詹姆士的视角看，从一个实务工作者的角度看，在现在或者未来，美国破产法会往哪个方向发展？因为我注意到最近美国破产协会分别完成了破产重整评估报告以及消费者破产评估报告，我想知道下一个会往哪个方向发展。

主讲人回应：

很好的问题，就法官与破产法庭还有公司，还有整个案情之间的关系，其

实有一点，法官扮演的角色至关重要。通常，很多人都不知道这个法官是谁，法官会做些什么。所以即使在案件申请之前，法官可能就已经起作用了。美国分不同的区，你会看到破产法有时候在不同地区有不同的实施状况，比如说拉斯维加斯如果有赌场破产，或者加利福尼亚州的太平洋煤气电力公司破产，这些可能会涉及公共政策的问题，会影响法官在不同地区实施不同的法律。因为在不同的地方有不同的社会习俗、不同的政治，但通常来讲，美国适用一套破产法典。美国有一套特殊的、专门的破产法律体系，有专门的破产法庭。由于有专门的破产法庭，就会有专门的专业知识，专门审理破产案件的这些法官也是专业的。

1978年，我们决定引入这个法律体系，但是，我们的破产法庭的法官，他们跟一般法庭法官是不一样的。一般法庭的法官是终身制，而破产法庭的法官是14年任期，这会造成很大的不同，会造成很多问题，非常复杂，今天就不逐一讲述。虽然是同一部法律，但是不同的法官处理不同的案件会有不同。有些是等案件找到他们，如果有争议，便会进行裁定。有些法官参与程度很深，甚至会进一步推动这个案件的发展，甚至会主动把双方叫到自己的办公室来进行谈话，进行记录以外的交谈，当然这没有任何不适当的地方，因为双方都在，会给一些建议和指引。他会说今天不要作一个裁定，如果我是你，我会作出什么样的决定，尽量让交易达成一致。

所以说不同的法官是完全不同的情况，有些案件是适合在某些地方进行申请的。比如说你可以在企业的登记地，或者是在主要的资产所在地进行申请。对于大公司，就会有很多的选择，可能有五至十个不同的申请地的选择。我们会研究不同地方的法律的区别，同时会看当地的法官是谁，过去他是怎么样裁决的，他们的繁忙程度如何，这些都会影响法官的决定。比如我们在休斯敦的法庭，有10个破产法官，但是一旦有重大的案件，在休斯敦只有两个法官可选，其他的法官只听一般的破产案。休斯敦有很多的申请案是因为大家都愿意去休斯敦申请，那里只有两个法官，对于结果的预测就有掌控的可能性。所以，法官与案件之间的联系和关系，其实是非常复杂的。

至于未来的破产法，你提到了美国破产协会，其几年前有一个改革委员会，我当时有幸参与其中，我们15个人好像提出了《美国破产法》112个可修改的地方，交由美国国会来审议，我不知道美国国会到底有没有仔细审查。未来可能还是会有一些新的改变。最新的《小型企业重整法》，其实国会两党之间存在很大的分歧，但这个《小型企业重整法》实际上有95%的两党的议员都通过了，所以没有争议性，基本上是一致同意了。

1978年的《美国破产法》生效之后，很多学术界和实务人员思考到底什么是适合美国的公共政策和破产法。在过去的40年间，破产法经过这么多的变化，在国会多次游说等的影响下，有很多的特别的利益的不同群体，包括渔民等不同的人群，他们的意见都会产生影响。但很有意思的是，没有一个专门的债务人游说团体，没有人说我考虑在几年内申请破产，我希望在几年之内能够对破产法进行修改。

所以对于美国破产协会完成的报告来讲，我推荐大家读一读其中的一些修改意见，就是在1978年那样，我们从宏观的角度上考虑，什么是对国家最有益的做法，包括对于渔夫和地主来讲，他们想的也是怎么样能够实现社会利益最大化。当然，每一个法典的修订都需要很长时间，比如这个《小型企业重整法》也是经过了几十年的酝酿，所以可能在未来某一天，他们会读到我的这个报告。

与谈人

容　红　北京市高级人民法院民二庭审判长

我认为詹姆士的讲座，对于在我国推广DIP模式，最终达到债权人和债务人的共赢具有非常大的启示。总体而言，我国的破产债务清偿率较低。这和我们没有相应的激励措施去激励债务人尽早申请重整有较大的关系。今天的讲座所提到的独立董事以及首席重组官，体现出了美国破产法在平衡债权人和债务人之间关系的智慧，我觉得对于中国有着较大的借鉴意义。

下面我提一个问题，是关于刚才讲座当中提到的"快速破产""24小时破产"。您讲到，在把债权人的协议拿到法庭去确认时，遭到了托管人的反对，但是法官最后驳回了异议。我的问题是：在美国的法律框架下，什么样的情况要将债权人的协议提交法庭确认，又需要具备什么样的条件，法庭才会去确认这个协议呢？另外，我也想知道，在全美案与胜科金仕达案，托管人提出异议的一些细节，究竟是怎样的异议，法官为什么将它们驳回了？谢谢。

主讲人回应：

詹姆士·斯普瑞雷根律师：第一，对于"24小时破产"案件，要确立重整计划首先要满足50多个条件。因为我们要求法庭快速地通过破产计划，所以对于律师而言，我们需要做的就是把所有信息提供给法官。要用非常清晰、有逻辑、简洁的方式来整理这些信息，以便法官在短时间之内能看完所有材料，并可以在一天之内作出裁定。如果信息呈现得不清楚，法官可能需要花几天的时间来阅读材料，这样就没有办法实现快速重整。

第二，我们不会对法官进行突袭，拿着一个案件告诉他我们今天申请，下午就要拿到处理结果。这是美国破产法上的一个惯例：我们必须提前通过系统通知法院，提前告知法官案件的情况以及我们的诉求。甚至在通常情况下，我们还会进行公示。所有材料都是公开的，这同时也是为了通知各方。然后我们会告诉法官我们需要快速破产。我们会告诉法官，我们在几周前就已经公示了，已经通知了所有人，并以此来说服法官。我们会告诉法官我们将于某月某日提出申请，如果他有任何的问题，在那一天可以当庭提出反对意见。我们也会要求他提前拿出书面的反对意见，当然他们没有遵循的义务，但他们也愿意抓住这个机会提出反对意见。

第三，关于投票。《美国破产法》要求在申请之前就要有投票结果，所以我们一般会在申请的三十五天至四十天之前就进行投票。在《美国破产法》中，是有这样一个条款允许在破产申请之前进行这种投票的。

第四，至于托管人提出的反对和异议，主要有几个理由。首先，他们认为通知的范围存在问题，并没有代表95%的债权人。但法官认为，通知的范围是合理的，95%非常具有说服力，于是将他们的异议驳回了。除此以外，托管人提出了一个政策性的反对。托管人表示，破产法不允许如此快速地完结一个案件，需要更长的时间。但法官认为不是这样的，恰恰相反，破产法是允许如此快速地完结一个案件的。这是一个政策性的问题，只要大家遵循了程序，通知到了所有人，并且提前完成了表决，得到债权人的同意就可以了。然而托管人很难接受破产快速结束这样的事实。但托管人提出的异议没有法律的基础。因此法官认为托管人的异议都不可接受，于是驳回了托管人的异议。

容红审判长：我在法院工作，一般情况下，中国的破产审理程序时间都特别长，所以我还想要追问一两个小问题。我想知道，您刚才说到的快速破产中需要满足的多个条件，是美国破产法上成文的要求吗？以及，95%的表决通过率也是美国破产法上的要求吗？谢谢。

詹姆士·斯普瑞雷根律师：您的第一个问题是想问，这些快速通过重整计划的条件是否是确定的是吗？

容红审判长：是的，我想知道的是法律上是不是已经明确规定了法院应该审查的内容，审查确认的标准是不是都已经规定在成文法中了？律师是否只需按照成文法规定，一条一条去满足？

詹姆士·斯普瑞雷根律师：我今天谈的很多东西的确都没有被确立在《美国破产法》中。对于您刚才提到的重整计划如何才能被通过的问题，法律列出了5个需要满足的条件。并且要求法官进行独立审查，判断是否满足每一个条件。所以一个重整计划，不仅要满足法律上的要求，还需要让法官满意。对于是否满足每一个条件，法官具有自由裁量权。是否满足条件，关键看是否具有合理性，而合理与否，是由法官来决定的。

对于债权人的表决数量，也就是你刚才问的95%，实际上只要有债权人的1/2表决通过且债权金额为总金额的2/3就可以了。

例如100个债权人，不管是小的债权人还是大的债权人，无论他们拥有多少债权，100个人里面必须有50个人表决通过才可以。如果参与表决的人不多，就算有95%的人表决通过，可能也有一半以上的人没有参与表决。我所说的95%的债权人通过，是指我们不仅要满足最基本的通过要求，还要尽最大的努力，让大家都参与投票。这样我们就可以告诉法官，表决通过的比例特别高，而且参与表决的债权人也特别多。因为如果只有20%的债权人参与了表决，尽管通过率达到了95%，法官也会觉得不满。他会说你看有80%的债权人没有参与表决。因此，我们觉得非常重要的一点就是要让参与表决的债权人尽可能多，即使已经达到了法律上的标准，我们也希望更多的债权人可以参加表决。

与谈人

吴张珺　国家金融监督管理总局调研员

我有两个问题。

第一个问题，在破产案件中，自动冻结有什么样的优劣势，为什么要延长或是限制自动冻结的时间？

第二个问题，银行在破产案件中的立场是什么，它们是更愿意提供额外的贷款帮助企业摆脱困境，解决资金流动、经营等问题，还是想尽量从企业里把钱拿回来，背后的逻辑是什么？

谢谢！

主讲人回应：

好，这是我们今天第一次谈到自动冻结，这个可能也是1978年《美国破产法》中除了DIP融资以外另一个非常重要的问题。自动冻结是什么意思？它是自动的，无须法官发布命令，是真正自动的。自动冻结没有时间限制，当重整计划被确认的时候它也就结束了。但是在此前，它是一直存在着的。

当然也有例外。

一个是法官可以终止自动冻结，或者修改自动冻结，法官对此有自由裁量权。在有些案件中，有人会认为使用自动冻结是不公平的，你应该让我继续做点事情。但一般来讲，这个请求都是被拒绝的，因为大家都想获得例外，而这恰恰就解释了它为什么是自动的。

但是偶尔法官会对它进行修改，比如有一个正处于上诉中的案件，大家都可以预估最后的结果会是什么。在这种情况下，法官可以修改自动冻结。但这并不意味着破产法官即刻就要采取行动，他需要等上诉法官作出裁决后才可以修改自动冻结。

另外一个是警察权利。比如个人债务人申请破产，自动冻结生效。警察的权利意味着即使有自动冻结，国家仍然能够行使权利。当然关于什么是警察权利，大家也可以讨论，总体而言就是要保护社会的环境健康和福祉，如果政府要收罚款，这就不属于警察权利的问题。这属于自动冻结的问题中一个大的例外。又如一个公司把化学物质倒入水中污染水源，这个公司在进入破产程序后，不能因为自动冻结而拒绝政府的管理，这是不行的。

关于银行的立场，我谈到过DIP融资，一般来说，大多数DIP融资都来自在破产前就已经是贷款人的银行，有的时候会有新的银行加入。一般来说，现有的银行为了保护其利益会提供DIP融资。在有些情况下，银行的债权是有担保的，所以即使是公司清算，银行受偿也没有问题。从我的经验来讲，银行债权有担保之后就不愿意合作了,因为银行已经百分之百受到保护了。有的时候银行会认为:让公司清算吧,反正钱可以拿回来。这对他人是没有好处的。所以我发现,实际上对于银行而言,当冒有一定的风险时它们会更加愿意合作。比如说它们借出了1亿美元,但是抵押的资产只值9000万美元。在这种情况下,银行会更加愿意合作。这样一来,公司价值也能最大化,对公司和银行都有好处。

在我们遇到的案件中,银行如果有担保就有很大的权利,而且法官没有完全的权利来阻止银行。虽然有自动冻结的存在,但是银行只是想把钱拿回去,因此就要采取方式来保护债务人。不同的银行有不同的处理债务的方式,我非常乐意和美国的一些大银行打交道,名字我就不提了,因为我觉得它们的处理方式具有创意性和建设性。还有一些银行的处理方式则非常不具有建设性。这就需要看银行的文化了,看它们采用什么样的方式来处理问题。所以,我通常会先向当事人询问合作的银行是哪家,这在一定程度上有助于判断案件的走向。

与谈人

胡利玲 中国政法大学民商经济法学院教授

我想问两个问题。

第一个是关于成本的问题。在破产当中,我认为成本问题、信息披露问题都非常重要,它关乎债权人利益的保护。在破产案件中,节约成本是肯定要注意的,因为它关乎债权人利益能否达到最大化,但是债权人也必须承担一定的成本。比如今天提到独立董事任命,这恐怕就是债权人不得不承担的成本。甚至债务人也要忍受这个问题,因为他要让渡出一部分控制权。我的问题就是:在这种情况下,债权人委员会是否需要对独立董事的任命发表意见呢?如果他们不同意任命,或者不同意指定独立董事,他们有没有发言权?因为这毕竟关乎他们的支出,这些将来都由企业来支出,但最后还是会摊到债权人的身上。

第二个是关于信息披露的问题。当然这个问题与信息披露也有关系。现在我们都在推行快速重整,包括"24小时破产",以及之前的预重整制度,都是要节约时间，以求快速实现重整。这就会出现一个问题，也就是如何保障信息披露？这个问题可能会存在于预重整以及"24小时破产"制度当中。根据我之前的研究，美国预重整制度对信息披露是有特别要求的。那么在"24小时快速破产"的情况下，信息披露的速度是不是比通常的预重整还要快？法律上对此种情形下的信息批露有没有特别的要求？也就是说，在时间要短或者快速促成重整的情况下，对于信息披露有没有特别要求。这是我比较关心的问题。

谢谢！

主讲人回应：

都是很好的问题。其实处理破产问题相当于作一个公共政策的决定。我们固然希望能够把美国破产的成本尽可能地降低，但是有些程序成本的付出是为了提高透明度和使得债权人获得更多的信息。现实中，有很多时候信息是不对称、不透明的，这反而会导致成本更高。当然任何成本都是有利有弊的，我们认为这个成本是值得的，利大于弊。当然在小企业重整当中，这些交易成本很有可能会完全毁掉一个小企业。如果这个成本足以击垮一个小企业，恐怕就是不合适的了。这也就是我们为什么需要对第11章进行修改，需要推出《小型企业重整法》。

关于独立董事的成本问题，可以谈到1978年《美国破产法》中很重要的一点。在1978年之前，法官可以决定这些专业人士获得的报酬。这个报酬的标准不是市场价，法官觉得多少合适就是多少。当然，专业人士的报酬新标准必须依照市场价制定，这当然会花公司更多的钱。但是，在1978年之前，市场价以下报酬会导致专业人士的资质较差。因为真正优秀的专业人士由于报酬太低根本不愿意进入破产领域，他们宁愿去做报酬更高的兼并或者是其他的领域，为了解决这个问题，我们就引入了市场价标准。

依我之见，我觉得效果很好。它显著地提高了专业人士的资质，使得很多大的律师事务所，包括我的律师事务所开始进入破产领域。尽管这会增加破产案件的成本，但从长期来讲，可以为企业节约成本，还可以为企业创造出更大的价值。这是我在成本方面想说的一点。我们的系统是一个相当昂贵的系统，但这是为了程序的正当和信息的透明，同时也是为了实现企业价值的最大化。

关于您问到债权人委员会是否可以否决对独立董事的任命，或者说其是否有发表意见的权利——这当然是没有的。但是债权人委员会会尝试着提出异议。在我提到的内曼·马库斯案中，债权人委员具有相当的话语权，在我看来是因为这个案件任命不对，法官认为这个独立董事根本就不独立，这时候法官认同了债权人的观点。在这个情况下，债权人反而是有了一定的话语权。但是只要债务人做得对，只要在任命方面不出现错误，债权人是没有反对资格的。

我们遇到过几个案例，独立董事做了很多应当由债权人委员会做的工作，这些工作是完全重复、没有必要的，实际上他们增加了成本。刚才说到了，因为债权人委员会的义务仅仅是向债权人负责，他们无须为公司雇员或者其他人负责。而独立董事进行的调查是独立的，是为了公司的利益。这也是一个我们认为在美国破产法中的一个非常合理、非常现实的制度。

与谈人
宋　宽　德安华集团执行董事

感谢詹姆士对于美国破产法最新动向的精彩介绍。我学习到了很多，我想针对一个小点谈一下我自己的体会、请教几个小问题。

我赞成詹姆士所讲的，控制是非常关键的。一个企业一旦进入破产或者重整程序，各方可能都会争夺控制权。作为债权人一方，会想要最大限度主导整个破产重整进程，使结果对自己更加有利。作为债务人一方，也想要更大的控制权，保障自己的权利。即便最后没有人选择退出，在这个过程中，大家都在争夺以求换取更大的利益。

我国破产法规定，一旦进入破产程序，便由破产管理人行使相应的权利。但其实很多情况下破产管理人的控制权反倒是比较弱的。他控制不了所有债权人的意愿，如是否同意某种方案。即便法律规定管理人可以控制债务人企业自身，实践操作也并非易事。特别是进入重整程序中，法律规定此时原来的运营管理团队仍负责运营公司。作为破产管理人，这时候面临的困境是要不要完全接手，遇到的困难是有能力完全接手吗？可能一旦进入管理，遇到的困难比想象的要多得多。以及这时候债务人，为保障自身利益，是否愿意释放所有的管理权利，或者说配合管理人来接管公司，这些都需要打上问号。在中国的现实中，几乎每一个破产重整案件都可能会遇到这些问题。

刚才詹姆士介绍了，在美国引入第三方中立机构，比如独立董事、首席重组官。我们保华处理大量的破产重组案件，在其他的法域大量采用这样的方式。我认为这些方式在东南亚以及其他的地区是挺管用的，但在中国，我们的中国特色，不应仅仅体现在破产法、公司治理、公司法等相关方面，单说董事职权这一点，虽然法律规定了董事会的权利内容，但在实践中，我个人认为，在大多数情况下，董事的身份是比较虚化的。如果在公司没有其他的实质岗位，单纯一个董事身份，很难拥有能左右整个公司命运的抉择权利。

在这种情况下，我们在面对中国的一些客户时，我可能不会提出这个建议——在债权人和债务人之间成立一个第三方机构：担任这家公司的独立董事，或者作为首席重组官。因为我了解即便我担任了这个角色，我手里的权利还是比较弱的，我无法在更大的程度上帮助公司和债务人达成一个重组的方案。

很多时候我们会建议先以一个财务顾问的身份，去厘清当前状况、提出更好的建议，相比以一个独立董事或首席重组官的身份进入公司，财务顾问身份的职权可能要大很多。另外，通常情况下，在其他法域，如果是以这样的身份进入公司，通常是以债权人推荐的途径，而相关的费用是由债务人公司来承担，此时我们是以一个比较中立的身份来处理相关的问题。

刚才是我的一些个人体会。接下来，我想问几个小问题。

我想请教詹姆士：您刚才其实也提到了，美国的一些债务人，出于保障个人权利的考虑，在很多情况下会主动提出走一条专业的第三方中立的道路，让渡一部分的控制权，以换取一些利益。实际中是不是更多出现的是这种情况？

另外，实践中，债权人和债务人一旦有冲突发生，怎么协调？举例说，如果针对独立董事对于债权债务的研究报告或者分析，债权人或者债务人并不满意、并不赞同，此时有没有救济途径？或者说首席重组官提出一份重组报告，债权人完全通过，债务人极力反对，这种情况下会如何协调？

谢谢！

主讲人回应：

您提到的中国的情况其实跟美国也挺相似的，在美国破产案件当中，通常没有一个人掌握了完全的控制权，法官有一定的权利，董事可能仍掌握一定的控制权，管理层有不完全的控制权，债权人有影响力，但没有完全的权利。所以我们必须处理所有的这些因素。

比如我讲到的"24小时破产"，如果你遇到这样的案件：以前付了股息，需要调查是不是能够再把股息还给公司。在这种情况下，不可能适用"24小时破产"程序，因为需要进行调查，调查便需要花费时间。但基本上来讲，如果有纠纷关于独立董事是不是真正独立，比如债权人委员会认为独立董事不是真正独立的，那就由法官以各种方式来处理这种情况。比如说在Payless案里，发起人拿了很多的利息，同意还回2200万美元以进行和解，这个和解就需要破产法官批准，而且要提出提议来进行批准。债权人委员会可以提出反对意见，如果觉得独立董事的工作做得不好，就会反对和解，说这个和解给债权人的钱不够，不公平。

还有一个方式，这里我们又回到对"控制"这一因素的考量。我们系统的方式是公司有权对股东甚至是董事提起诉讼，但这是公司的权利，而不是债权人的权利。债权人有权利向法官要求起诉资格——起诉股东、管理层或者董事会，他们会提出要求起诉资格的动议，比如不相信独立董事、独立董事不是独立的、独立董事最后将达成不好的交易、独立董事是由现在的董事任命的，所以法官需要给债权人起诉资格，让债权人来对股东进行调查。往往会出现上述这样的争议，然后就由法官决定谁来控制。

在我代理债务人的时候，我要确保在最开始的时候有好的流程。我们开始就需要考虑到可能两三个月之后就会有起诉资格的动议，所以我可以跟法官说我们有非常好的独立董事，他们诚实可信，工作做得很好；我们有很好的流程，债权人和董事会给独立董事充分的授权来进行调查，所以就无须给债权人起诉资格，因为我们前面都做得很好。但是如果流程不好，就像In re Cotai Holdings案，法官不确定债务人是否做得很好，就会查看流程然后说由此无法确定是否给予债权人起诉资格。所以在争夺控制权的情况下，不仅是对于案件里控制权的争夺，还对案件事件有控制权的争夺，那就比较麻烦。

债权人委员会存在的目的，就是确保会有这样的争议，因为债权人委员会认为自己的工作就是获得起诉权。我认为债权人委员会通常把自己的职权想象得过大了，我往往会在之前同法官讨论关于债权人委员会职权的问题。

与谈人

邹玉玲　北京市海淀区人民法院民事审判三庭（破产审判庭）副庭长

詹姆士先生您好，您介绍了独立董事制度是为了弥补 DIP 模式的不足。在 DIP 模式下，法官还可以任命监管人。那么监管人、原来企业的董事会以及独立董事，这3个管理主体的权利运行规则是什么样的？或者说他们的权利边界在哪里？这么多的管理主体，会不会影响程序的效率？假设法官认为需要引进监管人，法官是否有其他的选择？比如通过更换独立董事的方式来解决问题？另外，法官认为需要任命监管人的条件，是完全自由裁量，还是有具体成文的规定？如果不是在 DIP 模式下，而是在托管人模式下，法官有没有权利来任命监管人？谢谢！

主讲人回应：

你提了一系列很好的问题，又回到控制因素，我可能应该提前提到这一点。我们谈到了 1978 年的时候提出的 DIP 制度，觉得能够很好地激励债务人。另外，你可以从法律历史中看到，就是在 1978 年以前是任命受托人，但发现很多受托人没有专长和知识来经营企业。虽然把不好的董事会、管理层剔除出去，但是任命受托人这一解决办法也不太好。因为他们不知道如何经营企业，所以也会使公司的价值减少。因此需要有经验的受托人。但是想找到合适的受托人很难，想要在很短的时间内找到就更加困难，这也是我们提出 DIP 制度的另一个原因。

但是用受托人和你提到的监管人替换 DIP 是有很大的相互影响的。如果是指定受托人，就无须监管人了，两者不会同时存在。我说过，替换受托人的条件是其涉嫌犯罪，或者是严重玩忽职守。但是任命监管人的门槛就比较低，有自由裁量还有强制性的任命方式。所以如果法官愿意，总是可以任命监管人的。

1978 年《美国破产法》规定，强制性的任命是指只要有超过 500 万美元的债务，债权人就可以提出动议来任命监管人，法官一般也会这么做。我们可以通过一系列的诉讼和判决来解释强制任命是什么意思。但是有些法官认为强制也无须任命，不会任命监管人。因为他们认为有些人提出动议要求任命监管人实际上就是为了给自己一些好处，所以虽然有强制性要求，但也不会任命。

法官另外一个自由裁量体现为：即使是强制的，且法官认为法律要求强制任命监管人，他也可以在任命的时候指出，虽强制要求任命监管人，但是其可用自由裁量权来决定这个监管人的角色，比如他要一个月之内出报告、他只能花 10 万美元而不能花 1000 万美元、他能否雇用专业人士。通过这样的方式，即使强制要求任命监管人，法官也可以进行控制。所以，监管人并不能够替代 DIP 制度，但是受托人会替代 DIP 制度，监管人和受托人不会同时存在，这就是这三者之间的关系。

与谈人

邹明宇 合众人寿保险股份有限公司总监

非常感谢詹姆士，这是一场非常精彩的演讲，内容丰富，信息量很大；通过李曙光老师等专家的精彩点评，我们也更深刻地理解了很多专业的问题。

时间宝贵，我想提两方面的问题。

第一方面，有关债权人保护的问题。

首先，我注意到 PPT 里提到了《小型企业重整法》，法中提到为减少成本，一般不要求债务人提交披露声明，正如刚才胡利玲教授发言提到的，披露声明实际上对债权人的保护非常重要，在小企业中如果不要求提交披露声明，对债权人权益是否有伤害？那么如何平衡债务人和相关利害关系人之间的利益？

其次，对于异议债权人的保护，我注意到您说如果债权人不同意重整计划，存在异议的债权人可以不受法院批准计划的约束。但是实际上即便他不受计划的直接约束，肯定也要受到间接的约束，因为计划一旦形成，按照该计划执行，留给异议债权人的可操作空间就很小了。在这种情况下，如何去保护异议债权人？

最后，刚才提到的"24 小时破产"和《小型企业重整法》，适用的目的都是节约成本，快速推进重整程序。如果中国借鉴这种快速的或者低成本的重整，您对法院在审查时需要重点审查什么内容有什么建议？

第二方面，庭外重组，就是我们经常提到的预重整，在美国可能叫"预先打包"或者"预先安排"。我想问在这种预重整中，在进入司法程序之前，庭外和庭内程序如何衔接？这里涉及在向法院提出正式的重整申请之后，对于已经表决了的债权人，是否还需要给他们再发送披露声明，是否要再给他们重新投票表决的机会？以及如果说在预重整过程中，已投了赞同票的债权人在进入司法程序后反悔了，怎么办？他的反悔会出现什么后果，是直接忽略他的观点，还是说有可能会被追究一些类似于违约的责任？

谢谢！

主讲人回应：

提出的问题都很好。你说得很对，《小型企业重整法》和披露声明使得这个体系的透明度下降。对于小企业来讲，披露声明是为了公共政策作出的决定，因为对它们而言，披露声明的成本昂贵，需要做财务报表、预测等，总体来说，弊大于利，不太值得做。对大案来讲，披露声明可能长达几千页，尽管是使用英文书写，但我估计真正去看的人不多，这其实是一种浪费。所以我觉得这是一个很好的决定，我们必须在透明度和成本之间不断地去权衡。当然，尽管不用披露声明，我们仍需要向债权人披露足够的信息。一个企业在美国申请破产，有一个好处是一旦法官确认了重整计划，对所有债权人都有约束力，无论他们是否存有异议。所以异议债权人前往法庭表示他们的异议，可以对某一个重整计划提出异议，然后要求法官不要通过该计划。异议债权人会提出各种理由来支持自己的观点。如果他们成功，那异议通过；如果失败，会受到先前重整计划的约束。所以，一旦案件完成，实际上异议债权人的意见就可以被忽略。因而即使在95%的债权人都同意重整计划，决定庭外重整的情况下，公司还是会申请破产，因为他们希望能够约束异议债权人。

法官究竟应该更重视哪一点？我觉得应该是公平性，最低要求是遵守规则。在破产方面，法官通常希望能够公平行事。有时候债权人希望尽快推动案件，避免透明和审查；法官希望保证公平公正，确保有专业人士的参与，有重要的债权人组别的支持。

你还问到如果是在申请重整之前已经表决，在申请之后会有什么变化，以及在披露声明方面会有什么样的影响。之前说过，在申请前进行投票，必须得遵守破产法的所有要求，包括披露声明的要求。尽管这个案件还没有提出重整申请，但在要求债权人表决的时候，比如要求在申请45天前表决，他们必须收到了披露声明，知道了所有应该知道的事情之后，才可以进行表决。所以债权人是在已经被充分告知的情况下进行表决的。

如果债权人反悔，想反对之前做出的投票，可以向法官提议改变之前的表决。法官通常不会认同，会质疑之前为什么同意。是别人说服你改变主意了吗？如果你先投了否决，之后想变成同意，更容易争取法官的同意。另外，这种事情发生的频率不是很高。

结　语

主持人

刘　颖　北京航空航天大学法学院教授

在今天这一期的"蓟门破产重组"对话中，斯普瑞雷根先生帮我们解析了《美国破产法》第 11 章的最新发展，说明了负债管理中的种种问题，最后介绍了美国最新的立法发展，展望了未来破产行业的发展趋势。整个报告宏观与微观结合，理论与实务并重，尤其是像"24 小时破产"等很多操作手法都让我们耳目一新。

之后李曙光老师从十个方面进行了点评，其中含有深刻的问题意识。而从朱老师开始，现场嘉宾提出许多问题，共有几十个，主讲人也逐一进行了回应。众多破产法的研究者、从业者、爱好者要求进场参与这次的对话。如果我们全部把他们请进来，可能那边的窗户都会被挤破，我们为了保证现场的对话质量，没有办法满足每一位观众的要求。在此我也代表组委会深表歉意。

感谢各位点评人、与谈人及现场嘉宾的到场支持，大家的到来让会场内的温度与会场外截然不同。感谢各位没有发言嘉宾的理解和体谅。当然，今天尤其要感谢斯普瑞雷根先生能够在紧凑的行程中访问我们中国政法大学破产法与企业重组研究中心，做客我们的"蓟门破产重组"对话。我也代表观众提出一个请求：下一次做客对话不要让我们再等 5 年，希望您能够经常来做客。祝愿您这次在中国接下来的旅程顺利、愉快！

最后还是恳请各位嘉宾、各位朋友继续支持"蓟门破产重组"对话，支持中国政法大学破产法与企业重组研究中心。我们将竭力做好各项组织和服务工作。

李曙光　中国政法大学钱端升讲座教授、破产法与企业重组研究中心主任

非常感谢詹姆士，我看他非常疲倦，三个半小时，我想说两个"最"。

第一个"最"：虽然他经常飞往世界各地，但我估计这是他在这么短的时间遇到这么多——14位嘉宾参与点评和提问，也可能是《美国破产法》第11章被问得最密、最广、最细的一次，充分展现了《美国破产法》第11章的魅力所在。

第二个"最"：所有的我们今天参与讨论的，就是对于中国破产法和美国破产法的比较，是最关心的。每一个问题都与中国破产法实施和设计遇到的问题有关，也是自觉和不自觉地在跟《美国破产法》第11章作比较。所以这也体现了今天的一个魅力，就是詹姆士的魅力，他把《美国破产法》第11章展现在这么多中国破产法专业人士——法官、律师、学者、会计师，以及破产实务人员面前。让我们感受到《美国破产法》实际上跟我们中国《企业破产法》第8章之间是具有强烈的紧密关系，我们希望中国的破产法能够更好，在设计上、在未来的实施上能够更好。非常感谢詹姆士！

詹姆士·斯普瑞雷根律师：

非常感谢大家的邀请，也感谢李曙光教授的溢美之词，我也非常高兴能来到这里。每次来我也都能学到很多。我可以从大家的反馈、评论中听到一些新的想法，这对于我在美国的工作也有借鉴意义。今天确实有些忙碌，但是由于时差现在已经是美国早上6点了，我可以开始工作了。

整理人：中国政法大学破产法与企业重组研究中心
姜小艺　金泽慧　刘子弘　周丽婕　高寒　柳元浩
谢奕莹　张金一　刘奕辰　周子杰

第十四期

参会时与会嘉宾信息

主讲人：

詹姆士·斯普瑞雷根（James H.M. Sprayregen） 美国凯易律师事务所重组部合伙人、国际破产协会前主席

点评人：

李曙光 中国政法大学研究生院院长、教授，破产法与企业重组研究中心主任
朱伟一 中国政法大学中欧法学院教授
刘延岭 北京市金杜律师事务所合伙人
左北平 中国注册会计师协会破产管理人业务课题研究组组长、北京中恕重整顾问公司执行董事、利安达会计师事务所（特殊普通合伙）合伙人

主持人：

刘　颖 北京航空航天大学法学院副教授

与谈人：（依据发言顺序排列）

陈景善 中国政法大学民商经济法学院教授
贺　丹 北京师范大学法学院副教授、中国政法大学破产法与企业重组研究中心研究员
杨　立 北京市君合律师事务所合伙人
陈夏红 《中国政法大学学报》副编审、中国政法大学破产法与企业重组研究中心研究员
容　红 北京市高级人民法院民二庭审判长
吴张珺 中国银行保险监督管理委员会调研员
胡利玲 中国政法大学民商经济法学院教授
宋　宽 保华顾问有限公司董事
邹玉玲 北京市海淀区人民法院民事审判三庭副庭长
邹明宇 北京破产法庭副庭长

第十五期

AMC 在企业重整中的角色

郑成新

发言嘉宾

主讲人：
郑成新　中国信达资产管理股份有限公司业务总监、中南财经政法大学特聘教授

点评人：
李曙光　中国政法大学教授、破产法与企业重组研究中心主任
叶　林　中国人民大学法学院教授、中国法学会商法学研究会副会长
许胜锋　北京市中伦（深圳）律师事务所高级合伙人
左北平　中国注册会计师协会破产管理人业务课题研究组组长、北京中恕重整顾问公司执行董事、利安达会计师事务所（特殊普通合伙）合伙人

主持人：
刘　颖　北京航空航天大学法学院教授

参会嘉宾：（依据发言顺序排列）
李　晨　中国长城资产管理股份有限公司并购重组处负责人
乃菲莎·尼合买提　北京市中伦（上海）律师事务所合伙人
黄中梓　安徽省律师协会破产与重组专业委员会主任
李玉萍　中润经济发展有限责任公司总经理
侯　琦　北大青鸟集团有限公司副总裁

与谈人：（依据发言顺序排列）
陈景善　中国政法大学民商经济法学院教授
高丝敏　清华大学法学院副院长、长聘副教授
吴张珺　国家金融监督管理总局调研员
何连明　日本 TMI 律师事务所亚洲业务部门负责人
韩传华　北京市中咨律师事务所合伙人
邹明宇　合众人寿保险股份有限公司总监

主办方　中国政法大学破产法与企业重组研究中心
协办方　中国注册会计师协会破产管理人业务课题研究组
　　　　　北京中恕重整顾问有限公司

2019 年 11 月 24 日

开 幕

主持人

刘　颖　北京航空航天大学法学院教授

各位嘉宾好，时间到了，我们开始第十五期的"蓟门破产重组"对话活动。

今天的这位主讲人职业经历囊括银行、证券、保险、资产管理等几乎全品类的金融业，操盘了多家重要企业上市、重组、破产等从"生"到"重生"的各个环节。他就是中国信达资产管理股份有限公司业务总监、中南财经政法大学特聘教授郑成新先生。郑总将以"AMC在企业重整中的角色"为题，为我们现场分享其在极具传奇色彩的职业经历中所养成的独门绝技。

虽然今天有很多郑总的朋友到场支持，但我们也同样为主讲人准备了强大的嘉宾阵容。点评人有我国现行破产法的起草小组成员、中国政法大学破产法与企业重组研究中心的主任李曙光教授，中国法学会商法学研究会副会长、中国人民大学法学院的叶林教授，我国顶尖的破产重组律师许胜锋先生和顶尖的破产重组会计师左北平先生。与谈人也囊括了破产理论界和实务界的中坚力量。受时间所限，在此不做一一介绍，大家可以参考手上的嘉宾名单。

说明一下今晚对话的流程和规则，首先由主讲人报告一个小时，然后是每位点评人评议15分钟，此后与谈人可以自由发言，每次不超过10分钟，最后我们还会留出时间给现场的各位提问。

接下来让我们用最热烈的掌声欢迎郑总开启今天的"对话"。

主讲人

郑成新　中国信达资产管理股份有限公司业务总监、中南财经政法大学特聘教授

尊敬的李曙光教授、叶林教授、许胜锋律师、左北平主任、主持人刘颖教授，我们参加今天对话会议与谈的多位专家，张子学教授、陈景善教授、胡利玲教授、张世君院长、高丝敏院长、葛平亮教授、邹明宇庭长、何连明主任、韩传华主任、范利亚主任、申林平律师、杨立律师，还有我们参加的嘉宾，贺

丹教授、陈夏红教授、张泽华法官、李江虹总经理、吴张珺处长、李葳然总经理以及没有念到名字的各位嘉宾，今天我的同事，信达集团法律部李清亮副总经理，过去也是最高人民检察院的检察官，还有我们中润发展的总裁李玉萍同志、副总裁李向冲同志以及我们中润发展重组徐道银总经理，也在今天担任与谈人。谢谢大家和各位老师。

今天我还是有些紧张，因为面对的是李曙光教授、叶林教授，都是我国破产界泰斗级领军导师，不能马虎。来之前我想到两句话，曾国藩给弟弟送的一副对联：千秋庙宇陈沧海，百战归来再读书。所以我今天来到中国政法大学，说不紧张是假的，要跟着李曙光教授、在座各位专家、教授、学者，永远在学习的路上。

今天天气很冷，但有这么多导师、专家学者和朋友加持，会议室里很温暖、很亲切，和对话的前十四期一样，都很温馨。在"蓟门破产重组"对话这么一个高端、前沿、国际化、小众的神圣殿堂里，我和我的同事今天都非常兴奋。我们首先是要感恩李曙光教授、叶林教授20多年来对我们公司、机构和我本人工作的支持。其次，我们继续学习。最后，把我们22年以来的一些工作心得、体会和困惑向老师、专家、朋友们汇报，希望得到更多理解和支持。

1997年1月4日，中央国务院决定由建设银行托管、清算、重整、重组，我有幸参与了我国第一个金融机构破产重整，随后跟随我们第二个行长参与了核查、清理、重整与重组。当1999年我们国家成立资产管理公司的时候，组织给我安排到南方一家建设银行当党委书记兼行长。我们有五位领导从建设银行组织调配到资产管理公司之后没有来，可能是资产管理公司刚刚成立，大家对其理解不到位。其实当时我根本就不懂什么是投行，没想到22年前对问题机构与资产的处置就是投行。后来我们20多年的探索恰恰是一个最辛苦、最艰辛、最难的投行。我到资产管理公司工作时我的第二个孩子只有1岁，随后就去了甘肃工作了5年，所以我接触到了青海大量濒临破产困境的国有企业，有机会做一些思考、探索、工作。这20年来，我和我们机构中国信达的主要工作就是与不良资产、问题机构、问题资产打交道，我们摒弃了简单的社会上认为的打包、打折、打官司的"三打做法"，而是通过抓大放小、化繁为简，逐步积累起整合处置问题机构与资产的"十八般武艺"，将很多乱的枯树根变成了根雕艺术，将很多同志看不起的不良资产变成了"富矿"和"金矿"。不少企业重新经营，很多职工又有了新的工作岗位和生活。其实，这就是我们对企业重整所做的工作和贡献。因此，AMC诞生第一天起就在与破产重整、法院、律师、评估师、破产清算打交道，我们的工作本质上是管理人、"内科医生"的工作。

我今天的稿件分成三个部分：

第一部分，描述我们面临的一个时代。从2019年开始，我们迎来企业重整时代，其中有很多标志性的现象，是以内容和实践佐证的。企业重整市场迅速扩大、部分企业破产制度不断完善、破产审判大幅提升，我们开始对市场主体退出制度尝试进行顶层设计，破产投资的生态日益改善。

第二部分，汇报、描述我们资产管理公司20多年以来工作的一些心得体会。实践练就了我们的一些功夫，使我们整个资产管理公司工具箱里的工具越来越多，使用起来越来越有效，把它们组合在一起越来越有用。为了响应国家化解金融风险的号召，2018年，4家资产管理公司均作出回归主业的战略部署，坚持高质量发展理念，努力做好、打造特色资产管理和金融服务品牌，在企业重整领域将发挥自身优势，做好企业价值发现者、风险防控者、资金支持者、经营管理者，帮助企业脱离困境，实现资源优化配置。

第一，鉴别问题企业病症，发现问题企业再生的价值。这是破产重整工作最重要、最核心的工作。如果我们不能鉴别、不能发现企业再生的价值，剩下的工作就全是无用功。在企业重整过程中，资产管理公司发挥的最重要作用就是发现和提升企业价值。资产管理公司通过分析企业发展前景，提供融资支持、补齐企业发展短板，提升企业的价值，实现资源优化配置。我做了很多重整，例如佳兆业集团重整案是我主持成功的民营企业1000亿元负债标的的案件，一些老前辈和房地产企业的领军人物认为处理这种案件是没有分文价值的，但它其实是有很大价值的，只是我们没有慧眼，没有利用专业优势发现它真正的价值。佳兆业在深圳有40个旧改项目，释放的营业利润有5000亿元。因为我做过房地产贷款，所以非常了解它的价值。国内500亿元、国外500亿元贷款全部盘活，成为优质金融资产，帮助以深圳、广州为中心的区域化解金融风险，帮助企业减负提效，推进企业健康发展，管控与降低社会风险。这里我要再提一下，在李曙光教授帮助支持下，我在戈壁滩上工作了3年，我们中央台《绝境求生》男一号确实是我，今天大家看到了活人。中宣部最近一部同名电影马上要播放，也叫《绝境求生》。所以上市公司是我们中小板的第一单，今天我特别把人民法院的院长刘杰同志请过来，我的很多工作都是他帮忙穿针引线进行的，在那么一种背景下，我们能把上市公司的重整成功做成难以想象，这都是刘洁董事长和李曙光教授，这样一些好的领导帮助我们。一些濒临破产退市的企业，给我们国家的经济造成极大不安稳，给资本市场和3万多小股民带来了永不磨灭的恐慌。我在哈佛大学做演讲时，哈佛大学给我提的不是上市公司重整本身的深远意义，而是更关心中核钛白的危机处理与领导力，所以我纯粹从领导力这个角度讲这个项目的重整成功。用了好几年的时间，我们的集团、总裁们全部扑到上面去也解决不了什么，因为没有从根上找到病因，因此不稳定是永远的。

第二，打开担保链死结，防范区域性金融风险。我们集团、总公司、分公司以及中润发展联合起来在山东菏泽做了名为红叶的项目，我们利用国家赋予我们的一些职能、工具和我们积累起的经验、新的探索和创造，把企业拯救出来。我们和管理人、潜在的产业投资者、地方政府、监管层密切配合、无缝对接，得到山东省委和人民政府对中国信达的高度评价。

第三，为产业资本提供金融支持。在这个平台上，我们除了感恩、学习、汇报，也是在做一次鼓与呼。资产管理公司跟我们律师、会计师、资产评估师，还有我们左北平老师的重整公司等联合起来，可以在重整方面做很多事。首先，我们可以收购金融债权。一般企业金融重整程序启动时或之前，对大量金融或非金融债权，资产管理公司都可以配合做第一轮收购。债权从几百个、几十个变成一个，下一步的工作就顺畅很多。其次，设立危困企业基金，专注危困企业救助，这得到了最高院、银监会、财政部领导的肯定和高度评价。在郑志斌律师主持的大连机床破产重整过程中，就差一点点钱，我们也就解决了共益债，这就需要危困基金来打通最后一公里。危困基金和并购重组基金都是非常好的事情。100亿元的危困基金我们用出去将近30亿元，情况很好，全部优质资产取得了很好的经济效益和社会效益，得到了方方面面的一致认可。

第四，为危困企业提供综合性重整再生方案。

首先，协调各方利益，寻求共赢。杜专委上次和我讲，中核钛白上市公司重整案在我们破产法颁布10周年被评为十大优秀经典案例。中核钛白很靠前，不论是第一还是第二，都说明最高院分管领导同志对我们案例的认可。我们嘉峪关人民法院荣获国家二等功。该案是目前所有上市公司重整案中最复杂、技术含量最高的，但最后我们是唯一没有一个输家的，重整一般可能一部分赢一部分输，或者大部分赢少部分输，我们是都赢。无论是政府，还是监管层。我们去证监会请示、汇报，最后没有退市，又成了一个优秀上市公司。出资人中国信达、中国核工业总公司，最后也没有亏本，谋求了社会效益最大化，达到了满意的结果。重组方李剑锋先生从一个不太知名的钛白粉生产者，成了我国能和佰利联集团平起平坐的大的产业资本运营高手，其几千万元资产变成了几十亿元上百亿元。3万多中小股民从重整和重组成功中获得了巨大收益，曾经对我很不友好的投资者和我成为好朋友，之后在涉及上市公司重整需要协调散户时，我还请他帮助我。再看重组前的员工，他们当时都没有工作，都去磨砂盘，给人家抬冰箱、磨剪刀，一天就十几元二十几元钱，在戈壁滩上吃饭喝水都不够。重整后的10月底，我又去了一次，我们这里的员工每月可支配收入是5700元，这收入对北京的产业工人来说都是不低的，更值得一提的是，我们全体员工都有了工作，都有了对未来生活的美好憧憬。

其次，发挥多元化金融服务优势，制订综合救济方案。资产管理公司在企业重整过程中与破产管理人和产业投资人不同。4家资产管理公司主要起到拾遗补缺的作用，具有更强的资源调配能力，我们是一手接不良，一手接优良。在整个企业链条中，资产管理公司是全天候的。我们能够为企业重建再生提供一揽子解决方案和资源支持。一方面，经过20年的发展，华融、长城、信达、东方4家资产管理公司已成长为具备银行、证券、基金、保险、信托、期货等金融牌照的金融控股集团。其能够采取债权收购，如将几十家债权人收缩成两家或一家，为产业投资者、人民法院的下一步工作推进创造良好的基础；能够通过债转股等多样手段，对陷入困境的企业进行救助。另一方面，资产管理公司与中介、政府等具有良好关系，能够统一行动，从而共同解决企业面临的难题。

所以证监会给我们上市部、会计部、法律部那么大压力，如果我们有一年的工夫去打磨，就不至于最后一天那么被动，面临企业退市的风险。我越了很多级，去见了主席，最后主席听进去了，把我们2011年1月1日推出的上市公司大股东、二股东、三四五股东给企业免债，用重整收益弥补亏损的政策推行。我在戈壁滩上工作的5年里很痛苦，因为我一边要说普通话，一边还要学会说甘肃话，要完成信达每年的经营任务。实际上，甘肃省在中国经济地位和全社会固定资产投资位置是倒数第五名，2008年是倒数第一名，全社会固定资产投资占全国比重只有1%。但当时，兰州办事处在公司集团里的经营效益和业绩全国第三，远远在北京、上海、深圳之前。甘肃青海的人民很老实，别的地方，例如云南铜业、陕西煎茶岭、江西铜业在还债的时候一分都没有还，只有白银公司最后把10亿元法国里昂信贷的钱全部提前还款，这都是甘肃人民砸锅卖铁还的，他们应该有所回报。白银公司一共欠中行几十个亿元贷款，其实就几个亿元，其余几十个亿元全部是利滚利，高额罚息罚出来的，这是对不善于"跑步进军"的国有企业的不公。

所以，在我当领导之后要将这些债务还原，尽最大的能力将不良资产连片、打包处置，这也是我在甘肃"发明"的方法。最后4家资产管理公司都用了这种打包连片的方法。成本有限的情况下，为了控制成本就要打包，把行署打包卖给行署，但不能卖给民营企业，可以以很低的价格卖给行署，使其进行经济结构、产业结构、企业结构的再调整。对我们大的省属骨干企业，我是采取放水养鱼的方式，即现在说的重整。五部委现场会就是在甘肃召开的，甘肃在企业政策性债转股方面取得了重大胜利，90%以上都是由我们信达资产管理公司来牵头，绝大多数企业如九钢公司、金川公司、白银公司、晋源矿务局等，除了一家西贵铁合金，都通过债转股获得了新生。

最后，我们要改善和优化企业经营管理。2009年之后，资产管理公司商业化转型阶段后，我们4家都做了大量工作，14000亿元存量资产和经营收购的不良资产都涉及大量的企业管理。通过完善企业内部治理，推动企业重生，我们总公司、分公司都增长了很大本领。

第五，发挥AMC在重整程序中功能的思考和建议。

首先，进一步完善共益债务融资的保护制度。关于共益债务，当时我跟着许胜锋律师向李曙光老师请教。其实当时中核钛白就有共益债，在看不清楚形势的情况下，李剑锋董事长拿了很多钱，有6000万元现金，担心万一破产怎么办，如果当时有中润的危困基金就不至于那么难受了。从信达的实践来讲，共益债务非常必要，信达100亿元基金有30亿元（共益债务），虽然运转不错，其法律地位和终期效益还是要打问号。

其次，改进和完善企业重整价值的估值机制。这一点问题很大。以中核钛白为例，很多人包括信达资深团队都认为中核钛白重整是没有一分钱价值的，甚至于是负价值，最后我们请了专门对资本市场、上市公司进行评价的单位做了评价报告，认定其为负资产，其实这是错误的。对此，左北平老师最有发言权。对企业价值的评判，我们更多是先估算再生价值，然后估算清算价值，用重建再生价值和清算价值进行权衡，因此这样是非常不准确的。其实中核钛白不是零价值，更不是负价值，我认为它是有价值的：一是上市公司可能不退市；二是中核钛白拥有1000多名职工的价值，如果企业能够延续下来，不管是重整成功的中核钛白，还是将来其他钛白企业，都需要人才。中核钛白是钛白行业人才的摇篮。所以我们不认为其为负价值，而是价值2.05亿元。但如果只按照会计师、资产评估师的评估，企业就是负价值。因此对企业价值估算有很多方法，下一步要作为重点研究，这也是我们实际工作过程中遇到的一个十分头疼的问题。

最后，把资产管理公司拉入管理人主体范围。第一，管理人本身的重要性。第二，现行制度下管理人的组织构成。目前，律师事务所、会计师事务所、中介机构有资格来担任破产管理人。但我们认为，从前面所做的工作、所完成的成功案例以及对广大问题机构和资产成功处置后为国家带来的稳定、改革和经济推动的效益来看，资产管理公司应该成为管理人或和律师、会计师、左老师领导的破产清算事务所共同构成联合管理人。第三，银保监会对此持支持的态度。第四，地方的资产管理公司在苏州、广西都做了有益探索。第五，四家资产管理公司做了各方面的尝试。

第三部分，我用几句话总结今天的汇报。资产管理公司是化解金融风险、拯救危困企业、整合社会资源、推动产业资本和金融资本的重要力量。在企业重整案件和程序中发挥着不可替代的重要作用。期待在各级党委政府的领导下，在各级人民法院的支持下，在破产法学界，特别是像李曙光老师、叶林老师等破产学界泰斗的关心和推动下，资产管理公司能更好地发挥其功能作用，为危困企业再生、社会稳定发展、制造业转型升级、供给侧结构性改革作出更大贡献。

感谢各位老师、学者、专家，我代表中核钛白向老师们，向许胜锋律师表示致敬，谢谢。

点评人

李曙光　中国政法大学教授、破产法与企业重组研究中心主任

首先感谢郑总今天的精彩演讲，从3个方面对AMC的作用、功能以及在中国供给侧结构性改革营商环境下及实务操作中扮演的不可替代的角色，做了详细介绍，最后还专门就AMC下一步的发展改进提出建议。郑总是我的老朋友，我们结识很多年，他在不良资产处置中是国内当之无愧的权威，他很早就进入这一行业工作。今天我们的"蓟门破产重组"对话到场的有众多理论与实务界人士，有许多企业家、投资界的朋友，还有学者、法官、管理人、律师、会计师与财务顾问等，听了郑总的演讲后，我有很多感想，就作3点点评。

第一，AMC的宏观和微观作用。

从宏观来说，AMC最早是解决处理1999年经济危机的产物。1999年，由国家财政部各出资100亿元作为注册资本成立了四大资产管理公司，处理当时的不良资产，现在这四大公司都成为拥有上万亿元资产的公司。在上一轮我们经济结构调整和经济危机处置当中，AMC扮演了非常重要的角色，包括：其一，金融体系的稳定器角色，四大资产管理公司在上一轮经济危机中以政府的逆周期管理工具与金融救助机构的面目出现，稳定了我们的金融体系。其二，金融风险的防火墙。AMC在20世纪90年代改革中起到了隔离金融风险的作用，可以说上一轮经济结构调整改革如果没有这个防火墙，很多国企改革的路子会非常窄，很可能引发较大金融风险。所以，可以说AMC是20世纪90年代经济危机中的金融防火墙。其三，金融危机的救火队。当时那么多国企深陷债务泥潭，出现包括三角债、大量员工下岗等严重的问题。在应对20世纪90年代经济危机时我们用传统的"关停并转"方式解决经济危机是不行的，AMC就应运而生。

除此之外，在上一轮处置国企改革经济危机中还借鉴了日本的经验。日本20世纪80年代一度出现较大金融危机，靠银企结合短暂地缓解度过，但却带来了后来的诸多问题。我们简单用日本上一轮经济危机的经验来处理我们的危困企业并不是很妥当，我们看日本电影《华丽家族》就知道，日本的主银行制与银企结合带来了很多后续问题，包括被迫同美国签广场协议。中日双方最大的差异就是日本企业数量较少，只有不到100家，但中国这一轮企业数已经达到4000

万家，这一轮经济下行压力非常大，我们遇到的是更大的经济当中的拦路虎，简单照抄日本经验是不成功的。

中日最大的差异就是20世纪80年代日本的问题企业很少，不到100家，但中国这一轮问题企业数已经到数万家了。这一轮经济下行压力巨大，会碰到更大的拦路虎，简单照抄日本20世纪80年代债转股经验是不能成功的。经过这20年，我国四大AMC已经经过3个阶段：股改、引进战略投资者、成功上市，已经比较成功地从政策性救助为主的机构转变为一个较为商业化、接近市场化的金融机构。这是AMC在中国扮演的宏观角色。

从微观来说，AMC在我国这一轮供给侧改革中扮演了几个角色：其一，其作为重整案件的实际管理人。在很多案例中已经出现AMC身影，或者作为隐形管理人，因为其尚未获得合法身份，这就是为什么郑总在演讲中提出要将隐性角色合法化。其二，主要债权人代表。AMC在债委会，特别是在债权交易市场中扮演了非常重要的角色，如打折收购债权。其三，AMC是一个战略投资人加医生。现在法院领导提出法院法官要成为企业重整中的医院医生，而我认为企业重整中真正的医院医生应当是AMC。经过20年的发展，中国AMC市场发生了很大变化。这一轮供给侧改革，中央政府出台了企业降杠杆政策，以及更好发挥债委会角色的指导意见，允许每个省成立自己的AMC，使新的AMC如雨后春笋般出现，从20世纪90年代4个AMC到现在出现接近上百家AMC。在目前经济下行压力和这一轮结构性调整中，四大和大量地方AMC以及许多市场中的准AMC扮演着主要角色。

如果仔细观察，AMC是一个非常艰苦的技术活，在这一轮中要扮演三个角色：其一，探矿者的角色。去发现企业价值，发现出问题的甚至已经纳入"僵尸企业"范围的企业存在的价值，发现有没有营运价值或者有没有其他符合市场需求的价值。其二，冶炼的角色。只发现价值还不能立刻在市场中变现，要有"点石成金"的能力。这个行业有一个词叫作转机，要让企业由危转安。其三，不良资产的"父母"的角色。要把这些转危为安的企业——这些漂亮的"女儿"嫁出去，让它们进入市场。AMC的主要功能不是持续经营困境企业，而是要把它完整地交给市场。经过打扮、经过各种技术的运用，使其成为漂亮的"女儿"嫁出去。

第二，AMC现在的难点和挑战。

目前我国供给侧结构性改革中出现了大量僵尸企业和困境企业，这一轮处置中 AMC 要扮演重要角色，面临政治、经济、社会、员工、市场交易主体、商业信用和商业环境等非常复杂的局面。成功的 AMC 是有门槛的，其面临五大挑战：其一，要有综合判断力和战略领导力。具体到破产界，要成为重整中的领导者、领军者，因此首先就需要真正的企业家，而不是企业管理家。要求他有想象力、创新力，要有处置危机的能力、并购的艺术。其二，要具备一支专家队伍，涉及全行业链条的专家。同时要有极强的金融操控能力、专业企业管理和财务分析能力。其三，必须发挥法律人的作用，具有好的律师，厘清法律关系，处理好权利义务责任分配问题。其四，极强的府院协调能力，因为面临税收、信用、公安、社保、劳动保险、企业再注册等问题，要有与法院和地方政府的良好沟通协调能力。其五，要具备解决复杂性技术问题的能力，包括估值、成本收益计算、如何降成本、如何利用好债转股等工具等。

第三，对 AMC 的期待。

郑总做了非常好的 AMC 角色定位。供给侧结构性改革之中或结束之后，在高质量发展中，AMC 要有 4 个转变：其一，要从政策性或半政策性机构向现代金融机构转变。其二，要从传统不良资产处置机构向综合性现代金融公司转变。其三，要从简单处置不良资产企业，到"点石成金"、掌握专业并购艺术的专业机构转变。其四，要从破产程序的消极参与机构向破产重整积极领航者角色转变。

点评人

叶　林　中国人民大学法学院教授、中国法学会商法学研究会副会长

我对破产重整问题并不是很熟悉，今天有幸听到郑总的总结和讨论，也听到了李曙光老师精辟的总结，我对宏观的问题就不再谈及，就想说其中感受到的几个有趣问题。

第一，中国企业面临的经营困境的特殊情境与众不同。

其一，中国的集团公司下面存在很大规模的子公司，集团公司进行借贷将财产分给其子公司，企业破产时出面的是集团公司，但实际上债务是子公司实际产生的。因此集团公司破产可能更为复杂，如果跨境，可能跨不同司法局，形成法律制度的区域对立。所以讨论如何从集团角度破产是有一定意义的。

其二，府院作用，经常讲府院结合的问题，府院结合本身就说明我国破产重组的非市场化。国企是大家最关心的一类，如果民企涉及地方形象、地方财政，政府也可能进行干预。标杆型的企业、大企业、掌握经济命脉的企业同一般的小企业的处理方式有何区别，这和地方政府的态度具有很大的关系。

其三，淘汰和重组，重组一定是减负的过程，减负又会导致削减债务，因此人们某些情况下会认为这种行为是逃避债务行为，如果减债过程中存在显失公平的举动，无论这种不公平来自哪个部门或者行业，都可能会在正当性上受到质疑。

第二，关于市场化中应怎样看待AMC，我同意李曙光老师观点。

其一，表现在为政府纾困上。AMC本身有优势，在历史上AMC是一个官职机构，政府希望通过AMC达到某种目的，AMC也确实在做这件事。因此如果从商业角度来说，可能某一项目商业部分的必要性未必是有价值的，但从政府救助角度、实现政府功能的角度看，可能仍是有价值的，这时就显现出较强的非商业性和政府属性。

其二，表现在标的企业的选择。这一轮经济下行中遭遇困境的企业数量很多，在这么庞大的市场面前如何取舍，选择方向是基于商业选择还是基于其他因素，我自己一直没能观察透彻。但基于我的经历，我会觉得如果政府找到AMC老总，请其帮忙，掺杂了很多重组中的特殊需求。而郑总又给我提供了另一个政治性的内容，如果把债务处理打包，不是让其进入市场而是又回到政府，政府为什么要接单呢？可能又有其他原因。我们正从高度行政性AMC框架走向半市场化的途中，但离实现市场化金融机构目标还相去甚远。或许等这一轮的企业整理完成，市场中如果没有那么多破产企业，大家真正开始比较另外一个意义上的市场竞争力的时候，市场化会更活跃。

第三，AMC本身角色的问题。

这件事很重要，但问题太过复杂。AMC具有很多独特优势不可否认，有很强的专业能力，规模已足够大，作为破产管理人的能力无可置疑。但有两个关键的利益冲突。

其一，角色是双重的，放贷者（资金提供者）又是管理人，这个问题除非AMC是唯一债权人才可以解决，如果不止一个债权人，此时一定会出现AMC作为债权人既是债权人又是管理人的情况，那么如何去均衡其他一般债权人的权利，能否真正保护其他债权人的权利？

其二，AMC相比一般破产管理人，其既能管又有钱，别的破产管理人只能管，没有钱，形成了一种巨大的竞争优势，招致众多管理人说要砸管理人的饭碗，产生一种竞争的不公平。当然这里产生一个问题，AMC不是显性的，如果其不是显性的管理人，但实际发挥了管理人角色时，程序要如何去对待。将其放在管理人或是放贷者的角度去规范，两者是有冲突的，因此AMC要作为破产管理人需要建立制度上的防火墙。

第四，破产重整企业的角色到底是什么。

处于破产重整状态的企业原股东已经没有利益了，那么这个主体到底是谁的？如果在根本上讨论这样一个公司的归属，从经济实质角度上看，其更像是债权人的一个实体，非常独特。对于承担了特殊职能的这样一个实体，一定会有一些异乎寻常的运行规则，其目标已经跟最早的公司设立目标南辕北辙，那么在这种情况下如何整合债权人利益是非常大的问题。现实中存在非常残酷的情况，以很低的清偿率实现债务消解。除此之外，新引入的资金如果出现短借长投，只是把生命周期稍微往后拉了两三年的情况，如何找到愿意充当新股东角色的人是个难点。与此相关的就是那些基金的钱从哪来，如果本身是四大自己出钱，这些钱名目上到底叫什么，是肩负着政府纾困的职责而从自有资金切割出来，还是说这一基金包括自己出资部分，还有一部分是银行贷款和地方政府出资，以及小基金杠杆放大功能，又会在基金层面做一个重新的组合。

李曙光老师的美誉之词比较多，我喜欢用一些阴暗之词。我可能会说电脑手机没用扔掉吧，但有人却会从电路板中提纯出黄金，实际上这不仅是发现黄金，还确实是"点石成金"。如果能够把企业挽救回来，不仅在于发现企业价值，还包括后续一套整体的管理系统的伴随。没有一个好的市场和管理系统伴随，我们救得了企业的今天也救不了它的明天。感谢郑总以亲身经历让我开始接触企业重整的领域，确实有感触。

点评人

许胜锋　北京市中伦（深圳）律师事务所高级合伙人

非常荣幸参加今天这次对话，郑总一直是我仰视的偶像，作为早期四大投资银行家，郑总对破产情有独钟，是破产文化的传播大使，对破产法发展做出了很多贡献。今天郑总跟我们分享了中核钛白许多办案心得，该案我作为法律顾问参与其中，深深被郑总的人格和办事风格所折服。承办过程中遇到很大困难，几次快要夭折，都是郑总力挽狂澜，解决危机。下面我就AMC的角色、共益债务、评估价值4个方面进行讨论：

第一，AMC在破产重整升级中的重要作用。从总体来看，2007年《企业破产法》实施后到现在基本可以被界定为重整的1.0版本。整个中国，重整情况基本是半市场化的。如今重整时代即将到来，我们应当努力推进，使重整进入2.0版本，更加接近市场化。同时应当将金融作为重要的角色加入重整中，AMC是金融产品的百货公司，因此AMC在未来重整时代里能充当非常重要的角色。AMC作为债权人，以前不良债权更多通过诉讼执行程序来回收，近几年不仅是通过执行诉讼，也考虑通过重整来回收。刚刚李曙光教授也说AMC应当充当困境企业的探矿者，发现价值，这不仅有利于企业拯救，也有利于AMC债权回收。一方面，作为债权人，AMC比银行更有专业性，应在重整案中充当债委会主席的角色，发挥更重要作用，对管理人进行监督，保证债权人各方利益；另一方面，管理人在很多案件中，面对一些金融机构，也有苦衷，例如不知道是否应当进行表决。至于是否能积极行权方面，AMC能够发挥更大作用，能对重整更好认识与评估。

第二，AMC在庭内庭外角色的完善。AMC作为债权人，传统是通过诉讼、执行程序来回收不良债权，而近几年也更多地选择通过重整等破产程序回收。李曙光教授刚刚说AMC应当充当困境企业的探矿者，发现价值，这不仅有利于企业拯救，也有利于AMC自身债权的回收。同时，就债权人角色而言，AMC比银行更具有专业性。AMC可以在重整案中充当债委会或者债权人会议主席的角色，发挥更重要的作用以保证各方利益。此外，在实务中部分银行债权人常常因对重整制度不了解而在重整计划草案表决程序中更愿意选择弃权，而AMC往往能够发挥更好的引导作用，推动债权人积极行权。目前银保监会要求只要企业陷入困境，3家以上金融机构就要成立债委会。金融机构的债权都转给AMC了，因此AMC在整个案件中承担重要角色。

AMC不仅在庭内作为投资者，而在法庭外的谈判中也往往充当重要角色。最高院正在鼓励庭内和庭外衔接的探索。庭内方面，我一直认为好的重整计划草案不是坐在电脑旁敲出来的，也不是公开竞争谁出价高争出来的，而是各方谈出来的，是要对企业真正了解，挖掘企业价值，利用各种金融工具灵活设计重整方案。因此 AMC 具有独到优势，AMC 更懂金融机构的心，也有更多工具可以打动金融机构的心，可以获得金融机构等主要债权人的理解和支持。李曙光老师说 AMC 扮演着医生的角色，郑总也谈到 AMC 担任管理人的问题。在破产程序中其实就几种主要角色：债务人、债权人、股东、投资方等利益博弈主体，每个案例都不一样。重整的魅力在于利益博弈，AMC 的角色和作用的发挥应视个案而定，可以是债权人也可以是投资方，或是担任顾问角色，从而影响程序。

第三，AMC 应当加强对中小企业的拯救。在以往我们从事的很多案件中，例如铁观音集团案，明智的决策就是要持续经营。一旦经营就是亏，但不让经营的话则会丧失重整的基础。因此我们就协调政府借钱。而在其他一些案例中，经营中的融资主要靠实际控制人或股东。但不管是政府还是其他角色都不是专业的，如果有 AMC 这种专业机构参与，确实能发挥很大作用。这里我想提一点建议，中国信达这样的大机构，更多关注规模大的企业。而实践中很多中小型的民营企业等，资产规模只有几个亿元，需要的资金可能就只有几百万元或者上千万元。如何针对民营企业需求资金规模小、时间急的特点，设计更灵活的共益债务基金产品值得期待，使 AMC 发挥的作用不仅对于国企，对民企纾困也有很大帮助。

第四，困境企业评估价值的制度完善。重整案件中资产估值是非常核心的问题，争议很大，以前评估报告根本不让看，现在的情况有所好转，基本上评估机构的选聘金融机构可以参与监督，整个过程可以与金融机构和债权人沟通，减少误会。另外早期重整案件估值标准包括清算价值（目的是为保护债权人基本清偿利益），也会多一个市场价值。但实际上近几年的案件中，市场价值都不评估了，原因大概在于目前投资者不接受市场价值。因为市场价值在中国目前确实是一个理想价值，中国重整企业状况比较糟糕，进入重整时间都特别晚，另外制度也有问题，一是或有负债解决不了，财务不规范；二是资产查封，实际操作中大量案件几年都解封不了；三是股权过户质押查封等。这些困难导致现在真正投资者对困境企业投资有恐惧感，不敢投资，影响到其价值发挥。

点评人

左北平 中国注册会计师协会破产管理人业务课题研究组组长、北京中恕重整顾问公司执行董事、利安达会计师事务所（特殊普通合伙）合伙人

前面几位重量级嘉宾点评都非常精准到位，我从会计师的角度简短谈一下对 AMC 的两点感受。

第一，AMC 在企业重整的角色与功能，具有不可替代的独特价值。

AMC 在企业重整中的角色这个选题，与"蓟门破产重组"对话的定位相契合，是当前破产实务界重点关注的议题，也引起众多专家学者和企业界朋友的广泛关注。我们团队和 AMC 在具体案件有很多合作。我们在做的一个山东滨州地区的集团企业合并重整案件，涉及债务规模 200 多亿元、关联企业近 30 家。我们在重整期间是担任重整顾问和审计机构，后来又担任重整后新的投资人顾问。在这个案件中信达在重整中发挥了重要作用，提供了共益债务融资和金融机构债权的反向收购、与产业投资人组成联合重整方等。通过多项措施形成的一系列组合拳，为企业成功拯救、化解担保链风险发挥了关键作用。

我个人认为 AMC 在困境企业拯救过程中的特殊价值主要体现在以下几个方面：首先，它是困境企业拯救资金的重要提供方。其次，它提供了产业资本和金融资本相融合的重要平台和纽带。简化提高了重整效率，在产业资本进来之后形成一个重组方团队。再次，它是困境企业的资源优化配置和内部治理改善上的重要角色。其在重整企业剥离无效资产和引进盘活新的平台企业与产业主体中的协调者和推动者。最后，它在困境企业早期发现、企业价值识别、整体拯救方案的提供等方面有经验优势。

第二，未来如何进一步发挥 AMC 的作用和价值。

在这一轮供给侧结构性改革中，AMC 的作用我认为还发挥得远远不够，规模还不够大，影响力还不够广。未来如何发挥 AMC 在供给侧结构性改革中的作用？我认为有以下几个方面着力：

首先，完善相关政策和法律，为 AMC 提供更广阔的空间和灵活制度安排，包括破产程序启动前和启动后介入方式，解困资金提供的安全保障等。例如法国法赋予了破产程序新融资债权的超级优先权，我国目前还是承认共益债务的

性质，未来可考虑提供法律上更强有力的保障。

其次，允许 AMC 担任管理人角色。目前部分省市法院已将一些地方 AMC 列入管理人名册。我们既要看到 AMC 的价值和作用，又要考虑如何解决利益冲突问题，使其有效作用得以应有发挥。

再次，增加地方 AMC 和民间资本组成的准 AMC 的数量。目前地方 AMC 和准 AMC 的数量远远不够。正因为 AMC 具有不可替代的价值作用，应当鼓励其发展，在其准入门槛和数量规模进一步放宽时，才能满足这一轮改革巨大的市场需求。

最后，AMC 自身内部需要加强技术规范构建。通过实践发现，AMC 在企业价值发现、企业问题诊断、企业估值等技术环节应当进一步加强研究，建立内部技术规范。同时需要完善不同行业专家团队，可以和其他专业机构开展战略合作，把短板补齐，进一步练好内功。

参会嘉宾

李　晨　中国长城资产管理股份有限公司并购重组处负责人

非常荣幸参加这次活动。我对郑总的观点表示非常赞同，AMC 确实有非常重要的作用。我们团队参与过中铁部门、央企的债务重组项目，也参与过一些大型民营机构的债务重组项目。在实践中我们发现，现在出现问题的企业非常多、运作难度很大、成功率很低，根据我的业务经历和思考，我在这里提出我的困惑和问题。

AMC 参与破产重整的角色。首先 AMC 是作为共益债务的提供方；其次是通过收购债务或收购股权对债务进行优化整合；再次是作为重整投资人；最后是作为破产重整整个环节的财务顾问。

对于 AMC 参与的具体业务，前期是以政府信用和半市场化为主，到现在已经是第三个 10 年了，基本上按照市场化方式运作业务，会考虑到收益、风控、退出等相关资金投入流动性。

在实践操作中存在以下几个困难：

首先对 AMC 来说，最容易参与的环节即收购债权，以市场化方式参与破产重整。其中存在一个最大的风险点，即在地方政府指导下法院强裁的可能性。

即便是再好的方案，如若遭遇法院强裁，前期所有逻辑都将失去基础，新建立机构将面临较大风险。在实践中，不同地方政府对强裁认识不同，经济发达地区可能实行强裁，但某些省份还是支持借以破产重整解决问题。所以对企业强裁，有没有可能以某种方式进行约束、以某种程序进行控制，是我最关心的问题之一。

其次是估值问题。这是破产重整方案的核心，以投资人或管理人角度来看，他们希望估值越低越好，但还是没有特别好的形成机制。根据我们的经验在考量市场价值后，即使在很谨慎的假设下做出的估值，但在破产程序中可能又会被打得很低，估值就会变得不合理，这种不合理的意见是很难被采纳的。如此便会造成投资人等基于经验判断的估值无法控制的结果，债权人对估值的质疑目前也没有很好的程序安排保障。

再次是关于破产重整中的审核问题。运作的上市公司在破产重整中的审核环节中，不能存在违规担保，也不能存在被大股东违规占用资金的情形。这也是上市公司通过证监会审核的前提。这两条实际上是大股东对上市公司利益的侵害，面临困境的上市公司如果不通过重整等有效手段处理，其退市后便失去了价值，股东利益会清零，不会有清偿，如此对各方都不利。我们做过一些沟通，相关方认为，如果这时进入破产程序可能对原大股东追责不利，将导致大量上市公司积压在审核机构进不了破产程序。

最后是关于个人破产制度。在中国民营企业融资的大股东，基本都要承担无限连带责任，大股东的债务要跟一辈子。没有制度配合，自然人大股东配合破产重组的意愿非常低，因为破产重组结束后公司权属非其所有，这也是破产重整中需要解决的一个问题。

参会嘉宾
乃菲莎·尼合买提　北京市中伦（上海）律师事务所合伙人

第一个问题，AMC除了前面提及的在债转股时作为退出通道的作用外，还有一个新的作用：在浙江有些AMC可以直接作为破产管理人参与活动，AMC作为破产管理人有一个优势是可以带入共益债务资金，但在这个"优势"下是否存在利益冲突呢？

第二个问题，在涉及大型集团的预重整方案和庭外重组时，AMC 的加入将为各大金融机构向总行汇报提供便利。上市公司有退出通道，那么非上市公司怎么安排呢？

与谈人
陈景善 中国政法大学民商经济法学院教授

感谢郑总的精彩演讲。识别机制和退出机制是最重要的，我很感兴趣的是债转股和重整投资部分，一般信达进入程序后，哪一阶段是退出的最佳时间段呢？另外，在郑总的材料中有完善企业的独立董事制度，破产重整公司的独立董事一般谁愿意当？他们的薪酬根据什么来定？

与谈人
高丝敏 清华大学法学院副院长、长聘副教授

这是一次很难得的机会去了解 AMC 的运转。我看了管理办法和企业投资，关于公司治理问题，原则上是不控股，普遍是两种方式：一个是优先股；另一个普通股，不控股。AMC 在高风险和在没有很好的控制权的情况下该如何保护自己的投资利益？AMC 不以长期持股为目的，退出是其主要目的，追求短期利益，与企业追求长期利益是存在冲突的，如何平衡二者关系？

与谈人
吴张珺 国家金融监督管理总局调研员

AMC 可以成为管理人，其既有钱又有其他优势，所以会碾压其他管理人。AMC 比银行下面的投行更具有优势吗？投行更有钱，其是否更应该成为管理人？

与谈人
何连明 日本 TMI 律师事务所亚洲业务部门负责人

感谢各位专家。我在日本执业，所接触到的问题大多局限在：日本企业询

问他们在中国的子公司或者他们在中国投资的公司进入破产后所历经的程序、中国破产中有没有重整程序这类问题。我在本科的时候也学过中国破产法，但20多年之后再接触这个具有中国特色的破产法的第一线信息对我来说还是很新鲜，有很大启发，对我以后了解中国破产法的发展也有新的意义。我想问两个问题。

第一个是关于加大AMC作用的问题。在中国的形式下，我们特别需要郑总这样的英才，能够发挥AMC的作用并且得到良好的结果。但在国外可能会有冲突问题，AMC有两个角色，一个是资金的提供方，无论是共益债务还是其他的债务，你成为债权人，另一个是同时你要做破产管理人，这两个只能二择一。刚才有位先生提到了要锻炼队伍，我认为锻炼队伍只能做破产管理人，做共益债务的提供方可能是会存在一些冲突的。从日本法和其他很多国家和地区的法律来看都是这样的。另外关于改头换面，我们采取其他方式另外再投资一家机构，这样也是不合适的，这是违反日本法基本原则的。因此我觉得AMC本身是中国特色的产物，在中国会因此出英雄，但在国外可能就不会产生。这是我一个比较朴素的感知。

第二个是关于外商投资企业的问题。大家知道最近中国对日投资有提升，但量还是不够，与此同时日企对中国的投资也在不断降低，降低了很多。为什么会有这样的情况呢？是因为大家有很多的担心。担心中国是一个只能进不能出的地方。如果我经营不善，我就需要为自己买单。有很多日本企业在最后清算的时候，钱不够只能靠母公司增资或放弃债权才能正常清算。如果我想申请破产，法院会说必须满足两个条件：一是要有员工的安置方案，二是银行的债务要还清，这样你才可以申请破产。在这样的一个大环境下，外商投资企业能不能加入中国的重整程序，是否有这样的一个空间，我们的法院怎么来处理这样的问题。虽然外商投资企业的股东大多是外国人，但他们的员工和资源很多都是中国的，里面有着很多中国的利益。所以我个人认为，外商投资企业也应当是破产重整的参加者。我想请教各位专家给我一些启迪。

参会嘉宾

李玉萍　中润经济发展有限责任公司总经理

刚才有很多人提到了AMC中如项目基金的中间作用，我想澄清两个误会。

第一，信达公司从来不希望将管理人和投资者的角色二合一。我们认为资产公司的思维方式和律师、会计师思维方式是有差异的，会计、律师有的是会计、法律思维，而资产公司更多的还有经济思维，这是很大的差异。因此显而易见，AMC 有它的长处。毫无疑问的是 AMC 做事是肯定要符合衡平原则的。AMC 公司不是将自己的资金投入进去，而是利用它的资源组织能力，引进资金。

第二，有些专家认为 AMC 是资金的提供方是不对的。破产企业单纯要求 AMC 作为资金提供方，这对 AMC 来说风险是很大的。破产企业的投资逻辑与正常投资逻辑完全不一样。简单举例来说，处理一个案件，首先要看清这个项目问题和出路在哪里；其次 AMC 一定要在其中，它是方案的执行者；再次除了 AMC 自己的资金组织能力以外，系统内和社会上的资金也会找到 AMC 公司来寻求合作，他们看中的是 AMC 的国有性质和经营稳健程度；最后我们希望企业不仅仅是看中我们为他们解决当下的问题，而是从长远的角度来看，我们能为他们保驾护航，AMC 系统在各种相关服务的领域都有一定的平台。总之，破产企业的投资逻辑与日常投资的逻辑完全是两回事。这是我想澄清的。

与谈人

韩传华　北京市中咨律师事务所合伙人

就郑总刚才的发言，我提出三个问题。

我同意叶林老师的看法，叶老师的谈话具有独到眼光，他从职责、角色、动机等角度进行了分析。我想请问郑总，中核钛白项目对你们而言其实不是市场选择，因为你们是最大债权人不得不进去的，您能否给我们讲，如果您本来不是债权人，从投资人的角度、市场选择的角度来看，您会如何进入这个企业？

关于郑总提到的《最高人民法院关于适用〈中华人民共和国企业破产法〉若干问题的规定（三）》中有关借款性质问题、管理人获得借款程序问题、偿还的顺序问题、利息算不算的问题。我的理解是，最高院对这个条款的制定更多考虑的不是法律，是商业。管理人很单纯，法官也很单纯。经营企业非常复杂，很多情况下借的钱花了也没效果，如果轻易借款但无法偿还，以后就需要从抵押权人手中拿，那抵押债权人会不会同意？所以司法解释规定借款优先于普通债权，若要优于抵押债权就必须取得抵押债权人同意。

关于AMC担当管理人的问题，我和大家观点不一样，我非常欢迎AMC当管理人，理由有两个：（1）最高院关于管理人的指定上规定AMC可以当管理人。（2）管理人履行职责过程中非常困难，律所、清算事务所、会计师事务所等都是民营企业，没有人可以替管理人发声。如果AMC当管理人，就能体会其中甘苦。我们希望他们可以来当管理人，来了可以帮我们分忧解难，为我们树立一个标杆，和他们一起我们就能享福了。

这就是我的观点，谢谢。

主讲人回应：

我从叶林院长开始，对几位老师所提的总共几个问题做一个归纳回答。

第一，叶老师问到的关于我们将企业打包卖给政府的行为。严格来说，这是1999—2003年，政策性AMC（当时还叫管理公司，没有经营的概念在里面），为了节约成本、简化处置程序、提高效率、更有效地运用一点点资源调节经济结构，在2003年前大批量所做的行为。这些不良资产本身就是从各大银行剥离出来的，当时还没有成本概念。于是4家AMC以很低的成本买断了14000亿元的债权。我有选择地把在我管理下的一部分不良资产转包给了地方政府，这个作用是很大的，虽然也存在着弊端，但作用大于弊端。

第二，关于乃菲莎提出AMC的角色问题。我们的专业团队在一起讨论了4次，我认为该问题已经彻底解决。不存在信达公司担任了管理人就不可以出资金、不可以解决临门一脚的共益债问题、不可以找投资者等利益关联冲突的问题。这个问题在我国资本市场的最优秀端已经成功解决，我们采取了保荐制，如信达证券可以做中国信达资产管理公司的保荐业务、发行业务、发债业务等。利益冲突如何解决？我们采取了联合保荐。所以这个问题是有解的。在遇到了多个角色的情况下，我们可以采取联合保荐制。管理人实际上是另外一个意义层面上的保荐制，4家AMC可以和政府、法院、债权人、新的产业潜在投资者形成对口协议。如果这还不行，我们可以转换角色，信达作为管理人不去买债了，不做共益债了，但可以和长城的朋友进行互换。

我来之前和几位金融机构懂一点破产的老总进行了交流，发现有时法院特别是管理人不是撼动不了金融机构，而是没有感染它们。说一千道一万，我是想说 AMC 来自金融机构，和金融机构有着先天的血缘关系。我们将客户整理好之后，百分之百要回馈到商业银行和广大的投资机构，但是金融机构和 AMC 的声音很少有人听到。

第三，关于吴处长提出的商业银行的投行部门来处理这些事务是否能处理得更好的问题。其实不是这样的。AMC 所拥有的"十八般武艺"中你们只具有一个功能，也就是提供资金，而且这个资金还不能够解决全中国的资金问题。这不是一个有了资金就能够解决的问题。我们是一个"先行者""内科医生""探矿者""根雕艺术者"，是有专业能力的。我们不是像银行有着无限多的便宜资金，我们是有着解决"癌症"关键的技术、综合的诊断方法，辅之以最适当的钱。不是说哪一家投资银行的钱多就能够把问题解决好的。

第四，关于高丝敏教授提出的问题。在方案出笼之前，我们的最优化方案、退出渠道、时点、风险缓和措施都全部到位了，4 家 AMC 都是这样做的。在这里面是很有讲究的，99.9% 的情况下我们不会当大股东，更不会当控股股东。对新的投资者我们有一整套考量标准，政治合不合格、武艺高不高强、人品是不是最好的。另外，还是从作为"内科医生"的角度来说，资产不可能长期在我们手上，严格讲适度周期是 3 年，最长 5 年。意思是 3 年之内我们是要退出的，即便退出不了我们也会考虑到下家。我们也有对赌协议在里面，实际上在方案出笼之前企业一定和资本市场是对接的，对流动性是有考虑的。我们不可能天天跟着经营者，我们要尽量地相信他们，但仍然还有不相信的地方，因此要延长监督手臂。困境上市公司救过来了，但它还是一个"病入膏肓"的公司，各方面还是很弱的。在结构方面除了我自己要排董监高之外，还要注意独立董事，很多时候都是独立董事坏了事。因此在我离开中核钛白之前，请来了刘继鹏先生等独立担任董事。也有人会问，要如何保障这些甘肃偏远地区的企业不再出事，以免损害独立董事的名声。一方面我们会设立很多限制条件让企业尽量不要出事，另一方面有他们帮我延长监管手臂能降低他们出事的概率。另外，我要给刘继鹏老师等三个独立董事合适的待遇。

刚刚大家提出的问题都很类似。4 家 AMC 从 1999 年成立以来就跟广大问题机构、问题资产打交道。我们最了解困境端企业，也很了解优秀端企业，所以我们知道投资者在什么地方，知道怎么把上下游打通，怎么样在交易撮合中形成好的交易价格让双方满意。实际上并购重组在全世界是最难的一个行当,破产重整是最难行当上的一个王冠。

参会嘉宾
侯 琦 北大青鸟集团有限公司副总裁

今天在现场的嘉宾中只有我一个是真正来自企业。针对"破产重组企业的角色",我就想没准哪一天我们就成为这个角色,可是到现在为止没有任何人去研究这个角色的事情。

我看到这个题目"蓟门破产重组"对话,觉得有些含糊。因为我一直认为重组和重整是不同的。我参加过3次破产重整,第一次是作为嘉宾,第二次是作为破产重整企业这个角色,第三次是郑总刚才提到的管理人背后的企业支持角色。但我理解重整和重组,其含义是不一样的,重组是一个资源的组合,而重整是在破产基础下的重新整合。

为什么要有破产重整呢?我觉得破产是首先的,然后才是重整,只有这种关系才会给重整带来机会。我同意刚才这位律师所说的,重整不是一个经济概念,是一个政治概念,涉及安定、维稳。我与郑总是老朋友,中核钛白也是这样一个角色。破产首先是为以前的事画上一个句号,重新进行整合。郑总在中核钛白的角色更主要是投资银行家的角色,因为他有能力整合资源,把一个死亡的企业给整合好,在这种情况下,我觉得在中国研究破产重整可能比研究破产更重要,也更符合国情。但是重整首先必须有资源评估师评估出来才会有整合的可能性。

再说管理人的问题,我参加的3次重整,管理人都是律师,但是3个律师后面都有自己的保障团队。当然我也当过保障团队的人、被人宰割的人等。巧的是3个企业中的两个都是在正常经营期间出现了破产,这就出现了很大问题。比如有一个企业,法院判决它已经破产了,而且指定了管理人,这时候"上冻了",企业说锅炉要不要烧,管理人说这我不知道,资金上也有一些问题。AMC在这方面的资源可能会在重整过程中起到一个很好或决定性的作用。

点评人

许胜锋　北京市中伦（深圳）律师事务所高级合伙人

包括许美征老师也在讨论，可能郑总讨论的管理人跟我们认识的管理人还存在区别。现在破产法规定管理人要做市场调查、债权人审查、诉讼、仲裁等事务性工作偏多，AMC 很难胜任这些工作，或者只能再次聘请中介机构从事这些工作。另外如果真的由 AMC 来当管理人，现在各地法院编制管理人名册大部分都是执转破、无产可破的案件，AMC 愿意做吗？所以我理解不管是许老师还是郑总，都更愿意在重大复杂案件中充当财务顾问。

在目前的法律框架内我想到的有两个途径：第一个是清算组模式。虽然大家经常觉得可能其政治色彩过浓，但也不能一杆子全部否定其存在的空间。第二个是允许管理人在重大复杂案件中聘请财务顾问，即 AMC。

与谈人

邹明宇　合众人寿保险股份有限公司总监

感谢各位嘉宾的精彩演讲和点评。刚才何律师提到了两个问题，我从北京法院实践谈一下我的认识，澄清一些问题。北京破产法实践很重视对外资企业的平衡保护和异地保护，这也是目前我国大力倡导营商环境提升的一个重要基点。所以之前提到的在破产前外资企业或者合资企业必须把金融债权清偿掉，法院才能受理，这种情况在北京是不存在的。职工安置方案方面，这块我们实际上并没有把它作为外资合资企业受理的前提或抬高的门槛，只是作为受理需提交的材料之一。这里我们强调的是有方案，并没有要求要把职工安置完毕，有方案与安置完毕是完全不同的，但这是要提交的一个材料，尤其是在债务人自己申请时。

还有一个问题是利益冲突问题，从法院角度来说，我们最看重的就是利益冲突如何解决和预防，因为不同的角度不同的位置有不同的思维方式与出发点，法院最主要的角色是居中裁判，权衡各方观点，要更多关注公正，起到监督作用。但这并不是要否定 AMC 参与重整的作用，而是大家都提到的我们要制定规则来意识、预防这个问题。但现在已经有上百家 AMC 了，以后可能还有更多，我们不能保证每一家都能做到郑总这样，我们要有章可循，提前预防。

结　语

主持人

刘　颖　北京航空航天大学法学院教授

在今天这一期的"对话"中，郑总首先帮我们展开了企业重整时代到来的一个宏大画面，其次在此背景下分析了 AMC 在重整中的角色和优势，最后发出了自己的呼喊，就是要进一步发挥 AMC 在重整程序中的功能，甚至是承认其作为破产管理人的地位。

之后李曙光老师从三个方面进行了点评，AMC 的宏观角色和微观角色、AMC 面临的挑战和难点以及个人对 AMC 的期待。叶老师很谦虚，说自己只讲几个有趣的事情，结果先后涉及了 AMC 到底是政治性的还是商业性的，AMC 可否既当债权人又当债务人财产的管理人等非常深刻的问题，由此引发了后面与谈环节的激烈讨论。

今天可能是"蓟门破产重组"对话到目前为止观点交锋最激烈的一次。感谢各位点评人、与谈人及提问嘉宾共同为我们奉上了精彩的对话节目。感谢各位没有发言嘉宾的理解和体谅。当然，今天尤其要感谢郑总既有温度、又有深度的报告以及后面颇具风度的回答。

还是要恳请各位嘉宾、各位朋友继续支持"蓟门破产重组"对话，支持我们的破产法与企业重组研究中心。我们将竭力做好各项组织和服务工作。就像今天的欢乐场面一样，我们争取把蓟门破产重组对话办成每个月破产法的实践者、研究者、爱好者的节日。最后有请李曙光老师说几句，为我们今天的对话活动画上圆满的句号。

李曙光　中国政法大学教授、破产法与企业重组研究中心主任

今天的讨论非常热烈，也正是对话所期待的，是我们破产职业共同体一个

非常好的平台搭建。我简单谈三点。

第一点，我认为 AMC 有制度内和制度外的角色。制度外的角色就是说 AMC 像是一个市场机构，在目前制度框架下寻找破产重整甚至清算程序中的作用和角色，会寻找制度各方面漏洞来担当这个角色，而不一定是管理人。制度内的角色是说我们目前在试图修改破产法，一种思路是把 AMC 纳入管理人的角色，另一种思路是改变目前破产重整中必须有管理人加入的模式，或者是说运用自行管理，把管理人管理模式去掉，更加强调自行管理模式、更加强调让市场上的力量进来参与重整。未来可能是在重整当中其角色定位会更多一点，当然在这个过程中，现有的管理人制度可能是一个辅助角色，AMC 是一个主导角色。

第二点，刚才侯总对我们破产重组的解读很正确。我们讲到的破产是包括清算、和解和重整三个顺序，重组更多是法庭外的，本身这个对话就是法庭内和法庭外的对话，也是意味着学术界和实务界、法律界和法律界以外的对话，这是破产重组对话的来由。

第三点，从郑总今天的演讲可以看到他首先是一个金融家，他站在金融机构的角色谈这个题目，包括他自己的学历也是金融出身。他还是一个实操的企业家，因为他在很多项目中也扮演着企业家的角色，信达哪个债权遇到危机了，就把他派去当董事长、总经理等多种角色。中核钛白就是他以企业家的面目进去，又有操作者的身份。除此之外，他还有另外两个头衔，他还是社会活动家，郑总的社会资源及其丰富，尤其是政府资源；他也是一个经济思想家，是一个很有思想、情怀、关注和爱心的人，包括对我们整个破产重整事业的支持他完全是以一个思想家来介入的。今天郑总也将这 4 个家展现得淋漓尽致。

我提前剧透一下，下一期对话我们会请香港著名的国际破产协会前主席来做主讲，欢迎大家参与。

整理人：中国政法大学破产法与企业重组研究中心
姜小艺　金泽慧　江佳颖　刘子弘　宫祥哲　高　寒
柳元浩　张金一　刘奕辰　周子杰

第十五期

参会时与会嘉宾信息

主讲人：

郑成新　中国信达资产管理股份有限公司业务总监、中南财经政法大学特聘教授

点评人：

李曙光　中国政法大学研究生院院长、教授，破产法与企业重组研究中心主任
叶　林　中国人民大学法学院教授、中国法学会商法学研究会副会长
许胜锋　北京市中伦（深圳）律师事务所高级合伙人
左北平　中国注册会计师协会破产管理人业务课题研究组组长、北京中恕重整顾问公司执行董事、利安达会计师事务所（特殊普通合伙）合伙人

主持人：

刘　颖　北京航空航天大学法学院副教授

参会嘉宾：（依据发言顺序排列）

李　晨　中国长城资产管理股份有限公司并购重组处负责人
乃菲莎·尼合买提　北京市中伦（上海）律师事务所合伙人
黄中梓　安徽省律师协会破产与重组专业委员会主任
李玉萍　中润经济发展有限责任公司总经理
侯　琦　北大青鸟集团有限公司副总裁

与谈人：（依据发言顺序排列）

陈景善　中国政法大学民商经济法学院教授
高丝敏　清华大学法学院副院长、副教授
吴张珺　中国银保监会调研员
何连明　日本TMI律师事务所亚洲业务部门负责人
韩传华　北京市中咨律师事务所合伙人
邹明宇　北京破产法庭副庭长

第十六期

个人破产制度的域外经验

[美] 李约翰

发言嘉宾

主讲人：
李约翰（John Robert Lees） 安永企业财务服务有限公司执行董事、国际破产协会前主席

点评人：
李曙光　中国政法大学教授、破产法与企业重组研究中心主任
许德峰　北京大学法学院教授
钱为民　浙江省台州市中级人民法院民二庭副庭长
左北平　中国注册会计师协会破产管理人业务课题研究组组长、北京中恕重整顾问公司执行董事、利安达会计师事务所（特殊普通合伙）合伙人

主持人：
刘　颖　北京航空航天大学法学院教授

与谈人：（依据发言顺序排列）
顾智浩　安永（中国）企业咨询有限公司大中华区合伙人
韩传华　北京市中咨律师事务所合伙人
邹玉玲　北京市海淀区人民法院民事审判三庭（破产审判庭）副庭长
葛平亮　中国政法大学民商经济法学院副教授
宋　宽　德安华集团执行董事
黄中梓　安徽省律师协会破产与重组法律委员会主任委员
贺　丹　北京师范大学法学院副院长、教授

参会嘉宾：
庞路明　国家金融监督管理总局调研员

主办方　中国政法大学破产法与企业重组研究中心
协办方　中国注册会计师协会破产管理人业务课题研究组　北京中恕重整顾问公司

2019 年 12 月 21 日

开　幕

主持人

刘　颖　北京航空航天大学法学院教授

各位嘉宾好，时间到了，我们开始第十六期的"蓟门破产重组"对话活动。

今天邀请到了声名卓著的李约翰先生来访。在之前的十五期对话中，我们邀请了日本、美国、法国、韩国破产企业重组领军人物来访。今天我们也非常荣幸地邀请到在我国香港地区拥有几十年的从业经历，也担任过国际破产协会主席的李约翰先生，今天他将就时下我们非常热门的点评个人破产，现场分享他的长期思考。

点评人方面也邀请到了长期在个人破产这一主题上思考最深的理论家以及践行最多的实践家，其中包括我国践行企业破产法讨论小组成员：中国政法大学破产法与企业重组研究中心的主任李曙光教授、北京大学法学院许德峰教授、浙江省台州市中级人民法院民二庭钱为民副庭长和我国知名注册会计师左北平先生。另外我们还邀请到了理论届和实务届的中坚力量。受时间所限，在此不做一一介绍，大家可以参考手上的嘉宾名单。

说明一下今晚对话的流程和规则，首先由主讲人报告1小时，然后是每位点评人评议15分钟，此后与谈人和现场观众可以自由发言，每次不超过8分钟。最后我们还会留出时间给现场的各位提问。

接下来让我们用最热烈的掌声欢迎远道而来的李约翰先生。

主讲人

李约翰（John Robert Lees）　安永企业财务服务有限公司执行董事、国际破产协会前主席

非常感谢李曙光教授邀请我参加此次对话。我生于新西兰，最开始工作的地方是澳大利亚。刚开始我的业务咨询工作比较辛苦，后加入新的公司，开始全职从事破产法工作。我从1988年搬到中国香港，在一家澳大利亚人投资的小公司工作了15年。尽管工作业务主要在香港，但其在北京、上海、新加坡都有

分支。一年前，我很高兴能加入安永。我们也一直在这边有相关业务。个人破产法其实不是我最喜爱的主题，但却是相当重要的主题。我知道这边目前在考虑这方面的立法，并进行实践探索。最近法庭也在考虑把个人破产融入法庭的决定之中。所以今天也很高兴见到一些法院的庭长。

今天我主要讲述个人破产程序、破产、个人自愿和解程序、庭外和解程序和信用咨询，其中，个人自愿和解程序和信用咨询是香港前几年刚刚加入的规定。

自然人的破产包括从事商业活动的自然人和没有从事商业活动的自然人。破产可能是多种原因造成的。下面我将介绍不同的破产原因和破产债务规模。

香港自然人大部分破产都是由于失业造成的。其他包括过度使用信用卡等，这两点是最主要的原因。关于破产债务如何分配，大部分人并未负担太多债务，大多是 100 万港元以下，在现在看来似乎钱数不大；只有少数超过 600 万港元。

那么，我们为什么需要自然人破产制度呢？自然人破产制度具有许多优势：第一，有利于债权人。通过避免浪费托收成本和无差别出售或转移资产，可以增加对债权人的偿付。在具有多个债权人的情形中，按照设定程序可以为债权人提供公平的债务偿还分配。第二，有利于债务人及其家庭利益。自然人破产制度可以减免债务人的债务负担，同时允许债务人保留满足其家庭生活需要的收入和继续工作的生产资料。

我的提纲包括破产申请书、破产主要的处理阶段，还有一些任命私人公司作为管理人的初步审查、招标、破产人的职责、债权人的权利、受托人的权利和角色、财产跨境破产以及行政管理中的实际问题和案例研究。

香港破产申请自 1994 年以来的趋势如下：2002 年、2003 年有巨大攀升，之后数量大幅度减少。香港于 1846 年制定第一部破产条例，名为《香港破产债务人救济条例》，其目的是免除无偿债能力的债务人的监禁。1864 年《破产条例》废除了以上条例，其后又颁布了其他多项破产条例，每一项都仿照《英国破产法》，以适应不断改进的商业环境。1986 年，《英国破产法》进行了修改，但香港的破产条例一直未经修改，这段时期被称为香港破产法的"黑暗时代"。1990 年香港法律改革委员会成立了小组委员会，来负责审阅香港的破产法，并研究英国、澳大利亚、新西兰等地的破产法，并推出一些建议。1931 年所制定的破产条例第 6 章是根据 1914 年《英国破产法》制定的，并且根据 76 号破产修订条例进行了大幅修订。现行的破产条例第 6 章是根据 1914 年《英国破产法》制定的，并且根据 76 号条例大幅修订。1990 年，香港的法律改革委员成立小组委员会，负责检讨香港的破产法，并于 1995 年提出建议，破产条例第 6 章被大幅修订。主要的变化有："破产行为"被删除，取而代之的是债务人在债权人提出申请之前未能遵守法定要求；法院有两步程序，第一步接收命令，第二步作出破产裁决命令，以上被单一破产命令取代；实现债务自动免责；引入个人自愿安排。新法提供了一个权利暂停行使期间，使债务人有时间与债权人谈判。债务人申请暂停令时，所有法律程序将会中止。新的破产条例具有两个"主要处理阶段"。首先是债权人或债务人自行申请。债权人需要向破产管理署存入 11000 港元以支付费用和开支，而债务人则需要存入 8000 港元。

然后进入法院处理阶段，破产管理署被任命为临时受托人。在债权人提出申请的情况下，临时受托人会在 21 天内提出负债说明书的表格。临时受托人接管破产人的资产并且决定需要定期提交的供款金额。如果资产低于 20 万美元，临时受托人要向法院申请委托私人执业者为受托人。如果资产超过 20 万美元，临时受托人要召开会议，考虑委任受托人和债权人委员会。受托人之后将破产人的资金变现，在可能的情况下向债权人支付利息。受托人将任何不当行为交破产管理署起诉。当受托人认为没有更多可变现资产时，可向法院申请离职。破产人通常在发出破产令后 4 年内被免责，受托人可以根据一些理由提出反对。

我们先来看一下申请人的类型。债权人债务人都可以申请破产。债务人自行申请远远超过其他类型的申请。一些人可以通过招投标的方式成为临时受托人，一般会给他们提供两到三个案件，但这些案件的金额都非常小，比如，有 1378 港元的。我们可以看出津贴非常低，而且需要在 4 年中进行管理。更糟糕的是对破产进行审查工作的津贴更少，从 118 港元到 135 港元。所以对私人执业者来讲，这并不具有吸引力。

破产人有一定义务，例如提交关于其事务的宣誓声明；参加受托人办公室的面谈，提供有关资产和财务的信息；确定是否需要定期提供财政资助（供款）；在破产财产的整个管理过程中与受托人充分合作；如果联系信息发生变化，应立即通知受托人，提交破产期间获得的收益和资产年度报表；披露破产期间取得的所有资产。

作为债权人也具有一定权利，包括呈交债权证明表；出席普通债权人会议；（在债权人申报的情况下）获得利息；要求受托人向法院申请对破产人进行公开讯问；反对破产人自动解除债务。

受托人在大多数情况下是私人执业者，其主要职责包括披露破产人所有财产。他们可以出售破产人任何财产，包括账面债项及商誉，需要审查破产人有没有做出定期供款的能力，需要解冻账户、决定是否可以将小额结余用作生活费，需要与破产人合作提供信息，并且要求交付财产。受托人也有权检查破产人的资产。受托人的一项重要职责是评估破产人的合理生活需要，并保证合理收入都存入破产财产资金池。在一个案件中，一位在政府工作的女士去美容院雇用女佣，将3个孩子中的2个送到域外接受教育。我们在法院起诉的时候要向法官证明这些开支和费用是过度的，但此案中的一个法官认为破产人把孩子送到域外进行教育是合理的家庭需求。受托人能对破产人的资产负债进行调查，比如可以调查不公平的优先受偿。受托人还可以对破产进行公开审查。受托人会对任何可能提供资料的人进行审查，且有能力报告并起诉破产人的一些行为，例如没有提供年度报告、构成破产犯罪的行为等。受托人能对债权人主张裁定。受托人也可以分配利息。受托人的其他权利还包括向法院申请发布逮捕令等，经债权人委员会批准允许破产人管理财产、给破产人管理人津贴。

豁免财产在香港有强制性公积金，雇主和雇员必须将员工5%的收入存在公积金中。破产时，公积金是不能碰的。任何雇主或雇员自愿供款则可以进行追缴。还有担保资产，我们不能对有担保的财产进行处理。还有给孩子或他人的信托财产也是一个问题。银行是允许父母以孩子的名义开账户的，一直持续到孩子成年之后，所以父母为孩子开账户，被认为是一个很好的可以财产豁免的方式。另外对破产人所拥有的书籍、车辆等设备以及满足破产人基本生活需要的服装、家用设备和用品等可以继续使用。例如，破产人是管道工就要留着自己的工具，否则以后他就没有收入购买满足破产人基本生活需要的服装、家用设备和用品等。

跨境破产是很有意思的领域。香港法院会承认域外破产，由债务人在破产开始时所住的管辖区法院宣布，或者债务人接受域外法院的管辖。其他情形包括债务人与域外法域有实质性联系等。然而对欺诈性的域外破产承认申请，法院可以拒绝承认。香港受托人可以寻求催收域外的资产。由于途径是域外的，破产程序可能对资产所在的当地法院或银行没有约束力。香港受托人可能需要向域外法院提出申请，或在域外司法管辖区申请破产人破产，以取得对域外资产的控制权。

首次破产是4年后自动免责，重复破产的话是5年后自动免责。受托人可以根据一条或多条理由反对。受托人须说明是否打算在免责日期届满前3个月内申请延长免责期间。申请延长免责期间是很难的。我从事过两起案件，第一起失败，而第二起成功。法院下令中止破产期限、延长免责期限包括许多情形，例如在破产开始的5年内，破产人可能对破产财产作出重大贡献，解除破产会妨碍对破产财产的管理，破产人不能很好地配合破产财产的管理，以及破产人在破产前或者破产后的行为不尽如人意。这些是经常向法庭提出的理由。除此之外，还有可能是破产人没能在受托人要求或者管理署要求下返回香港，或是破产人进行不当交易，违反破产条例中第129条、第131~136条，以及破产人未能为受托人准备年度收益及并购报告。

除了上述所说，还有可能是破产人没在受托人或破产管理署的要求下返回香港，或是破产人进行倒产交易，或是破产人犯了破产条例规定下的罪行，或是破产人未能给受托人准备年度收益报告。但最常用的理由是破产人未能回到香港。当然，倒产交易也是一个很合理的理由。我们可以通过向银行写信、与破产人进行面谈以及要求破产人提交年度收益报告、破产人的动态等方式来调查破产人的行为。例如，破产人受雇于某公司，以自己或他人的名义购置了新车新房等行为都是可以调查的。还有例如，在破产申请前或申请后，离开香港未能通知债权人。再如，一个案子中破产人在美国有企业，在离开前和回来前都要通知我们，这是一个相当合理的要求，如果有人突然失踪且不回来，该行为是违反破产条例的。

实践方面存在的一些问题：第一，资产追回的成本。一些小额的银行余额是不值得追回的，比如只能追回5港元或10港元，却要向破产管理署交100港元或200港元。第二，开立银行账户。我们允许破产人开立小额银行储蓄账户。第三，公司股份问题。我们认为所有资产都应该并入破产财产。第四，联名财产问题。实践中的一个案例是夫妻具有共同联名的财产，其中一方是破产人，拥有公寓50%的股份。我们会尽量追加这些资产，但联名财产确实难追回。第五，破产令前的现金和资产处置。很多现金失踪了的确无法追踪。第六，收入的供款和合理的家庭开销。合理的家庭开销有一个衡量的问题，例如，百万富翁习惯坐私人飞机旅行，那么对他们来说什么才是合理的需求呢？

大家来看几个案件，第一个是李某与妻子黄某的案子。第二个是 RH 的案子。第三个是一个小案例，但是它涉及跨境破产。

首先是李某与妻子黄某的案件。这对夫妻在香港特别行政区 2005 年创立的某公司，2008 年 4 月申请进入清算程序。我与我的合伙人在 2009 年 8 月成为该案的破产管理人。这对夫妻的大部分资产，包括银行存款、商业房产等主要财产都在美国的马萨诸塞州。这对夫妇控制着两家管理公司，两家管理公司下面又有许多的有限责任公司，这些有限责任公司拥有一些商业房产。该案涉及很多小型投资人，尽管我们无法全部控制这些资产，但我们知道这些资产的存在。他们的商业房产归有限公司所有，且是在高价时通过高杠杆纯利息按揭买入的。

管理人向美国法院申请承认我国香港特别行政区的破产程序时这对夫妇也提出了一些异议，所以他们也获得了初步救济，暂时冻结了在美国的财产。大概在 16 个月之后，美国法院的裁决才下来：根据《美国破产法》第 15 章规定，他们在美国的资产需要获得美国破产法院承认后才能清算。

这里就要谈到《美国破产法》第 15 章。美国破产法院将程序分为两种类型，主要程序和非主要程序。法院要先确定 COMI 主要利益中心是在哪儿，然后确定这是域外主要程序还是域外非主要程序。关于确定主要利益中心的因素要先有一个具体因素清单。这里列举一些因素，比如债务人的经常居住地；注册办事处所在地；债务人多数债务所在地；债务人是否为美国永久居民，是在香港住的时间多，还是在美国住的时间多；以及债务人个人与商业关系所在地、受影响最大的债权人所在地、可以解决大部分争议的司法管辖区。

该案所面临的挑战：根据中国香港破产法规定，破产债务人不能担任董事，但美国破产法没有相关规定，因而这对夫妻可以继续控制在美国的公司。他们可能对受托人提出反对，认为他们的主要利益中心所在地是马萨诸塞州而非中国香港。美国法院的态度通常是对债务人友好的，而中国香港的传统是对债权人友好的。美国法院法官更在意的是破产人的利益和他们是否受到了保护。

根据《美国破产法》，豁免的资产需要适用《美国破产法》第 15 章，而美国所有的州又都有自己破产法的规定。比如夏威夷的一个案例：当时我负责清算一个相当大规模的基金，丈夫以妻子的名义在夏威夷买房，美国法院认为他们可以继续控制房产，但这是用债权人的钱买的房，明显是不太公平的。马萨诸塞州也有相同的情况。本案债务人没有居住过其在美国唯一的房子，所以这个房子不可以算豁免财产，因而我们也把房子追收了，放在了破产财产的资金池里面。

接着，我们又申请终止这对夫妻的破产解除。因为他们在下达破产令前后的行为都不尽如人意，而且也没有很好地配合我们进行破产财产的管理。一审法院认为我们7项申诉中有5项能够证明他们的行为让人不满意，因此裁定暂停破产解除，也就是说要延长破产期限：李某的暂停期为18个月，黄某的暂停期为15个月。他们提出了上诉，上诉法院维持了5项申诉中的4项，维持原审法院对暂停破产解除期限的规定。

上诉法院对中止破产解除进行了两阶段的检验，首先确定了第30A（4）项下的一项或多项行为是否成立。然后，法院将继续酌情下令成立暂停破产解除。这需要考虑到破产的整体情况、破产人在破产令下达前后的行为，以及破产条例的两个目标：使破产者恢复正常经营活动，确保其返回商业活动后不会给予其有商业关系的人带来不可接受的风险，也不会给维护商业道德带来不可接受的风险。只有在下达破产令前的行为严重但不是异常严重的情况下才可以下令暂停破产解除。令人不满的破产令下达前的行为的检验标准是：社会是否在不反对的情况下允许这种行为的发生（如对债权人的偏颇性的清偿、隐藏资产、欺诈行为）。

其次是RH案。RH曾是一个高级公务员。香港的一家大银行申请其破产，要求他偿还大量无担保的债务，大约6000万港元。除此以外，他还欠了其他很多银行的债务，同时还被廉政公署（香港反对腐败的独立机构）提起了刑事检控。他的资产包括11000张密纹唱片和一些酒。有一个银行把酒拿走了，只剩下唱片。

在破产期间，退休公务员的退休金不再支付，只有在破产解除后才能恢复领取。受托人与RH根据《退休金利益条例》，一起向公务员事务局申请支付退休金以维持生活和清偿债务。但是后来由于他被判刑了，他的生活状况发生了改变，退休金被拒绝支付了，因为他在监狱里不再需要任何维持生活的费用了。他的11000张唱片如何在香港获得比较好的价格是一个很大的问题。有些收藏家愿意付很多钱购买，但最后也只拿回80万港元。他并没有向受托人提供年收入报表，这是违反破产条例的，他因此被罚款 2000 港元。

他的过往交易调查也出现了一些问题。他给内地的女朋友赠送了大量的礼物，价值在 750 万元人民币左右，买了奥迪车，在上海购置了房产。我们想找到他的女朋友追回房产、把钱要回来，但是由于她在内地，这非常的难。并且他在世界各地还有其他的女性朋友，我们也不知道他给了那些女性朋友多少钱。如果这些女性朋友在香港，我们就可以找到她们把钱要回来，但在内地我们就做不到了，关键我们也找不到她们。

最后一个案子是我们现在做的一个案子。我的合伙人和我，经法院委任，成为我国澳门特别行政区破产受托人的代理人，来调查香港破产人的资产负债。其实我们在世界各地都做过这种事，包括荷兰、美国。当然这取决于法院的命令，赋予我们多少权力到银行去找到钱并把钱收回。

关于个人自愿和解程序，这是在 1996 年法律规定的。我们可以看到，在 2009 年、2010 年这个程序非常受欢迎，但现在越来越少了，这个原因是多种多样的，毕竟还有其他的方式可以解决这类案件。不管怎么说，破产案件的申请数量在不断下降，我们可以用各种各样的花费较少的方式来解决问题。个人自愿和解程序也是需要法院支持的。这里需要一个代名人，代名人可以和债务人一起起草一个提议提交给法院，然后需要通过债权人大会的同意，接着回到法院批准。举一个例子，一个债务人有 500 万元的债务，他可能是会计师，或者是律师，他一旦被宣布破产就无法执业了。但根据和解协议他可以继续工作，债权人可以给他安排 10 年的偿债期，这样他也乐意。但问题在于他需要一个专业的代名人，还需要法院的诉讼，所以这个花费也是非常昂贵的。虽然也有其他的方式可以解决这类问题，并且成本较低，但在当时这是一个很好的方式，既可以避免破产，又可以继续工作。我在香港给律师、会计师都做过这种安排。

还有几点想讲的。一个是香港银行协会、DTC 协会等提供了一个债务减免的框架，这可以使多个债权人用更有效益的方式与债务人达成和解。债务减免计划可以帮助债务人谈判每月分期偿付的金额，并且不发生任何费用；可以避免诉讼、扣发工资，而且在未来也不会有其他限制；可以继续回到稳定的财务状态，拥有一个良好的信用记录。一般有一个债权人会成为牵头债权人代表所有债权人与债务人谈判，形成一个计划，由其他债权人批准这个计划。债务人每个月将钱打到牵头债权人的专门账户中。这个想法很好，但这需要你有工作才能有收入还钱。

另一个是第三方债务合并。信用卡债务在香港的利息非常高，有时能达到30%。债权人可以将信用卡和分期付款债务合并为一笔贷款，以合理的利息，比如以5%的利息偿还信用卡（不管怎么说，这比信用卡的利率要低，可能低上50%），这样债务人只需跟一个债权人打交道，并且没有法律的程序。这比IVA个人自愿和解程序要便宜很多，因此很受欢迎。所以我们可以看到小债务人破产案件的数量越来越少，IVA的数量也越来越少，其共同的原因都是成本高。

最后讲一下信用咨询。香港在这方面需求也越来越旺盛。大部分债务人通常都只是不小心超支。银行也鼓励他们使用信用卡：有些债务人可能有多达10多个信用卡，银行还会不断地给他们卡。香港现在有两个慈善组织提供这方面的咨询，帮助他们控制开支。

我知道内地目前正在考虑个人破产法，并希望在不久之后能够出台个人破产法，内地目前的立法主要集中在企业债务人上。我们也希望香港的破产法尽可能涵盖所有人，但对于很多人来讲，这种例如咨询的快速解决方案比专门的法案其实要更有效。对陷入困境的非企业的债务人，的确需要一些体系来解决，但是同时也要有成熟手段来配合这些体系。在内地一定也有很多这样的人，他们不小心透支了信用卡或是无法控制自己的债务。他们需要帮助，但不一定要像香港一样有专门的破产法条例。有些方法往往更有经济效益，能够让他们更快地摆脱债务负担，走出债务累累的境地。

非常感谢。

点评人

李曙光　中国政法大学教授、破产法与企业重组研究中心主任

非常感谢李约翰先生，他是我的老朋友，我们相识多年，他是在世界上非常著名的破产法专家。他在香港和世界其他国家和地区执业多年，是工作在破产法一线的人。李约翰先生在国际破产协会每年举办的重大活动基本都没有缺席，他不仅是破产方面很专业的执业者，也是国际破产协会重要的领导和顾问，为全世界许多国家和地区破产制度的建立做出了贡献，在20世纪90年代中期就作为政府与亚行合作项目的专家，参与了国有企业破产政策的制定与研究。

今天的"对话"特别邀请他来讲我国香港的个人破产，因为在香港涉及个人破产的案件每年有几万件，他的公司办理了香港个人破产业务的相当一部分，他本人的实践经验十分丰富。我们正考虑建立个人破产法，可以借鉴香港地区这样的具有非常成熟的个人破产制度的地方经验。我想就李约翰先生的发言做6点点评。

第一点是个人破产制度的功能和其落地。企业破产法或公司破产更多强调的是集体清偿的功能。个人破产以个人救济作为主要目的，与企业破产制度的早期设计不同。从个人破产法的历史来看，也是越来越强调救济。早期历史，破产被一些国家和地区视为犯罪行为，后来破产财产豁免是恩赐性豁免，而现代个人破产是慷慨性豁免。所以个人破产法的功能在不断变化，对当下的立法来说很重要。立法中更重要的是强调救济诚实而不幸的债务人，这是立法的走向和目标。

一个重要的问题是个人破产要与实际相结合。目前企业"出生率"很高，一天"出生"2万家企业，但"死亡率"也高，2018年"死亡"181万家，基本上每天有4900家企业"死亡"。这些"死亡"企业大多数是商自然人企业，即个体工商户和个人独资企业。我们破产法的理想框架应当要包括所有的个人，包括民法中的自然人。但是实际上要出台一部理想中的破产法是做不到的。更重要的是把个人破产分为自然人破产、消费者破产、商自然人破产以及其他如城乡二元结构下的农户破产。目前重点是解决商自然人破产的问题，13部委的改革方案中也特别提到了这一点。个人破产法立法可能首先要以商自然人破产作为立法重点，其次是消费者破产，最后普适到自然人。李约翰先生也提到了商人破产，特别是小型企业的破产问题。

第二点是破产豁免财产的问题。财产豁免与救济诚实的债务人相关。谈到财产豁免，现在出现很多个人为了企业经营担保抵押而产生个人负债的情况。这一问题特别严重，很多上市公司的质押情况也是这样。李约翰先生提到的关键一点是，在财产豁免中法官的自由裁量权会发挥主导作用。

财产豁免权涉及两个很重要的问题。一是财产豁免首先解决生存权的问题。二是财产豁免解决发展的问题，财产豁免也考虑到未来的发展。但是，发展问题要放到更后面一些，主要是解决生存的问题。因此我们需要高水平的法官去衡量社会经济发展水平和怎样救助债务人。例如有法官认为留学也属于应豁免的范围，这就非常宽泛了。考虑到我们的传统文化和发达国家不一样，我们更注重家庭维持、破产声誉文化，更注重财产的权属关系。实践中已经出现了几个案例，包括200多万元人民币的债务只要还3.2万元人民币。这是因为财产豁免，可能将来在个人破产法律的实施过程中具有许多其他考量因素，与其他国家和地区不一样。

第三点是破产犯罪和资产追回的关系。李约翰先生从执业者的角度就这一问题提到了许多很好的案例，这也是立法者特别关注的问题。他提到了调查过往交易的一些手段。香港地区和域外有非常好的经验值得我们进行借鉴。调查业的兴起跟管理人职业、律师职业、会计师职业相关，可能会随着下一步个人破产法的推进，特别是资产调查。

第四点是跨境破产。关于跨境破产有几个问题非常重要。全球化时代，个人破产容易转移资产。例如我们的法律规定，破产人不能担任董事长、高管人员，香港也是这样，不允许破产债务人担任企业高管。但是美国破产人可以担任公司董事。我们可能有一批债务缠身的富豪，甚至是一些上榜的亿万富翁钻法律的漏洞。如2019年的贾跃亭案，贾跃亭在美国申请个人破产，具体情况可能不同，但一定会出现利用法律制度转移资产，甚至进行破产犯罪的情况。在这个方面，香港的经验是非常有价值的，因此要加强香港和内地在这方面的合作。

第五点是信用咨询。我们信用卡的使用偏少，但每年信用卡失信记录却非常多，每年约有600多亿元信用卡透支额不能偿还，接近1400万人进入执行人失信名单。我们个人的失信情况非常严重，想要进一步做好个人破产，信用咨询业、调查业需要越来越发达。信用咨询业、调查业的专业性非常强，这些行业的发展，为个人破产从商自然人破产，到推动其他破产原因的个人破产会提供非常好的借鉴。

第六点是我们的立法模式。现在有人主张借鉴香港的个人破产条例；也有人说要出台独立的个人破产法；甚至有人说不要叫个人破产法，要叫个人债务清理法；等等。因为个人破产与我们的破产文化是相关的。我与许德峰教授都参与了最高院个人破产法一章的讨论论证。我们同最高院、全国人大紧密配合，推动启动这方面立法。我们尝试把个人破产作为企业破产法的一章，从而快速立法。单独立法要订立立法规划，排立法议程，进程非常慢。如果是作为一章，特别是把商自然人和一些相关自然人纳入企业破产法，立法会比较快速，这是目前我认为比较具有可操作性、比较赞成的一个方案。但是若就个人破产单独立法，则要拟订立法规划、排议程，过程非常慢。但是也不排除国务院出台"个人破产条例"。我们将在时机成熟时推动立法。

李约翰先生带来的经验，对我们下一步工作的开展是非常重要的，谢谢。

点评人
许德峰 北京大学法学院教授

听了李约翰先生的报告我受益匪浅。我想提一些问题，让李约翰先生为我们介绍更多香港或者比较法上的破产规则。

第一个是实务中，关于管理人在破产程序中如何收费，以及管理人在个人破产中要支付怎样的成本的问题。您是管理人对这方面可能特别了解。具体来说，即管理人如何在一个个人破产案件中收费，每个破产案件平均的收费为多少？是按件收费，还是取决于个人破产的财产数量？

主讲人回应：

李约翰先生：在正常情况下，大的案件我们收取全部时间的费用，需要债权人委员会批准，或者司法官批准。小的案件，比如20万元债务额的，能够获得的津贴有限，是由政府来支付非常小的金额。在管理过程中还要收钱，一般大的案件的话，有债权人委员能得到全额收费。跟其他职业一样，我们也有收不上来的坏账。

许德峰教授：所以说在小案件中没利润，只能用大案件补贴？

李约翰先生：不能说是补贴，而是现实。

许德峰教授：大案件是按小时收费？每小时多少钱？

李约翰先生：是的。在会计师事务所，我们有金字塔结构，我在最高层，但是下面的工作人员收费低，工作量大。实际的受托人是象征性的人物，花费的时间占总时间量的10%。我的费用是每小时6000港元，但一般收费是1000港元。

几年以前，破产署发布了一个费率文件，是直接可以使用的。很多事务所现在会基于这一费率来做这方面的工作。合伙人或者受托人大概是6000港元，最底层的是 300 港元，这是取决于你的级别。大多数工作是由普通的工作人员做的，所以比每小时 6000 港元低很多。

许德峰教授：也就是说对于破产受托人来说没有一般标准？不像我们只有一个标准，一个收费表。

李约翰先生：实际上是有的，在法律规定里是有的。法律规定的数字是所收资产的或者支付利息的 10%~15%，这是破产管理署规定的费率。

许德峰教授：第二个问题是香港破产程序中，有一部分债务人在 4 年考察期经过后，不能享受自动免债，大约有多少人会有延期？

李约翰先生：不多。我曾经对我的一个委托人尝试过，但没有成功。这个人有一个生产眼镜的工厂，是用他姐姐的名字开办，当然我没有做调查，因为所有债权人都找了很多私家侦探做了调查。然而真正的坏人会逃脱法律的制裁。

许德峰教授：第三个问题是关于破产人行为能力的限制。在我国香港，有些破产人不能担任公司董事、高管，但在美国其资格可能不受限制。假如让您做选择，您是选择更宽容一些的制度如美国的规则，还是希望继续保留我国香港的规则？

李约翰先生：我认为这是美国的一个传统。这个人经营赔钱了，你要看看他能否把钱再挣回来。我是在新西兰长大的，在新西兰、澳大利亚工作过，也在普通法的管辖区工作过。我认为要有独立的人确保公司能以合适的方式进行管理。我在中国香港以一个非正式的身份管理过一个公司，后来发现有董事用破产公司的材料在中国内地建立了新的工厂，我很快到法院通过诉讼将他开除。我是在这个体系下长大的，那些骗子总是想拿更多的钱，所以最好有个独立的中间人。我还在一个大的玩具公司工作过，董事是诚实的人，所以我们留他在董事会。因而这个问题取决于破产人的情况，首先要测试一下其能否继续担任高管。我认为最好有独立、诚实的董事。这个选择很难做。

许德峰教授：最后一个问题，讨论中国个人破产法的具体规范时，我们面临的是只规范商自然人破产还是也把消费者破产纳入的问题？您如何看待这一问题？是否应该把消费者也纳入进来？

李约翰先生：这是一个很难回答的问题。在英国和中国香港地区，消费者破产通常在 12 个月内可以解决，但有些商业破产可能拖到 20 年，到最后他们可能会被送入监狱。对消费者破产要很谨慎。有时只要小型咨询就可以了，无须强制执行，不用专门规定，可以规定在某个法案中的某一条上。但是商自然人的破产必须包括。因为这些人更可能有隐匿自己的财产或诈骗的行为，所以这才是要小心谨慎关注的人。

点评人
钱为民 浙江省台州市中级人民法院民二庭副庭长

在全球化背景下，破产法越来越有世界性法律特点。刚才听了李约翰先生对香港破产制度的介绍，可以看到不同国家和地区之间的个人破产制度虽然具有相当程序的共性，但因法律传统和习惯不同，仍然存在各自的特性。香港的司法实务中的有些东西在内地很难想象，包括货币财产的犯罪认定问题上香港法官显然比内地法官裁量权更大。

我就谈几个问题：

第一是我对先生讲稿中香港个人破产原因和责任分配数额的统计数据很感兴趣。李约翰先生对香港个人破产原因和责任分配作出统计，可以揭示个人破产与经济环境、职业、就业、收入等方面的关联性，数据的统计更具有说服力。内地缺乏实证分析，当然这与内地尚未有个人破产立法和案件，所有对个人破产制度的评价都处于一种猜测的状态，没有实务数据的支持有关。台州法院当前在探索个人债务清理中，所做的方式有历史性数据支持，有意识地进行类似的实证分析，希望能为理论研究提供一些数据。

第二是与现在在强化案件执行中的不正常状态有关系。李约翰先生谈到个人破产制度对债权人的好处，与世界银行有关自然人破产问题的报告的结论相同。但很多债权人没有感受到好处，比如可以减少个别案件的追偿等。但是在内地，实务中债权人未必能如此理性对待集体性的债务清偿安排，债务人与债权人更加愿意相信私下的关系，用自己的能力进行个别追偿更能为其带来直接的好处，而不是追求走集体债务的程序。所以我认为债权人会陷入一个囚徒困境，即个人的最佳选择并非团体的最佳选择，个人理性会导致团体的不理性，处于一种无序的状态。在现在努力解决执行难的问题下，司法机关采用了更加有力的手段。债权人更加依赖个别追偿这样一个程序，因而有必要通过个人破产制度来平衡强制措施存在一些偏差的现状。

第三是关于债务自愿安排制度，这是一种强制和解制度。这种制度事实上来自英国法。中国香港法律和英国法律一样，采取多数决规则（表决人数达75%）下的和解制度。德国法是人数过半，金额过半，以批准代替同意。我的问题是，多数决下的批准是否有最低批准条件，如果没有最低要求，债权人所得比清算状态下所得更少的情况下，债权人为什么要选择自愿安排。自愿安排和清算哪个清偿比例更高；和解协议得到批准，仅仅是因为债权人同意的人数比例达到75%就符合批准条件，还是要考虑债权金额比例。

上述国家和地区的此类规定，对有财产、未来有预期收入的债务人有吸引力。而韩国法采用个人重整制度，对提交的重整计划，允许债权人提出异议，但债权人不享有表决权，而是由法院根据计划是否符合法定条件来批准重整计划。在个人破产领域，似乎重整制度与和解制度区别不是特别明显。我们如果要推进个人破产立法，是采取重整制度还是和解制度，不在名称表达上，而是在程序设定上要符合个人破产时个人财产价值普遍偏低这一现象，程序设计不能过于烦琐。成本和效率可能是制度设计的主要考虑点。

第四是免责制度上，目前有三种立法例，即不免责主义、当然免责主义和许可免责主义。作为一般人，如果在当然免责和许可免责中选择，我相信许多人会选择由法官批准许可免责，认为对债权人可能更加有保障意义，但采用哪种立法例，跟一国的法律传统、经济原因、福利政策相关。关于当然免责与许可免责制度，在经济上的原因，我认可以下观点，采用哪种免责制度首先与一国或地区对消费信贷市场的管制宽严程度相关，放宽或严格免责条件是对消费信贷市场的一种平衡机制。一般来说，如果消费市场控制比较严格，那么他的免责条件会比较难一点。如果国家消费市场控制比较宽松，免责条件就会宽松些。主要理由是，通过个人破产制度进行反向平衡。我们的消费信贷市场实际上是两个，一个是公开、合法、许可经营的消费信贷市场，另一个是民间的消费信贷市场或称民间融资市场。现在我们民间借贷市场是相当乱的。立法政策是否给予宽松的免责条件，我想有两个问题可能要考虑，一是金融信贷过度担保问题，二是民间资本过度放债问题，尤其是民间融资已从过去的互助型融资向投资型经营型融资变化。个人破产作为风险控制的一种机制，应给予债务人宽松的免责条件，以达到平衡和预警风险作用。这也与一国和地区的福利政策相关，低福利则应实行宽松的免责条件，高福利则应实行严格的免责条件。我们并不是一个高福利国家，我倾向中国个人破产制度实行当然免责制度。对于当然免责制度是否影响债权人权益保护问题，实际上还有撤销免责制度予以保障，赋予债权人撤销免责债务的制度把对债务人的监督权力交给债权人。以此鼓励债权人主动发出债务人不免责的事由，可以减轻法律的压力。

第五是简要介绍台州法院探索个人债务清理工作。我先更正一下，我们是2019年4月出台了《执行程序转个人债务清理程序审理规程（暂行）》。4月底审理了两起案件。一起是我们以执行终结来代替免责制度，免责了40万元。另一起是在10月，温州地区以和解制度解决了400万元。我们在4月做了40万元，还有20多万元没退出，因为债权人会议认为债务人有偏颇性、倾向性。说了一正一反两个案例，目前我们已陆续受理100多个案件，包括普通债权、金融消费、主债务、担保债务、有预期收入的债权人，以及没有预期收入的债权人有关的案件等。这些案件我会很谨慎地去处理，探索不同类型的债务人的债务免除到底通过什么方式去做。欢迎与会专家给予理论指导，我愿意为理论界提供司法经验。

点评人

左北平　中国注册会计师协会破产管理人业务课题研究组组长、北京中恕重整顾问公司执行董事、利安达会计师事务所（特殊普通合伙）合伙人

李约翰先生今天主要介绍香港个人破产制度的域外经验，对我们内地未来构建破产制度有非常重要的借鉴作用。一方面，此经验是内地市场经济转向新发展阶段对个人破产制度的内在需求；另一方面香港与内地的经济紧密联系，此经验也是在未来跨境个人破产协作的需求。刚才所举的案例中，包括个人破产在内地的财产问题，也是未来立法中要关注的问题。

我想从4个方面谈谈我的认识。

第一个是个人破产制度目前具有非常紧迫的需求和现实的意义。刚才李曙光教授谈到了他是个人破产制度立法过程重要的参与者。目前立法机关、最高人民法院、政府相关部门，包括一些地方法院，都在对个人破产制度做出相应部署和安排。我们破产制度中，当前最迫切需要解决的就是在这一轮企业调整、企业破产过程中涉及自然人连带责任的问题。据统计，现在商自然人主体数量

众多，超过了4000万人。而在破产实务中，企业股东、管理人员、职工都在为企业融资，在不同层面其提供过担保。对这些人员在企业破产后责任的解除，尽管司法实践中有一些探索，但是没有制度上的安排。如何让"诚实而不幸"的企业家和创业者得到解脱，给予他们重新再来的机会，是我们在经济未来的发展中迫切要解决的问题。

从宏观债务的杠杆问题来看，近年来居民部门债务问题持续迅速攀升，我认为对消费者自然人的破产也应纳入个人破产的范围。特别是个人住房按揭的贷款，因为房产的快速扩张，未来房地产市场可能发生重大调整。现在家庭的投资主要是房地产，是居民杠杆的主要构成，一旦房地产出现波动或未来房地产市场面临重大调整，会导致一些家庭受到重大影响。另一个新的现象，也是我们特有的现象，利用信用卡及互联网融资平台的过度消费导致个人债务危机的问题，尤其是"90后""00后"新消费群体通过互联网等过度举债的问题。这个群体是未来我们发展的一些重要的潜在的市场参与主体。他们的债务问题如果没有管理好，可能会涉及社会大面积的信用问题。从现实性来看，国家发改委等13个部门发布的市场主体退出改革方案中也谈到了个人破产制度设计，未来的破产制度构建要包括消费者债务人。因此从制度构建层面和社会发展现实需要层面，对这两类债务人要通盘考虑。

第二个是未来个人破产制度的构建可以借鉴香港地区经验。从世界上个人破产制度立法的趋势可以看出，个人破产制度过去仅侧重考虑提高全体债权人的受偿公平性、效率性。但现在更多考虑的是债务人的生存与发展。不仅要解决诚实债务人的生存问题，未来还要有赋予债务人重生、重燃生活希望、重新发展的制度安排。

我国幅员辽阔，导致地域差异大等复杂因素的出现。我们现在社会对破产的认知等方面构建制度会有些困难，特别是在配套体系的构建中会有问题。尽管有些技术上和监管上的难度，但是我们不能回避，仍然要从这个方向作出努力。

第三个是个人破产制度构建以后需要大量专业破产法官和具备专业素养的托管人。香港除了律师担任受托人外，更多的是会计师也在参与，这点对我们也有借鉴意义。我也是会计师，也侧重做破产领域服务。在我们人口这么大的国家下，未来若个人破产制度实施，则破产法官和受托人这块的人才需求不容忽视。我们要持续加强培训，尽快把专业化程度提高。

第四个是构建预防个人破产的机制，避免小额负债的债务人破产。如借鉴香港的个人信用管理和咨询、培训机制。李约翰先生介绍的香港有公益性个人信用咨询的组织，我认为很有价值。同时，完善对金融机构过度发卡、互联网金融现金贷的适度监管等，对预防个人过度举债具有重要作用。对于今后的现有的财产登记制度可能要进一步完善社会配套的制度体系来保证未来个人破产制度可以有效实施。我同意李曙光老师的观点，还是系统考虑，渐进地安排。

钱为民庭长：

香港地区 4 年内收入所得全部交给托管人的制度是否会导致破产人不努力工作？

主讲人回应：

这是可能的。这段时间内可能家庭成员也是没有得到赡养的。当然这取决于个人。有些人是非常可信的，一旦清偿了债务，其事业就可以再一次蒸蒸日上地发展。

与谈人
顾智浩 安永（中国）企业咨询有限公司大中华区合伙人

关于航空公司老板的案例，很多老板在境外会有信托基金，为自己家庭成员购买保险，保险有很多受益人。怎样追回有关财产以及哪些财产可以追回呢？

主讲人回应：

我们肯定要看信托基金的。有些可以追回，有些难以追回。因为他们主要业务在波士顿。因而难对其进行监督调查。我在波士顿面试了一个人，但我不喜欢那个人。我觉得他们工作做的不好，而且费用比我们审核多。

我还想说一下，有些情况下也会遇到同样问题。法院司法拍卖价格对债权人一点也不好。某些情况下，一个工厂有楼房、设备、存货，往往一次性拍卖，但卖的时候债权人根本拿不到什么钱。

> **与谈人**
> **韩传华**　北京市中咨律师事务所合伙人

非常感谢李约翰先生的介绍,让我们对境外个人破产制度有了了解。

首先我们破产制度无论怎样规定,跟其他大部分制度是相同的,不同的是小部分。

其次个人破产的受托人非常关键,也非常有价值。刚才听了李约翰先生的介绍,有两个方面可以说受托人非常有价值。第一是受托人实际上要在个人破产的债务人和法院之间适度监督债务人,对债权人负责,所以其地位非常突出。第二是受托人实际上在工作中非常有挑战性,无论法律规定得如何具体,都应付不了实践中的问题。就像企业破产法一样包括债务人的行为是否诚信,财产是否豁免,4年终结后是反对还是同意都需要受托人合理判断。这没有合理标准。所以受托人工作非常有挑战性,也值得我们管理人受托人学习,因为我们的破产管理人制度刚刚起步,英国管理人制度有很长历史。

> **与谈人**
> **邹玉玲**　北京市海淀区人民法院民事审判三庭(破产审判庭)副庭长

我想提问3个问题:首先是破产解除后,债务人与破产受托人还要合作,合作如何开展?其次是信托财产什么情况下不被豁免,有没有案例?最后是在可以延长终止期限的8种情形中,第1、2、6项分别指什么?

主讲人回应:

第一个问题有关儿女信托,如果有2000万元信托给儿女确实会被查。要看信托是否合理。很少遇到过儿女信托的金额非常大的案例。通常是10000元,或者是长期慢慢存入的。

第二个问题是在某些特定情况下要合作。有些资产还没有卖出去,或者还没有回收。破产人解除破产状态后,受托人不一定能解职。有些资产可能还在受托人这里。作为受托人只有在所有资产全部变现分发给债权人之后法庭才会允许其离职。

第三个问题。首先是在破产启动的 5 年内，破产人可能会对破产财产有重大贡献。在有些情况下会出现这样的状态。比如说有些债务是在 5 年内可以收回的，有些没有还完。虽然我们从来没有遇到这种情况，但确实可能发生。起草这个法案的律师可能想尽可能照顾到所有情况。第 2 条解除破产可能会妨碍财产处理，这也没有遇到过。但如果不继续配合，可能会影响破产财产的管理，这比较常见。第 5 条是破产人未能在管理署的要求下返回香港。通常是希望离开香港不回来的情况，有可能在 5 年内会收回四五千港元，所以延长 4 年是有必要的。但其实受托人不希望继续，反正钱收不回来了。还有破产倒产交易，有些人会由于债务可能偿付不起，其他企业也会有问题。有时候必须允许破产人继续经营企业。什么是倒产交易？是由于债务，无法进行清偿。第 8 条是说破产人未能准备年度报告，有时要向破产管理署报告，受托人是有责任的，一旦出现犯罪行为，要向破产管理署报告，由其决定是否要采取行动。可能罚款 2000 港元，可能也不会付这 2000 港元罚金。这种情况我遇到过一次。

与谈人

葛平亮　中国政法大学民商经济法学院副教授

我直接提问。首先，个人破产制度。除了债权人救济之外，也有债务人救助。个人破产法定程序复杂，即使是 IVA 也是有很高成本的，会有其他替代方案。对于个人破产在法律规定的程序，就香港而言，对那些过于复杂的、不必要的程序可以去掉，或者救助债务人。

其次，债权人清偿。在香港很多银行给自然人发放信用卡，像债权人，特别是银行债权人，给银行提供资金，这时是否有债权人本身的恶。这是否需要有本身的规制。甚至银行债权人他们本身有更好的方式保障自己的债权，例如担保。是否对债权人也要区分对待。

最后，破产申请。如果是债权申请，申请人要将 11500 港元存入管理人账户，债务人申请要存入 8000 港元。债权人申请存入港元是为什么。是不是说破产费用是由债权人承担。债务人没钱了还怎么存。还有低于 20 万港元的程序无须进行债权人会议，对重大的财产处理是否需要债权人同意。同意是以什么方式做出的。还有个案津贴来源是哪里，是政府吗？债权人申请和债务人交钱这个问题还想了解一下。

主讲人回应：

关于 IVA 制度的成本。现在香港面临的问题就是有些特定的人在香港发起破产申请的时候，需要在香港破产管理署申请。管理署会帮助他们进行破产申请，但这可能不是最有利于他的破产选择。目前香港就是这样做的。很多破产本来就不应该被申请。我觉得 IVA 还是个挺好的方案。如果申请人是律师、会计师，一旦申请破产就无法从业了。我曾经也做过这样的案子，如果他薪水高，可以慢慢把债务还掉，我乐于帮助他避免破产，但有时 IVA 很昂贵，破产没有必要。有时债务只有 10000 港元，根本无须破产。金融机构银行应该有比较合理的制度来看申请人的信用记录决定要不要放贷。

香港政府有一个部门叫破产管理署，监管和规范清算人和受托人，这是非常有用的。如果有相似的制度也是非常有用的。很多年以前我在开发银行遇到了李曙光教授，当时我们就建议要建立破产法庭，以及要对破产管理人进行培训。现在已经有了专门的破产法庭，这种情形对我鼓舞很大。所以银行的方案是很有用的，咨询也是有必要的。但是开支过度，有时并不需要使用破产制度。

我总是在想，当银行在讲 8000 港元的时候，这往往是他们最后信用卡的支出，最后交钱的可能是银行。债务人可能会用信用卡交那 8000 港元，债权人不想要这么愚蠢的申请被提交，每次拖欠时就申请破产。所以这是有成本的，有破产署的成本、有法院的成本，最后总要有人为此成本买单。这是让我比较担忧的问题。

与谈人

宋　宽　德安华集团执行董事

关于个人破产制度我没有更深的研究，但一直有比较大的困惑。大的问题就是想跟各位探讨的，为什么要设立个人破产制度。

对为什么要设立个人破产制度，我这样推理的。

先看一下企业破产法，企业的架构是人类历史上一个非常伟大的发明。公司解决了两个很大的问题，个人没法解决。首先是把这么多的人力资金汇集在一起。没有公司，铁路等开发不出来。另外是有限责任。有限责任是针对公司股东，公司要承担该有的责任。个人破产，在于人已经负债严重，但还没有死，要不要救，为什么要救。科斯谈公司的本质，公司的本质是降低了社会的交易成本。如果只是泥瓦工盖房子，那不用公司，如果是大工程可能还是需要公司。

完全依靠个人力量也可能有不错收入。这样他们的权益怎样保护。给他第二次机会，会不会释放社会的活性和力量。为什么随着社会发展，承担相应的责任是越来越小的，越来越多地得到法律上的规避。这是换来了更加大胆的措施。比如说中国人都讲父债子还。个人要承担无限连带责任，现在是以个人承担。个人死亡，债就消失了。现在负债最严重的是大学生，其利用花呗、网站贷款等简单方式就能有负债，为了买新款手机等就可能有负债。但是实践中，法律操作层面设立这样一部法律很难。比如刚才说的细节，操作上怎么办。判例法有裁量权，所以支出留多少合适，子女境外留学都是合理支出，但如果给法官足够的自由裁量权，可能导致权力寻租。如果"一刀切"，我们的现实问题就更加严重，这么多城市，怎么划分，我看不出怎么设定比较合适。

最后，现实操作中我们大量处理的跨境问题有两个方面难解决。一是身份问题。目前的一个案例是被告方由个人破产的管理人参与诉讼，但是作为原告方还没有看到可以有权提起诉讼的。二是财产的问题。我们很难查清一个人资产有多少，是不是要催生出一个调查机构。

与谈人

黄中梓 安徽省律师协会破产与重组法律委员会主任委员

我听完讲座以后有 5 个方面的感想。

第一是关于 2 个问题的感想。一是罗马不是一天建成的，听了主讲人的信息，从 1846 年到 1996 年，香港用了 150 年的时间完善破产法。在我们立法的过程中也要注意到时间的积累，短促的东西不一定长久。二是 1986 年个人破产法经过了黑暗时代，就是因为没有及时调整，所以在 150 年期间有 4 次大的变更，但 1986 年那次变更的时间可能漫长了一点，这也告诉我们要与时俱进，及时调整我们的制度。

第二是香港破产署制度。我也想请教主讲人香港破产署的构建、运作规则的主要情况。这对退出制度中提出的司法与行政的协调制度非常有利。早期是最高院会议纪要中提到的府院对接制度，我们13个单位提出的方案中明确了司法与行政的协调和对接制度，这些与香港破产署制度有同源的东西，希望主讲人介绍一下在我国实施的最好方案。

第三是我们建立个人破产制度是完全必要的。一是市场主体出清。企业法人是市场主体，很多自然人也是商事的自然人主体，按照公平的原则，对自然人也应当有出清制度。如果没有这样的制度，从设计上讲是有欠缺的。二是从当前国家的宏观经济政策的角度来看，国家希望大量民营企业得到保护。很多民营企业也是个人的，从公平保护角度也应当考虑建立这样的制度。三是数据的问题。目前全国不能执行率是43%；按照2018年的数据，整个执行案件数量是590万；43%的不能执行率中的案件执行主体有70%是自然人，至少有180万自然人案件为执行不能案件。那么这些执行不能的案件是什么情况呢？实际上这些案件针对的自然人应该是属于个人破产的状态，但是个人破产不建立的话会有恶性循环，不仅法院执行难，更重要的是，目前民诉法对个人的执行分配制度虽然可以演化成可以集中清理的安排，但有两个条件，一是要有执行依据，要求债权人都要对债务人进行诉讼，要想主张权利，必须重复诉讼，这既造成对社会资源的浪费，也不利于债权人的保护，这是各方面应当关注的。二是要关注的是，如果没有个人破产案件，自然人有逃废的财产构成都是刑事追赃吗？刑法谦抑性原则在我们国家如何体现。之前在苏州和李曙光老师交流过跨境破产的问题，对跨境破产的学习让我有种紧迫感，我们应当建立个人破产制度。在我们一带一路的建设过程当中，要不断发展，要在世界经济的大的环境中有所应对。别人有这个制度，你没有这个制度，你说这是完善的制度吗？我觉得是不完善的。至少从这几个方面，个人破产制度要及时立出来，但在确立的过程中要考虑我们的实际情况，我们长期在做个人资金的分配制度，个人分配制度除了宏观分配之外，有没有其他的经济上的可比性，这也是值得我们关注的。另外我们在实施三个大的战略，首先是区域经济风险防范，其次是脱贫，最后是在个人破产的情况下如何考虑公共政策也值得特别关注。同时个人破产制度对其他的法域有很大的渊源，我将在第四个感受中进一步论述。

第四是我们当前要怎样做。李曙光老师告诉了我们他的心得。实际上我们各地法院,特别是浙江法院有实践,山东、深圳法院也有所探索,学界也提供了很多理论。刚刚李曙光老师也告诉了我们目前要做的安排。既然我们长期在做个人执行分配的制度,也在做强制执行法立法专门解决强制执行程序,那么在强制执行中能否引入新的机制,在强制执行法中搞一个接口。也就是说,在强制执行的过程中能否放开,是不是所有的参与分配的都要拿生效的法律文书。实际上最高人民法院已经开了这个口子,在民诉法的司法解释中,对担保物权是有所放宽的,可以不凭生效文书申请执行,拿担保证明就可以了。这样对司法审查的标准而言,能否在强制执行法中建立这样的接口,放大其制度功能呢?

第五是开会前大家都探讨的《民法典》的修改。李曙光老师在 2016 年就提出来民法典要关注破产法的 6 个问题,其中有主体问题。在《民法典》当中我们是不是要建立个人破产制度的接口?这也是我认为很重要的问题。

以上是我不成熟的想法,谢谢大家。

与谈人

贺 丹 北京师范大学法学院副院长、教授

我主要是想回应一下宋宽先生的观点。我今天很高兴能听到李约翰先生的讲座,十几年前我还是李曙光老师博士的时候就有机会见过他多次。宋先生提出了对个人破产制度要考虑的几个观点,以及对个人破产制度是否设立的侧面的考虑。我想他的这 3 个方面是说设立个人破产制度从社会经济角度是否有好处;他以大学生信用卡过度消费的例子来考虑个人破产制度是否会导致道德风险;还有在执行层面我们法律制度可否支持对执行财产和个人逃废债务追责。我想从这 3 个方面提供另一个角度的思考。

一是关于社会经济角度收益方面。这只是个人破产的一个出发点,此外还有人权、人道的出发点。钱为民庭长的案子出来后,收到的反馈最先不是法学界的,而是一个朋友妹妹的案子,她先生因经营失败成为植物人,她带着三个孩子还面对着债权人的追债,生活非常艰难,她很想知道能否通过这样的案子来解决自己面对的困境。所以我想个人破产除了处于经济收益的考量,还有人

权、人道方面的考虑。

二是宋宽董事提到大学生搞很多信用卡负债会不会导致道德风险。我想这是个人破产考虑的另外一个侧面。为什么他们会过度负债，也是讨论比较多的。刚才也有发言人提到是不是发卡银行，或者互联网金融的提供商让他们容易过度负债。那么这里有道德风险的到底是借款方还是出借方？是不是出借方让人陷入我不借都不好意思的状态？

三是宋宽董事提到现在没有这样的方法来阻止恶意逃债。个人破产应该提供两个角度。其一，个人破产本身就能提供一种避免逃债的激励。对很多债务人来说，他们愿意拿出来所有的财产来换取可能的免责。我想很多债务人愿意这样做，个人破产制度也会提供一个诚实的激励。其二，我们也应该设立刑法、行政法上的责任。其实在企业破产法出台之初，大家也是有怀疑的。实际，如果到了刑事责任，追查手段还是很强大的。而且现在在民事执行中追查手段也很强大。因而我是想从这3个角度提供另一个侧面的思考。

顾智浩会计师回应：

一是香港地区所有个人借贷、广告，都会有一段说你如果没有能力还债最好不要借。对消费贷款方面，在不同的国家和地区，对金融机构的监管有不同的规例，法规法条也在不停根据地方制度构建。另外，约翰没提，香港有个很有名的案例，宗某破产了，实际上是IVA下比较成功的案例。最后想提一点就是，假如未来推动个人破产的情况下，对接现有的企业破产法和个人破产法的操作。因为我们都有很多企业破产法的案例，尤其是破产重整案例，出资人的权益要调整。

二是破产中对很多员工债权，高管也做了担保。很多大的案例里面，很多CFO、COO、出资人及其家人、兄弟姐妹在金融机构中都有担保，金融机构在处理企业破产的过程中，不立马去申请他们个人破产，但破产的时候控制了他们的票，控制了对资产的决定权。企业破产的重整和投票的安排都是要思考的。很多案例中，高管连房子都被老板骗了去，担保的时候把自己的房子也抵押了出去。在严重资不抵债的时候，高管自己住的房子就没了，要拍卖掉了。签字了之后没有办法。最后可能自家的房产都会消失掉。

参会嘉宾
庞路明　国家金融监督管理总局调研员

刚才提到香港银行业协会会通过自治的协议，比如债务减免计划给债务人有一些债务减免。我就想问一下，这种自治性公约在香港破产法规层面有没有相应规定？或者说您刚才也对这种做法给予了很高的肯定，您觉得有没有必要在破产法律法规中对金融业、银行业的金融债权人委员会进行一些鼓励或者管理？如果只是一个银行业内部的自治性公约，一些规定的强制力在执行层面会有折扣。比如有些银行、债务人不遵守的话，强制力就容易受到质疑。能否进一步介绍一下香港银行业的做法。

主讲人回应：

这完全是非正式的计划，而且是很有成效的。因为主要的银行和全部的金融机构都会愿意接受这样的建议。有一家银行仍然是发行信用卡，就是仍然要求全部市场利率，这是比较"疯狂"的。因为其他所有银行都同意降低利率。我跟香港金融局说应该跟那个银行谈谈。我觉得还是非正式安排比较好。如果债务人不遵循这个计划，所有银行都可以对此行使债权人的权利。因此债务人总是可以想办法遵守此计划。我觉得这是很好的安排，对任何人来讲都不产生额外成本，还可以有效降低未清偿的债务，而且债务人在未来还能有很好的征信记录。

结　语

主讲人
李约翰（John Robert Lees）　安永企业财务服务有限公司执行董事、国际破产协会前主席

这场对话非常精彩，从你们这里也学到了很多。我确实认为法律应当进一步扩展，而且非正式的安排可以使成本降低。说到跨境，如果中国有破产法，

哪怕是企业破产法，他们都是可以在美国申请15章的，从而获得在美国追讨的利益，当然还可以有其他的刑事救济。关于有人问破产管理署是怎样建立起来的，我并不是很确定，可能其是30年前政府的一个部门。我建议中国也可以建立这样破产署的机构，让我们都保持诚实。如果破产人有申诉，可以到破产署对受让人进行申诉，如果合理，破产署可以对受托人采取行动。另外还有刑事破产，我这样的个人是不能做的，只有破产署可以做。如果是大的案子，比如说有人贪污或者有人构成金融犯罪等，那么法官可能会让你破产。就是在法庭上进行裁决，然后判刑，那个人就要经历破产的过程。这个过程就是要由破产署进行管理。非常感谢大家邀请我，我也非常享受今天的对话。

主持人

刘　颖　北京航空航天大学法学院教授

　　非常感谢李约翰先生，帮我们鸟瞰了境外个人破产制度。之后李曙光老师点评中提到了自由财产的范围界定、跨境破产等，最后也点到了个人破产的立法模式。接着许老师问了更多制度安排和程序设计，破产制度的适用对象、债务人的限制，以及管理人的收费方式和收费标准等。之后的点评人和与谈人也从各自角度提到了很多问题，李约翰先生也是逐一进行了详细回答。感谢大家今天来参加对话，尤其感谢李约翰先生北上做客我们对话栏目。预祝他接下来的行程愉快。明年（2020年）2月我们也为大家准备了精彩对话，请大家继续关注。

李曙光　中国政法大学教授、破产法与企业重组研究中心主任

　　非常感谢李约翰，他专程飞来的。现在西方已经是圣诞节了，大多数人都回家团圆，李约翰先生还能前来，这是他为我们特制的礼物，非常感谢。另外，他不仅是国际破产法专家，还特别为我们破产法提出了很多建议，在20世纪90年代为我们政策性的破产、政策的实施提供了很多咨询。他作为亚洲开发银行专家组、国际贸易法改革委员会、世界银行的专家组成员，作出了很多贡献，对新破产法也提出了很多建议。希望他能继续参与，如果有需求一定会请他过来。另外，特别感谢许德峰教授，他是我们学者对话的第一讲，也非常感谢钱

为民法官。左北平先生也是一直支持我们。2月会有精彩分享，渤海钢铁集团重组团队做客我们对话，包括政府、重组人、投资方的高端对话。我们期待2020年破产第一大案的对话节目。

整理人：中国政法大学破产法与企业重组研究中心
扈芳琼　姜小艺　金泽慧　江佳颖　宫祥哲　高　寒
柳元浩　张金一　刘奕辰　周子杰

第十六期

参会时与会嘉宾信息

主讲人：

李约翰（John Robert Lees） 安永企业财务服务有限公司执行董事、国际破产协会前主席

点评人：

李曙光　中国政法大学研究生院院长、教授，破产法与企业重组研究中心主任
许德峰　北京大学法学院教授
钱为民　浙江省台州市中级人民法院民二庭副庭长
左北平　中国注册会计师协会破产管理人业务课题研究组组长、北京中恕重整顾问公司执行董事、利安达会计师事务所（特殊普通合伙）合伙人

主持人：

刘　颖　北京航空航天大学法学院副教授

与谈人：（依据发言顺序排列）

顾智浩　安永中国重组并购合伙人
韩传华　北京市中咨律师事务所合伙人
邹玉玲　北京市海淀区人民法院民事审判三庭副庭长
葛平亮　中国政法大学民商经济法学院副教授
宋　宽　保华顾问有限公司董事
黄中梓　安徽省律师协会破产与重组专业委员会主任
贺　丹　北京师范大学法学院副教授、中国政法大学破产法与企业重组研究中心研究员

参会嘉宾：

庞路明　中国银保监会法规部二级调研员